Gärtner Pötschkes Großes Gartenbuch

Früher
»Gärtner Pötschkes
Siedlerbuch«

Neu überarbeitete Auflage

Weltbild

Genehmigte Lizenzausgabe für
Verlagsgruppe Weltbild GmbH, Steinerne Furt, 86167 Augsburg
© by Gärtner-Pötschke-Verlag, Kaarst
Umschlaggestaltung: Studio Höpfner-Thoma, München
unter Verwendung einer Illustration von K. Paessler und Atelier
Gesamtherstellung: Offizin Andersen Nexö Leipzig GmbH,
Spenglerallee 26–30, 04442 Zwenkau
Printed in Germany
ISBN 3-86047-735-8

2004   2003
Die letzte Jahreszahl gibt die aktuelle Lizenzausgabe an.

Besuchen Sie uns im Internet: www.weltbild.de

Der Tag ist lang, doch sei gescheit:
Gar schnell verrinnt die beste Zeit!
Und wer zu spät kommt in den Garten,
Der kann wahrhaftig nicht erwarten,
Daß er noch wachsen hört das Gras.
Drum, lieber Freund, bedenke das,
Studier das Gartenbuch mit Fleiß
Und schreib mir mal, damit ich weiß,
Wie Dir das Buch gefallen hat.
Und was man so, von Blatt zu Blatt,
Dereinst noch besser machen kann.
So – lieber Freund – jetzt bist Du dran!

*Der kürzeste Weg zur Gesundheit
ist der Weg in den Garten!*

Gärtner Pötschke

Mit lebensbejahender Heiterkeit...

...habe ich seit eh und je zu meinen Freunden gesprochen. Ich bin ein ehrlicher, alter „Gärtner", der frei heraussagt, was er auf dem Herzen hat.

Lasse Du, lieber Gartenfreund, Dich also getrost von mir in den Garten – in das Land der noch unbegrenzten Möglichkeiten – führen. Mit Humor, mit vergnüglichem Lächeln, teilweise aber auch mit erhobenem Zeigefinger versuche ich, Dir als naturverbundenem Menschen die Köstlichkeiten und verborgenen Schätze der Scholle zu zeigen.

Mein ganzes Leben gärtnerte ich, trotzdem – der Mensch lernt nie aus. Es werden alljährlich neue Erkenntnisse hinzukommen, so daß eines Tages auch dieses Buch wieder einmal neu bearbeitet werden muß.

Ohne Geheimniskrämerei stelle ich meinen Lesern alle meine gemachten Erfahrungen zur Verfügung. Ich berichte auch von Fehlern, damit Du sie bei Deiner Arbeit vermeiden kannst. Hochtrabende Worte haben mir nie gelegen, dafür spreche ich zu den Bildern gern in Zweizeilern. Dichten ist nicht mein Beruf, sondern ein liebgewordenes Steckenpferd. Niemand mag mir verübeln, wenn's da mal ein bißchen holpert!

Der Gartensport ist eine gesunde Freizeitgestaltung. Die Wunder der Natur lassen sich nur ungenügend beschreiben, sie können nicht künstlich nachgebildet werden, man kann sie nur in Gottes freier Natur erleben. Freuen wir uns, daß wir inmitten aller Zeitenhetze Zuflucht nehmen können zu einem Platze, wo es nach Erde, Regen, Sonne, Grün und Blumen, meinetwegen auch nach Kompost und noch nach einem alten, echten Misthaufen „duftet".

Ich schließe mit dem auf eigenem „geistigen Komposthaufen" gereiften Satz:

„Der Weg in den Garten ist der kürzeste Weg zur Gesundheit!"

Gärtner Pötschke

INHALTSÜBERSICHT

Ein ausführliches, alphabetisches Inhaltsverzeichnis findest du am Schluß dieses Buches.

Der Boden

Gärtner Pötschke rät:
Beim Landkauf
sieh dir den Boden
und den Makler an!

Der Boden ist der Träger und Ernährer aller Pflanzen. Er soll in deinem Garten nicht nur dem Anbau von Gemüse dienen, um die Küche das ganze Jahr damit zu versorgen. Auch die Blumen- und Zierpflanzen sollen in ihm zur Freude aller gedeihen. Jede Pflanzenart stellt andere Ansprüche an den Boden. Nicht allein die Kenntnis aller Kulturen führt zum Erfolg, sondern ebenso die Kenntnis deines Gartenbodens. Du mußt seine Zusammensetzung, die Untergrund- und Wasserverhältnisse erforschen, um ihn verbessern und einen wirklichen Kulturboden schaffen zu können. Wir unterscheiden die vom Menschen beeinflußten Kulturböden von den Naturböden, die sich selbst überlassen sind. Einen guten Kulturboden im Garten herzustellen, muß unser erstes Ziel sein. Das erreichen wir nur mit einer durchdachten und verständnisvollen Bodenbearbeitung, Humuszufuhr und Düngung, kurz: einer guten Bodenpflege.

Die Bodenarten

Ist der Gärtner faul
und pennt,
führt der Teufel
Regiment!

Die Hauptbestandteile unseres Bodens sind Sand, Ton, Humus und Kalk. Der Sand- bzw. Tongehalt bestimmt die „Schwere" des Bodens. Der reine Sandboden ist genauso unfruchtbar wie der reine Tonboden. Der Kalk ist bestimmend für den Säuregrad des Bodens und der Humusgehalt für die wasserhaltende Kraft. Auch reine Kalk- oder Humusböden sind unfruchtbar. In Lehmböden findet sich eine ideale Vermengung der vier Hauptbestandteile. Sie sind deshalb die besten Gartenböden überhaupt. Um nun einen guten Gartenboden zu erzielen, müssen die vorgefundenen Verhältnisse so beeinflußt werden, daß die schlechten Eigenschaften vermindert, die guten gefördert werden. Die wichtigsten Bodenarten möchte ich kurz beschreiben:

Leichte, sandige Böden erwärmen sich sehr rasch, da durch die lockere Lagerung der kleinen Bodenteilchen die Luft leicht eindringen kann. Auf Grund dieser Eigenschaft geht jede Zersetzung, z. B. von Stall- oder Gründung, verhältnismäßig schnell vor sich. Man bezeichnet diese Böden deshalb als rege. Da sie keine wasserhaltende Kraft besitzen, trocknen sie sehr schnell aus und die Nährstoffe werden rasch ausgewaschen. Solche Bodenarten sind deshalb ewig hungrig und ausgesprochene Düngerfresser. Durch reichliche Humuszufuhren in Form von Stalldung, Gründung, Torfmull und Kompost sind sie verhältnismäßig einfach zu verbessern. Da sie meist sauer reagieren, sollten sie regelmäßig gekalkt werden. Sie sind fast bei jedem Wetter zu bearbeiten. Dadurch und durch ihre leichte Erwärmung eignen sie sich ganz besonders zur Kultur von Frühgemüse.

Gärtner Pötschke sagt:
Jeder Boden ist zu verbessern, man muß es nur richtig anpacken!

Tonböden sind kalt, undurchlässig und feucht. Jede Zersetzung geht nur sehr langsam vor sich, man bezeichnet sie deshalb als träge. Die Nährstoffe werden sehr lange festgehalten, so daß sie für die Pflanzen nur beschränkt zugänglich sind. Man kann sie sehr schwer durch reichliche Sand- und Humuszufuhren verbessern. Bei diesen Böden ist eine häufige und gründliche Lockerung unbedingt notwendig, vor allen Dingen müssen sie im Herbst in grober Scholle gegraben werden, um kräftig durchfrieren zu können. Nur so kann man mit einer einigermaßen guten Krümelung rechnen. Da diese Böden naß und kalt sind, lassen sie sich im Frühjahr erst spät bearbeiten. Sie eignen sich nicht für den Anbau von Wurzelgemüse.

Lehmböden sind tätige Böden, deren Hauptbestandteile Sand und Ton sind. Je nach den Anteilen von Sand oder Ton sind es lehmige Sand- oder sandige Lehmböden. Sie weisen eine ausgezeichnete wasserhaltende Kraft auf, sind locker, gut durchlüftet und erwärmen sich rasch. Sie waschen nicht leicht aus und sind deshalb außerordentlich nährstoffreich. Bei guter Pflege stellen sie die idealen Gartenböden dar. Zu dieser guten Pflege gehört natürlich auch die regelmäßige Lockerung sowie die Humus- und Nährstoffzufuhr.

Kalkböden sind hitzig, trocken und arm an Nährstoffen. Sie sind nur sehr schwer durch reichliche Humus- und Kompostgaben zu verbessern. Sie kommen jedoch bei uns in Deutschland seltener vor.

Humusböden sind sauer und sehr frostempfindlich. Sie sind durch intensive Bearbeitung bzw. Sand- und Lehmzufuhren zu verbessern. Wir finden sie vorwiegend in Moor- und Heidegegenden.

Humor und Humus Gottesgaben! Drum pfeif ich auf den Unglücksraben!

Die Bodenpflege

Wie oben bereits erwähnt, müssen wir uns bemühen, in unseren Gärten einen guten Kulturboden zu schaffen. Durch intensive und durchdachte Bodenbearbeitung, Humuszufuhr und Düngung wird es uns gelingen, alle Bodenarten zu verbessern, um gute Erträge zu erzielen.

Graben: Es sind zwei Hauptgrabezeiten zu unterscheiden, die wichtigste vor Eintritt des Winters, die andere vor der Bestellung im Frühjahr. Falsch ist es, beim Graben im Herbst oder Vorwinter die grobe Scholle mit dem Spaten zu zerkleinern. Warum? Durch das Graben im Herbst in recht grober und tiefer Scholle soll erreicht werden, daß die Feuchtigkeit und der Frost des Winters tief in den Boden eindringen können. Je tiefer, um so besser, denn gerade der Frost hat für den Boden eine ganz besondere befruchtende Wirkung. Durch ihn werden die feinsten Bodenteilchen zersprengt und die mineralischen Nährstoffe, die von Natur aus in der Erde enthalten sind, immer wieder aufs neue gelöst und frei gemacht, so daß die Pflanze diese im folgenden Jahre aufnehmen kann.

Lerne graben, ohne zu stöhnen!

Das ist die alljährlich sich wiederholende Urkraft der Scholle. Darum ist es so richtig: Beim Graben im Herbst auf grobe, große Schollen achten, möglichst mit einem neuen und nicht mit einem alten, abgenutzten, kurzen Spaten tief graben. Bei der Anschaffung eines Spatens kaufe lieber einen guten Gärtnerspaten, bei dem der Stiel handlich ist und nicht so leicht abbrechen kann. Wird er nach jedem Gebrauch gereinigt, ergibt sich bald ein blankes Blatt, das sich leicht in den Boden stoßen läßt und dadurch auch keine Scholle zerschlagen wird.

Im Frühjahr sind diese Schollen so zerfroren, daß sie von selbst zerfallen, und die Erde ist feinkrümelig, wie sie Menschenhand nicht besser zurichten könnte. Die Natur hat die Erde in den Zustand gesetzt, wie ihn die Pflanze für die nächste Wachstumszeit braucht.

Es bedarf nur noch einer kleinen Nachhilfe durch Menschenhand. Richtig ist es, wenn man im Frühjahr den Grubber oder eine Bodenfräse nimmt und den Boden ungefähr 10 bis 15 cm tief durchzieht und dadurch die verkrustete Oberfläche feinkrümelig gestaltet.

Was erreicht man damit?

Der Boden behält seine Winterfeuchtigkeit länger, er bleibt feinkrümelig und ermöglicht den Wurzeln ein leichtes und gleichmäßiges Eindringen in

Merke: Im Herbst mit einem tiefgehenden Spaten recht große Schollen graben.

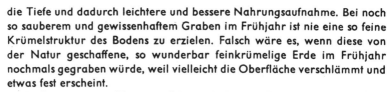

Ist der Spaten blank und fein, wird's Graben ein Vergnügen sein!

die Tiefe und dadurch leichtere und bessere Nahrungsaufnahme. Bei noch so sauberem und gewissenhaftem Graben im Frühjahr ist nie eine so feine Krümelstruktur des Bodens zu erzielen. Falsch wäre es, wenn diese von der Natur geschaffene, so wunderbar feinkrümelige Erde im Frühjahr nochmals gegraben würde, weil vielleicht die Oberfläche verschlämmt und etwas fest erscheint.

An heißen, sonnigen Tagen und bei anhaltender Trockenheit würde der im Frühjahr gegrabene Boden bis in die Tiefe austrocknen, während der im Winter gegrabene noch eine gewisse Feuchtigkeit behält. Durch gleichmäßige Feuchtigkeit des Bodens wird jedoch der Keimprozeß gefördert. Wenn du nun im Frühjahr unbedingt graben mußt, weil du es im Herbst versäumtest, dann grabe nicht zu tief. Nimm dazu jedoch die Grabegabel. Sie sticht sich leicht in den Boden, und es können auch mit ihr die Klumpen besser feingeklopft werden. Je feiner du die Erde zerkrümelst, um so mehr Wasser ersparst du im Sommer, um so besser werden die Wurzeln die Nahrung finden, und um so gesünder werden deine Kulturen wachsen. Aber mache es richtig! Warte auf alle Fälle, bis der Boden sich leicht zerkrümeln läßt. Ich habe dafür einen Zweizeiler geprägt: „Läßt der Boden sich noch kneten, darfst du nie das Land betreten!" Nicht allein die Schneeschmelze oder einige wärmere Sonnentage sind für den Zeitpunkt des Grabens maßgebend. Einzig und ganz allein die Bodenfeuchtigkeit gibt den Ausschlag.

Wenn die Erde noch an den Schuhen klebt, wenn das Kulturland noch so feucht ist, daß es beim Umgraben nicht von allein zerfällt, sondern am Spaten kleben bleibt, darfst du noch nicht mit der Bodenbearbeitung beginnen. Lieber noch einige Tage warten. Aussaaten, die zu früh in den kalten, feuchten Boden gebracht werden, faulen oft und werden bald von später ausgesäten Saaten eingeholt und sogar überholt. Deshalb versäumst du keine Zeit, wenn du den richtigen Augenblick zur Bodenbearbeitung abwartest. Ist nun der rechte Zeitpunkt gekommen, dann mache es folgendermaßen: Hebe dir zunächst eine spatenstichbreite Grabefurche aus. Hast du einen ungefähr 1 m breiten Streifen gegraben, muß dieser erst zerkleinert werden. Hierzu benutzt man am besten einen Holzrechen. Durch häufiges kräftiges Hin- und Herstoßen werden die Klumpen der Oberfläche vollkommen zerkleinert. Erdklumpen werden in die Furche gezogen und zerstoßen. Vor dem Weitergraben mußt du noch mit einem Eisenrechen die Oberfläche ebnen. Nach jedem weiteren gegrabenen Meter wiederholt sich dieser Vorgang.

Läßt der Boden sich noch kneten, darfst du nie das Land betreten!

Mehr und mehr sieht man heute auch die Besitzer größerer Gärten motorisiert zwischen ihrem Gartenzaun herumwerken. Das hat mit den motorisierten Rasenmähern und elektrischen Heckenscheren begonnen. Verschiedene deutsche und ausländische Firmen bringen leichte Motorgeräte auf den Markt, die die Gartenarbeit ganz wesentlich erleichtern, so z. B.: Kombigeräte mit Benzinmotor als Antrieb, wobei die verschiedenen Zusatzgeräte wie Bodenfräse, Häufler, Rasenmäher usw. hinzugekauft werden können.

Hacken

Zur Bodenbearbeitung gehört vor allen Dingen das Hacken, besser gesagt, das Lockern und Lüften des Bodens. Richtig hacken ist halbe Düngung, sagt ein altes Gärtnersprichwort. Falsch ist es, wenn man glaubt, durch häufiges und tiefes Hacken den Kulturpflanzen eine ganz besondere Pflege angedeihen zu lassen. Nein, mit der Hacke lockert man nur die obere Bodenschicht und rottet das Unkraut aus. Daß alles Unkraut schon im Jugendstadium vernichtet werden muß, sollte jedem Anfänger

Rechen aus Stahl

klar sein, denn es entzieht unseren Kulturpflanzen nicht nur die Nährstoffe, sondern nimmt ihnen Platz, Licht, Luft und Sonne. Wie aber bereits gesagt, merzen wir mit der Hacke nicht nur das Unkraut aus, sondern lockern gleichzeitig den Boden, damit Luft an die Wurzeln der Pflanzen kann. Denn auch die unterirdischen Pflanzenteile atmen und benötigen Sauerstoff. Die Bodenbakterien können nur bei ausreichender Sauerstoffzuführung arbeiten und leben, daher: „Richtig hacken — halbe Düngung." Außerdem können wir durch regelmäßiges Hacken den Wasserhaushalt des Bodens gut regulieren. Nach jedem Regen solltest du deine Beete mit der Hacke oder dem Grubber durchziehen. Es bildet sich eine flache, trockene Oberschicht, die dann wie eine Isolierschicht wirkt. Das eingesickerte Wasser kann nicht mehr so schnell verdunsten und kommt den Pflanzen reichlicher zugute. Daß die nach einem Regen gehackten Beete das Wasser länger im Boden halten, klingt unglaubwürdig, darum möchte ich dir raten, stets daran zu denken.

Grubber

Krümmer

Probiere es einmal selbst an zwei Beeten. An einem Tag nach Regenwetter oder Gewitter lockere das eine Beet flach, indem du mit der Ziehhacke die Oberfläche ungefähr 2 cm tief durchziehst. Schon nach einer Stunde Sonnenschein wirst du beobachten, daß dieses Beet an der Oberfläche trocken wird, während das andere ungehackte Beet noch lange seine Feuchtigkeit behält. Aus diesem Grunde denken die meisten Kleingärtner, das Hacken nach dem Regen sei falsch. Wenn aber einige Tage verstrichen sind, wird man feststellen können, daß unter der trockenen krümeligen Erde mehr Feuchtigkeit zu finden ist als in dem ungehackten Beet. Das hängt mit der sogenannten Bodenkapillarität (Haarröhrchenwirkung) zusammen. Dieser Vorgang läßt sich am besten an folgendem Beispiel erklären: Nimm ein Stück Würfelzucker, tauche eine Ecke leicht in den Kaffee, und du wirst beobachten, wie der Kaffee in dem Stück Zucker hochsteigt. So mußt du dir den Vorgang in der Erde vorstellen. Der in die Erde versickernde Regen bildet ganz feine in die Tiefe verlaufende Gänge und Röhrchen. In diesen steigt das Wasser aus dem Untergrund wieder hoch bis an die Oberfläche, wo es verdunstet. Wenn nun diese Oberfläche ganz flach durchgezogen wird, werden die Haarröhrchen oben zugeschüttet, also verstopft. Das Wasser kommt nicht mehr an die Oberfläche und bleibt dem Boden und damit den Pflanzen erhalten.

Lüfter

Verstell-Krümmer

Wie hat man sich früher mit den altbekannten Schlaghacken abgemüht, um den Boden zu bearbeiten. Man schlug mühselig Schlag um Schlag die Hacke in den Boden und bekam Kreuzschmerzen. Daneben trat man den eben bearbeiteten Boden durch Vorwärtslaufen wieder fest.

Häufler

In der neueren Zeit befaßte man sich natürlich ausführlich mit den veralteten Geräten und schuf neue Werkzeuge für die Garten- und Feldarbeit. Das Ergebnis war revolutionierend! Man entwickelte vollkommen neue, zeit-, arbeits- und kräftesparende Geräte, die den heutigen Ansprüchen gerecht wurden. Die neu entwickelten Geräte werden durch den Boden gezogen. Man bückt sich nicht mehr, sondern geht mit aufrechtem Körper durch die Reihen, bzw. durch die Kulturen und zieht die Geräte hinter sich her. Das Festtreten des Bodens entfällt, da man vor- und rückwärts gehen kann, ohne erneut den gerade bearbeiteten Boden zu betreten. Die Arbeit geht schneller vonstatten, man ist weniger ermüdet und hat eine viel bessere Bodenlockerung erreicht, als durch das Schlagen mit der alten Hacke.

Verstell-Kultivator

Alle Geräte lassen sich am langen Stiel gut führen, wodurch eine Bodenbearbeitung bis direkt an die Pflanze möglich ist. Eine Wurzelbeschädigung, wie es mit der Schlaghacke oft der Fall war, entfällt dadurch vollkommen.

Lockern und Lüften durch Verstellgeräte

*Willst du im Garten
gründlich sein,
grab doppelt tief
ins Erdreich ein!*

Holländern

ist ein Umgraben auf zwei Spatenstich Tiefe. Es ermöglicht ein noch tieferes Eindringen der Luft, des Frostes und der Niederschläge in den Boden. Dadurch wird eine tiefere und größere Aufschließung der Bodenmineralien und Nährstoffe bewirkt, kurz gesagt, der Boden wird fruchtbarer. Beim Holländern wird ein zwei Spatenstich breiter Graben ausgehoben und an das Ende des Stückes gefahren. In dem gewonnenen ungefähr 50 cm breiten Graben wird der Untergrund umgestochen. Auf diesen Untergrund werden nun die nächsten zwei Spatenstiche geworfen; dadurch entsteht ein neuer Graben von ebenfalls 50 cm Breite, dessen Untergrund wie beim ersten Graben umgebrochen wird. Dieser Vorgang wiederholt sich bis ans Ende des Stückes. Mit der ausgefahrenen Erde des ersten Grabens wird der letzte Graben aufgefüllt.

Die nebenstehende Skizze veranschaulicht das eben Gesagte recht deutlich. Das Holländern wird angewandt, wenn die Krume nur flach ist und vermieden werden soll, daß roher Boden nach oben kommt.

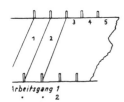

*Arbeitsgang 1
· 2*

Rigolen

Rigolen ist eine Bodenbearbeitung auf eine Tiefe von 60 bis 70 cm. Dies wäre eine Tiefe von drei Spatenstichen. Den obersten Stich nennen wir Oberkrume, den zweiten die Mittelschicht und den dritten den Untergrund. Beim Rigolen muß jede Schicht wieder in die alte Tiefe kommen. Wie man das macht, wollen wir gleich einmal an einem Beispiel probieren: Du willst ein Stück Land von 20 m Länge und 5 m Breite rigolen. Die Arbeitsgänge der Reihe nach sind folgende:

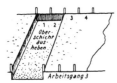

Arbeitsgang 3

1. Mit kleinen Pflöckchen das Stück in 20 Streifen von je 1 m Breite abstecken.

2. Streifen 1 und 2 mit einer Schnur markieren.

3. Von diesen beiden Streifen wird die Oberkrume einen Spatenstich tief ausgehoben und bis über das Ende des Stückes gefahren.

4. Von Streifen 1 die Mittelschicht ebenfalls bis über das Ende, aber auf einen zweiten Haufen fahren.

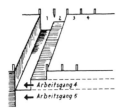

*Arbeitsgang 4
Arbeitsgang 5*

5. Der jetzt freiliegende Untergrund des ersten Streifens wird gut umgegraben.

6. Auf diesen Untergrund werfe ich die freiliegende Mittelschicht des zweiten Streifens.

7. Der Untergrund des Streifens 2 wird nun gegraben.

8. Die Schnur wird weiter an Streifen 3 gesteckt.

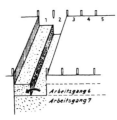

*Arbeitsgang 6
Arbeitsgang 7*

9. Die Oberschicht des Streifens 3 wird über den Streifen 2 hinweg auf den Streifen 1 geworfen.

10. Die freie Mittelschicht des Streifens 3 wird als Mittelschicht auf den gegrabenen Untergrund des Streifens 2 geworfen.

11. Der Untergrund bei Streifen 3 wird wie bei Streifen 2 umgegraben.

12. Die Schnur wird weiter auf Streifen 4 gesteckt und die Oberschicht auf 2 geworfen usw., bis alle 20 Streifen fertig sind. Am Schluß wird die Erde wieder aufgefüllt. Die Erde ist drei Spatenstiche tief umgearbeitet, ohne daß die humusreiche Oberschicht in die Mitte oder gar nach unten gekommen wäre. Noch zu beachten ist, daß keine Zwischenwände stehenbleiben, denn diese würden die Zirkulation des Wassers beeinträchtigen.

*Arbeitsgang 8
Arbeitsgang 9*

Und was lernen wir daraus?

Gute Bodenbearbeitung ist der Grundstein zum Erfolg. Wer seinen Boden „in Schuß" hat, der hat gute Ernten. Bei ihm kommt auch nicht die sogenannte „Untergrundkrankheit" auf, die immer auf schlechte Untergrunddurchlüftung zurückzuführen ist. Im Garten hilft da nur das Rigolen. Im Feldbau wird dieser Krankheit durch besonders tief in den Boden greifende Geräte energisch zu Leibe gerückt.

Humuszufuhr

Die Güte eines Bodens ist überwiegend von seinem Humusgehalt abhängig. Durch eine regelmäßige Humuszufuhr können wir unsere Gartenböden wesentlich verbessern. Dazu eignen sich Torf, Stalldung, Kompost und Gründünger.

Torfstreu und Heideerde — Sachen, die unsern Boden besser machen!

Torf

ist durch seine vielseitige Verwendbarkeit derzeit der wertvollste Humusrohstoff. Im Gartenbau kommt der aus Hochmooren gewonnene Torf zur Verwendung, welchen man zu Ballen gepreßt in jeder Düngerhandlung bekommen kann. Er enthält keine Nährstoffe, erhöht jedoch die wasserhaltende Kraft in leichten Böden ganz außerordentlich und wirkt in schweren, bindigen Böden lockernd. Zu jeder Zeit kann er in den Boden eingebracht werden. Man kann ihn flach mit eingraben oder über das gegrabene Beet ausstreuen und dann einharken. Gern streut man Torfmull auch zwischen den Reihen der Pflanzen aus, um dem Boden die Feuchtigkeit länger zu erhalten und das Unkraut im Keim zu ersticken. Durch wiederholtes Hacken wird er langsam in den Boden mit eingearbeitet. Man sollte ihn jedoch niemals trocken verarbeiten. Die gepreßten Ballen müssen vor Gebrauch zerkleinert und gut gewässert werden. Mit Jauche, Geflügel-, Schaf- oder anderem Dung vermengt erzielt man eine sehr gleichmäßige und milde Wirkung des jeweiligen Düngers. Als Einstreu bei der Viehhaltung findet er oft Verwendung und wird so zu einem guten, recht brauchbaren Stalldung.

Was stinkt das düngt!

Stalldung

ist noch immer die Grundlage aller Düngung, obgleich er heute häufig durch andere Humusdünger ersetzt werden muß, da er einfach nicht mehr in ausreichender Menge zu beschaffen ist. Man führt dem Boden durch ihn nicht nur Humus, sondern auch wertvolle Nährstoffe zu. Jedoch kann nur der Stickstoff in vollem Umfang von den Pflanzen aufgenommen werden. Eine Stalldüngung ist infolgedessen eine einseitige Stickstoffdüngung und sollte durch die entsprechenden Handelsdünger mit Phosphor und Kali ergänzt werden. Nach einer Stalldunggabe sollen nur die geeigneten Gemüsesorten angebaut werden, die in erster Tracht stehen müssen. Man gibt alle drei Jahre Stalldung; eine Schubkarre reicht etwa für 10 qm aus. Nach Möglichkeit sollte er im Herbst oder Winter flach untergegraben werden, damit die strohigen Bestandteile im Laufe des Winters gut verrotten können. Stalldung, welcher im Frühjahr eingebracht wird, verrottet bis zur Aussaat oder Pflanzung nicht restlos, und die strohigen Bestandteile ziehen leicht Ungeziefer an.

Der Wert des Dungs hängt weitgehend von seiner Lagerung und Pflege ab. Gelagerter Dung soll möglichst keine Wärme entwickeln. Man setzt ihn deshalb in Haufen und tritt ihn fest, damit kaum Sauerstoff in das Innere des Haufens dringen kann. Der Mist kann so nicht verbrennen oder

Lagre Mist stets fest in Haufen, denn es gibt ihn kaum zu kaufen!

15

verrotten. Dieser Vorgang geht vielmehr erst nach der Ausbreitung auf dem Land vor sich, und die dabei entstehende Wärme kommt dem Boden zugute. Locker gelagerter Dung verbrennt in sich und verliert nicht nur an humoser Masse, sondern auch erheblich an Nährstoffen. Wenn der Dung aufs Land gebracht wird, sollte er deshalb sofort ausgestreut werden. Liegt er lange auf kleinen Haufen, dann erkennt man im Sommer diese Lagerstellen deutlich an der dunkelgrünen Färbung der daraufstehenden Kulturen.

An dem Komposthaufen erkennt man den Gärtner. Gute Komposterde besteht aus verwesten, natürlichen Abfällen aus Haus, Hof und Garten. Erst durch richtige Lagerung, Umarbeitung und möglichst noch durch Zugabe von Fäkalien wird er so wertvoll. Stalldung wird von Jahr zu Jahr knapper, behandle ihn deshalb wie eine Rarität.

Kompost

Nichts — sprach der Gartenkomponist, ein Garten ohne Kompost ist.

Das Mistverständnis ist kein Mißverstand, nein — eine Wissenschaft, hochinteressant!

Düngung, aber ebenso ein ausgezeichnetes Bodenverbesserungsmittel ist die Komposterde. In jeden Siedlergarten gehört ein gepflegter Komposthaufen. Der Platz wird an einer schattigen Stelle gewählt und nach außen hin durch hochwachsende Pflanzen verdeckt, da der Kompost nicht gerade zur Zierde des Gartens beiträgt. Schattig muß er liegen, damit er nicht austrocknet und eine gute Verrottung aller Abfallstoffe gewährleistet ist. Aus diesem Grund setzt man den Komposthaufen in einer Breite von etwa 2 m und einer Höhe von 1 m auf. Im Kern eines zu hoch aufgesetzten Komposthaufens findet keine Verrottung, sondern Fäulnis und Gärung statt. Dabei entstehen pflanzenschädliche Stoffe, weil nicht genügend Luft zutreten kann. Auf den Komposthaufen kommen alle Ernteüberreste, Gras, Küchenabfälle aller Art, Schlick, Abortgrubenschlamm, Mist, Jauche und Laub. Kranke und von Schädlingen befallene Pflanzen und Pflanzenteile sowie samentragende Unkräuter darfst du auf keinen Fall auf den Kompost werfen, wenn du mit dieser Erde nicht später deinen ganzen Garten verseuchen willst. Durch wiederholtes Umsetzen im Sommer und Herbst wird der Zersetzungsvorgang beschleunigt. Dabei wird der Komposterde reichlich Kalk, etwa 1 kg pro cbm, zugesetzt. Nach zwei bis drei Jahren ist der Kompost so weit, daß man ihn zum Düngen und zur Bodenverbesserung verwenden kann. Halte ihn stets frei von Unkraut, denn dieses nimmt ihm nicht nur die Nährstoffe, sondern verdirbt ihn außerdem auch noch durch ausfallenden Samen. Man kann ihn gut mit Kürbis beschatten, sollte diesen jedoch stets am Rande pflanzen und nur die Ranken über den Komposthaufen ziehen, damit ihm möglichst wenig Nährstoffe entzogen werden.

Torf-Schnell-Kompost

ist eine Kompostierung von feuchtem Torfmull mit Erde. Nährstoffe werden ihm in Form von kalkhaltigen Handelsdüngern beigesetzt. Der Torfmull wird durch die Verrottung in Humus verwandelt, der dann die nötigen Pflanzennährstoffe enthält. Zum Ansatz des Torf-Schnell-Kompostes benötigst du auf einen Ballen Torfmull 5 kg Kalkstickstoff, 7 kg Thomasmehl, 7 kg Kalimagnesia.

Die Pflanze
es meist übelnimmt,
wenn keineswegs
die Mischung stimmt!

Du zerkleinerst den Torfmull so, daß keine Klumpen mehr vorhanden sind. Danach wird er auf ein Quadrat von 1½ bis 2 m Seitenlänge 25 cm hoch ausgebreitet. Auf dieses Torfquadrat streust du nun die Düngesalze und mischst sie gut unter. Jetzt wird dem Torfmull Wasser zugesetzt und dabei das Torfquadrat wiederholt durchgearbeitet. Ein Ballen Torfmull benötigt ungefähr 300 bis 500 Liter Wasser. Bei dem Bewässern des Torfmulles muß darauf geachtet werden, daß das Wasser nicht abfließen kann und somit die aufgelösten Nährstoffe weggeschwemmt werden. Darum in täglichen Abständen das Wasser zusetzen. Ist der Torf nun vollständig naß, wird das Torfquadrat zu einer Miete von 1 m Breite und ca. 60 cm Höhe geschaufelt. Die Seitenwände werden gut festgeklopft und 10 cm hoch mit guter Gartenerde bedeckt. Auch kann man abgelagerte Komposterde mitverwenden. Dieser aufgesetzte Schnell-Kompost wird nach vier Wochen erstmalig umgestochen und die Deckerde wird gut mit der Masse vermischt. Ist diese zu trocken geworden, wird neu bewässert. Die neue Miete wird nun etwas höher und breiter aufgesetzt und zwei bis drei Finger stark mit Gartenerde abgedeckt. Nach drei Wochen wird die Miete zum zweiten Male umgesetzt und abermals die Deckerde gut mit untergemischt. Der Schnell-Kompost ist jetzt zum Düngen des Landes fertig. Schnell-Kompost kann während des ganzen Jahres angesetzt werden, am besten etwa acht Wochen vor Verwendung. Aus einem Ballen Torfmull, welcher ein Gewicht von etwa 75 kg hat, kann man 18 Zentner Masse gewinnen. Das ist ausreichend als Volldüngung für 100 qm Land. Ich sagte vorhin, daß dem Boden alle drei Jahre einmal Stallmist zugeführt werden soll. Besteht jedoch keine Möglichkeit, Stallmist zu beschaffen, so ist der Schnell-Kompost der beste Ersatz.

Fäkalienverwertung
nur über den
Komposthaufen!

Jauche — Jauchetorf

Das Jauchefaß im Gemüsegarten ist heute verpönt. Nur die Blumenbeete bekommen bei Regenwetter einen leichten Jaucheguß, möglichst noch verdünnt im Verhältnis 1 : 4, also vier Teile Wasser auf einen Teil Jauche. Die übrige Jauche kommt auf den Komposthaufen und wird dort mithelfen, die Erde zu verbessern. Sei unbesorgt, mein Freund, der Komposthaufen verliert nichts! Hartgesottenen Kleingärtnern vom alten Schlage, die sich nicht mit den neueren Erkenntnissen anfreunden können, sei nur gesagt, daß ja auch die Kuh auf der Weide um die besonders dunkelgrünen Rasenflecke herumfrißt, die durch Eigendüngung mit ihren Exkrementen herrlich gewachsen sind. Erst im nächsten Jahre frißt sie von diesem Fleckchen Gras. Dieser kleine Hinweis dürfte zu denken geben.

Willst du es ganz gut machen, dann empfehle ich dir, Jauchetorf anzusetzen. Man bringt dazu einen Ballen Torf in eine flache Grube, zerkleinert ihn und versetzt ihn mit 300 bis 400 Liter Jauche, welcher vorher 1½ bis 2 kg Superphosphat und die gleiche Menge Patentkali zugesetzt wurden. Dieser Jauchetorf ist ein ausgezeichneter Stalldungersatz, den jeder Gartenfreund ohne viel Umstände selbst herstellen kann, wenn er eine Kläranlage am Hause besitzt.

Gartenarbeit ist eine
Sache, zu der man
nicht nur beide Hände
braucht!

Auch der „grüne Dung" gibt den Pflanzen Schwung!

Gründüngung

Die Gründüngung wird leider viel zu wenig angewandt. Darunter versteht man den Anbau einer Frucht, die nicht geerntet, sondern vor der Reife untergegraben wird. Besonders dazu geeignet sind Schmetterlingsblütler, wie Lupinen, Serradella, Erbsen, Bohnen, Pferdebohnen und Wicken. Diese Pflanzen haben an ihren Wurzeln kleine Knöllchen, die von einer Bakterienart gebildet werden. Sie besitzen die Fähigkeit, den wichtigen Pflanzennährstoff Stickstoff aus der Luft aufzunehmen, zu Pflanzennährstoff zu verarbeiten und in den Knöllchen zu speichern. 78% der uns umgebenden Lufthülle bestehen ja bekanntlich aus Stickstoff. Nach dem Absterben und Vergehen der Knöllchen verbleibt dieser Stickstoff im Boden. Es wird durch die Gründüngung dem Boden aber nicht nur Stickstoff, sondern durch die Verwesung der oberirdischen Pflanzenteile auch Humus zugeführt. Für leichte Böden sind Lupinen am besten geeignet. Man benötigt für 1 qm etwa 15 g Saatgut. Erbsen sind für alle Böden zu verwenden. Die Aussaat erfolgt, nachdem man schon eine Frühernte eingebracht hat, bis Ende Juli.

Die Pflanzen werden vor Frostbeginn im Herbst niedergetreten oder gewalzt und dann untergegraben. Nun geht ja Probieren über Studieren. Was nutzt es, wenn Gärtner Pötschke dir etwas empfiehlt, und du probierst es selbst nicht richtig aus. Darum versuche es, aber kontrolliere bitte den Erfolg.

Beispiel: Salat, Spinat, Erbsen und frühe Bohnen sind bis Ende Juli abgeerntet. Diese Beete willst du grün düngen, da nächstes Jahr Kohlarten darauf kommen sollen. Wenn du ein Stück davon ohne Gründüngung zur Kontrolle liegen läßt, wirst du im nächsten Jahr genau den Erfolg sehen können. Nachdem du dich selbst von dem Wert der Gründüngung überzeugt hast, wirst du jede Gelegenheit benutzen, sie anzuwenden. Es ist oft schwer, die hierzu nötige Saat schnell zu erhalten, darum versorge dich schon rechtzeitig. Denn merke hier: Ein Tag bei ihrer Aussaat verloren, das ist durch eine Woche Wachstum im Herbst nicht zu ersetzen.

Sein Kikerikiki — es ist nie zu früh!

Die Düngung mit Handelsdünger

Es werden heute eine ganze Menge Handelsdünger von der Industrie hergestellt. Aus Unkenntnis ihrer Wirkung wird oft viel gesündigt. Statt Stickstoff- wird Phosphordünger gestreut, statt schnellwirkenden gibt der Laie langsamwirkenden, statt Kopfdünger solchen, der sich nicht zur Kopfdüngung eignet usw. Darum will ich dir, lieber Gartenfreund, das sagen, was du über die Düngesalze, ihre Wirkung, ihre Anwendung und ihren Gehalt wissen mußt.

Über Handelsdünger könnte man ein dickes Buch schreiben, denn das ist eine ganze Wissenschaft für sich. Merke dir zuerst, daß es drei Hauptdüngerarten gibt: Stickstoffhaltige, phosphorhaltige und kalihaltige. Die chemischen Kurzzeichen dafür sind N für Stickstoff (vom lat. *Nitrogenium*), P für Phosphor und K für Kali. Sie sind in leichtlöslicher (schnellwirkender) und schwerlöslicher (langsamwirkender) Form erhältlich. Ferner gibt es noch Mischdünger, die zwei oder drei der obenbezeichneten Nährstoffe enthalten. Die Hauptnährstoffe der Pflanzen sind Stickstoff, Phosphor, Kali und Kalk. Diese sind nicht in genügender Menge in der Erde vorhanden und müssen durch die Düngung dem Boden zugeführt werden. Sie werden, in Wasser gelöst, durch die Pflanze dem Boden wieder entzogen. Die Wirkung der einzelnen Düngerarten habe ich der Einfachheit halber bei der Besprechung der einzelnen Handelsdünger angeführt.

Die Behauptung, mit Handelsdünger versorgte Gemüsearten wären für die menschliche Gesundheit schädlich, ist irrig. Handelsdünger ist und bleibt Pflanzennahrung in konzentrierter Form, erklären die Wissenschaftler.

Merke dir weiter: Leichtlösliche Düngemittel wirken bald nach dem Ausstreuen, haben dafür aber eine kurze Wirkungsdauer. Sie werden darum hauptsächlich als Kopfdünger verwandt. Kopfdüngen heißt, unseren Pflanzen während der Wachstumszeit durch Handelsdünger fehlende Nahrung und Aufbaustoffe geben. Kopfdünger streut man stets vor einem Regen aus und hackt ihn leicht unter. Schwerlösliche Düngemittel haben eine langsame, aber dafür eine um so länger anhaltende Wirkung. Sie sind als Kopfdünger nicht zu verwenden und müssen stets kürzere oder längere Zeit vor dem Bestellen gestreut werden. Überlege dir daher vor dem Kauf eines Düngemittels genau, welche Nährstoffe du damit den Pflanzen zuführen willst und ob es schnell oder langsam wirken soll.

Gärtner Pötschke rät: Kopfdünger nur vor dem Regen streuen und sofort unterhacken!

Stickstoffhaltige Düngemittel

Der Pflanzennährstoff Stickstoff erzeugt in der Pflanze Wüchsigkeit, massiges Blattwachstum und dunkelgrüne Färbung. Zu stark mit Stickstoff gedüngte Pflanzen werden zu fett, sind nicht widerstandsfähig gegen Fäulnis und Krankheitsbefall und blühen wenig. Pflanzen mit üppigem Blattwachstum haben einen hohen Stickstoffbedarf; das sind also alle Gemüsearten, bei denen es darauf ankommt, viel Blattmasse zu erzeugen. Dazu gehören alle Kohlarten, Rhabarber, Gurken und andere. Ebenso benötigen die Jungpflanzen reichlich Stickstoff zu einer gesunden Entwicklung.

a) Leichtlöslicher Stickstoffdünger

Leichtlöslich sind alle angebotenen Stickstoffdünger, die das Wort „Salpeter" führen. Die gebräuchlichsten sind:

Natron- oder Chilesalpeter mit einem Gehalt von 16% Stickstoff, ohne irgendwelche pflanzenschädliche Wirkung. Sofort, schon acht Tage nach der Anwendung, ist sie an dem dunkleren Blattgrün der Pflanzen erkennbar. Anwendung: Wegen seiner sofortigen Wirkung gibt man ihn am besten als Kopfdünger. Natronsalpeter gibt man nur in kleinen Mengen, weil er bei seiner sofortigen Wirkung nicht lange anhält; dafür je nach Bedarf in zwei Gaben mit vier- bis sechswöchigem Zwischenraum. Die Anwendung soll möglichst kurz vor einem Regen oder einem Gewitter erfolgen.
Kalksalpeter ist in der Wirkung und Anwendung wie Natronsalpeter. Für schwerere und saure Böden ist er sogar noch besser, weil er neben 15% Stickstoff noch 28% Kalk enthält und dadurch den Boden lockert.

Nur wer vom Düngen was versteht, der bringt was heim vom Gartenbeet!

b) Schwerlöslicher Stickstoffdünger

Kalkstickstoff (sehr lange lagerfähig). Gehalt: Rund 21% Stickstoff und außerdem 60% Kalk. Wirkung: Ein sehr nachhaltig wirkender, schwerlöslicher Dünger, gut geeignet für schwere Böden. Anwendung: Er ist drei bis vier Wochen vor dem Bestellen im Frühjahr anzuwenden. Auf schweren Böden kann er schon im Herbst gestreut werden. Pro Quadratmeter genügen ca. 30 g. Er hat eine außerordentlich desinfizierende Wirkung im Boden und vernichtet manches Unkraut bereits im Keime. Im Garten sollte er nur in gekörnter Form (granuliert) verwendet werden.

Schwefelsaures Ammoniak. Gehalt: Rund 21% Stickstoff, schwerlöslich. Wirkung: Langsam, den ganzen Sommer über anhaltend. Anwendung: Vor dem Säen oder Bepflanzen, beim Zurechtmachen der Beete. Der hohe Stickstoffgehalt sowie seine nachhaltige Wirkung bürgen dafür, daß die Pflanzen den Sommer über ausreichend mit diesem wichtigen Nährstoff versorgt werden.

Sei mit der Düngung nur vernünftig, dann wächst's im Zimmer auch ganz zünftig!

*Richtig gedüngt,
die Ernte gelingt!*

Phosphorsäurehaltige Düngemittel

Der Nährstoff Phosphor erzeugt Blütenreichtum und Festigkeit der Früchte und ist daher für Blumen sowie Gemüse, welches Früchte tragen soll, wertvoll; besonders für Bohnen, Erbsen, Tomaten, Gurken, Erdbeeren, Stachelbeeren und Johannisbeeren.

Superphosphat. Gehalt: 18% Phosphorsäure, 41% Kalk, 14% Natron und ca. 11% Kieselsäure. Wirkung: Schnell, da leicht löslich. Schwere Böden werden durch Kalk und Kieselsäure lockerer. Anwendung: Vor der Bestellung, aber auch als Kopfdünger zur Nachhilfe zu verwenden. Ganz besonders auf schweren Böden angebracht.

Rhenaniaphosphat. Gehalt: 25% Phosphorsäure. Wirkung: Die Löslichkeit ist eine mittlere; es wirkt immer noch verhältnismäßig schnell. Besonders für leicht saure Böden geeignet. Anwendung: Vor der Aussaat oder Pflanzung mit in den Boden bringen, leicht untergraben. Die Wirkung ist anhaltender als die von Superphosphat. Vorzüglich für Erdbeeren, falls im Frühjahr zeitig gegeben, desgleichen für Bohnen und Erbsen.

Thomasphosphat. Gehalt: 16% Phosphorsäure, 45% Kalk, 4% Mangan und 2% Magnesia. Wirkung: Thomasmehl ist sehr schwer löslich und hat die Eigenschaft, daß es sich nicht wie die anderen Salze im Boden verwäscht, sondern sehr langsam auflöst. Darum ist seine Wirkung anhaltend. Man kann sogar Vorratswirtschaft treiben, d. h. Thomasmehl kann ohne Bedenken im Herbst sehr reichlich gegeben werden; es bleibt dem Boden immer erhalten. Anwendung: Wegen seiner oben beschriebenen Eigenschaft wird es im Herbst schon mit untergegraben. Bereits vom leisesten Wind wird das Thomasmehl davongetragen. Darum wird es mit Kainit oder Kali zu ziemlich gleichen Teilen gemischt und vor dem Graben bei windstillem Wetter gestreut. Sogar auf den schmelzenden Schnee kann man diese Mischung geben (Januar bis Februar). Für Obstbäume und Sträucher ein sehr geeigneter Dünger.

*Merke:
Für Erdbeeren,
Bohnen, Erbsen und
Blumen ist eine
Phosphordüngung das
Beste.*

Kalihaltige Düngemittel

Das Kali gibt der Pflanze einen kräftigen Knochenbau. Es gibt der Pflanze Stand und Haltung und kräftigt den Stengel. Kali wird von der Pflanze ebenso benötigt wie Stickstoff und Phosphorsäure. Eine Pflanze ohne Kali und nur mit Stickstoff gedüngt, ist mit einem aufgeschwemmten Körper auf schwachen Beinen zu vergleichen. Also darum: Laß Kali deinen Kulturen nicht fehlen. Es macht sie widerstandsfähig gegen Fäulnis, Krankheiten und Schädlinge. Auch die Obstbäume brauchen dringend Kali.

Kalidünger. Gehalt: 40% Kali. Wirkung: Es ist leicht löslich; die Wirkung tritt schnell ein, hält aber länger als bei anderen leichtlöslichen Düngemitteln vor. Anwendung: Wird am besten im Frühjahr gestreut. Hauptsächlich mit Thomasmehl gemischt, gibt man es schon im Januar und Februar. Günstig für die Erdbeeren, denn es bewirkt straffe Stiele.

*Zum Knochenaufbau
jedenfalls
braucht auch
die Pflanze Kalisalz!*

Schwefelsaure Kali-Magnesia (Patentkali). Gehalt: 26 bis 30% Kali. Wirkung: Leichtlöslich, darum auch schnellwirkend. Anwendung: Kalimagnesia ist für den Gartenbau besonders geeignet, da es chlorfrei ist. Bei den anderen Kalisalzen muß sich das schädliche Chlor erst lösen und absondern. Es eignet sich auch als Kopfdünger. Eine Gabe von 50 g je Quadratmeter vor der Saat genügt für den ganzen Sommer.

Kainit. Gehalt: 12 bis 15% Kali. Wirkung: Kainit ist schwerer löslich als die anderen Kalisalze und für Frühjahrs- und Kopfdüngung nicht geeignet. Anwendung: Als schwer lösliches Kali muß es sehr lange im Boden liegen. Es wird am besten im Herbst, auch mit Thomasmehl gemischt, gestreut.

Kalk

Das Kalken gehört mit zur Düngung und zur Bodenverbesserung. Der Kalk ist ein Pflanzennährstoff, den fast alle Pflanzen mit Ausnahme der Kartoffel und Tomate benötigen. Kalk wirkt aber vor allem boden-verbessernd. Er besitzt die Fähigkeit, die Nährstoffe des Bodens zu lösen, die Bodensäuren unschädlich zu machen, den Boden zu lockern und zu zerkrümeln. Nimm dir vor, alle drei Jahre dein Land einmal mit Kalk durchzudüngen. Hast du 1000 qm Land, so brauchst du hierzu vier Zentner Kalk. Die beste Zeit zum Streuen ist der Herbst. Im Frühjahr kann man es aber nachholen, indem man ihn beim Zurechtmachen der Beete mit in die Erde bringt. Kalk wird nur flach untergebracht. Wie mache ich das nun richtig? Weiter vorn sagt Gärtner Pötschke: Im Herbst tief graben und in rauher Scholle liegenlassen. Wenn ich nun Kalk gestreut habe, bringe ich ihn doch zu tief unter. Also, lieber Gartenfreund, mache es so: Die Hälfte wird vor dem Graben gestreut. Der Rest wird nach jeder gegrabenen Furche auf die frische Schollenreihe gestreut und mit dem nächsten Spatenstich bedeckt. Bei der Bodenbearbeitung im Frühjahr ver-teilt er sich selbst gleichmäßig. Falsch ist es, den Kalk mit Stallmist zugleich zu streuen. Die Nährstoffe des Stallmistes werden durch den Kalk vor-zeitig gelöst und verwaschen sich im Untergrund. Leider sieht man diesen Fehler noch sehr oft. Also merke: Kalk von Stallmist fernhalten. Es ist nicht ganz gleichgültig, ob man Branntkalk, auch Ätzkalk genannt, verwendet, oder ob man kohlensauren Kalk, der im gemahlenen Zustand käuflich ist, nimmt. Auf leichtem Boden soll nur kohlensaurer Kalk an-gewendet werden, auf schwerem Boden hingegen ist die Verwendung von Ätzkalk besser. Ätzkalk muß vorher aber erst gelöscht werden. Setze die Kalksteine zu diesem Zweck auf einen Haufen zusammen und bedecke sie mit feuchter Erde. Nach geraumer Zeit hat sich der Kalk aufgelöst, ist also zerfallen und kann nunmehr verwendet werden.

Vergiß, mein Freund, das Kalken nicht, das hält das Land im Gleichgewicht!

Wenn die Pflanze alles hat, wächst sie gut — denn sie ist satt!

Mischdünger — Volldünger

Eingangs erwähnte ich, daß die Pflanze zu ihrem Aufbau Stickstoff, Phospho. und Kali benötigt. Führst du dem Boden alle drei Nährstoffe zu, dann hast du eine Volldüngung gegeben. In dem im Handel befindlichen Mischdünger sind alle drei Nährstoffe enthalten. Darum ist die Verwendung der Misch-dünger recht empfehlenswert, weil sie wenig Arbeit verursacht und man sie erst vor der Aussaat oder Pflanzung in den Boden bringen kann. Als Kopfdünger sind sie gut verwendbar. Leichtes Unterhacken genügt. Der Gehalt der einzelnen Nährstoffe in den verschiedenen Mischdüngern ist unterschiedlich.

Hormasan — flüssiger Dünger für Topfpflanzen und Vasenblumen

Gehalt: 5,5% Stickstoff, 9% Kali, 10% Phosphorsäure. Es enthält weiter wachstumsfördernde Hormone, die für eine rasche Wüchsigkeit, kräftiges Blattgrün und Blütenreichtum mit intensiven Farben sorgen. Dem Wasser in Blumenvasen zugesetzt, erhöht es die Haltbarkeit der Schnittblumen.

Die Pflanze wie das Wickelkind, gesättigt sie zufrieden sind!

*Ein Löffel Pötschkes
Pflanzenfutter,
dann ist die Düngerei
in Butter!*

„Gärtner Pötschkes Pflanzenfutter"

Gehalt: 13% Stickstoff, 12% Phosphor, 21% Kali und Spurenelemente. Infolge des hohen Nährstoffgehaltes ein idealer Kopfdünger, mit dem man schnell nachhelfen kann. Da man ihn das ganze Jahr hindurch verwenden kann, ist es von Vorteil, wenn man sich stets einen Vorrat im Hause hält. Wirkung: Sofort, daher Kopfdünger. Anwendung: Bei dem hohen Gehalt an Nährstoffen ist es verkehrt zu denken, viel hilft viel; man würde gerade das Gegenteil erreichen.

Darum: Ganz kleine Gaben, aber dafür lieber öfter, verabreichen. In flüssiger Form angewandt, gibt man auf 10 Liter Wasser einen gestrichenen Eßlöffel und gießt damit auch Zimmer- und Balkonpflanzen.

„Gärtner Pötschkes Pflanzenfutter flüssig" eignet sich ganz besonders gut zur Düngung von Zimmer- und Balkonpflanzen.

Nitrophoska

Gehalt: Ca. 11,5% Stickstoff, 8 bis 13% Phosphor, 18 bis 21% Kali (je nach Farbe). Die einzelnen Nährstoffe stehen bei Nitrophoska in einem guten Verhältnis zueinander. Wirkung: Leichtlöslich, aber doch nachhaltig wirkend. Ein gleichmäßiges und gesundes Wachstum macht sich von Anfang an bemerkbar, so daß ich diesen Dünger als den idealen Volldünger bei größeren Kulturen für den Siedler bezeichnen möchte, weil auch bei seiner Anwendung keine Fehler einer einseitigen Düngung gemacht werden können. Anwendung: Am besten vor dem Zurechtmachen des Landes im Frühjahr streuen; leichtes Unterhacken genügt. Läßt sich aber auch sehr gut als Kopfdünger verwenden.

*Für Fensterkästen ideell
ist Hakaphos — es
wirkt sehr schnell!*

Hakaphos (Ha-Ka-Phos)

Gehalt: 15% Stickstoff, 11% Phosphor und 15% Kali. Wirkung: Ganz besonders leichtlöslich, sichtbar schnellwirkend, erkenntlich schon nach acht Tagen durch dunkles Blattgrün. Anwendung: Ist für empfindliche Pflanzen, besonders aber für Blumen geeignet. Zurückgebliebenen Kulturen kann man damit schnell nachhelfen. Zur Erzielung recht kräftiger Jungpflanzen wegen seines hohen Stickstoffgehaltes zu empfehlen. Ins Gießwasser gegeben, tritt die Wirkung am schnellsten zutage. Auf 10 Liter Wasser wird ein gestrichener Eßlöffel gegeben. Die Lösung muß gut umgerührt werden, damit sich der Dünger auflöst. Es darf nur auf feuchten Boden, am besten nach einem Regen, gegossen werden. Hakaphos ist ein sehr guter Kopfdünger.

Organische Dünger

Eine sehr milde, langanhaltende und gute Düngewirkung erzielt man mit organischen Handelsdüngern. Im Gegensatz zu den anorganischen Düngesalzen sind diese Dünger rein tierischen Ursprungs. Die wichtigsten organischen Handelsdünger sind:

Hornspäne oder Hornmehl mit 14% Stickstoff und 5,5% Phosphor.

Blutmehl enthält 12 bis 14% Stickstoff und 1,2% Phosphorsäure.

Knochenmehl ist reich an Phosphorsäure. Am geeignetsten ist das entleimte, aufgeschlossene Knochenmehl. Es enthält 12 bis 18% leichtlösliche Phosphorsäure.

Peru-Guano (getrockneter Vogelmist) enthält alle drei Nährstoffe im folgenden Verhältnis: 6% Stickstoff, 12% Phosphorsäure, 2% Kali.

*Organische Handelsdünger:
Sie sind sehr mild
und wirken lange,
gut kommt die Pflanze
da zugange!*

Nährstofftabelle tierischer Dünger

N = Stickstoff, P = Phosphor, K = Kali, C = Kalk. 50 kg enthalten (in g):

	N	P	K	C	Bem.
Stallmist (frisch)	300	140	375	340	
Stallmist (abgelagert)	350	155	350	375	
Entenmist	500	700	310	850	hitzig
Gänsemist	275	270	475	420	kalt
Hühnermist	815	770	425	1 200	hitzig
Kaninchenmist	400	100	350	150	hitzig
Pferdemist, frisch ..	290	140	265	125	hitzig
Pferdeharn	750	5	750	200	hitzig
Rindermist	210	95	250	225	kalt
Schafmist	425	115	335	150	hitzig
Schafharn	1 000	15	1 000	100	hitzig
Schweinemist	210	95	300	40	kalt
Schweineharn	250	40	425	5	kalt
Abortdünger	350	130	110	50	
Ziegenmist	200	240	560	365	hitzig

Schnellkompost wird gar gemacht. Hast du Kalk dazu gebracht?

Nährstofftabelle verschiedener Abfallstoffe,

die u. U. auch verkompostiert werden können. 50 kg enthalten (in g):

	N	P	K	C	Raum für eigene Erfahrungen
Asche von Holz	—	1 500	4 000		
Asche von Kohle ...	—	400	250		
Bauschutt	—	—	—	120	
Federn	4 000	—	—		
Fleischdüngemittel .	2 500	8 500	—		
Haare	5 500	—	—		
Hornmehl	6 000	2 500	—		
Hausmüll	140	1 000	375		
Kartoffelkraut (trocken)	1 200	400	1 000		
Kartoffelschalen ...	—	115	2 500		
Kadavermehl	3 000	7 000	—		
Knochenmehl (roh) .	2 000	11 000	150	130	
Knochenmehl (entleimt)	500	14 000	50	80	
Melassenschlempe ..	160	5	475		
Moos	560	—	—		
Ofenruß	1 000	200	500		
Rübenkraut	150	35	200		
Scheideschlamm ...	100	250	50		
Schlamm aus Gräben	280	150	350		
Klärbeckenschlamm	375	280	50		
Schlamm aus Teichen	150	100	200		
Straßenkehricht	200	125	150		
Unkraut (frisch) ...	200	75	150		
Wollstaub	2 500	700	150		

Gärtner Pötschke mahnt:
Gerade heute bei der Verknappung des Stalldungs ist es sehr wichtig zu wissen, welche Abfallstoffe zu kompostieren sind. Diese Liste soll dir dabei helfen.

Gaskalk und Azetylenkalk enthalten meist Pflanzengifte! Vorsicht!

Der Zaun

*Ich steh mit aller Welt auf Du
doch mache ich mein Gärtchen zu!*

*Natürlich wirkt
ein Zaun aus Holz,
darauf ist man
besonders stolz!
(Siehe auch Seite 25)*

*Wirfst du was
in Nachbars Garten,
kannst du's bald
zurückerwarten!
(Grab für den Unrat
tief ein Loch,
das blieb das
beste Mittel noch.)*

*Jawohl — der Weg
ist öffentlich,
bestimmt hält sich
der Herr an dich!*

Der Name Garten ist abgeleitet von Gerte, das bedeutet „ein mit Gerten umstecktes Stück Land". Ohne eine Umzäunung wäre also danach ein Stück Land kein Garten, sondern ein Feld oder eben ganz einfach „ein Stück Land", auch Parzelle genannt. Kurz, wir brauchen eine Umzäunung, um das Gefühl zu haben, in einem Garten zu weilen, denn der Garten soll ja die erweiterte Wohnung sein. Demzufolge denken wir bei Errichtung eines Gartens natürlich auch an die Einfriedigung.

Grundbedingung ist, daß wir uns bei der Wahl eines Zaunes an die jeweilige Umgebung halten. Wie schlecht sieht es aus, wenn ungleichmäßiges Material verwendet wurde. Hohe und niedrige Holz- und Draht- oder lebende Zäune stören das Gesamtbild, wirken unruhig, wenn nicht gar liederlich. Man sollte sich in diesem Falle ruhig einmal an die umgekehrte Regel halten und es dem Nachbarn nachmachen! Und nicht gerade das Entgegengesetzte tun, vor allem an der Straßenfront in Wohngegenden.

Nun zur Einfriedigung selbst

Durch zu hohe Zäune und Mauern oder Hecken schaden wir uns meist selbst. Ist der Garten klein, dann möglichst eine niedrige Einfriedigung wählen! Bei hohen Zäunen können wir das Land nicht restlos auswerten. Auch schwächen wir die so dringend nötige Luftbewegung in unserem Garten. Tierische Schädlinge setzen sich gern in Gärten fest, welche durch hohe Zäune umgeben sind. Windschutz braucht der Garten, aber wir wollen nur den Bodenwind abhalten. Eine gut gepflegte Hecke ist immer zu empfehlen und allen anderen Zaunarten vorzuziehen. Müssen wir aus bestimmten Gründen auf die Anlage einer solchen verzichten, dann sieht ein Holzzaun immer noch schöner aus als ein Maschendrahtzaun, welcher allerdings einen besseren Schutz gegen Wild, Kaninchen, Hunde und Katzen bildet. Man sollte ihn jedoch mit Lathyrus o. ä. beranken.

Bei Lattenzäunen stellen wir die Einzellatten möglichst weit auseinander Hinter den Zaun pflanzen wir perennierende Pflanzen, Stauden usw., welche auch durch den Zaun hindurchwachsen können. Das Tor soll immer zum Zaun passen und recht stabil angefertigt sein. Betonpfosten eignen sich sehr gut und sind auf die Dauer die billigste Torbefestigung. Bedenken wir, daß das Tor ständig in Bewegung ist und eine höhere Beanspruchung vertragen muß als der Zaun selbst. Holzpfosten sind fäulnisgefährdet! Sie werden mit Karbolineum oder Holzteer bestrichen und dadurch haltbarer gemacht. Bei Stacheldraht-Umzäunung Vorsicht an öffentlichen Wegen! Immer zieht der Ersteller bei Sachschäden den kürzeren.

Eine Hecke kann nutzbringend sein

Die meisten Hecken in unserem Lande werfen keinen Nutzen ab. Sie saugen das Land aus und nehmen anderen Pflanzen Licht und Sonne. Rechnen wir einmal aus, wie viele tausend Hektar Land fruchtbringend zu nutzen wären, würde jede Dorfgemeinde eine durchgreifende Heckenordnung und Neuanpflanzung vornehmen.

Hecken müssen sein, das ist richtig! Viele nützliche Singvögel brüten darin. Igel, Kröten und Käfervolk halten sich dort auf. Diese gehören zur Gartenpolizei und werden so dringend zur Ungezieferbekämpfung gebraucht. Hecken dienen als Winterschutz. Oftmals konnten wir beobachten, daß die Ernte in heckenumzäunten Gärten reicher war als in Gärten ohne Heckenschutz. Hier wurden die Nachtfröste abgehalten. Der Tau bleibt in solchen Gärten länger liegen und trägt dadurch wesentlich zur guten Entwicklung der Pflanzen bei. An Autobahnen und Bahndämmen bildet die Hecke Schutz gegen Schneeverwehungen. Hecken sind natürliche große Staubsauger. Ich stelle mir aber immer wieder die Frage: „Warum hat man keine nutzbringenden Hecken angelegt?" Hast du also die Absicht, eine Hecke anzulegen, dann beachte meine Anregungen.

Im Haus-, Klein- und Schrebergarten kennst du ja bereits verschiedene Heckenbepflanzungen, und zwar mit Stachel-, Johannis-, Him- oder Brombeeren. Hinter einem neuangelegten Drahtzaun wirst du am besten Brombeeren anpflanzen, welche schnell für den nötigen Windschutz sorgen. Für größere Gärten, Obstgüter, Abgrenzung von Feldern usw. wählt man mittelhohe Hecken, das sind solche, die bis 3 m hoch werden. Hierzu verwendet man Quitten, Haselnuß, Wacholder, Holunder oder Schlehen.

Für besondere Zwecke wird die Wildrose (Rosa canina) oder Heckenrose verwendet. Sie wächst in jedem Boden und wird während der Blüte von den Bienen gern besucht. Die auffallenden Hagebutten sind ein wertvoller Tee und werden zur Marmeladenbereitung verwendet. Der hohe Vitamin-C-Gehalt ist wissenschaftlich festgestellt. Weiter wird aus ihnen ein herrlicher Süßmost gewonnen.

Auch die Maulbeere ist für diesen Zweck sehr geeignet; man kennt sie als kleine Bäumchen oder als große Einzelbäume und Sträucher. Du pflanzt sie am besten im Frühjahr. Die Maulbeeren schmecken sehr süß und finden in der Küche, zu Marmeladen, Kompott oder Saft verarbeitet, Verwendung. Auch Süßmost wird daraus hergestellt. Der Saft eignet sich wegen seiner stark färbenden Eigenart zur Farbaufbesserung verschiedener Desserts. Das ist heute, bei der sehr strengen Bezeichnungspflicht aller Lebensmittel, besonders für die Konservenindustrie sehr wichtig.

Unsere fruchttragenden Hecken brauchen natürlich wie jede andere Kulturpflanze Düngung. Eine Volldüngung mit den üblichen Handelsdüngern ist ratsam und trägt zu guten Ernten bei.

Eine schöne Gartenhecke, nützet uns für viele Zwecke! (Hier siehst du den rechten Schnitt unten stimmt es nicht damit!)

Dieser Zaun gehört dem Nachbarn. Die Querleiste zeigt immer zum Eigentümer, sagt das Nachbar-Recht.

Vorschläge zum Bau verschiedener Gartenzäune

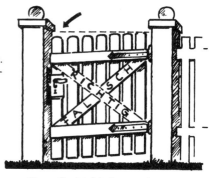

Dieses Tor ist falsch verstrebt, es zieht nach unten, statt es hebt!

Mach den Gartenweg gut fest, er sich dann stets betreten läßt!

Der richtige Weg

Die Anlage von Wegen und Plätzen bedarf der größten Sorgfalt. Zu jeder Jahreszeit und bei jedem Wetter wollen wir stets betretbare gute Wege und Plätze haben. Wir verfahren daher beim Wegebau zweckmäßigerweise wie folgt:

Die Grenzen des Weges legen wir durch eingeschlagene Pfähle fest. Von Pfahl zu Pfahl spannen wir eine Schnur. Nun stechen wir die Erde ab, und zwar genau an der Schnur entlang, immer die Kanten ein wenig schräg nach innen. Die ausgeschaufelte Erde verteilen wir auf das übrige Gartenland oder verwenden sie zur Neuanlage der Hecke. Die Wegmitte soll etwas gewölbt sein. Achten wir auch darauf, denn die Mitte hat ja die meiste Belastung auszuhalten; sie würde bald Mulden haben, und die darin stehenden Pfützen tun ein übriges, um die Mulden zu vertiefen. Jetzt stampfen wir den ausgeschaufelten Weg gut fest. Ist das geschehen, dann bringen wir wasserdurchlässiges Material etwa 10 cm hoch auf den Weg. Schlacke, zerkleinerte Steine usw. erfüllen den Zweck. Wer Ziegelsteinschotter zur Verfügung hat, sollte diesen dazu verwenden. Der Untergrund wird gut festgestampft. Wir achten darauf, daß die größten Stücke an die Seiten kommen und die Wölbung in der Mitte gut zur Geltung kommt. Jetzt wird feiner Sand oder Kies auf der Oberfläche gleichmäßig verteilt.

Danach schlämmen wir die Oberfläche gut ein. Nach dem Einschlämmen wird neuer Sand, Kies, Schlacke oder Splitt aufgeschüttet.

Wer Ziegelsteine oder Kunstplatten legt, bettet diese ebenfalls möglichst in Sand. Der Untergrund soll vorher gut festgestampft sein. Es erübrigt sich bei solchen Wegen eine Untergrundbefestigung. Auch wird bei dieser Wegebau-Methode keine Erhöhung der Mitte herausgearbeitet. Wer die Ziegelsteine nach der nebenstehenden Skizze legt, belebt seinen Weg und bringt Schönheit in den Garten.

Gib dem Weg etwas Gefälle, sonst steht Wasser auf der Stelle.

Die Wegekanten

sieht man vielfach falsch angelegt. Wer Einfassungssteine verwendet, sollte diese niemals höher als ca. 5 cm über den Weg legen. Über die Beetebene soll die Einfassung nicht herausragen. Ziegelsteine oder Zementkanten, die es meterweise fertig zu kaufen gibt, sind auch hier zweckmäßig. Der Kopf der Zementkanten soll zum Weg hin abgerundet sein, nicht nach dem Beete zu! Flaschen, Isolatoren usw. wollen wir tunlichst nicht verwenden. Das war zu Großvaters Zeiten Mode, heute wirken sie unschön.

Leg Steine stets nach deinem Schritt, dann hast du sie bequem im Tritt!

Jeder Gartenweg wird erst schön,

wenn er zu beiden Seiten eine Rabatte erhält, die mit ausgesprochenen Einfassungspflanzen bestanden ist. Gute Dauerblüher oder Stauden beleben jeden Gartenweg und geben ihm ein gepflegtes Aussehen.

Durch diese Muster angeregt, weißt du jetzt, wie man Steine legt!

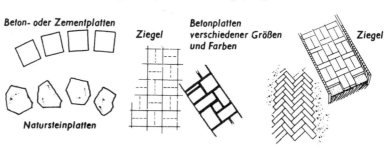

Beton- oder Zementplatten · Ziegel · Betonplatten verschiedener Größen und Farben · Ziegel · Natursteinplatten

Das Frühbeet

Wie baue ich mir selbst ein Frühbeet? Der Wunsch jedes Gartenfreundes ist es wohl, ein Frühbeet zu besitzen. Meist sind aber schlechte Erfahrungen damit gemacht worden. Die Pflanzen wurden zu lang, zu dünn, fielen um, hatten schwarze Beine usw. Man fragte sich, was könnte die Ursache sein. Man hat doch alles Mögliche getan und sich Mühe gegeben, und trotzdem war alles umsonst. Die einzige Schuld war, daß man glaubte, es müßte zum Frühbeet eine Mistunterlage gehören. Die Behandlung eines solchen sogenannten warmen Mistbeetes erfordert aber Kenntnisse und Zeit zur richtigen Wartung; daher immer wieder die Fehlschläge. Willst du dir einen „Kindergarten" für deine Pflanzen anlegen, dann nur ein sogenanntes kaltes Frühbeet. Hier gibt es weniger Mißerfolge als im warmen Frühbeet. Hast du einigermaßen ein Gefühl für die Ansprüche deiner Pflanzen, dann wird es leichtfallen, gute Pflanzen heranzuziehen. Du mußt bei der Anlage hauptsächlich auf folgendes achten: 1. Die sonnigste Stelle des Gartens aussuchen. 2. Sie soll möglichst nach Norden Schutz gegen kalte Winde haben. 3. Das Frühbeet muß nach Süden oder Südwesten geneigt sein.

Das Frühbeet ist der Kindergarten der Pflanzen. Gelüftet wird immer nur in der dem Wind entgegengesetzten Richtung!

Hast du den geeigneten Platz festgelegt, hebe eine Grube von ungefähr 30 cm Tiefe aus, deren Ausmaße sich nach der Größe und Anzahl der Fenster richten. In diese Grube setzt du dann den Holzrahmen so ein, daß die hintere Seite 25 cm und die vordere Seite 10 cm aus der Erde herausragt. Die Neigung muß auf 1,50 m Tiefe ungefähr 15 cm nach vorn betragen. Nun füllst du in die Grube gute Komposterde. Ist solche nicht vorhanden, nimmst du gute Gartenerde, die du besonders zurechtgemacht hast durch reichliche Gaben von Torfmull, Sand, Schnellkompost und Kalk. Diese Erde wird so hoch im Beet aufgefüllt, daß die ebene Fläche ca. 15 cm Abstand von der Fenstermitte hat. Der Abstand darf nie höher oder tiefer sein, denn davon hängt ein großer Teil des Erfolges ab. Die Fenster werden aufgelegt, und das kalte Frühbeet ist fertig.

Gärtner Pötschke rät: Mache dir einen Umschlag aus Laub oder Mist um dein Frühbeet, es hält warm.

Wie erziele ich im Frühbeet gesunde und kräftige Pflanzen?

Je nach der Witterung kann man im Februar mit der Arbeit im kalten Frühbeet beginnen. Die Sonne scheint allmählich warm, obwohl die Erde noch gefroren ist. Die Fenster werden aus dem Überwinterungsraum geholt und auf den Kastenrahmen gelegt. Die Erde wird bald auftauen, da sich ja die Sonne im Kasten fängt. Ist die Jahreszeit infolge eines zu langen Winters vorgerückt, muß man, um das Auftauen zu beschleunigen, des Nachts die Fenster zudecken. Die eingefangene Sonnenwärme wird länger im Kasten gehalten. Sobald die Erde auftaut, wird das Beet tief umgehackt und gut zerkrümelt. Jetzt ist eine leichte Düngung am Platze, denn die jungen Pflanzen brauchen Nahrung, um kräftig zu werden und gesund zu bleiben. Am besten nimmst du einen Volldünger, wie Pflanzenfutter, Hakaphos oder Nitrophoska, etwa 30 g auf den Quadratmeter. Von diesem Dünger sollte jeder Gartenfreund etwas auf Vorrat haben, um nie in Verlegenheit zu kommen. Rechtzeitig angewandt, ist der Nutzen groß. Nach dem Streuen wird der Dünger flach mit dem eisernen Rechen untergeharkt, denn die Wurzeln der jungen Pflanzen gehen nicht tief. Um den Kasten selbst wird nun noch bis zur Höhe der Fenster ein Umschlag aus Mist, Laub oder Torf in 50 cm Breite gelegt.

Länge des Fensters 1.50 m

10 cm / 25 cm / Höhe 55 cm

Gute Komposterde
(im Herbst gut Mist untergraben)

Querschnitt durch ein Frühbeet

Ein ausgedientes Hausfenster tut's mitunter auch noch! Man baut sich nur den Rahmen dementsprechend.

*Bitte, sä' niemals
zu dicht,
der Pflanze fehlt sonst
Luft und Licht!*

Dadurch wird das seitliche Eindringen des Frostes oder der Zugluft verhindert. Nach 10 bis 14 Tagen — je nach Lage und Witterung —, gegen Ende Februar bis Mitte März, beginnt die Aussaat ins Frühbeet. Sie verlangt schon etwas Aufmerksamkeit. Der größte Fehler, der bei der Aussaat ins Frühbeet immer und immer wieder gemacht wird, ist die zu dichte Saat. Der Anfänger glaubt, zu wenig Pflanzen zu erhalten, deshalb sät er dicht. Die Folge davon sind dünne, schwache Pflanzen, welche umfallen. Bei Blumenkohl besonders, aber auch bei allen anderen Kohlarten mußt du wegen der großen Blätter recht dünn säen. Darum überlege vor der Aussaat, wieviel Pflanzen du benötigst, und säe nicht mehr aus, als du unbedingt brauchst.

Wie sät man aus?

Um schöne, gleichmäßig tiefe und breite Reihen ziehen zu können, fertigt man sich einen ca. 1 cm starken vierkantigen Stock an. Er muß so lang sein, wie das Beet breit ist. Die Reihen zieht man nun auf 5 cm Entfernung, indem man den Stock anlegt, leicht in die Erde drückt und einmal herauf- und herunterschiebt. Es entsteht dadurch eine ca. $\frac{1}{2}$ cm breite Saatrille. In diese flache Rille wird der Samen dünn gestreut. Ans Ende jeder Samenart steckst du ein Holzschild mit der Bezeichnung der Sorte. Um den Samen richtig zu bedecken, bedient man sich eines engmaschigen Kastensiebes. Es darf nicht mehr Erde über die Saat gesiebt werden, als der Durchmesser des Saatkornes ist. Das ist also oft nur sehr wenig. Nicht vergessen darf man, den bedeckten Samen anzudrücken. Das geschieht mittels eines Brettchens, denn jeder Samen muß festliegen. Mit einer feinen Brause wird gut, aber vorsichtig angegossen, und die Aussaat ist beendet. Jetzt werden die Fenster geschlossen gehalten, bis die Saat aufgeht. Bei Nacht wird das Frühbeet zugedeckt (Strohdecken, Säcke, Bretter). Decke so zu, daß die Temperatur nicht erst wieder sinken kann, also dann, wenn die Sonne keine Wärme mehr entwickelt. Die Säcke oder Bretter müssen über den Kastenrand reichen. Bei Sonnenschein werden vor allem die oberen Kastenränder bald trockene Stellen zeigen. Jetzt mußt du gießen. Merke: Mit feiner Brause nur die trockenen Stellen ordentlich gießen, übrige noch nasse Stellen leicht oder gar nicht überbrausen. Falsch ist es, wenn du das ganze Beet gleichmäßig gießt. Die noch nassen Stellen, besonders der untere Rand, erhalten zuviel Feuchtigkeit; es bilden sich feine grüne Moose und das Erdreich versauert. Als Folgeerscheinung wird die Saat dünn oder gar nicht aufgehen. Gegossen wird nur mit abgestandenem oder erwärmtem Wasser und nur am späten Vormittag, wenn die Erde sich schon wieder etwas erwärmt hat. Es ist wichtig, das Frühbeet täglich zu prüfen, damit die Aussaat niemals austrocknet. Schon ein einmaliges Austrocknen kann einen völligen Mißerfolg nach sich ziehen.

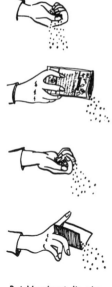

*Bei Handsaat die vier
Möglichkeiten,
die übe jeder schon
beizeiten!*

Die Saat ist aufgegangen. Was nun?

Falsch wäre es, die Fenster weiter geschlossen zu halten. Wohl würden in der sich unter dem Fenster entwickelnden Wärme die Pflanzen freudig und schneller weiterwachsen, aber bald wären sie zu lang und zu dünn. Große Pflanzen mit zu schwachen Füßen, das ist das Resultat schlechter Lüftung. Lüften darfst du allerdings nur bei frostfreiem Wetter. Bei den frisch aufgegangenen Pflanzen wird anfangs nur ganz wenig Luft gegeben. Sobald es warm unter dem Fenster wird, klemmt man ein Luftholz

*Bei nicht gelüfteten
Fenstern würden deine
Pflanzen bald so aussehen, sagt Gärtner
Pötschke.*

unter jedes Fenster, damit die Jungpflanzen sich frühzeitig an die Außenluft gewöhnen können. Ehe die Sonne nachmittags ihre Kraft verliert, wird das Fenster geschlossen, damit sich das Beet bis zum Zudecken genügend erwärmen kann. Also, man fängt wieder die Sonne ein. Mit der zunehmenden Außentemperatur und dem zunehmenden Wachstum der Pflanzen muß auch das Fenster höhergestellt werden, so daß ihnen entsprechend mehr Luft zugeführt wird. Bei starker Sonnenbestrahlung muß schattiert werden. Die zu dicht geratene Saat wird unbedingt verzogen und gelichtet, denn nur kräftige und gesunde Pflanzen werden später flott weiterwachsen.

Ein Luftholz ist leicht selbst gebastelt.

Das Abhärten der Jungpflanzen

Sind nun mittlerweile Ende März/Anfang April recht schöne Tage gekommen, kann man schon allmählich mit dem Herunternehmen aller Fenster während des Tages beginnen. Vorläufig legt man des Nachts die Fenster wieder auf. Später, wenn die Pflanzen zum Aussetzen fertig sind, läßt man auch nachts die Fenster weg, sobald man mit frostfreien Nächten rechnen darf. Die Pflanzen müssen bis zum Auspflanzen auf die Beete vollständig abgehärtet sein. Das richtige Gefühl für seine Pfleglinge ist alles, was man besitzen muß, um kräftige, langsam aber gut abgehärtete Pflanzen zu erhalten. Sobald das Frühbeet leer ist, kannst du es für andere Zwecke verwenden, z. B. zum Gurkentreiben (siehe unter Gurken).

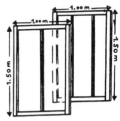

Das Saatbeet

Es ist dies ein Wink von mir, aber er ist gut, wie langjährige Erfahrung es mir bewiesen hat. Gerade der Siedler und Kleingärtner wird ohne ein solches Saatbeet nicht mehr arbeiten wollen, sobald er dessen Wert erkannt hat. Der Zweck des Saatbeetes soll sein, dem Gartenfreund gute und gesunde Jungpflanzen zu schenken und feine und empfindlichere Saat zum sicheren Keimen zu bringen. Gegenüber der Freilandaussaat soll der Siedler in den früheren Besitz von Pflanzen gelangen. Schließlich wird es demjenigen, der sich ein Frühbeet nicht bauen will, helfen, mit geringen Mitteln den großen Vorsprung zwischen Frühbeet- und direkter Freilandaussaat zu verringern.

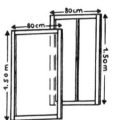

Das genormte deutsche Mistbeetfenster ist 1 m breit und 1,50 m lang.
Das „Holländer Fenster" 0,80 m breit und 1,50 m lang.

Wie lege ich ein Saatbeet an?

Suche dir den sonnigsten und gegen Nord- und Ostwinde geschütztesten Platz aus. Hier legst du dir ein Beet in beliebiger und deinem Bedarf entsprechender Größe an. Um das Beet nagelst du dir einen Bretterverschlag von 10 bis 15 cm Höhe, ähnlich wie beim Frühbeet. Die Erde verbesserst du durch Untergraben von Torf, Kompost, Lauberde und Sand. Außen wird eine Schicht Erde bis zur Höhe der Bretter angesetzt, damit es im Beet wärmer wird. Die Hauptsache ist aber, daß du das Beet des Nachts und bei kaltem Wetter zudecken kannst. Sind keine Bretter vorhanden, hilfst du dir mit alten Säcken und anderem Material. Damit die Bedeckung nicht durchfällt, lege vorerst Bohnenstangen über den Umschlag. Ganz besonders geeignet ist die Verwendung des billigen lichtdurchlässigen Spezial-Frühbeetfensters aus Kunststoff (Polyäthylen). Unter diesem Kunststoff lassen sich sehr gut Pflanzen heranziehen. Ich habe gefunden, daß bei leichten Nachtfrösten die Kälte weniger durchschlägt als bei Glasfenstern. Wer sich noch kein Glasfenster anschaffen

Hier zeige ich, wie man pikiert; man sieht genau — schön im Geviert!

will, soll ruhig mit Kunststoff-Fenstern anfangen. Entsprechend der Breite des Beetes baue dir im Winter den Rahmen aus Dachlatten. Die Folie liegt in der Regel 1 m breit. Nachdem du die Rahmen bespannt hast, wird die Folie mit Firnis gestrichen. Ein solches Behelfsfenster stellt sich auf wenige Mark und hält bei guter Behandlung einige Jahre.

Vor der Aussaat ist eine kleine Gabe von Volldünger, wie Pflanzenfutter oder Hakaphos, empfehlenswert; Jungpflanzen brauchen gute Nahrung. Die Aussaat beginnt Mitte bis Ende März, je nach der Witterung. Zu zeitiges Säen ist nicht zu empfehlen, denn lediglich die durch die Frühlingssonne erwärmte Luft ist hier die einzige Wärmequelle. Das Saatbeet dient nur dazu, die Jungpflanzen vor dem schädlichen Temperaturwechsel zwischen Tag und Nacht zu schützen und dadurch etwas früher pflanzfertige Jungpflanzen zu erzeugen. Vor allem aber sollen empfindliche und feine Saaten, wie Majoran, Monatserdbeeren, Gewürzkräuter sowie hochwertige Blumensämereien hier gesät und herangezogen werden. Die Beobachtung und Pflege der Saat und der Jungpflanzen kann im Saatbeet besser als im Freiland durchgeführt werden. Die Regulierung des Temperaturwechsels macht sich verblüffend bemerkbar. Auch hier heißt es, so zeitig nachmittags zuzudecken, daß die wärmende Sonne eingefangen wird. Das Beet, das nun länger warm bleibt und des Nachts geschützt wird, kann demzufolge früher Pflanzen erzeugen als das im Freien liegende. Schließlich können Saaten, die im Zimmer gemacht worden sind, bei einigermaßen günstiger Witterung hier weiterkultiviert werden. Natürlich darf der Temperaturwechsel zwischen Zimmerluft und Saatbeet nicht gleich zu groß sein. Darum solche Aussaaten schon am Fenster langsam an die Luft gewöhnen und dann endgültig die Kästen bzw. Töpfe ins Saatbeet setzen.

Was kann ich tun, damit die Saat aufgeht?

Feuchtigkeit und Wärme sind zwei Hauptpunkte, die zur Keimung nötig sind. Fehlt eines von beiden, so ist mit einem Fehlschlag zu rechnen. Leider wird dann aber oft der Mißerfolg einzig und allein dem Samen zugeschoben. Während der Keimung muß besonders für gleichmäßige Wärme und gleichbleibende Feuchtigkeit gesorgt werden. Je nach der Witterung ist der Ausgleich zu schaffen. Bei Sonnenschein und Wärme gibst du durch Überdecken mit Sackleinen oder mit Brettern Schatten. Bei viel Sonne legst du die Schattenbretter dichter, ist weniger Sonnenschein, legst du die Bretter weiter auseinander. **Trockene Stellen mußt du sofort gießen, denn bei erhöhter Sonneneinstrahlung darf es an Feuchtigkeit nicht fehlen.** Sobald der Samen aufgegangen ist, brauchst du nur noch für Feuchtigkeit durch fleißiges Gießen zu sorgen. Alle Abende mußt du das Beet so gut wie möglich zudecken, damit die von der Erde aufgenommene Wärme nicht verlorengeht. Bei gut schließendem Deckmaterial wird der Erfolg lohnend sein. Hier gilt dasselbe wie beim Frühbeet, nur mit dem Unterschied, daß alles 14 Tage bis drei Wochen später vor sich geht. Tomaten und Gurken aber nicht vor Mitte April ins Beet bringen, weil diese Pflanzen mehr Wärme verlangen. Später weise ich bei der betreffenden Kultur der einzelnen Gemüse- und Blumen-Aussaaten nochmals darauf hin.

Die Freiland-Aussaat

Was muß der Gartenfreund über die Aussaat im Freien wissen? Viele kleine Dinge sind es, die beobachtet werden müssen. Sehr viele Fehler werden gerade bei der Aussaat gemacht; geht die Saat nicht wunschgemäß

auf, wird dann die Schuld dem Samenlieferanten in die Schuhe geschoben. Oft ist manchem jahrelang die Aussaat gelungen, und dann schlägt es doch einmal fehl. Nie will man sich selbst die Schuld geben und nie ergründet man die Ursache des Mißlingens. Ein oft gemachter Fehler ist es, wenn zu zeitig gesät wird. Jede Samenart hat ihre bestimmte Aussaatzeit. Daher ist es besser, du siehst in „Gärtner Pötschkes Gartenbuch" nach und hörst nicht auf „kluge" Nachbarn. Zum Keimen sind Feuchtigkeit und Wärme nötig. Fehlt eine dieser beiden Grundbedingungen, hast du das Nachsehen und nichts geht auf. Verschiedene empfindliche Saaten, wie Gurken und Bohnen, verfaulen in der feuchten Erde, wenn die Wärme fehlt. Falsch ist es, wenn zu tief gesät wird. Den Maßstab hierfür gibt das alte Gärtnersprichwort: Ein Saatkorn muß so tief in der Erde liegen, wie sein eigener Durchmesser beträgt. Deshalb betrachte vor der Aussaat das Saatkorn: Je feiner es ist, um so flacher muß es liegen. Nach der Aussaat wird die Erde entsprechend der Größe der Saatkörner mehr oder weniger angedrückt, denn der Samen darf nicht locker liegen. Er soll quellen; dazu muß er mit der Erde innig verbunden sein. Falsch ist es auch, bei warmer Witterung, die oft in den Maitagen eintritt, sowie bei den Sommeraussaaten allabendlich tüchtig zu gießen, denn der Boden wird verschlämmt. Bei darauffolgender starker Sonnenbestrahlung verkrustet die Erde sofort. Durch einen verkrusteten Boden kann der Keim nicht hindurchdringen. Das Endergebnis: Die Aussaat ist mißlungen.

Stets wird mein Saatgut streng „berochen", ob es auch keimt zur rechten Frist. So hat sich längst herumgesprochen: Kein Korn, das eine Niete ist!

Wie kannst du es aber richtig machen?

Du hilfst dir, indem du den Beeten Schatten gibst. Du verringerst hierdurch die Wärme und hältst die Feuchtigkeit bei großer Hitze länger. Sorgst du nun dafür, daß auch während des Tages das Beet leicht abgespritzt wird, wird selten ein Mißerfolg eintreten. Wenn die Saat herausgekommen ist, kann sie der vollen Sonne ausgesetzt werden. Ferner ist es wichtig, die Saat stets in Reihen auszusäen, damit man gleich nach dem Aufgehen jäten und das Unkraut ganz jung vernichten kann. Gerade der Anfänger wird die Pflanzen noch nicht an den sogenannten Keimblättern erkennen, ganz besonders dann, wenn er breitwürfig gesät hat. Das im Boden befindliche Unkraut geht mit auf. Er läßt dieses stehen — das kommt oft bei Blumen, welche er nicht kennt, vor —, und später beschwert er sich, daß nichts aufgegangen wäre, oder er schickt gar das Unkraut dem Samenlieferanten ein mit der Begründung, dieser hätte Unkraut statt des gewünschten Samens geliefert. Drum nochmals: Säe nur in kenntlich gemachte Reihen aus, denn dadurch kannst du die in der Reihe stehenden Sämlinge als Kulturpflanzen leicht erkennen. Gegen Spatzenfraß kannst du dir mit alten Fischernetzen oder dünnen Fäden, welche über die Beete gespannt werden, helfen.

Bei der Aussaat bitte genaue Saat-Tiefen beachten!

*Faustregel:
Ein Saatkorn soll nicht tiefer liegen als sein Durchmesser beträgt.*

Was mußt du über den Samen wissen?

Schon im Winter, wenn noch Eisblumen am Fenster blühen, mußt du an deinen Garten und damit an den Samenbezug denken. Jetzt hast du Zeit, dir über deinen Bepflanzungsplan Gedanken zu machen und deine Bestellung auszuarbeiten. Dabei werden dir die Frühjahrskataloge der verschiedenen Samenfirmen sehr wertvolle Helfer sein. Du kannst schon die Holzschilder mit der Sortenbezeichnung beschriften, um die Sorte, ihre Eigenschaften und ihren Wert im Sommer an Hand der Sortenschilder zu prüfen und kennenzulernen. Hast du dir deinen Plan zurechtgelegt, gib deine Bestellung rechtzeitig auf, denn: „Wer zuerst kommt, mahlt zuerst."

Ein sogenannter Wanderkasten für 1 oder 2 Fenster.

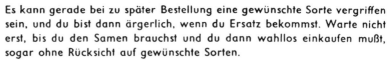

Es kann gerade bei zu später Bestellung eine gewünschte Sorte vergriffen sein, und du bist dann ärgerlich, wenn du Ersatz bekommst. Warte nicht erst, bis du den Samen brauchst und du dann wahllos einkaufen mußt, sogar ohne Rücksicht auf gewünschte Sorten.

Ist der Samen in deinen Besitz gelangt und hast du die Sendung geprüft, dann kannst du in Ruhe der kommenden Aussaatperiode entgegensehen.

Das Beizen des Samens

Du sollst nicht mit dem Pfennig geizen und besser schon dein Saatgut beizen!

Des weiteren empfehle ich, den Samen zu beizen; dies kannst du auch schon, sobald der Samen in deinem Besitz ist, tun. Gebeiztes Saatgut ist vor schädlichen Bakterien und anderen Krankheitsträgern geschützt. Versuche mit gebeizter Saat haben bewiesen, daß das Aufgehen regelmäßiger und besser ist.

Wie nehme ich das Beizen vor? Es gibt zwei Arten des Beizverfahrens: Die Naß- und Trockenbeize. Für kleine Mengen — wie beim Kleingärtner — kommt nur die Trockenbeize in Frage. In der Drogerie oder Samenhandlung besorgt man sich ein Beizmittel in Pulverform. In einer Schüssel wird der Samen mit dem Beizmittel gut durchgerührt und mittels eines Siebes der Samen wieder von dem Pulver getrennt. Besonders bewährt hat sich das Beizen der Bohnen gegen die Brenn- und Fettfleckenkrankheit. Natürlich können kleine Saatgutmengen direkt in der Samentüte gebeizt werden. Man bringt vor der Aussaat die Beize in die Tüte, schüttet den Inhalt gut durch und sät danach aus. Das ist eine einfache, aber sehr lohnende Angelegenheit. Immer die Gebrauchsanleitung bei den verschiedenen Beizmitteln genau beachten. Bereits gebeizte Saat ist stets als solche gekennzeichnet.

Die Keimkraft des Samens

Oftmals sind's die Spatzen, die uns die Saat verpatzen! (Wir schützen uns durch Spannen von Netzen oder Stolperdrähten!)

Die meisten Samen haben eine mehrjährige Keimfähigkeit. Größere Samenhandlungen und Samenzüchter prüfen ihre Sämereien durch Probeentnahmen und stellen die Prozente der Keimkraft in ihrem Laboratorium fest. Auch ist durch das Saatgutgesetz vorgesorgt, daß keine minderwertige Saat in den Handel kommt. In allen Fällen wirst du heute gut keimenden Samen erhalten. Fehlschläge haben meist ihren Grund in Fehlern, die dir unbemerkt unterlaufen sind. Vielfach sind auch Witterungseinflüsse die Ursache. Wie schon an anderer Stelle erwähnt, genügt ein einmaliges Trockenwerden des "in der Milch liegenden" Samens für das Nichtaufgehen des Saatkornes. Willst du bei Saatgut, welches du aus dem Vorjahr noch liegen hast, ganz sicher gehen, so lege schon im Winter einige Körner in einen Topf oder in ein Kästchen und halte die Proben warm und feucht; bald wirst du wissen, ob die Keimkraft deiner überlagerten Saat noch gut ist.

Die Samenzucht

Die Mutterpflanze schon - das wird dich interessieren, prüf ich für "Pötschke-Saat" genau auf Herz und Nieren.

Der Samen wird nicht planlos gezogen, denn schließlich geben ja die minderwertigen Pflanzen den meisten Samen. Durch geeignete Auswahl der Mutterpflanzen, genaue Kontrolle derselben und buchmäßige Eintragung der Ergebnisse werden die Eigenschaften und die Güte festgestellt. Nur solche Pflanzen, die der strengen Sonderauslese bezüglich Qualität, Gesundheit, Urtyp usw. standgehalten haben, sind geeignete Mutterpflanzen und werden daher ihre guten Eigenschaften auch auf ihre Nachkommen vererben. Würde die Auslese nicht so sorgsam geschehen, degenerieren die Sorten bald; sie arten aus, verlieren die guten Eigenschaften, und der Ertrag muß sich zwangsläufig verringern. Man spricht von einem Abbau der Sorten. Der Landwirt wird sein Saatgut für Getreide und von Kartoffeln deshalb immer erneuern. Er weiß, wenn er frische Originalsaat oder Hochzucht hatte, waren die Erträge am höchsten.

Wer seinen Bohnensamen selbst zieht, kann schon im anderen Jahr die Degeneration (Abbauerscheinungen) selbst beobachten. In der Regel werden die letzten Bohnen hängengelassen und im nächsten Jahr als Saatgut verwendet. Wer hat aber beobachtet, ob die Mutterpflanze gesund war und gute Ernte erbrachte? Wer weiß, ob nicht eine Bestäubung einer gelben durch eine grüne Stangenbohne aus Nachbars Garten erfolgt ist? Der Ertrag wird immer geringer, trotzdem man früher mit der betreffenden Sorte zufrieden war. Andere Sorten, die in der Nähe oder Nachbarschaft angebaut werden, Insekten und Wind als Fremdbefruchter sorgen rasch für den Abbau der einstmals guten Sorte.

Gärtner Pötschke warnt:
Wer glaubt, Saatgut selbst heranziehen zu müssen, spart an der falschen Stelle!

Der Samenzüchter kennt alle diese Erscheinungen und schaltet sie durch geeignete Maßnahmen aus. Der Züchter von Elite-Saatgut wird darauf achten, daß die von ihm herangezogenen verschiedenen Sorten so weit auseinanderstehen — oft viele Kilometer —, daß eine Fremdbestäubung nicht möglich ist. Mit gutem Gewissen kann er dann behaupten, daß sein Saatgut „sortenecht" ist. Deshalb ist es auch zwecklos, wenn der Kleingärtner dem Züchter und Lieferanten sein selbstgewonnenes Saatgut anbietet. Aus allem geht klar hervor: Der Mehrertrag von hochgezüchtetem Saatgut wiegt die höhere Ausgabe und Arbeit um ein Vielfältiges auf. Wer selbst seinen Samen heranzieht, spart an falscher Stelle.

Der Fruchtwechsel

Beim Anbau von Gemüse darfst du nicht unplanmäßig drauflosarbeiten, sondern mußt einen ordnungsmäßigen Fruchtwechsel betreiben. Durch mehrmaligen Anbau derselben Gemüseart auf dem gleichen Stück wird der Boden anbaumüde. Schwachzehrende Gemüsesorten müssen starkzehrenden folgen. Durch Fruchtwechsel wird die Stalldunggabe richtig ausgenützt, und es wird bei planmäßiger Einteilung vermieden, daß Gemüse auf frischgedüngtes Land kommt, dem frischer Mist schadet. Du teilst dir dein Land, das alljährlich der Gemüsekultur dienen soll, in drei Teile, Plan 1, 2 und 3 ein.

Das große Geheimnis der Gartenkultur? „Fruchtwechsel" heißt es nur.

Plan 1 wird frisch mit Stallmist oder Schnellkompost gedüngt. Hierauf kommen die starkzehrenden Gemüse: Weißkraut, Rotkraut, Wirsing, Blumenkohl, Rosenkohl, Tomaten, Gurken, Sellerie. Dieses Land nennt man in 1. Tracht stehendes.

Plan 2 oder in 2. Tracht stehendes Land. Nach dem in Plan 1 bezeichneten starkzehrenden Gemüsen werden im zweiten Jahr folgende Gemüsearten angebaut: Spinat, Zwiebeln, Porree, Möhren, Salat und Salatrüben, Grünkohl, Kohlrabi, Wurzelpetersilie.

Plan 3 oder in 3. Tracht stehendes Land. Auf die im Plan 2 genannten Gemüse folgen nun im dritten Jahre Erbsen, Bohnen, Puffbohnen, Schnittpetersilie, Radies, Rettich und Rübstiel.

Im Herbst jeden Jahres düngst du nur einen Teil frisch und nimmst stets die Fruchtfolge nach Plan 1, 2 und 3 vor. Im Herbst des vierten Jahres wird also das erste Stück wieder frisch gedüngt. Das ist das ganze Geheimnis des Fruchtwechsels. Auf diese Weise kannst du auch für eine regelmäßige Kalkgabe sorgen, die niemals mit Stalldung zusammen erfolgen darf.

Mit einem kleinen Namensschilde, da bist du immer gleich im Bilde!

und so ist richtig gegossen! Die Kanne tief gehalten und dabei gelaufen, sagt Gärtner Pötschke.

Ein Kniff:
So werden Wasser-fässer haltbar gemacht.

Beim Gießen mit dem Schlauche mußt du den Zerstäuber anwenden, den Schlauch hoch-halten und dauernd bewegen. Falsch ist es, längere Zeit auf eine Stelle zu gießen.

Das Gießen

Nicht nur der Mensch, erst recht die Pflanze kann Durst schwerer ertragen als Hunger. Die Pflanze nimmt ihre gesamte Nahrung in flüssiger Form aus der Erde auf. Fehlt nun das Wasser, hat sie nicht allein Durst, sondern sie leidet auch an Nahrungsmangel; sie vertrocknet und verhungert zugleich. Darum ist Gießen ebenso notwendig wie Bodenbearbeitung, Düngung, Unkraut- und Schädlingsbekämpfung. Das Regenwasser ist den Pflanzen zuträglicher als Leitungswasser. Letzteres ist oft hart und kalt. Um es den Pflanzen bekömmlicher zu gestalten, mußt du es einige Zeit abstehen lassen. Billige Behälter hierzu sind gebrauchte Fässer. Auch der Bau eines Wasserbassins ist nicht zu teuer, wenn man es sich selbst aus Mauersteinen oder Beton herstellt. Die Behälter stellt man so auf, daß das Regenwasser abgefangen und auch leicht mit der Wasserleitung nachgefüllt werden kann. Das Anbringen mehrerer Fässer im Garten, die mit dem Schlauch aufgefüllt werden können, erspart viel Zeit und Wege.

Einen kleinen Kniff, die Fässer haltbar zu machen, will ich dir an dieser Stelle geben: Fülle dein Faß mit Hobelspänen, Papierabfällen usw. bis zur Hälfte. Brenne dies alles an. Wenn die Faßdauben zu schwelen beginnen, dann wende dein Faß. Ist das Faßinnere überall angekohlt, so grabe es bis zur Hälfte in die Erde. Ein solches Faß wird dir Jahrzehnte Dienste tun.

Beim Gießen mit dem Schlauch ist stets ein Feinverteiler zu verwenden. Streng ist darauf zu achten, daß der Strahl nie direkt, sondern in hohem weitem Bogen auf den Boden fällt. Alle Regner sind nach dem gleichen Prinzip gebaut. Das zu feinsten Tropfen zerstäubte Wasser wird durch die Luft erwärmt.

Merke dir außerdem, daß der Boden kräftig gewässert und nicht nur leicht überbraust wird; der Erfolg bleibt sonst aus. Die besten Zeiten zum Gießen sind der frühe Morgen oder der Abend. In praller Mittagssonne sollte nur in äußersten Notfällen gegossen werden.

Wird mit der Gießkanne gegossen, so halte sie dem Boden recht nahe. Herrscht anhaltende Trockenheit, ist es falsch, wenn du alle Gartenbeete allabendlich oberflächlich gießt, d. h. vielleicht nur eine oder zwei Gieß-kannen auf ein Beet bringst. Hierdurch werden wohl die Pflanzen erfrischt. Zweck des Gießens ist es aber, den Wurzeln Wasser zuzuführen. Darum ist es richtig, jeden Abend nur einen Teil der Beete, diese aber dafür reichlich zu gießen. Beim oberflächlichen Gießen verdunstet das Wasser schon in den Morgenstunden des nächsten Tages; es ist dadurch kein nennenswerter Wachstumsfortschritt festzustellen. Bei starkem und reich-lichem Gießen wird die Pflanze bei warmer Witterung doppelt so schnell wachsen, da ja Wärme und Wasser die günstigen Wachstumsbedingungen ergeben. Die reichlich gegossenen Beete werden am nächsten Tag flach mit der Zughacke durchgezogen. Richtig ist es, mit tiefgehaltener Brause am Beet auf und ab zu laufen. Soll ein Beet 10 Kannen Wasser bekommen, dann mußt du eben mit der Gießkanne zehnmal die Beetlänge abschreiten, falls du keinen Anschluß für einen Regner besitzt und die Leitung vom Garten zu weit entfernt ist. Der Nutzen ist, daß das Wasser langsamer und gleichmäßiger eindringt, die Pflanzen nicht so schnell abschrecken.

Gießen nach Nachtfrösten ist eine bewährte Methode, um an einzelnen Kulturen keine Schäden entstehen zu lassen. Die Pflanzen werden tüchtig überbraust, wodurch das Auftauen langsamer, ohne Platzen des Zell-gewebes vor sich geht. Das geschieht am frühen Morgen, wenn die Sonne aufgeht und die Eiskristalle abzutauen beginnen.

Das Pflanzen

Das Pflanzen soll möglichst nur bei Regenwetter geschehen. Bist du gezwungen, bei schönem Wetter zu pflanzen, dann benutze nur die Abendstunden hierzu. Gieße vorher das Beet gut an, damit die Pflanzen die nötige Feuchtigkeit vorfinden.

Wer so gießt, gießt falsch.

Man sieht noch hin und wieder, daß mit dem Finger gepflanzt wird. Das ist falsch, denn meist kommen die Wurzeln krumm in die Erde, und außerdem verletzt man sich die Hände. Gewöhne dich von vornherein an das Pflanzholz. Nachdem du die Schnur gesteckt hast, gibst du dir die Pflanzweite mit einem Holzmaß an. Das machst du so: Halte einen Stab entsprechend der Pflanzweite mit seinen beiden Endspitzen gegen beide Handflächen. Mit den beiden ausgestreckten Zeigefingern reißt du dir die Punkte längs der Schnur an. Bei dem anschließend beginnenden Pflanzen stoße das Pflanzholz senkrecht tief in die Erde. Mit einer drehenden Bewegung wird der Pflanzer herausgezogen, damit die Erde nicht nachrieseln kann (Bild 1). Die Pflanze wird nun mit den Wurzeln in das Loch gehalten. Es ist darauf zu achten, daß diese senkrecht ins Pflanzloch kommen und die Pflanze nicht tiefer steht, als sie ursprünglich gestanden hat (Bild 2). Die nächste Tätigkeit ist, den Pflanzer ungefähr 3 cm neben der Pflanze schräg in die Erde zu stoßen und ihn gegen die Wurzel zu drücken (Bild 3). Das entstandene Loch wird mit dem Pflanzer zugeschlagen (Bild 4). Nach dem Pflanzen wird angegossen, aber so, daß die Pflanze nicht verschlämmt wird.

Damit du's nie vergessen kannst, so wird nach Pötschkes Rat gepflanzt.

Ein Pflanzgerät mit handlichem Pistolengriff, der das Handgelenk vor Übermüdung schützt, hat sich bestens bewährt. Der Rillenzieher zieht in gekrümeltem Boden Saatrillen und markiert Pflanzstellen. Zusätzlich quer gezogen ergeben sich Setzschnittpunkte, die das Lockern und Jäten auch quer zur Reihe erleichtern. Die Schare sind beliebig verstellbar.

Unkrautbekämpfung

Ich sage: Unkraut braucht dein Wasser nicht!

„Du erntest nur das, was dir Unkraut und Schädlinge übrig lassen", lautet ein altes, aber wahres Gartensprichwort. Überall, wo wir Kulturpflanzen anbauen, stellen sich Mitesser und Schmarotzer ein; einfach deshalb, weil sie schon früher da waren als unsere Kulturpflanzen. Wir befinden uns also unermüdlich im Kampf mit dem Unkraut, welches unseren Schützlingen an den Kragen will. Das Unkraut saugt den Boden aus, nimmt den Kulturpflanzen Licht, Luft, Wasser und Nährstoffe. Wissenschaftler haben ausgerechnet, daß 50 kg getrocknetes Unkraut während eines Sommers allein etwa 20000 bis 25000 Liter Wasser aus dem Boden gezogen hat. Dieses Wasser fehlt natürlich unseren Kulturpflanzen!

Wer vor Frost die Pflanzen schützt, damit der frühen Ernte nützt!

Unkraut wächst stets schneller

als unsere Nutzpflanzen. Immer wieder mußt du eingreifen, damit es nicht überhand nimmt Ganz ausrotten wirst du es wohl kaum! Wind, Vögel und anderes Getier schleppen es laufend in unseren Garten herein. Hier keimt es dann und sorgt schnell für Vermehrung und Erhaltung der Art. Das ist Naturgesetz. Eine einzige Hederichpflanze erzeugt etwa 10000 Samenkörner, eine Distel 15000 und der Klatschmohn bringt es sogar auf 50000! Zahlen, die stimmen, weil man sich die Mühe gemacht und die Samenkörner gezählt hat.

Wasser aus der Regentonne ist für die Pflanze eitel Wonne!

Wann wird das Unkraut am besten bekämpft?

Die beste Zeit ist nach einem Regen, da läßt es sich gut aus der Erde ziehen. Den Löwenzahn, die Distel, Zichorie und andere tiefwurzelnde Unkräuter entfernen wir mit eigens zu diesem Zwecke konstruierten Geräten. Mit Jätemesser, Ziehhacke und Spezialhacke gehen wir dem übrigen Unkraut zu Leibe. „**Das Unkraut muß vernichtet werden, solange es noch klein ist!**", sagt der alte Gärtner Pötschke. Es hat dann noch keinen großen Schaden angerichtet. Beim Graben im Herbst und im Frühjahr wird jedes kleine Wurzelstückchen abgelesen. Tust du das nicht, hast du sogar durch Wurzelvermehrung dem Unkraut geholfen. Hat das Unkraut geblüht, dann kommt es nicht mehr auf den Komposthaufen! Unkraut auf Wegen vertilgt man heute mit chemischen Mitteln! Vorsicht, denn die armen Rabattenpflanzen können mit vernichtet werden. Kinder sollten diese Arbeit nicht ausführen! Genau die Gebrauchsanweisung beachten.

Immer wieder werde ich nach Wundermitteln gefragt, mit welchen durch einmalige Behandlung alles Unkraut auf den Beeten vernichtet werden kann. Leider muß ich den Fragenden da enttäuschen; denn solche Mittel gibt es bisher noch nicht. Zwar hat die chemische Industrie auch auf dem Gebiet der Unkrautbekämpfung viel geleistet; doch sind alle diese Mittel (Herbizide) auf die jeweiligen Kulturen abgestimmt. Sie sind nur beim Anbau größerer Flächen ein und derselben Kultur anzuwenden. So gibt es Mittel, die im Getreide angewandt werden können, andere in Kartoffel- oder Rübenfeldern. In unseren Gärten aber haben wir zahlreiche Pflanzenarten auf engem Raum zusammenstehen und müssen infolgedessen, mit wenigen Ausnahmen (Erdbeeren, Spargel), die Beete mit der Hacke sauberhalten.

Unkräuter verraten die Bodenbeschaffenheit

Wenn du mit offenen Augen durch Gottes freie Natur wanderst, wird dir das verschiedenartige Vorkommen der Unkräuter ins Auge gefallen sein. Wir schätzen das Unkraut nicht, weil es uns so viel im Garten zu schaffen macht. Aber wertvolle Rückschlüsse können wir aus dem Vorhandensein der Unkräuter an bestimmten Stellen ziehen.

Die Unkräuter verraten uns etwas

Sie verraten uns nämlich, ob wir es mit gutem oder geringerem Boden zu tun haben, denn auch unter den Unkräutern gibt es solche, die großen Wert auf viel Nährstoff legen, und solche, die armselig und bescheiden ihr kleines Dasein fristen. Dort, wo viel Schachtelhalm wächst, wo viele gelbe Wucherblumen, wilde Stiefmütterchen oder der kleine Sauerampfer anzutreffen sind, haben wir es mit kalkarmem Boden zu tun. Auf geringerem Boden treffen wir auch Mauerpfeffer, Thymian, Ehrenpreis und das Hungerblümchen an.

Guten Boden verraten uns Brennesseln, Disteln, Huflattich und Hederich. Wo sie wachsen, da ist Saft und Kraft vorhanden! Willst du ein Grundstück pachten oder kaufen, dann können diese Unkräuter für dich recht wertvolle Spione sein. Sei überzeugt, wo die Brennessel wächst, da ist bester, herrlichster Humusboden. Die Brennessel ist nämlich ein ganz besonderer Feinschmecker. Viel Huflattich verrät dir, daß dort der Boden gut durchlüftet ist. Heidekraut und Wolfsmilch wachsen nur auf sandigem Gelände.

Schaumkraut und Sumpfdotterblume machen dich auf nassen Untergrund aufmerksam, also sauren Boden, wenn sie uns nicht sogar Quellgebiete verraten. Auch das Wollgras ist nur auf „sauren" Wiesen anzutreffen; dort ist der Untergrund sogar moorig. In kalkreichen Böden mit tonhaltigem Untergrund treffen wir die Ackerröte und den Ackersenf an. Quecken sagen dir, daß dieser Boden stark vernachlässigt ist, denn sie wachsen überall.

Mehrertrag durch Bodenbedeckung

Bedecke deinen Boden regelmäßig mit anfallenden Abfallstoffen deines Gartens, und du wirst über den Erfolg erstaunt sein. Zur Bodenbedeckung eignen sich Rhabarberblätter, Gemüseblätter, abgemähtes Gras, Laub, Stroh, Unkraut (ohne Samen), Mist, Torfmull, Holzspäne, Holzwolle, Deckreisig sowie besonders für diesen Zweck hergestellte Bitumenpappe und Plastikfolie. Du glaubst gar nicht, wie wohl sich die Kleinlebewesen im Boden unter dieser schattenspendenden Bedeckung fühlen. Ihre Tätigkeit wird dadurch ganz enorm angeregt und gefördert. Die Sonne kann den Boden nicht so austrocknen, die natürliche Feuchtigkeit bleibt länger erhalten und kommt den ewig wassersuchenden Wurzeln zugute. Das Hacken ist überflüssig, wenn die Bodenbedeckung dick genug ist. Die Bodenlockerung wird durch die emsigen Kleinlebewesen besorgt, und zwar viel gründlicher, als du es durch dauerndes Hacken bewerkstelligen kannst. Wassergaben werden nicht so oft nötig sein, denn eine gewisse Feuchtigkeit ist stets unter dieser Bedeckung vorhanden. Für Großanbau eignet sich diese Methode weniger, aber der Kleingärtner sollte sich eingehend damit beschäftigen. Hacken und Bodenbedeckung ist schließlich dasselbe. Wenn wir hacken, führen wir weiter nichts als eine Bodenbedeckung durch, und zwar mit den etwas lockeren Erdschollen der Oberfläche. Wir stören also durch das Hacken die zu schnelle Verdunstung des Wassers, indem wir die feinen Haarröhrchen und Risse im Boden verschließen. Dieses Hacken soll aber nur flach erfolgen; mit der Zughacke geht es am besten und am schnellsten.

Gibst du dem Boden eine Decke, dann bleibt viel Unkraut auf der Strecke!

Die Bodenbedeckung eignet sich für alle Gemüsearten, besonders jedoch bei Kraut, Sellerie, Salat und Erdbeeren. Die Beschmutzung der Erdbeeren ist bei weitem nicht so stark wie auf nicht bedeckten Böden. Einleuchtend ist noch, daß der Unkrautwuchs stark gehemmt wird, daß Schnecken und anderes schädliches Getier weniger die Kulturpflanzen anfressen und sich lieber im Schatten unter der Bodenbedeckung aufhalten, wo sie gleichzeitig für nützlichere Beschäftigung mit eingespannt werden. Sie müssen natürlich auch fressen und nagen nun an dem im Schatten Vorhandenen. Die Bodenbedeckung schützt weiter unsere gute Muttererde, die wir ja laufend verbessern wollen. Nur der lebensfähig erhaltene Mutterboden bringt ständig die besten Erträge. Wind und Sonne allein töten den Mutterboden, und mit ihm sterben die Millionen Kleinorganismen, von denen ein Fingerhut voll guter Gartenerde ca. zwei Millionen besitzt. Alle diese Mikroben, Bazillen, Bakterien, Pilze, Algen, Larven, Milben, Ameisen usw. bis zum Regenwurm sind unsere unbezahlten, ständig tätigen Helfer im Garten, und ihre Mitarbeit bestimmt den Ernteertrag! Lassen wir alle diese Kleinlebewesen in Ruhe ihrer wertvollen Arbeit nachgehen! Die natürliche Bodenbedeckung gibt ihnen bereits Schutz, diesen können wir aber bedeutend erhöhen, indem wir für eine künstliche Bodenbedeckung Sorge tragen. Für uns ist allein der Erfolg entscheidend.

Hacken und jäten bricht Unkraut die Gräten!

Der alte Gärtner Pötschke spricht: Vergiß, mein Freund, die Vögel nicht!

Niemals töte eine Kröte!

Er ist echt und recht, schuftet wie ein Knecht!

Vom Maulwurf bist du schnell erlöst, weil er stets pünktlich wiederstößt! (Achte auf seine Tischzeiten!)

Die Gartenpolizei greift ein

„Jeden Nistkasten schätze ich auf ½ bis 1 Zentner Obst", sagt Gärtner Pötschke. Die Nistkästen sind die Quartiere für unsere Gartenpolizei, die von frühmorgens bis spät am Abend tätig ist. Auf ihren laufenden Patrouillengängen werden alle Bäume, Sträucher und Pflanzen nach Schädlingen abgesucht und dabei wird dafür gesorgt, daß sich die Feinde des Gartens nicht übermäßig vermehren. Zur kleinen Gartenpolizei zählen wir: Igel, Maulwürfe, Kröten, Meisen, Grasmücken, Rotkehlchen, Rotschwänzchen, Marienkäfer usw. Sie alle leisten dem Gartenfreund unschätzbare Dienste bei seinem Kampf gegen schädliche Insekten.

Die Kröte fängt des Nachts viele Nacktschnecken, Asseln, Erdraupen usw. Sie wird häufig von erfahrenen Gärtnern zur Bekämpfung dieses Ungeziefers (auch in Kellern) ausgesetzt! Es ist falsch, sie als giftig hinzustellen.

Wenige Tiere sind dem Menschen so ans Herz gewachsen wie unsere **Singvögel**. Ohne sie wäre die Natur still und stumm. Ohne das Jubilieren, Singen, Zwitschern, Pfeifen und Rufen der gefiederten Feiertagsgeschöpfe Gottes wäre unsere Arbeit im Garten halb so schön. Was können wir für unsere Singvögel wirklich tun? Im Sommer leiden sie an Wohnungsnot, und im Winter ist es der Hunger, der sie quält. Der Gartenfreund, der die Singvögel in seinem Garten nicht missen will, gewöhnt sie durch Aufstellung von Futterplätzen, Wassertränken und Nistgelegenheiten an seinen Garten.

Wer einen größeren Garten hat, pflanzt Vogelschutzhecken, die aus Wildrosen, Schlehen, Liguster, Hagedorn, Schneeball usw. bestehen sollen. Die Nistkästen müssen so aufgehängt werden, daß Raubtiere und wildernde Katzen nicht zu den Kästen gelangen können. Sie müssen deshalb hoch hängen. Niemals unter 2 m (Stare ca. 10 m)! Der Kasten darf nicht wackeln, wenn er von den Vögeln angeflogen wird. Das Flugloch soll stets entgegengesetzt zur Wetterseite sein; das ist Osten bis Südosten. Das Aufhängen erfolgt am besten im Spätherbst. Der Vogelfutterkasten soll nicht in versteckter Lage angebracht werden; er soll frei stehen, damit die Vögel beim Herannahen von Feinden sofort flüchten können. Ein Vogelfutterhaus kann sehr schön wirken und dem Garten ein besonderes Gepräge verleihen. Bastler bauen sich leicht ein solches Häuschen selbst.

Der stachlige Igel fängt viele Mäuse und ist immer auf Posten. Schützt ihn — er dankt es euch! Er ist leicht an den Garten zu gewöhnen.

Der Regenwurm ist nicht zu den schädlichen Erdbewohnern zu rechnen; er durchfurcht den Boden, bringt Luft auch in seine untersten Erdschichten und macht ihn damit durchlässig; bis 2 m in die Tiefe gräbt er. Regenwürmer fressen keine Wurzeln, sondern nur verrottende und in Verwesung befindliche Pflanzenteile. Trotzdem sind die kleinen Erdhäufchen im Rasen unangenehm. Mit regelmäßigen Kalkgaben können wir die sonst nützlichen Regenwürmer aus unseren Rasenflächen vertreiben.

Der Maulwurf ist ein unangenehmer Zeitgenosse während der Frühjahrsbestellung und zerstört manches gepflegte Beet. Aber bedenken wir, daß er viel Ungeziefer (Engerlinge, Larven) vernichtet! Er ist eher nützlich als schädlich! Die Wühlmaus dagegen ist durch Auslegen von Giftködern, Aufstellen von Fallen und Vergasen der Gänge rücksichtslos zu bekämpfen.

Die Marienkäfer vernichten Blatt-, Blut- und Schildläuse und sind ebenfalls sehr nützlich.

Die Schlupfwespe ist unser bester Bundesgenosse im Kampf gegen den Kohlweißling. Sie legt bekanntlich ihre Eier in den Leib der Raupen des Kohlweißlings, die dann unweigerlich zugrunde gehen.

Er gehört zur Polizei, ihn zu töten, Eselei!

Gartenwerkzeuge

Auf gutes Werkzeug soll jeder Gartenfreund Wert legen, denn nicht umsonst sagt das Sprichwort: „Gutes Handwerkszeug — halbe Arbeit".

Spaten. Lieber einen teuren Gärtnerspaten, einen sogenannten Patentspaten, kaufen, als einen genieteten, der schon nach kurzem Dauergebrauch abbricht oder sich verbiegt. Es gehört schon ein gut Teil Gewalt dazu, einen Patentspaten abzubrechen.

Falsch ist es, wenn man nach getaner Arbeit den Spaten stecken läßt. Nach jedem Gebrauch gereinigt, ergibt sich bald ein blankes Blatt, das sich leicht in den Boden stoßen läßt. Darum handle richtig: Reinige deinen Spaten, halte ihn blank.

Eine Pause voll Besinnen läßt uns neue Kraft gewinnen!

Grabegabel. Dieses wichtige Instrument sieht man leider noch viel zu wenig. Es sticht sich leichter in Erde als ein Spaten, und zum Ausgraben der Wurzelgemüse ist es einfach ideal. Beim Graben im Sommer lassen sich die Erdklumpen besser zerschlagen und die Unkrautwurzeln leichter ausschütteln, ohne sie zu zerstechen. Dadurch wird der Verbreitung immer wiederkehrender Wurzelunkräuter (besonders Quecken) kein Vorschub geleistet.

Hacken

Die Grabegabel, ein wichtiges Gerät!

Bei den modernen Hacken haben wir gegenüber den früheren Modellen große Verbesserungen und Neuerungen zu verzeichnen, welche sehr arbeitserleichternd sind. Besonders will ich die Ziehhacken nennen. Während man sich früher beim Hacken immer vorwärtsbewegen und dauernd die Hacke heben und senken mußte, fällt diese Arbeit bei der Ziehhacke fort. Da sie in verschiedenen Breiten zu haben ist, ist es möglich, zwischen den Reihen bis dicht an die Pflanzen zu hacken.

Die Herzhacke eignet sich besonders zum Rillenziehen für grobe Sämereien, wie Erbsen und Bohnen. Ein rationelles Spezialgerät für die Aussaat finden wir im Rillenzieher.

Rübenhacke

Pötschkes Gärtner-Zollstock ist ein aus der Praxis heraus entwickeltes, unentbehrliches Gartenhilfsgerät, das die genauen Pflanzweiten für die wichtigsten Gemüsearten angibt. Auch Pflanztiefen für Blumenzwiebeln sind vermerkt. Die Vorderseite ist wie ein normales Metermaß eingeteilt.

Bügelzughacke

Die Gartenschnur. Eine gute Gartenschnur von der halben Stärke einer Wäscheleine sollte sich jeder Gartenfreund anschaffen. Sie wird auf zwei angespitzte Pfähle aus Hartholz aufgewickelt.

Das Kastensieb. Unentbehrlich ist das Kastensieb. Zum Bedecken der feinen Aussaaten, zur Zubereitung der feinen Erden für Blumen- und Saatkästen benötigst du dieses Kastensieb. Du kannst es dir leicht selbst bauen. Vom Gemüsehändler besorgst du dir eine stabile Obststiege, entfernst den Boden und nagelst einen Vierkantdraht von 5 mm Maschenweite auf. Darüber wird ein Rahmen von kleinen schmalen Holzleisten angebracht, und das Kastensieb ist für wenig Geld fix und fertig.

Pötschkes Gärtner-Zollstock

39

Das ist meine Gartenlatte, wie ich sie auch schon früher hatte!

So richte ich ein Gartenbeet, schön akkurat — wie ihr's hier seht!

Wer diese Regeln beachtet, hat schon halb gewonnen!

Nutz Möglichkeiten, die sich bieten: Hier das Beispiel — einzumieten!

Die Beetlatte dient zum Abmessen und Einteilen der Beete. Wenn du im Frühjahr mit der Arbeit beginnst, ist dies das erste Gerät, das du brauchst. Du fertigst dir diese Meßlatte aus einer 4,50 m langen Dachlatte an. Durch Kerben werden die Maße der Beetbreite angezeichnet, bis die Latte voll ist.

Die normalen Maße für Beete sind 1,20 m Breite, die der Furche 30 cm. Mit Hilfe der Beetlatte wirst du immer gleichmäßig breite Beete und somit Ordnung in der Einteilung haben.

Die Arbeit mit den veralteten Geräten hatte viele Nachteile, wie dauerndes Bücken und dadurch entstehende Kreuzschmerzen, mühsames Vorwärtskämpfen. Der gehackte Boden wurde wieder festgetreten, Pflanzen wurden beschädigt, und die lange Schwerarbeit führte zu schneller Ermüdung. Demgegenüber bieten die modernen Geräte durch die ziehende Arbeitsweise viele Vorteile, wie aufrechte Körperhaltung, keine Überanstrengung, zügiges Vor- oder Rückwärtsschreiten. Der gehackte Boden wird nicht mehr betreten, er kann bis nahe an die Pflanzen bearbeitet werden und die Arbeit ist viel schneller getan.

Da die Gartengeräte vornehmlich der Bodenpflege dienen, folgen deshalb die

Sieben Regeln der richtigen Bodenpflege:

1. Winterfeuchtigkeit auffangen durch spatentiefes Umgraben und Furchen im Herbst.
2. Winterfeuchtigkeit festhalten durch flaches Aufreißen des Bodens im Frühjahr.
3. Das mühsame Wassergießen ersparen durch ständiges Lockern und Lüften des Bodens.
4. Sicheres Keimen und freudiges Wachsen fördern durch Feinkrümeln der Früh-, Saat- und Pflanzbeete.
5. Leichte Pflege der Kulturen ermöglichen durch Reihensaat und Reihenpflanzung.
6. Den Ertrag steigern durch Häufeln.
7. Garten und Feld stets unkrautfrei halten durch frühzeitiges Jäten.

Die Erdbude zum Überwintern der Gemüse

Die beste Gemüseüberwinterung ist immer ein frostfreier, luftiger Keller. Hast du jedoch nicht genügend Kellerraum, mußt du dir eine Miete im Freien schaffen. Im Garten oder Feld wird ein erhöhter Platz ausgesucht und eine 1 m breite und tiefe Grube ausgehoben. Die Erde dient gleich zur Erhöhung der Grube. Im lockeren Erdreich müssen die Wände mit Schalbrettern abgestützt werden. Über der Grube wird mit Balken, Brettern oder Bohnenstangen abgedeckt, die als Unterlage für Spargelkraut, Stroh, Streu und Laub dienen sollen. Wer recht wasserdicht bauen will, lege Dachpappe auf. Als letzte Decke mußt du Erde über das Deckmaterial werfen. In strengen Wintern muß die Erddecke verstärkt werden (Laub, Kartoffelkraut oder Mist). An der Längsseite wird ein Eingang gelassen, der gut abgedeckt sein muß. Die Gemüsearten werden am besten reihenweise eingeschlagen, um bei Bedarf alles gleichmäßig erreichen zu können.

Mistgabel, Schaufel und Rechen gehören selbstverständlich mit zum unentbehrlichen Werkzeug. Alle diese Gartengeräte sind gut bekannt und es erübrigt sich, speziell darauf einzugehen. Die Mistgabel, die auch zur Laubbeseitigung und zur Entfernung größerer Mengen ausgejäteten Unkrauts dient, soll möglichst einen glatten, splitterfreien Stiel besitzen. Ist er etwas federnd, dann arbeitet es sich besonders leicht damit.

Der Schaufelstiel dagegen muß stabiler sein, denn mit der Schaufel werden ja schwerere Gewichtsmassen bewegt.

Als Rechen oder Harke ist es ratsam, einen eisernen und einen hölzernen Rechen zu beschaffen. Beide sind für verschiedene Arbeiten unbedingt nötig. Der eiserne dient zum Einebnen des frischgegrabenen Beetes, das zur Pflanzung vorbereitet wurde. Der Holzrechen wird für gleiche Zwecke benötigt, zumeist aber, um Laub und Gras zu beseitigen. Daß die Stiele bei beiden festsitzen müssen, ist klar. Fehlende Zinken am Holzrechen müssen ersetzt werden, was man im Winter leicht selbst machen kann.

Eine gute Gießkanne mit 10—12 Liter Inhalt ist wohl in jedem Garten nötig. Hier rate ich zu der guten und altbewährten „Schneider-Gärtner-kanne" mit verschiedenen Brausen und starkem Längsbügel. Eine „Jauche-Tülle" dazu sollte sich nur derjenige anschaffen, der eine eigene Jauchegrube im Garten hat und damit verschiedene Blumen- und Staudenpflanzen düngen möchte.

Bei der Anschaffung von verschiedenen **Schneidewerkzeugen** wählen wir niemals das Billigste! Wir wollen und müssen mit diesen Werkzeugen jahrelang auskommen, und da lohnt es sich schon, ein paar Mark mehr für die Anschaffung auszugeben.

Die **Hippe,** das krumme Messer, dient uns zu mancherlei Zwecken. Überall gibt es etwas glattzuschneiden, an den Sägewunden, am Baum und am Gesträuch brauchen wir sie zum Auslichten, beim Pflanzen von Gehölzen brauchen wir sie ebenfalls zum Glattschneiden von Wunden usw. Die Hippe muß in die Hand passen.

Pflanzer

Okuliermesser braucht nur derjenige Gartenfreund, der sich ernstlich mit Pfropfen und Okulieren beschäftigen will. Wichtig am Okuliermesser ist der oben angebrachte „Löser", mit welchem die Rinde gelöst wird. Das Okuliermesser sollte niemals anderen Zwecken dienen.

Blumenkelle

Rosenscheren sind unentbehrlich. Beim Obstschnitt, zum Auslichten von Sträuchern, entfernen von verblühten Zweigen bei Stauden und Sommerblumen usw., überall wird sie gebraucht. Ich rate immer wieder zu der zweiseitig geschliffenen Rosenschere, die glatt abschneidet und nicht abquetscht.

Handgrubber

Die **Heckenschere** sollte ebenfalls beide Seiten geschliffen haben. Die Einkerbung im Blatt dient zur Entfernung stärkerer Äste. Deshalb sollte man sich beim Einkauf der Heckenschere genau über die Vorteile informieren.

Kleingeräte im Garten haben viel zur Erleichterung der Gartenarbeit beigetragen. Die praktischen Garten-Kleingeräte haben sich immer mehr und mehr eingebürgert. Dazu gehören: Handspaten, Jätekralle, Pflanzholz, Hohlpflanzer (für Blumenzwiebeln), Blumenspaten oder Handgrubber zum Auflockern zwischen engstehenden Pflanzen. Rechenbesen und Fächerbesen sind heute bereits überall im praktischen Gebrauch zu sehen. Es erübrigt sich, auf deren Vorteile besonders hinzuweisen.

*Beim Rhabarber mußt
du wissen:
Schosser werden
ausgerissen!*

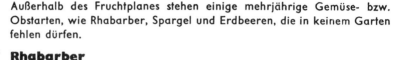
Außerhalb des Fruchtplanes stehen einige mehrjährige Gemüse- bzw. Obstarten, wie Rhabarber, Spargel und Erdbeeren, die in keinem Garten fehlen dürfen.

Rhabarber

Der Bedarf an Rhabarber ist nicht allzu groß; es genügen einige Pflanzen. Falsch ist es, wenn man, um Geld zu sparen, Rhabarber aus Samen zieht. Es dauert mehrere Jahre, bis eine Vollernte zu erwarten ist. Ferner fällt aus Samen gewonnener Rhabarber nicht immer echt aus; es gibt zu viele grüne und schwachstengelige Pflanzen. Darum kaufe deine Pflanzen vom Gärtner. Im Herbst und Frühjahr kann die Pflanzung vorgenommen werden. Bevorzugt werden heute nur noch rotstielige Sorten wegen ihrer milden Säure. Die Pflanzweite des Rhabarbers ist 1 m. Rhabarber verträgt Schatten und gedeiht auch noch unter Bäumen recht gut. Die Stengel werden gezupft, nicht abgeschnitten. Sehr wichtig ist das Entfernen der Blütenstengel. Richtig ist es, ihn über der Wurzel herauszureißen, nicht herauszubrechen!

Oft erscheinen viele Blütenstengel an der Pflanze. Diese auf einmal auszureißen, kann die Pflanze nicht vertragen. Die Pflanze würde dadurch so geschwächt, daß die Ernte oft nur einen Bruchteil des normalen Ergebnisses bringt. Darum mache es so: Reiße die Blüten vorsichtig in Abständen von einigen Tagen aus. Stummel dürfen nicht stehenbleiben, sie werden hart und hindern das flotte Wachstum der Pflanze. Rhabarber braucht viel Dünger. Im Herbst werden die Pflanzen mit Stalldung abgedeckt, welcher im Frühjahr flach untergegraben wird. Außerdem gibt man vor dem Trieb etwa 40 g Pflanzenfutter auf den Quadratmeter. Nach der Ernte, welche Anfang Juli beendet ist, wird noch einmal die gleiche Düngergabe verabreicht. Ganz besonders nach der Ernte benötigen die geschwächten Pflanzen die meiste Nahrung. Kommen sie gut erholt in den Winter, werden sie im nächsten Jahr auch dankbare Erträge bringen. Zu alte Stöcke teilt man und gibt ihnen einen neuen Standort. Rhabarber verlangt recht tief gegrabenes Land (Holländern). Der Ertrag wird dadurch besonders gehoben. Wer bereits im Januar/Februar eine Kiste, einen Eimer oder Kübel über die Pflanze stülpt und mit Säcken schützt, kann von dieser getriebenen Staude früher ernten.

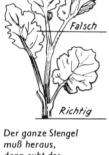

*Der ganze Stengel
muß heraus,
dann ruht der
Wurzelstock sich aus.*

Der Rhabarber in der Küche

Liebe Hausfrau! Mit dem Rhabarber wird ein langer Reigen herrlichster Kompotte eröffnet, die dir der Garten laufend liefert. Über seine Zubereitung bist du dir im klaren. Ich möchte es aber nicht unterlassen, dir einige Tips mit auf den Küchenweg zu geben, die nicht immer in den Kochbüchern zu lesen sind. Oft sind es an mich eingeschickte Rezepte erfahrener Hausfrauen.

Rhabarber und unreife Stachelbeeren sind euch allen als regelrechte Zuckerverwüster bekannt. Diesen hohen Zuckerverbrauch herabzudrücken überlegt sich manche Hausfrau. Hier ist ein Rat: Du mußt das Wasser kurz vor dem Aufkochen abgießen und durch neues, kochendes Wasser ersetzen! Danach erst wird der Zucker hinzugefügt! Probiere es einmal, du sparst viel Zucker und bekommst einen natürlichen Fruchtgeschmack.

Rhabarberkompott. Im zeitigen Frühjahr schmeckt der junge Rhabarber am besten. Die Haut wird abgezogen und die Stengel werden in kurze

*Bei Rhabarber
sei im klaren,
niemals mit dem
Zucker sparen!*

Stücke geschnitten. Jetzt wird er gewaschen und mit Wasser angesetzt. Das erste Wasser wird kurz vor dem Aufkochen weggeschüttet und durch frisches, kochendes Wasser ersetzt. Dadurch vermindern wir die natürliche Fruchtsäure und sparen Zucker. Jetzt kommt Zucker dazu, etwas Zimt und Zitronenschale. Willst du das Kompott ganz pikant machen, dann gib noch ein Glas Weißwein dazu. Nachdem der Rhabarber gar ist, läßt du ihn abkühlen und schüttest den Inhalt in eine Schüssel, worin er dann vollständig erkaltet.

Rhabarber in Flaschen (eingekocht)

Der Rhabarberanfall ist im Frühjahr oft recht groß. Wohin nur mit all dem Segen, denkt die umsichtige Hausfrau. Die Einweckgläser sind für anderes Gemüse bestimmt — Flaschen mit Patentverschluß sind der geeignete Ersatz! Rhabarber, im April/Mai eingekocht, hat den besten Geschmack. Der gewaschene Rhabarber wird in Stücke geschnitten und in die Flaschen gesteckt. Auf einer weichen, aber immer noch festen Unterlage (mehrere Lagen Zeitungspapier) wird laufend die Flasche aufgestaucht, um recht viele Stücke hineinzubekommen. Nun wird die Flasche mit Wasser gefüllt und etwa 15 Minuten eingekocht.

Seit jeher war Rhabarbersaft bei Darmverstimmung vorteilhaft!

Rhabarberwasser zur Fleckenentfernung. Über die Blaubeerflecken habt ihr euch gewiß schon oft geärgert, weil sie so hartnäckig sind und sich selten vollkommen entfernen lassen. Hier ein Wink mit der Rhabarberstange: Ungesüßtes Rhabarberwasser wird selbst in empfindlichsten Stoffen diese Flecken vollkommen entfernen, wenn sie vorher mit etwas Wasserstoffsuperoxyd abgerieben wurden. Wichtig: der Stoff wird nicht angegriffen.

Das Einfrieren von Rhabarber

Rhabarber eignet sich auch ausgezeichnet zum Einfrieren. Dies kann auf zweierlei Art geschehen, roh und als Kompott. Frische, zarte Rhabarberstangen werden gewaschen, geschält, in 2 bis 3 cm lange Stücke geschnitten und roh verpackt.

Man kann sie jedoch auch mit 40%iger Zuckerlösung bedecken oder den Rhabarber als fertig zubereitetes Kompott einfrieren.

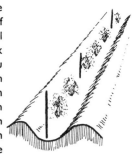

Der Darm jubiliert — Rhabarber laxiert!

Spargel

Ein frischer Sandboden mit genügend Kalk und leichter sandiger Lehmboden sagt dem Spargel am besten zu. Mit Ausnahme von Moor- und schwerem Tonboden kannst du überall Spargel bauen. Die Hauptsache ist tiefgründiger und durchlässiger Boden. Der Grundwasserstand darf nicht weniger als 1 m sein. Nachdem du dein Quartier für den Spargel bestimmt hast, mußt du rigolen. Dabei wird in alle Schichten reichlich Kalk untergearbeitet. Auf den Quadratmeter ist eine Menge von 750 g zu nehmen. Bei schweren Böden ist Kompost mit einzuarbeiten. Wenn im Frühjahr der Boden soweit abgetrocknet ist und nicht mehr klebt, werden die Spargelbeete abgesteckt. Die Reihen sollen am besten von Süd nach Nord laufen. Es werden 45 cm breite Streifen (die Beetreihen) und 90 cm breite (die Zwischenräume) durch Pfähle gekennzeichnet. Die 45 cm breiten Streifen werden zu 40 cm tiefen Gräben ausgehoben und die gewonnene Erde auf dem 90 cm breiten Streifen dammartig aufgeschichtet. Auf der Grabensohle wird nun gut verrotteter Mist und ungefähr 10 cm Kompost untergegraben. Jetzt ist die Anlage pflanzfertig. Die Entfernung

Mit einem Stock werden ausgebliebene Pflanzen gekennzeichnet!

der Pflanzen in der Reihe beträgt 40 cm, daher mußt du dir die nötige Stückzahl schon besorgt haben. Ich empfehle dir, einjährige, kräftige Pflanzen zu kaufen. Obwohl diese erst im dritten Jahre tragen und gestochen werden dürfen, sind sie, da es eine Daueranlage ist, günstiger als zwei- oder gar dreijährige Sämlinge.

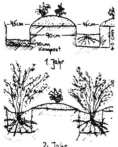

SPARGELBAU

Pflanzung

Die Pflanzung

Wenn Mitte April der Spargel zu treiben beginnt, ist der richtige Zeitpunkt des Pflanzens. Vorerst formt man sich mit der Hand einen kleinen Erdhügel von doppelter Handflächengröße und ungefähr 5 cm Höhe. Nun setzt man die Spargelpflanze so auf den Erdhügel, daß die fleischigen Wurzeln nach allen Seiten über den Hügel verteilt sind. Über Wurzeln und Pflanze werden einige Hände voll Erde gebracht und fest angedrückt. Nach der Pflanzung mußt du von den seitlichen Erdbänken soviel Erde in die Gräben füllen, daß der Spargelkopf mindestens 5 cm hoch bedeckt ist. Die zwischen dem Graben liegenden 90 cm breiten Bänke werden am besten mit Erbsen und Buschbohnen bebaut. Denn diese entnehmen dem Boden die wenigsten Nährstoffe. Den Sommer über mußt du fleißig hacken und jäten, damit der Boden locker und unkrautfrei bleibt. Ende Juni wird eine Kopfdüngung mit Nitrophoska oder Pflanzenfutter gegeben. Im Umkreis jeder Pflanze so viel, wie man mit drei Fingern fassen kann. Nach dem Absterben des Krautes im Oktober erhalten die Pflanzen nochmals eine Düngung. Auf einen Meter Graben wird ein Gemisch von 50 g Thomasmehl und 60 g Kali verabfolgt. Pflanzen, welche ausgeblieben sind, müssen im Herbst durch Stäbe gekennzeichnet werden.

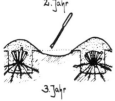

Die Pflege im zweiten Jahre

Im Frühjahr des zweiten Jahres sind die durch Stäbe markierten fehlenden Pflanzen zu ersetzen. Die Stäbe mußt du aber noch ein Jahr bis zur ersten Ernte stehen lassen. Denn von diesen ein Jahr jüngeren Spargelpflanzen darf noch nicht gestochen werden. Die Gräben werden im zweiten Jahr eingeebnet, damit die Pflanzen etwas tiefer zu stehen kommen. Im Sommer mußt du öfter jauchen. Eine Kunstdüngergabe wie im ersten Jahr mit Nitrophoska ist angebracht. Im Herbst wird das Spargelkraut abgeschnitten. Als Herbstdünger wird wie im ersten Jahre Thomasmehl und Kali gegeben und die ganze Anlage gegraben.

Diese Skizze zeigt genau, Wichtiges beim Spargelbau!

Die Pflege im dritten Jahre

Im dritten Jahre beginnt die erste Ernte. Sobald sich die Erde der Zwischenräume bearbeiten läßt und sie genügend abgetrocknet ist, wird sie auf Dämme über die Spargelreihen geschaufelt und schön klar und locker gemacht. Denn Spargelpfeifen, die auf Klumpen stoßen, wachsen krumm. Die Breite der Dämme soll ungefähr 40 cm betragen. Mehr als 30 cm Erde soll nicht über den Spargelpflanzen liegen, denn sonst werden die Stengel zu lang und zu dünn und kommen obendrein viel später heraus. Die Dämme werden dann mit einer Schaufel gleichmäßig abgeklopft. Sobald nun die Köpfe die Oberfläche des Dammes durchstoßen, wird gestochen. Beim Stechen legt man den Spargelkopf zum Teil frei, damit man die Stellung der Stange erkennen kann. Dicht über dem Wurzelhals wird mit dem Spargelmesser abgestochen. Achte aber streng darauf, daß der Wurzelstock nicht beschädigt wird, das kann die Pflanze schwerlich vertragen. Solche Wunden heilen schwer; es gibt oft Krankheiten, die die Bildung zahlreicher kleiner Triebe zur Folge haben. Im ersten

Wird der Wurzelstock beschädigt, ist die Ernte bald erledigt!

Erntejahr stichst du nur bis Anfang Juni, die Anlage darf noch nicht voll genutzt werden. Nach der Ernte wird wieder eine Düngung, am besten Nitrophoska oder Pflanzenfutter gegeben, denn der Spargel muß sich ja nach der Ernte für das nächste Jahr vorbereiten und kräftigen können. Spargel trägt 15 bis 20 Jahre, ohne daß man ihn erneuern muß. Im Herbst muß das Kraut abgeschnitten und verbrannt werden.

Wenn ich das Spargel-kraut verbrenne, stör' ich des Schädlings Winterpenne!

Sorten

„Ruhm von Braunschweig", auch „Braunschweiger" genannt, ist weiß-köpfig, spitzköpfig und weißfleischig. Die Stangen werden bis 150 g schwer, er ist mittelfrüh, ertragreich und wird hauptsächlich in Nord-deutschland angebaut. Sehr fein im Geschmack ist „Schneekopf", früher „Burgunder", ein früher Spargel von mittlerem Ertrag. Ähnliche Sorten sind „Mainzer", „Darmstädter" und „Schwetzinger". Es gibt noch amerika-nische Sorten, z. B. „Conovers-Kolossal", sehr starkwüchsig, der bei uns aber wenig anzutreffen ist.

Krankheiten und Schädlinge

Die gefährlichsten Schädlinge des Spargels sind der Spargelrost und die Spargelfliege. Der Spargelrost tritt hauptsächlich im Frühherbst (September) auf. Durch diesen Pilz werden die Pflanzen über und über rostgelb. Die Pflanze stirbt vorzeitig ab, bevor sich der Wurzelstock für den nächst-jährigen Trieb ausgebildet hat. Hier schafft rechtzeitiges Abschneiden und Verbrennen des Krautes bestimmt Abhilfe.

Die Spargelfliege

ist eine Bohrfliege, die im April/Mai ihre Eier hinter die Schuppen der gerade geschossenen Spargelköpfe legt. Schon nach 14 Tagen schlüpfen die Maden aus, bohren sich in großer Anzahl in die Stengel ein und fressen sich bis in den Wurzelstock hinunter. Ende Juli verpuppen sich die Maden in den Stengeln ungefähr 5—10 cm unter der Erdoberfläche. Daher soll man stets das Spargelkraut mit einem scharfen Spaten ein Stück unter der Erde abstechen. Beim Graben im Herbst müssen die Stengelreste so tief wie es geht nochmals abgestochen, gesammelt und verbrannt werden.

Spargelfliege

Das ist die böse Spargelfliege, im Stangenkopf liegt ihre Wiege!

Schadensbild - Maden im Spargel -

Der Spargel in der Küche

Liebe Hausfrau! Spargel — herrlicher, edler Spargel, recht viel eingemacht für den Winter, ist doch euer aller Wunsch. „Liebe geht durch den Magen", sagt der Volksmund — und nur zufriedene Gesichter siehst du, wenn ein Spargelgericht auf den Tisch kommt. Hier einige kleine Ratschläge.

Der Spargel soll frisch sein

Kommt der Spargel gestochen vom Beet, dann weißt du, er ist garten-frisch. Mußt du aber Spargel kaufen, dann achte darauf, daß er beim Brechen einen hellen Klang abgibt. So hast du die Gewähr, daß er frisch ist. Willst du Spargel unbedingt eine Zeitlang frisch halten, dann wickle die Stangen in ein gut angefeuchtetes Tuch und lege den Vorrat in einen kühlen Keller oder in den Eisschrank.

Auch an der Schnittfläche kannst du leicht erkennen, ob es sich um frischen oder älteren Spargel handelt, denn ältere Stangen sehen an der Schnitt-fläche bräunlich aus.

Spargel richtig einmachen

Du verwendest nur morgens gestochenen, recht frischen Spargel, den du wäschst, schälst und sechs Stunden im Wasser liegen läßt. Erfahrene Hausfrauen nehmen dazu nur gleichmäßige, etwa fingerdicke Stangen, die sie auf Glaslänge genau zuschneiden. Das Glas wird auf den Tisch gelegt und nun werden die Stangen schön gleichmäßig hineingebaut, indem die Köpfchen nach unten kommen. Das Glas wird, so dicht wie es eben geht, mit Spargel gefüllt. Sind alle Gläser voll, wird kaltes, abgekochtes Wasser zugegossen, und zwar so viel, daß es genau 15 mm unter dem oberen Glasrande steht. Der Geschmack wird verbessert, wenn du auf 1 Liter Wasser einen Teelöffel Zucker beifügst. Nun suchst du die einwandfrei passenden, gut schließbaren Deckel heraus und verschließt damit die Gläser, die du zwei Stunden bei 100° C erhitzen läßt. Der so sterilisierte Spargel wird später mit seinem Wasser verwendet.

Was wird mit den längeren Spargelstücken?

Beim eingemachten Stangenspargel fallen bekanntlich viele Stücke an, welche mitunter nicht alle auf einmal verzehrt werden können; erst recht nicht, wenn du größere Mengen verarbeitest. Die Stücke machst du als Bruchspargel ein. Hast du junge Möhren, dann kochst du sie mit dem Bruchspargel zusammen ein. Erfahrene Hausfrauen wissen, daß alle schlecht haltbaren Gemüsearten durch Beigabe von Möhren die Gläser besser zuhalten. Sterilisierzeit: 1½ Stunde bei 100° C.

Was geschieht mit den schwachen Spargelstangen?

Bei jeder Ernte fällt natürlich auch ein gewisser Teil schwacher Stangen an, die sich weniger zum Sterilisieren eignen. Davon bereitest du eine Spargelsuppe. Diese Stangen werden gewaschen, geschält, in kleine Stücke geschnitten und in kochendem Salzwasser angesetzt. Inzwischen bereitest du eine helle Butter-Mehlschwitze, löschst sie mit Spargelwasser ab und nimmst den Topf vom Herd. Ein zu Schaum gequirltes Eigelb ziehst du nach fünf Minuten darunter und schmeckst mit Petersilie ab.

Spargel mit brauner Butter

Wohl das beliebteste Spargelgericht. Man nehme (heißt es immer so schön) 2 Pfund frischen Stangenspargel, dazu 70 g Butter oder Margarine. Nachdem der Spargel gewaschen und geschält wurde, wird er in Salzwasser gar gekocht. Die braune Butter wird dann über den auf heißer Platte oder Teller zu servierenden Spargel gegossen.

Spargel richtig schälen

Dem richtigen Schälen des Spargels wird viel zu wenig Beachtung geschenkt. Du beginnst mit dem Schälen unter den Köpfen; sie werden nicht mitgeschält, denn sie sollen unverletzt bleiben. Nun wird mit einem dünnen, gut geschärften Küchenmesser in geraden Strichen von oben nach unten geschält.

Bei diesem Schälen wirst du beobachten, daß die Schale nach unten zu dicker wird. Natürlich mußt du dort etwas dicker schälen, damit dann später beim Essen die holzigen Bestandteile nicht ausgekaut werden müssen. Etwa 20 cm langer Spargel ist der beste. Ist er zu lang gestochen, dann sind die Schnittstellen hart und müssen verkürzt werden. Zu dünner Spargel ist geschmacklich nicht hervorragend; er schmeckt sogar leicht bitterlich.

Das Einfrieren von Spargel

Zum Einfrieren wählt man mittelstarke, frische, nicht holzige Spargel-stangen, die noch feste, geschlossene Köpfe haben. Man schält sie und legt sie, wenn sie nicht frisch gestochen sind, ein bis zwei Stunden ins Wasser. Der ganze oder in Stücke geschnittene Spargel wird anschließend blan-chiert, d. h. 3 Minuten in siedendes Wasser gelegt und sofort in Eiswasser oder unter fließendem Wasser abgekühlt. Dann wird der Spargel in Beutel gefüllt und ins Kühlfach gelegt. Viele Hausfrauen frieren in letzter Zeit den Spargel ohne zu blanchieren ein und behaupten, er behielte dann besser Farbe und Geschmack.

In Plastik frier den Spargel ein, das macht man heute allgemein!

Erdbeeren

Außerhalb des Fruchtwechsels stehen noch die Erdbeeren. Die beste Pflanzzeit ist August/September. Du mußt dir aber schon ein Jahr vorher darüber im klaren sein, an welche Stelle du das nächste Mal die Erdbeeren pflanzen willst, denn Erdbeeren brauchen gut vorbereiteten Boden, da sie ja drei Jahre am gleichen Orte stehenbleiben. Im Herbst — bereits ein Jahr vor der Pflanzung der Erdbeeren — wird der Boden zwei Spaten tief umgegraben und frisch gedüngt. Im nächsten Jahr werden am besten Frühkartoffeln auf dieses Stück Land gebracht. Nach der Ernte wird mit der Grabegabel gegraben, und die Erdbeerbeete werden gut zurechtgemacht. Der Reihenabstand sollte 60—70 cm betragen und der Abstand von Pflanze zu Pflanze in der Reihe 25 cm. Das erscheint weit, aber bei guter Pflege ist es richtig. Die Pflanze bekommt mehr Licht, der Ertrag wird höher, weil die Früchte sich besser entwickeln können. Die Bearbeitung und das Faulen der Beeren werden auf ein Mindestmaß herabgedrückt. Die Pflege ist übersichtlicher und einfacher.

Klappen muß doch jetzt der Laden! Pötschke hat es so geraten!

Zum Anbau verwende nur kräftige Jungpflanzen

Bei trockenem Wetter darfst du das Gießen nicht vergessen. Je eher du pflanzt und je besser die Erdbeeren bei Eintritt des Frostes angewachsen sind, um so besser und kräftiger werden sie im ersten Jahre sich entwickeln. Vor Beginn des Winters mußt du zum ersten Male deine junge Erdbeer-pflanzung grob hacken.

Umgraben ist falsch, da sonst die breitlaufenden Wurzeln beschädigt würden. Die ganze Anlage wird mit recht strohigem Mist bedeckt. Das Stroh wäscht sich im Winter aus. Im Frühjahr wird das Beet mit dem Holz-rechen abgeharkt, die alten Blätter entfernt und eine leichte Kopfdüngung, am besten ein leichtlöslicher Phosphordünger (Superphosphat auf 1 qm 20 g), gegeben. Anschließend wird die Anlage gut durchgehackt.

Durch diese Düngung erreicht man neben Blühwilligkeit eine Festigkeit der Früchte und frühere Reife. Die Hauptdüngung hat nach der Ernte zu erfolgen. Als bestes Düngesalz nimm 40 g Pflanzenfutter oder Hakaphos je Quadratmeter. Durch die darin enthaltenen Nährstoffe erzielst du gesunde, kräftige Stöcke, die dann logischerweise im nächsten Jahr auch gut tragen werden. Im Herbst wird wieder wie im ersten Jahr gehackt und gedüngt. Es kann auch vorsichtig mit der Grabegabel flach gegraben werden. Die Haupternte ist im zweiten und dritten Jahr. Länger als drei Jahre sollen die Erdbeeren nicht stehen, da sie dann nicht mehr allzu reichlich tragen. Es empfiehlt sich, alljährlich ein Stück Land neu mit Erdbeeren zu bepflanzen, damit du stets je ein Stück einjährige, zweijährige und dreijährige in Kultur hast.

Wenn wir etwas Dünger bringen, wird die Ernte wohl gelingen!

Entranken und Anzucht guter Pflanzen aus eigener Anlage

Kurz vor und während der Ernte erscheinen die ersten Ranken. Da diese den Pflanzen sehr viel Nahrung entziehen, sollten sie vorsichtig entfernt werden. Bedenke dabei, daß auch Pflanzen Lebewesen sind und daß ihnen gerissene Wunden nur schwer und langsam heilen. Schneide deshalb die Ranken mit einem scharfen Messer ab, denn ein scharfer Schnitt heilt besser als ein Riß.

Wenn du aber aus deinen eigenen Beständen Pflanzen ziehen willst, achte darauf, nur die reichtragenden, gesunden Pflanzen zu vermehren. Zu diesem Zweck solltest du während der Ernte diese Stöcke mit einem Hölzchen bezeichnen, damit ihnen die Ranken nicht genommen werden. Jungpflanzen, die du von diesen ausgewählten Mutterpflanzen ziehst, tragen garantiert auch wieder gut. Die bewurzelten Jungpflanzen trennst du von der Mutterpflanze und pflanzt sie auf ein gut vorbereitetes Beet. Unbewurzelte Pflänzchen pikiert man in ein gut vorbereitetes Beet und hält sie schattig und feucht. Sehr bald werden sie auch Wurzeln bilden und können ausgepflanzt werden.

Auf diese Weise kannst du einige Jahre deine Erdbeerpflanzen selbst heranziehen und brauchst nicht zu befürchten, daß sie degenerieren. Das geschieht nur, wenn man wahllos Pflanzen aus den Beeten nimmt, denn erfahrungsgemäß bringen die schlechtesten Träger die meisten Ranken. Nach einigen Jahren solltest du deine Bestände jedoch durch neue Sorten auffrischen. Die empfehlenswerten Sorten entnimmst du am besten den regelmäßig erscheinenden Angeboten.

Gärtner Pötschke mahnt: Erdbeerranken nicht abreißen; denn Rißwunden heilen schlecht.

BG   SCHLECHT

BEWURZELUNG

Lock'rer Boden, gut im Dung — prächtig die Bewurzelung.

Immertragende, großfrüchtige Erdbeere

Durch Kreuzung der großfrüchtigen Erdbeeren mit Monatserdbeeren ist es in den letzten Jahren gelungen, immertragende, großfrüchtige Erdbeeren zu züchten. Ein Versuch mit der in meinem Jubiläumsjahr herausgekommenen Sorte „Gärtner Pötschkes Jubilar" wird sich ganz bestimmt lohnen. Die Pflanzen bringen nicht nur eine reiche Ernte aromatischer Früchte von Anfang Juni bis Ende Oktober, sondern sind auch außerordentlich robust und widerstandsfähig gegen Krankheiten und ungünstige Bodenverhältnisse.

Monatserdbeeren

Willst du vom Mai bis in den Spätherbst hinein Erdbeeren in deinem Garten haben, so pflanze die kleinfrüchtigen Monatserdbeeren. Sie treiben keine Ranken und eignen sich deshalb besonders gut als Einfassung an den Hauptwegen des Gartens; es gibt bestimmt ein besseres Bild als Stein- oder Bretteinfassung. Die Monatserdbeere bildet runde Büsche. Du setzt die Pflanzen in einer Entfernung von 25—30 cm sauber nach der Schnur und erhältst so eine gleichhohe, dichte Einfassung, die vom Juni bis zum November wohlschmeckende Erdbeeren bringt. Den ganzen Sommer hindurch kannst du dir also herrliche Bowlen und Erdbeertörtchen bereiten. Auf ein Beet gepflanzt, benötigen sie einen Reihenabstand von 30—35 cm, in der Reihe etwa 20 cm. Die Früchte sind $\frac{1}{2}$—2 cm lang und $\frac{1}{2}$—1 cm dick. Sie lassen sich leicht ernten, weil man sie ohne Stiel abstreifen kann. Die Vermehrung geschieht aus Samen. Er kann fast das ganze Jahr über gesät werden. Die Aussaat nimmt man in Kästen oder Schalen vor, die mit feiner Gartenerde, besser noch mit einer Mischung aus Gartenerde, Walderde und Sand, gefüllt sind. Die Stammutter der Monatserdbeere ist

So wird pikiert, schön im Geviert!

die Walderdbeere. Der Samen wird nur obenauf gestreut und gut angedrückt. Höchstens 1 mm Erde darf auf dem Samen liegen. Die Kästen decke man mit einer Glasscheibe solange zu, bis der Samen aufgeht. Die Erde darf nie trocken werden, darum die Aussaat immer gut beobachten. Nach etwa 2—3 Wochen, je nach der Jahreszeit, gehen die winzigen Pflänzchen auf. Sobald man sie fassen kann, werden sie in einem neuen Kasten auf 3 cm Abstand pikiert. Nun geht es rasch vorwärts. Bei zeitiger Aussaat tragen sie schon im ersten Jahr. Auch ins Frühbeet kannst du die Aussaat vornehmen, nur mußt du hier sehr gut schattieren und für gleichmäßige Feuchtigkeit sorgen. Die beste Sorte ist „Rügen", ein Massenträger mit verhältnismäßig großen, roten wohlschmeckenden Früchten. Merke: Die Monatserdbeere ist nur für den Frischverbrauch geeignet und kann weder gekocht noch eingemacht werden!

Laßt eure Erdbeerpflanzen nicht länger als 3 Jahre stehen.

Erdbeeren in der Küche

Ein Beet Erdbeeren ist wohl in jedem Garten anzutreffen. Und wie werden die Erdbeeren umhegt und umsorgt. Welch' große Freude, wenn die ersten Erdbeeren auf den Tisch kommen. Ein Leckerbissen für alt und jung. Die im Morgentau frisch gepflückten Erdbeeren haben das kräftigste Aroma. Erdbeeren sind blutbildend, machen das Blut dünnflüssig und regen den Blutkreislauf an. Aber auch an den Winter wirst du denken, um Vorräte für den verschiedenen Gebrauch zur Hand zu haben. Nachstehend einige Rezepte, mehr oder weniger bekannt.

Erdbeerkompott — eine Delikatesse

1 kg Erdbeeren werden mit den Stielen gewaschen und auf ein Tuch zum Abtropfen gelegt. Nun erst werden die Stiele entfernt. 100 g Zucker werden in ¼ Liter Wasser verkocht und einige Tropfen Zitronensaft beigefügt. Mit dieser Lösung werden die Früchte heiß übergossen, zugedeckt und kaltgestellt.

Deine Marmeladen, schmecken und geraten!

Wir stellen Erdbeersaft her

Du nimmst 5 Pfund Erdbeeren, wäschst sie mit den Stielen und läßt sie auf einem Tuche abtropfen. Jetzt werden die Stiele entfernt, die Beeren in einen Tontopf getan und mit 1½ Liter kalten Wassers übergossen. Es kommen 50 g Zitronensäure dazu. Alles bleibt jetzt 24 Stunden stehen, wobei hin und wieder umzurühren ist. Am anderen Tage füllst du die Beeren in ein Säckchen und läßt den Saft ablaufen. In diesen Saft kommen 5 Pfund Zucker, die sich darin auflösen müssen. Der Saft wird auf Flaschen gefüllt, die heiß ausgespült worden sind. Es ist genau darauf zu achten, daß kein Tropfen Wasser in der Flasche zurückbleibt. Mit Leinentuch zubinden und kühl aufbewahren.

Erdbeermarmelade

2 kg Erdbeeren werden leicht gedrückt und mit 2 kg Zucker verrührt, um anschließend das Ganze 15 Minuten kochen zu lassen. Der sich bildende Schaum wird entfernt. Auf diese Menge kommt der Saft einer Zitrone. Sind Geliermittel zur Hand, so ist deren Anwendung nach den angegebenen Rezepten zu raten. Sobald die Marmelade fertig ist, wird sie heiß in die Gläser gefüllt und mit Zellophanpapier zugebunden. Hast du keine Geliermittel zur Hand, mußt du die Marmelade bis zum Eindicken kochen.

Gärtner Pötschke behauptet: Die billigste und nützlichste Wegeinfassung in Gemüsegärten ist die Monatserdbeere.

*Der Krankheit wehren,
die Freude vermehren
— mit Erdbeeren!*

Damit die Erdbeeren die Farbe nicht verlieren, verwenden viele Hausfrauen den sogenannten roten Zucker oder auch „Früchterot". Diese Mittel werden in Drogerien angeboten und sind vollkommen unschädlich. Es gibt jedoch auch Erdbeersorten, die ohne diese Hilfe beim Einkochen ihre rote Farbe nicht verlieren.

Erdbeercreme — für Leckermäuler

Dazu gehören: 1 Pfund Erdbeeren, 5—6 Blatt Gelatine und 100 g Zucker. Die Beeren streichst du durch ein feines Sieb. Die Gelatine wird aufgelöst und unter die Beeren verrührt. Hast du Schlagrahm zur Verfügung, mische auch diesen unter. Garniert wird mit etwas Schlagrahm und einigen frischen Erdbeeren.

Das Einmachen von Erdbeeren

Feste Erdbeeren werden mit dem Blütenstiel vorsichtig gewaschen und zum Abtropfen auf einen Durchschlag gelegt. Dann werden die Stiele entfernt und die Beeren in eine Schüssel gelegt. Sie werden mit Zucker überstreut, ½ kg Zucker auf 1 kg Erdbeeren. Bald hat sich reichlich Saft gebildet. Fülle nun die Erdbeeren in die Gläser und schütte den Saft anteilig zu. Die Gläser verschließt du anschließend und läßt sie 10 Minuten im Wasserbad sterilisieren.

*Fürs Frostfach stets die
Beeren fülle,
in eine klare
Plastikhülle!*

Das Einfrieren der Erdbeeren

Besonders gut eignen sich die kleinen, festen, rotfleischigen Sorten zum Einfrieren. Suche dir die frischen, vollreifen Beeren ohne weiße Spitzen und Druckstellen heraus. Bevor du sie jedoch in die Gefriertruhe legst, sollen sie gewaschen, entkelcht und auf ein Handtuch zum Abtrocknen gelegt werden, damit ein Teil der Feuchtigkeit darin aufgesaugt werden kann. Dann fülle die Beeren in einen Plastikbeutel und friere sie ein. Besonders gut eignen sich dazu Klarsichtdosen. Sie lassen sich gut stapeln und die Erdbeeren können nicht zerdrückt werden.

Abschließend eine feine Erdbeerbowle

Große Ereignisse werfen ihre Schatten voraus! Ihr habt ein kleines Familienfest, das soll feuchtfröhlich gefeiert werden. Anlässe zu kleinen Familienfeiern gibt es oft. Eine gute Erdbeerbowle wird jedem deiner Gäste lange in guter Erinnerung bleiben. Es geht los: Mutter scheuert den Behälter, Vater holt etwa 500 g Monatserdbeeren „Rügen" aus dem Garten. Diese werden gewaschen und in das Gefäß gelegt. Etwa 500 g Zucker kommen darüber sowie ¼ Liter Wasser. Das Gefäß wird geschwenkt, damit sich Zucker und Erdbeeren innig vermischen. Eine Flasche Wein (Mosel- oder Apfelwein) wird darübergegossen, dann zugedeckt und 8 Stunden stehengelassen. Kurz vor dem Servieren gießt du noch drei oder vier Flaschen Wein dazu; es kann auch eine Flasche Sekt dabei sein, dann moussiert die Bowle recht schön. Soll die Bowle etwas stärker werden, so wird beim Ansetzen etwas Weinbrand beigegeben. Zum Strecken kann Selterwasser verwendet werden. Natürlich können auch anstelle der „Rügen" kleingeschnittene Früchte großer Erdbeeren verwendet werden.

*Die Früchte für die
Erdbeerbowle
ich frisch aus meinem
Garten hole!*

Die Kultur der stark zehrenden Gemüsearten

Zuerst will ich alle stark zehrenden Gemüsearten besprechen. Es sind die, die du auf das im Herbst frisch mit Stalldung oder Schnellkompost gedüngte Land bringen mußt.

Blumenkohl

Blumenkohl ist sehr anspruchsvoll. Er verlangt einen tief gelockerten, im Herbst möglichst mit Stallmist gedüngten Boden, während der Wachstumszeit reichlich Wasser und einige Gaben Handelsdünger. Kannst du alle diese Ansprüche erfüllen, wird dir der Anbau Freude machen und gute Ernten bringen. Die erste Aussaat des Blumenkohls kannst du Anfang März ins Frühbeet vornehmen. Die beste Frühsorte ist ,,Erfurter Zwerg". Der Samen ist sehr teuer, deshalb verwende schon auf die Anzucht die größte Sorgfalt. Säe in ein Kästchen aus und stelle es ins Frühbeet. Säe aber recht dünn, damit die Pflanzen gleich von Anfang an weiter zu stehen kommen und stark werden. Sobald das erste Blatt entwickelt ist, pikiere sie auf 5 cm allseitigen Abstand in das Frühbeet. Dadurch erhältst du kräftige Pflanzen mit großem Wurzelvermögen. Schon frühzeitig muß gelüftet werden, um stramme, gedrungene Pflanzen heranzuziehen. Sobald diese kräftig genug sind, wird ins Freie gepflanzt.

Die Entfernung beträgt 50 × 50 cm. Nun beginnt die Hauptarbeit, das Gießen; eigentlich könnte man eher von Bewässern sprechen, so viel Wasser braucht der Blumenkohl. Um schönen weißen Blumenkohl zu erhalten, mußt du die Blumen bleichen, d. h. sie vor zu starkem Sonnenlicht schützen. Am besten bindet man die Blätter oben zusammen oder knickt die Innenblätter ein. Man muß aber auch öfter nach der Blume sehen, ob sie noch fest ist. Lockere Blumen sind wertlos und nur für Suppen zu verwenden. Bei guter Kultur wird man Ende Juli, Anfang August ernten können. Willst du noch später Blumenkohl ernten, so kannst du weitere Aussaaten im April und Ende April bis Anfang Mai ins Freie machen. Dazu verwende aber eine späte Sorte. Als Zwischenfrucht werden Salat, Radieschen und Sommerspinat genommen. Spätere Aussaaten bzw. Pflanzungen können noch im Oktober geerntet werden, da Blumenkohl bis zu 5° C Frost ohne weiteres verträgt.

Damit du's nie
vergessen kannst,
der Blumenkohl wird
so gepflanzt!

Düngung

Du weißt jetzt, daß Blumenkohl zu den stark zehrenden Gemüsearten gehört. Neben Stallmist gibst du als Vorratsdüngung 50 g Thomasmehl und 50 g Kali auf den Quadratmeter. Diese beiden Dünger lassen sich gut mischen und werden vor dem Graben ausgestreut. Konntest du im Herbst nicht streuen, so gibst du im Januar/Februar 40 g Thomasmehl mit 50 g 40prozentigem Kali gemischt auf die rauhe Scholle. Die Salze waschen sich dann mit dem Regen und Schnee in die Erde. Merke: Blumenkohl sowie alle anderen Kohlarten benötigen zu ihrem Aufbau viel Kali. Nach der Pflanzung gibt man einen Volldünger, wie Pflanzenfutter, Nitrophoska oder Hakaphos, etwa 50 g je Quadratmeter, als Kopfdünger. Diese Düngung wird jedoch erst dann verabreicht, wenn die Pflanzen gut angewachsen sind.

Interessantes vom Blumenkohl

1 g Kohlsamen sind durchschnittlich 300 Körner. Kohlsamen geht bereits nach 6—8 Tagen auf. Der Samen behält 3—4 Jahre seine Keimfähigkeit.

Der Blumenkohl wird
köstlich munden,
hast du die Pflanze
zugebunden.

Heut ist wohl allgemein bekannt, der Blumenkohl braucht gutes Land!

Blendend weißer Blumenkohl, der wächst nicht aufs Geratewohl.
Erstens folge meinem Rat,
Zweitens denk an gute Saat,
Drittens brauchst du bestes Land,
Viertens Wasser — allerhand,
wenn du Fünftens alles hast,
macht dir noch der Schädling Last.
Und Sechstens kann dir so beim Prasseln,
das Wetter noch den Kram vermasseln!

Der Samenbedarf beträgt 3 g je Quadratmeter. Die Saat wird in doppelter Kornstärke mit Erde bedeckt. Der durchschnittliche Ernteertrag liegt bei 2—4 kg je Quadratmeter, kann aber bei intensiver Kultur noch höher liegen. Junge Pflanzen überwintern bei Herbstaussaat im geschützten Mistbeetkasten recht gut. So erzielt man sehr früh kräftige Pflanzen. Blumenkohl enthält Vitamin A, B$_1$, B$_2$, C und E. 100 g Blumenkohlgemüse enthalten 19 Kalorien. Die Wachstumszeit beträgt je nach Sorte drei bis fünf Monate. Spätblumenkohl kann bis 5° C Kälte vertragen. Eine Normalernte entzieht 10 qm Boden an Reinnährstoffen: 200 g Stickstoff, 80 g Phosphor, 250 g Kali und 150 g Kalk. Die Wiege des Blumenkohles soll in Cypern und Kleinasien gestanden haben. Botanisch interessiert noch, daß der Blumenkohl zu den Kreuzblütlern (*Cruciferae*) gehört und lateinisch *Brassica oleracea, var. botrytis* heißt.

Der Blumenkohl in der Küche

Liebe Hausfrau! Der Blumenkohl zählt zu den Edelgemüsen. Schon im Garten gilt ihm sorgsame Pflege und Aufmerksamkeit. Blendend weiße, eng aneinanderstehende Blütchen soll er haben. Stolz ist der Gartenfreund, wenn er solche Blumen in die Küche bringt. Damit du nun diese Delikatesse gut zubereitet auf den Tisch bringen kannst, sind einige wichtige Ratschläge von erfahrenen Hausfrauen nicht unbeachtet zu lassen.

Damit der Blumenkohl beim Kochen schön weiß bleibt, wird er nicht mit dem Wasser angesetzt, sondern ins kochende Wasser gelegt, dem etwas Milch und Zucker beizugeben ist. **Um etwaige Raupen zu erhaschen,** die sich oft zwischen den Blumen verstecken, legst du die geputzten Blumen vor dem Kochen etwa ½ Stunde in Salzwasser. Der Kochprozeß ist nach ½ Stunde beendet und durch Fingerdruck leicht festzustellen. Gibt der Kohl beim Fingerdruck leicht nach, ist er gar.

Ein Blumenkohl, unzerteilt serviert, sieht immer sehr dekorativ aus. Vorsicht beim Herausnehmen — ohne den Schaumlöffel geht das nicht. Blumenkohl hat sehr hohen Vitamingehalt und ist wegen seiner leichten Verdaulichkeit eine geschätzte Kinder- und Krankenkost. Weniger bekannt ist auch, daß man die dicken Strünke, soweit sie zart sind, mitkochen kann, nachdem sie geschält und in Stücke geschnitten worden sind. Ich selbst habe schon in Hotels solche Strünke zum Fisch serviert bekommen und muß sagen, es hat mir ausgezeichnet geschmeckt.

Blumenkohlsalat, eine Delikatesse

Dazu nimmst du einen Blumenkohlkopf, den du in Salzwasser und etwas Essig (auch Zitronensaft) etwa 20 Minuten kochen läßt. Er darf nicht zu weich werden. Danach läßt du ihn auf dem Durchschlag gut abtropfen und zerlegst die einzelnen Blütchen. Etwas Öl, weißer Pfeffer, Essig und Salz kommen dazu. Am Schluß wird leicht mit feingehackter, frischer Petersilie überstreut. Dieser Salat kann natürlich auch mit Mayonnaise angemacht werden.

Blumenkohl geschmort

Ein sauber geputzter Blumenkohl wird gewaschen, in kleine Stücke geteilt und mit Wasser überbrüht. In einem Topf wird Fett zerlassen, in welches du kleingehackte Zwiebeln tust. Jetzt kommt der Blumenkohl hinzu, der mit Salz und Pfeffer gewürzt wird. Er wird langsam weichgeschmort und laufend Fleischbrühe dazugegossen. Ist das Gericht gar, wird mit geriebenem Käse überstreut und serviert.

Blumenkohl im Einweckglas

Viele Hausfrauen haben kein rechtes Vertrauen zum Blumenkohl im Einweckglas, da sie zu oft trübe Erfahrungen damit gemacht haben. Gehörst du auch dazu, liebe Hausfrau? Wenn ja — dann versuche es dieses Jahr noch einmal und richte dich dabei genau nach dieser Anweisung. Die ersten Voraussetzungen sind natürlich ganz einwandfreie Gläser, ohne Risse, Sprünge oder Unebenheiten, mit guten, passenden Deckeln und neuen Ringen. Legst du darauf dein größtes Augenmerk, hast du schon halb gewonnen. Nun kann's losgehen: Du nimmst recht schöne und feste Blumenkohlköpfe, die du putzt und soweit zerlegst, daß sie leicht in die Gläser gehen. Jetzt kommt der Vorrat etwa zwei Stunden in kaltes Wasser, damit etwaiges Ungeziefer hervorkommen kann. In der Zwischenzeit hast du kochendes Wasser gemacht, diesmal ohne Salz, in welches nun der Blumenkohl hineinkommt und drei Minuten kochen soll. Das Ganze bleibt stehen, bis es abgekühlt ist. Dann wird mit dem Einschichten in die Gläser begonnen, und zwar so, daß alle Blumen nach außen kommen. Das Blumenkohlwasser wird darübergegossen, die Gläser werden gut verschlossen und im Wasserbad eine Stunde bei 100° C sterilisiert. Nimm nur Blumenkohl aus eigener Ernte oder vom Gemüsegärtner, Blumenkohl von Rieselfeldern eignet sich nicht!

Das Einfrieren von Blumenkohl

Zum Einfrieren von Blumenkohl verwendet man nur feste, weiße Köpfe, befreit diese von den Blättern und zerteilt sie gegebenenfalls. Blumenkohl wird 2 Minuten in siedendes Wasser gelegt und behält eine besonders gute weiße Farbe, wenn man dem Wasser 2 g Zitronensäure auf 10 l zusetzt. Anschließend wird der Blumenkohl unter fließendem Wasser abgekühlt und in die Beutel gefüllt.

Auch Blumenkohl im Winter schmeckt, wenn man ihn ins Gefrierfach steckt!

Weißkohl (Weißkraut, Kappus, Kopfkohl oder Kappes)

Weißkohl gehört ebenso wie der Blumenkohl zu den stark zehrenden Gemüsearten und verlangt dieselbe Düngung wie Blumenkohl. Um guten Erfolg zu haben, mußt du tief in den Düngersack greifen. Gib im Herbst 50 g Thomasmehl mit 50 g Kali auf den Quadratmeter. Konntest du im Herbst keine Düngesalze geben, dann streue im Frühjahr 50 g 40prozentiges Kali und 50 g Superphosphat je Quadratmeter. Um 100 qm Weißkohl anzubauen, benötigst du 5 g Samen.

Die Aussaat für Frühkohl geschieht in kleinster Menge in das Frühbeet. Ab Anfang April mußt du die späten Sorten für den Winterbedarf aufs Freilandbeet säen. In höheren Lagen, in denen das Wachstum bereits im Oktober abschließt, wählt man mittelfrühe Sorten, weil die späten Sorten nicht mehr schließen und somit nicht mehr fest werden können. Die Pflanzweite des Weißkrautes darf nicht unter 50 cm allseitigem Abstand sein. Bei guter, vorschriftsmäßiger Pflege und Düngung bildet sich aus jeder Pflanze bestimmt ein Kopf. Immer und immer wieder sieht man Pflanzweiten von 30 cm und noch weniger. Das ist falsch. Es ist schade um die Pflanzen, den Platz und die aufgewandte Zeit. Von 100 Pflanzen bilden sich höchstens nur 10—25 Köpfe, und diese bleiben zumeist noch klein und locker. Bei vorschriftsmäßiger Entfernung brauchst du also an Stelle der 100 Setzlinge nur 30 Stück; du erhältst nicht nur 10—25 kleine und lockere, sondern 30 große und feste Kohlköpfe.

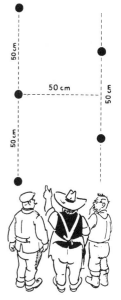

50 cm

50 cm

50 cm

50 cm

Weiten Abstand braucht das Kraut, sonst wird der Erfolg versaut!

Bis Johanni wird
gepflanzt —
ein Datum, das du
merken kannst!

Damit der Kohl nicht
platzt,
die Ernte dir verpatzt,
so laß von mir dir raten,
heb an ihn mit dem
Spaten!

40% Kali

Der Kohl bleibt stets
ein Kalifresser,
mit diesem Salz
gedeiht er besser!

Darum beherzige: Halte die vorgeschriebene Pflanzweite genau ein. Auf 100 qm kannst du mit einem Ertrag von 10 Zentnern rechnen. Als Zwischenfrucht wähle Salat und Radieschen. Späte Kohlarten müssen bis Ende Juni gepflanzt sein. Frühkohl soll schnell fertig werden, deshalb gieße fleißig, solange er nicht das Beet mit seinen Blättern beschattet und bedeckt. An heißen Tagen ist es richtiger, lieber einige Beete mit dem Regner ordentlich einzuschlämmen, als den ganzen Abend, wie ich es schon so oft beobachtete, mit der Gießkanne herumzulaufen und allen Beeten etwas, aber keinem ordentlich Wasser zu geben. Außer dem Gießen beschränkt sich die weitere Pflege nur auf fleißiges und richtiges Hacken und die Bekämpfung der Krankheiten und Schädlinge.

Das Platzen einiger Köpfe zeigt dir an, daß der Kohl bereits überreif ist. Diese Köpfe kannst du im Wachstum unterbrechen. Auf zwei Arten kann das geschehen. Du stichst mit dem Spaten auf der einen Seite unter die Pflanze und hebst sie etwas an. Durch das Abreißen der Wurzeln unterbrichst du für einige Zeit die Nahrungszufuhr. Durch einen Schnitt mit einem scharfen Messer unterhalb des Kopfes in den Strunk kannst du auf andere Art die Nahrungszufuhr einschränken. Der Strunk wird fast durchgeschnitten, so daß die Wasserzufuhr gerade ausreicht, um den Kopf nicht welken zu lassen. Ein Teil des Weißkrautes wird in frischem Zustand verwendet, ein weiterer Teil wird als Sauerkraut eingelegt, der Rest wird für den Winter aufbewahrt. Die lockeren und kleineren Köpfe werden zu baldiger Verwendung in den Keller gebracht. Die schönen und festen Köpfe bleiben für den Winterbedarf und kommen in den Einschlag.

Gewöhnlich wird ein Sortieren der Kohlernte nicht durchgeführt. Das ist falsch! Lockere und schwache Köpfe oder solche, die schon ein faules Außenblatt haben, verfallen eher der Fäulnis als gesunde. Ehe du einmietest, putze die Kohlköpfe. Merke dir: Weißkohl wird ohne Strunk eingeschlagen. Die Köpfe müssen gut abgetrocknet in die Erde gebracht werden. Die unteren harten Blätter bleiben am Kopf als Schutz für die zarten Blätter. Hast du alles vorbereitet und eine trockene, hochgelegene Stelle für die Überwinterung ausgesucht, so wirfst du eine Furche recht tief in zwei Spatenstich Breite aus. Das Erdreich setze dammartig an den Rand. Jetzt legst du eine Reihe Köpfe mit dem Strunk nach oben in die Furche und deckst diese mit Erde aus der nächsten Furche zu. Die Köpfe dürfen sich nicht berühren; es muß zwischen ihnen ein zwei Finger breiter Zwischenraum sein. In dieser Lagerung bleibt der Kohl am längsten haltbar. Um das durch das Erdreich eindringende Wasser abzuhalten, kann man die Oberfläche noch mit Holz, Pappe, Plastikfolie und dergleichen abdecken. Bei stärkerem Frost wird über die Grube, die du an den Rändern etwas überhöht hast, Laub, strohiger Mist usw. gebracht, damit der Frost nicht zu tief eindringen kann. Gerade der Wechsel zwischen Frost und Wärme macht den meisten Schaden. Bei gelinder Witterung zieht man die Decke etwas zur Seite. Je nach Bedarf holt man sich jederzeit das Weißkraut einzeln heraus. In derselben Weise wird auch Rotkohl eingemietet.

Die wertvollste Frühsorte, zu welcher ich dir raten kann, ist „Dithmarscher Allerfrühester". Die Köpfe erreichen ein Gewicht von 1—1½ kg. Diese Sorte ist sicher im Ertrag und bringt in allen Gegenden Deutschlands gleichgute Resultate. In Höhenlagen mit kurzer Wachstumszeit gedeiht sie noch sehr gut. Neben der Festigkeit der Köpfe ist die Feinrippigkeit ein besonderer Vorzug. Die Wachstumsdauer beträgt bis zur Ernte ungefähr 80 Tage. Als mittelfrühe Sorte ist wohl der „Glückstädter" anzusprechen, ein vorzügliches Kraut zum Einschneiden. Er hält sich auch verhältnismäßig gut im Einschlag und ist geeignet für Gegenden mit frühem Winter. Als späte Sorten sind an erster Stelle die „plattrunden Braunschweiger Riesen" zu nennen, eine alte, gut bewährte Sorte zur Sauerkrautbereitung und sehr haltbar für den Winter. Ertrag sehr gut; Wachstumszeit durchschnittlich 140 Tage. Als letztes will ich noch eine spitze Sorte nennen, die sich hauptsächlich als Herbstpflanzung eignet. Es ist dies der „Holsteiner Erstling". Der Kopf ist etwa 30 cm hoch und 20 cm breit. Die Herbstpflanzung von Weißkohl möchte ich dir besonders ans Herz legen. Es macht sehr viel Freude, Weißkraut in der Zeit auf den Tisch bringen zu können, wenn es noch verhältnismäßig rar und teuer ist. Bei Herbstpflanzung handle folgendermaßen: Nimm dir den 20. August als Stichtag für die Aussaat von Weißkohl „Erstling". Nachdem die Setzlinge zum Auspflanzen herangewachsen sind, wird das Beet zurechtgemacht. Du ziehst dir 10—15 cm tiefe Gräben in der Richtung Südost—Nordwest, damit im Winter die Sonne die Erde nicht so leicht auftauen kann. Denn das Wachstum der Pflanze soll nicht vorzeitig angeregt werden, zumal der Wechsel zwischen Auftauen und Frieren den Pflanzen schadet. Es ist ein Vorteil, in die Rille lockeres Laub zu streuen, aber nur soviel, daß gerade der Boden beschattet wird.

Die Himmelsrichtung ist im Winter, wichtig für die Pflanzenkinder!

Die Pflanzweite in der Reihe ist 50 cm. Im Frühjahr wird eine kleine Kunstdüngergabe, wie bei Blumenkohl üblich, gegeben. Die Rillen werden geebnet. Schon im Juni kannst du zur größten Freude der Hausfrau in der noch gemüsearmen Jahreszeit Weißkraut ernten. Botanischer Name *Brassica oleracea var. capitata alba*. Er gehört zu den Kreuzblütlern. 300 Samenkörner wiegen 1 g. 3—4 Jahre bleibt die Saat keimfähig. Nach 6—8 Tagen ist sie aufgegangen. Je Quadratmeter Aussaatfläche mußt du etwa 3 g Saat rechnen. Von der Aussaat bis zur Ernte braucht der Weißkohl je nach Sorte 120 bis 170 Tage Wachstumszeit. Ihr könnt mit 3—6 kg Ernte je Quadratmeter rechnen, je nach Düngung und Bodenzustand. 100 g frischer Kohl enthalten nur 15 Kalorien. Als Sauerkraut sind es jedoch 22 Kalorien. Bekannt ist der Vitaminreichtum, nämlich A, B_1, B_2, C und E. Dem Quadratmeter Boden werden bei einer Normalernte folgende Reinnährstoffe entzogen: 25 g Stickstoff, 9 g Phosphor, 35 g Kali und 35 g Kalk. Über weitere Sortenfragen informiert euch bitte in den Samenkatalogen.

Sind welke Pflanzen auf dem Beet, ihr diese Krankheit deutlich seht!

Mit folgenden pilzlichen Krankheiten müßt ihr beim Anbau rechnen: Kohlhernie, falscher Mehltau, Schwarzbeinigkeit. An tierischen Schädlingen setzen den Kulturen zu: Erdfloh, Kohlfliege, Blattlaus, Kohlweißling, Gemüseeule, Drehherzmücke, Rübenblattwespe und Kohlstengelrüßler. Gegen all diese Parasiten findet ihr in den Fachsamenkatalogen gute Mittel, die laufend durch moderne Forschung verbessert werden.

Der Weißkohl wird viel zu Sauerkraut verarbeitet. Nicht genug kann das Sauerkraut wegen seiner gesundheitlichen Vorzüge empfohlen werden. Sauerkraut ist nicht nur ein schmackhaftes Gericht, sondern ist auch gesundheitlich durch seinen hohen Gehalt an Milchsäure, Colin und den Vitaminen A, B und C von unschätzbarem Wert. Ferner muß noch hervorgehoben werden, daß das Sauerkraut dem menschlichen Körper auch den erforderlichen Basenüberschuß liefert, der von der Wissenschaft als mittelmäßig bezeichnet wird. In wissenschaftlichen Zeitschriften liest man, daß Asthma und Ischias durch Sauerkrautkuren geheilt wurden, so daß Sauerkraut in der vegetarischen Kost die Hauptrolle spielt. Chronische Verstopfungen heilt man ebenfalls durch reichlichen Genuß von Sauerkraut aus. Gerade im Frühjahr sollte sich jeder einer Sauerkrautkur unterziehen, damit die Schlacken aus dem Körper entfernt werden. Täglich eine Untertasse rohes Sauerkraut und ½ Liter Buttermilch regen die Darmtätigkeit

Du fragst: Wohin mit all dem Kraut? Hast du viel Weißkohl angebaut, dann stampf es ein — zu Sauerkraut!

an. Reichlicher Genuß von Sauerkraut verhütet Skorbut. Bei Verbrennungen und Geschwüren legt man Umschläge von Sauerkrautwasser auf. Du siehst also, der Heilwert des Sauerkrautes ist groß, und unsere Altvordern wußten bereits darum.

Das Kraut in der Küche

Liebe Hausfrau! Du hast alle Hände voll zu tun, es ist Herbst und der Garten liefert täglich neue Ernten, die alle erst durch deine Hände gehen müssen. Jetzt könnte dein Tag 48 Stunden lang sein und du könntest zehn Hände haben, damit du diese gewaltige Arbeit schaffen kannst. Es gilt, den Wintervorrat so aufzubewahren, daß er nicht verdirbt und haltbar bleibt. Da fällt wieder eine Menge Weißkohl an! Wohin damit? Ich rate dir, mache Sauerkraut daraus! Und Sauerkraut ist ja so gesund! Hier gebe ich dir mein Rezept — denn alljährlich bin ich dabei, wenn eingestampft wird, das lasse ich mir nicht nehmen! Es geht los:

Gärtner Pötschkes Sauerkraut-Rezept!

Das Rezept ist ausprobiert, für dich hab ich's hier kurz notiert!

Zuerst kommt das Faß an die Reihe (oder auch der Steintopf). Es wird geschrubbt, mit kochendem Wasser ausgebrüht und an der Luft getrocknet. Ist das Faß trocken, dann lege ich den Boden mit sauberen Krautblättern aus. Das hat den Vorteil, daß mein Kraut schön hellfarbig bleibt. Jetzt geht's an die Hauptarbeit! Ich suche mir recht schöne weiße, nicht zu große, aber sehr feste Köpfe heraus, die möglichst feinrippig sind. Von diesen werden die äußeren Blätter entfernt, bis der Kopf sauber ist. Mit einem Schnitt durch die Mitte halbiere ich den Kopf und schneide die dicken Strünke heraus. Nun tritt der Krauthobel in Tätigkeit. (Ein großes Messer tut's aber auch). Auf 10 kg gehobelten Kohl rechne ich genau 100 g Salz. Dazu kommt noch Dill, Kümmel, ein paar zerstoßene Senfkörner und einige Weinblätter sowie 1 kg Möhrenschnitzel. Auf diese Menge nehme ich außerdem noch fünf saure Äpfel, die ich ebenfalls zerkleinert untermische.

Nun kommt die wohldurchgeknetete Mischung erst ins Faß, und zwar lagenweise. Immer eine Lage von 5—10 cm kommt hinein, dann wird eifrig gestampft, bis sich Brühe bildet. Steht die Brühe über der Lage, kommt die nächste Sendung hinein, und wieder wird gestampft. Das geht so weiter, bis das Faß voll ist. Während dieser Arbeit habe ich immer einige saubere Kohlblätter an die Seitenwände gelegt, damit die ganze Masse praktisch in Blättern gebettet ist und überhaupt nicht mit dem Faß in Berührung kommt, wegen des guten Geschmacks und der Farbe.

Zwischen jede Lage streue ich einige Pfefferkörner und Wacholderbeeren. Den Abschluß bilden auch jetzt wieder einige saubere Kohlblätter. Dann lege ich ein Stück Leinwand obenauf und nun kommt der Holzdeckel als Abschluß, den ich mit einem sauber gewaschenen Stein beschwere, so daß die Lauge bis an ihn heranreicht. 14 Tage bis drei Wochen lasse ich das volle Faß in einem wärmeren Raume stehen, dann kommt es in den Keller. Nach sechs Wochen wird Stein, Deckel und Leinwand herausgenommen, saubergemacht und wieder daraufgelegt. So zubereitet, wird das Sauerkraut immer gut munden. Große Familien oder größere Verbraucher machen das Sauerkraut nicht mit einem Male ein, sondern in Abständen, da das frische Sauerkraut immer am besten schmeckt und nicht zu sauer ist. Das Reinigen des Steines, des Deckels und der Leinwand muß etwa alle vier Wochen wiederholt werden.

Viel Stickstoff gibt nur locker'n Kohl das „Innenleben" bleibt dann hohl!

Sauerkraut mit Pökelfleisch

Hast du junges Sauerkraut, dann brauchst du es nicht zu waschen, denn es ist nicht so sauer. Hast du aber altes Sauerkraut, dann lege es erst einmal ins Wasser und wasche es etwas durch. Dadurch verliert sich der allzu saure Geschmack. Jetzt setzt du das Kraut mit dem Pökelfleisch an, gibst etwas Fleischbrühe dazu, etwas Wasser, Fettigkeiten, Wurst, Speck usw. nach Vorhandensein und Belieben. Wenn es gar ist, ein bis zwei rohe Kartoffeln hinzureiben, nochmals kurz aufkochen lassen und servieren. Machst du Sauerkraut-Eintopf mit Kartoffeln, dann mußt du die Kartoffeln extra kochen und darfst diese nicht zusammen mit dem Kraut ansetzen, da sie sonst hart bleiben. Junge Ehefrauen haben sich da schon oft gewundert und vermuten, daß es an den Kartoffeln liegt!

Ich hab' in manchen Topf geschaut, deshalb der Wink hier — mit dem Kraut!

Sauerkrautsalat — wenig bekannt und doch so schmackhaft

Du machst dir im Winter oft Gedanken wegen vitaminreicher Kost, liebe Hausfrau? Dir kann geholfen werden! Hier ein Rezept: Du nimmst Sauerkraut aus dem Faß. Ist es zu sauer, wäschst du die Hälfte. Eine saure Gurke wird zu Würfeln geschnitten, eine Zwiebel wird zerhackt, etwas Öl und Pfeffer untergemischt, mit etwas Salz abgeschmeckt. Fertig ist der Salat! Feinschmecker verrühren auch etwas saure Milch unter das Kraut.

Weinkraut

Du setzt etwa 2 Pfund Sauerkraut zusammen mit etwa 125 g Fett und etwas kaltem Wasser auf, fügst etwas Salz hinzu und läßt es gar kochen. Danach schüttest du ¼ Liter Weißwein hinein und läßt nur kurz aufwallen. Weinkraut ist ein sehr beliebtes Gericht zu Wildgeflügel.

Gärtner Pötschke rät: Gib deinen Kindern alle Woche einmal Sauerkraut, denn es ist gesund.

Sauer macht bekanntlich lustig ,

Der menschliche Körper hat einen ganz natürlichen Säurebedarf. Durch Zitronensaft, Fruchtsäuren, dicke Milch oder Sauerkraut kann der Bedarf befriedigt werden. Alle diese natürlichen Säuren haben einen hohen Vitamingehalt und tragen zur Regulierung des Blutkreislaufes bei.

Salat von frischem Weißkohl

Du nimmst einen mittleren, feinrippigen Weißkohlkopf und hobelst ihn recht fein. Jetzt wird das gehobelte Kraut mit dem Klopfer bearbeitet und weichgeklopft, dann mit Salz abgeschmeckt und ziehen gelassen. Angerichtet wird mit Pfeffer, Öl, Zitronensaft oder Essig und etwas Zucker. Ein gehobelter Apfel macht den Salat schmackhafter. Steht saure Milch oder Sahne zur Verfügung, so können sie untergerührt werden.

Weißkohl in Buttersoße

Du brauchst dazu einen Weißkohlkopf, 50 g Fett, eine Zwiebel, 50—60 g Mehl, reichlich 1 Liter Wasser, ein Eigelb, Kümmel und Salz. Das geschnittene Kraut wird in Salzwasser fast weich gekocht, Fett und Mehl verwandelst du in eine helle Einbrenne, füllst etwas Wasser oder Milch nach und läßt das Ganze nunmehr völlig gar kochen. Ein paar Kümmelkörner und das Eigelb kommen am Schluß dazu. Abschmecken — servieren, das ist alles!

Es wird nicht lange rumgeknobelt, der Weißkohlkopf wird feingehobelt!

Weißkohl auf Feinschmeckerart

Weißkohl wird geputzt, feingeschnitten und etwa 15 Minuten gekocht. Jetzt wird Butter zerlassen, ein oder zwei feingeschnittene Äpfel dazugegeben und das Kraut völlig gar gekocht. 125 g gewürfelter Speck und 250 g Rindfleisch sowie zwei zerkleinerte Zwiebeln werden in einem anderen Topf geschmort. Sobald das Fleisch braun ist, wird mit dem Kraut und etwas Fleischbrühe aufgegossen. Du läßt nun bei kleinem Feuer weiterkochen und schmeckst vor dem Anrichten mit Salz und Pfeffer ab.

Kohlrouladen

Jawohl — im Garten dürft ihr naschen, doch besser, Mutti hat's gewaschen!

Du nimmst einen großen Weißkohlkopf, kochst ihn etwas in Salzwasser, nimmst ihn heraus und läßt ihn abtrocknen. In der Zwischenzeit kannst du aus ½ kg Gehacktem, zwei aufgeweichten Semmeln, einem Ei und etwas Salz und Pfeffer die Füllung zubereiten. Jetzt legst du mehrere große Blätter übereinander, gibst die Füllung hinein, rollst zu und umwickelst das Ganze mit einem Faden oder verwendest Rouladennadeln. In einen eisernen Topf hast du Speck geschnitten, eine kleingehackte Zwiebel dazugegeben und den Inhalt schmoren lassen. Da legst du die Rouladen hinein, füllst etwas Fleischbrühe nach und läßt etwa ½ Stunde dämpfen. Sind sie gar, wird die Soße mit Mehl sämig gemacht und serviert. Wenn du junge Tomaten hast, kannst du diese beim Schmoren beigeben. Das erhöht den Geschmack. Wer dem Kohlwasser etwas Natron zusetzt, verfeinert ebenfalls den Geschmack.

Rotkohl

Färbt der Kohl sich dunkelrot, hat die Pflanze Stickstoffnot.

Beim Rotkohl sind Kultur sowie die Ansprüche an Boden und Düngung die gleichen wie beim Weißkohl. Daher will ich hier nur einige der besten Sorten für den Kleingärtner erklären, denn Sortenkenntnisse mußt du dir als Gartenfreund auch ein paar aneignen. Eine ausgesprochene Frühsorte ist „Frührot". Sie braucht bis zur Ernte nur 100 bis 110 Tage; die Köpfe sind allerdings nicht allzu groß, dafür aber sehr fest. Die Farbe ist blaurot-bereift. Der Ertrag ist so sicher, daß man sagen kann, jede Pflanze gibt einen Kopf. Bei einer Aussaat in das Frühbeet und Pflanzung im April kann man im August schon ernten. Die Aprilaussaat ist im September bis Oktober ernteerreif. „Frührot" hält sich bis in den Winter hinein, ist jedoch kein ausgesprochener Winter-Rotkohl. Es ist aber besser, man erntet eine mittelspäte Sorte, als daß man beim Anbau einer Spätsorte zuviel Ausfall hat. „Frührot" ist ein Rotkohl, der überall gleich gut gedeiht. Eine ausgesprochene Spätsorte ist „Herbstrot" (120 bis 130 Tage). Der Vitamingehalt des Rotkohls ist noch höher als der des Wirsings und des Weißkohls. Er enthält die Vitamine A, B und C, letzteres sehr reichlich. Ein grünlich-blauer Farbton während der Entwicklungszeit zeigt immer an, daß die Pflanze bezüglich der Ernährung gut versorgt ist, während eine dunkelrote Farbe besagt, daß es dem Rotkohl an Stickstoff mangelt. Hier ist mit Pflanzenfutter nachzuhelfen (etwa 20 g je Quadratmeter).

Rotkohl in der Küche

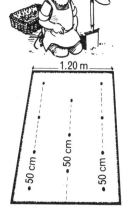

1.20 m

50 cm   50 cm   50 cm

Vielen ist noch nicht bekannt: Auch Rotkohl liebt recht weiten Stand!

Welches Gemüse eignet sich zu Geflügel, Wildbret, Schweinebraten, Bratwurst oder sonstigen Braten wohl besser als Rotkohl? Und Rotkohl hast du ja in deinem Garten; er ist nicht so anspruchsvoll, hält sich überaus gut im Einschlag, Keller oder in Mieten. Ja, bei großem Anfall kannst du ihn sogar wie Sauerkraut einsäuern. Kenner schätzen rotes Sauerkraut.

Versuch's doch auch mal! Wie vielerlei Rezepte gibt es zur Rotkohlzubereitung? Ich will dir hier auch nicht alle diese Rezepte aufschreiben, denn die findest du in jedem Kochbuch. Ich bin zwar kein Lukullus, möchte dir aber immerhin das Rezept mit auf den Küchenweg geben, wie ich mir den Rotkohl zubereiten lasse. Es geht los:

Rotkohl à la „Gärtner Pötschke"

Du nimmst einen mittleren Rotkohlkopf, entfernst die äußeren Blätter und schneidest ihn in zwei Teile. Der Strunk und die groben Blätterrippen werden herausgelöst und feingeschnitten. Dann wird die Masse gewaschen und mit kochendem Wasser 10 Minuten lang gebrüht. Etwas Essig sorgt für die Beibehaltung der Farbe. In einem irdenen Topf wird etwa 125 g Schweineschmalz heißgemacht, der Kohl dazugegeben und mit etwas Brühe oder Wasser angesetzt. Nun muß der Kohl zugedeckt eine Stunde lang dämpfen. Ein Glas Rot- oder auch Weißwein kommt dazu sowie etwas Salz und zwei feingeschnittene Äpfel (ohne Kerngehäuse). Ein Eßlöffel Mehl und Zucker und einige wenige Gewürznelken werden kurz vor dem Garwerden beigegeben und bei mäßiger Hitze weitergedämpft. Trotzdem mußt du Obacht geben, damit nichts anbrennt. Ist der Kohl gar, wird abgeschmeckt und evtl. noch etwas Wein oder Zucker beigegeben. Nun bleibt der Rotkohl stehen bis zum nächsten Tage — weil er aufgewärmt am besten schmeckt! Deshalb merke: Rotkohl à la „Gärtner Pötschke" wird nur aufgewärmt serviert!

Den Wirsing pflanze ebenso, dann gibt's für dich kein Risiko!

Wirsing, auch Welschkraut, Herzkohl, Savoyer- oder Börskohl

Die Kultur des Wirsings ist der des Weißkohls gleich; er stellt dieselben Ansprüche an Boden und Düngung. Der Gehalt an Vitamin C ist etwas höher als beim Weißkohl. Die Pflanzweite beträgt ebenfalls 50 × 50 cm. Die besten Sorten sind: „Eisenkopf", für den frühen Anbau im freien Lande die beste und ertragsicherste. Die Köpfe sind gleichmäßig rund, ziemlich groß, außen dunkel, innen gelbgrün und gut gekraust. Je nach Lage ist er schon in 80 bis 90 Tagen verbrauchsfertig. Sein Gewicht beträgt durchschnittlich 500—600 g. Eine mittelspäte Sorte ist „Vertus". Die Farbe ist dunkel-blaugrün. Er stellt an den Boden besonders hohe Ansprüche. Die Aussaat muß zeitiger erfolgen, da er bis zu seiner Vollendung 160 bis 180 Tage braucht. Die Köpfe werden auf gutem Boden riesig groß. Ein Gewicht von 5 kg und mehr ist keine Seltenheit. Wegen seiner Farbe wird er nur in bestimmten Gegenden gern gekauft. Der „Adventswirsing" ist ausschließlich für Herbstpflanzung geeignet. Er ist festköpfig und dunkelgrün. Die Aussaat geschieht am 20. August, die Pflanzung im September/ Oktober. Sie ist wie beim Weißkraut durchzuführen. Bei strenger Kälte ist ein leichter Schutz von Stroh oder strohigem Mist angebracht. Der Adventswirsing wird Anfang Juni, in günstigen Gegenden schon Ende Mai des nächsten Jahres geerntet.

Rosenkohl, auch Brüsseler Kohl oder Sprossenkohl

Er zählt zu den ausgesprochenen Nachfruchtpflanzen, die meist bis zum 10. Juni auf abgeerntete, also früh geräumte Beete gebracht werden. Je nach Witterung braucht er 6—7 Wochen, ehe er, von der Aussaat an gerechnet, pflanzfertig ist. Bitte berücksichtigt das! Anfang Mai wäre der letzte Aussaattermin. 50 × 50 cm Platz braucht er immer, auch wenn er zwischen Salat oder Gurken als Zwischenfrucht gepflanzt wird. Zu enge Pflanzung ergibt bestimmt eine Mißernte. Er braucht immerhin etwa 20 bis

Die Gurke räumt sehr schnell das Beet, gut, wenn dann Rosenkohl schon steht!

*Ist die Spitze
abgeschnitten,
gibt's feste Röschen —
unbestritten!*

25 Wochen, bis er fertig ist. Da er bis zu 15° C Kälte vertragen kann, wächst er im Spätherbst noch recht gut. Bei später Pflanzung brecht ihr im September die Spitze heraus, damit die Pflanze alle Kraft zur Rosenbildung verwenden kann. Wichtige Notizen für dich: Etwa 300 Samenkörner wiegen 1 g. Zum Keimen braucht die Saat etwa 5—7 Tage. Vier Jahre hält die Keimfähigkeit an. Du kannst mit 1—3 kg Ernte je Quadratmeter rechnen, je nach den Bodenverhältnissen. 100 g Rosenkohl enthalten 32 Kalorien. Die wichtigen Vitamine A, B_1, B_2, C und E sind auch vorhanden. An Reinnährstoffen werden dem Boden entzogen: Je Quadratmeter 20 g Stickstoff, 6 g Phosphor, 23 g Kali und 17 g Kalk. Bitte nehmt ihm das nicht weiter krumm, denn er steht ja ziemlich lange draußen. Gebt ihm daher nach Regenwetter etwas Pflanzenfutter unter die Füße. Wer die Blätter zu Futterzwecken abbricht, schädigt sich selbst. Am besten schmecken die Rosen immer, wenn sie ein paarmal tüchtig durchgefroren sind.

Rosenkohl „Fest und Viel"

Beliebte Kleingärtnersorte. Da die Rosen nicht zu eng stehen, schmutzen und faulen sie nicht so leicht bei Nässe und nach Frost. Rosenkohl wird gern als Nachfrucht angebaut, jedoch sollten dann die Pflanzen spätestens bis 10. Juni im Boden sein. Sie werden 80 cm hoch.

Der Rosenkohl in der Küche

Liebe Hausfrau! Für den Rosenkohl braucht man ja wohl keine Reklame zu machen; du weißt ja, wie gut er mundet, du weißt nun auch, daß er am besten schmeckt, wenn er einmal kräftig durchgefroren ist. Sträube dich deshalb dagegen, wenn dein allzu eifriger Gartenmann im Herbst das Rosenkohlbeet räumen möchte, weil er mit seinem Ordnungssinn nur abgeräumte Beete im Garten haben will. Schließe höchstens einen Kompromiß und erkläre dich damit einverstanden, wenn er den Rosenkohl in einer Ecke einschlagen kann! Du holst dann deinen Bedarf während des ganzen Winters aus dem Garten, auch wenn's kalte Finger gibt.

Rosenkohlzubereitung

Du brauchst für eine mittlere Familie 750 g Rosenkohl, 50 g Butter oder Schmalz, 30 g Mehl, etwas Salz, $\frac{1}{4}$ Liter Fleischbrühe, eine Prise Pfeffer, ein Rieb Muskatnuß und eine Messerspitze Natron. (Durch das Natron wird die schöne grüne Farbe erhalten.) Du hast die kleinen Rosen geputzt — die lockeren oder evtl. auch gelben Blättchen entfernt — und gewaschen. Danach kommen sie in Salzwasser und werden etwa $\frac{1}{2}$ Stunde gekocht. Fett wird zerlassen, eine hellgelbe Mehlschwitze gemacht und die Fleischbrühe dazugerührt, bis das Ganze sämig ist. Salz und Pfeffer nach Belieben beifügen. Mir persönlich schmeckt nun auch der Rosenkohl aufgewärmt am anderen Tage viel besser! Probiere es nur einmal!

Das Einfrieren von Rosenkohl

*Rosenkohl — als
Tiefkühlkost,
schmeckt vorzüglich —
durch den Frost!*

Zum Einfrieren dürfen selbstverständlich nur feste, kleine Röschen verwendet werden. Nachdem sie gewaschen und geputzt sind, werden sie 3 Minuten in siedendes Wasser gelegt und anschließend sofort in Eiswasser oder unter fließendem Wasser abgekühlt. Erst dann füllt man sie in die Beutel und verpackt sie im Kühlfach.

Markstammkohl

Eine ausgesprochene Futterpflanze für Viehhalter. Meist wird Markstammkohl als Nachfrucht auf Frühkartoffeln usw. angepflanzt. Da er sehr lange stehen bleiben kann und im Herbst nach und nach von dort zur Fütterung weggeholt wird, kommt den Pflanzen die feuchte Herbstwitterung voll zugute. Für den Bauern ist es wichtig zu wissen, daß sich Markstammkohl silieren oder einsäuern läßt. Der hohe Futterwert des Markstammkohles ist bekannt. Bei Großanbau rechnet man 4—6 kg/ha bei Drillsaat. Markstammkohl verträgt bis 10 C Frost. Der Aussaatzeitpunkt muß sechs Wochen vor Räumung des betreffenden Quartiers liegen, damit die Pflanzen sofort zur Hand sind, wenn sie gebraucht werden.

Das gibt ein fröhliches Gemecker, denn Markstammkohl — der schmeckt ihr lecker!

Krankheiten und Schädlinge der Kohlgewächse

Die **Kohlfliege** legt ihre Eier am Wurzelhals der jungen Pflanzen ab. Die geschlüpften Maden bohren sich bis in den Strunk und die Wurzeln, und sehr bald gehen die Pflanzen ein. Durch frischen Stalldung und Jauche wird dieses Ungeziefer besonders angezogen. Die Bekämpfung muß schon darauf gerichtet sein, die Kohlfliege an der Eiablage zu hindern und gleicherweise die schlüpfenden Maden zu vernichten. Das erfolgt mit modernen Kontaktinsektiziden, die wie alle anderen Schädlingsbekämpfungsmittel in den Samenkatalogen angeboten werden. Sie können sowohl in flüssiger Form als auch in Pulverform oder als Streumittel angewandt werden.

Gegen diese Fliegenplage, gibt es Mittel — heutzutage!

Die **Kohldrehherzmücke** legt ihre Eier in die Herzblätter der Jungpflanze ab. Die Larven zerstören diese, so daß es zu keiner Kopfbildung kommt. Durch wiederholtes Spritzen oder Stäuben kann dieser Schädling vorbeugend wirksam bekämpft werden.

Kohlhernie

Du siehst einige Kohlpflanzen bei großer Hitze ganz welk und platt auf dem Boden liegen, während die Nachbarpflanzen frisch dastehen. Ziehst du die Wurzeln heraus, findest du erbsen- bis faustgroße Wurzelanschwellungen. Es ist die gefürchtete Kohlhernie, sofern sich in den Verdickungen keine Fraßgänge der Made des Kohlgallenrüßlers befinden. Hier muß der Kampf ganz energisch einsetzen, sonst können in Zukunft deine gesamten Ernten an Kohlgemüse vernichtet werden. Die befallenen Pflanzen werden gesammelt und verbrannt. Der Boden ist stark zu kalken; auf 1 qm kommen 400 g. Die neuen Setzlinge werden gebeizt. Ein wirklich gutes vorbeugendes Bekämpfungsmittel zum Untergraben ist Cyanschwefel. Es ist in allen großen Samenfachgeschäften erhältlich. Gerade im Saatbeet tritt oft schon die Kohlhernie auf und kann das ganze Land verseuchen. Prüfe daher schon beim Pflanzen, ob nicht an den Wurzelenden kleine, millimeterstarke Verdickungen zu finden sind. Die Übertragung kann durch Zukauf von Pflanzen, durch Komposterde, auf die herniekranker Hederich unbemerkt geworfen wurde, mitunter auch durch Stallmist stattfinden. Vermeide auf stark verseuchtem Land in den nächsten Jahren die Anpflanzung von Kohlarten. Oft wird die Kohlhernie mit der Wurzelgalle vom

Die Pflanzen wachsen kümmerlich, durch einen Drehherzmückenstich. Dagegen wird gestäubt, gespritzt, damit das Biest zur Hölle flitzt!

Kohlgallenrüßler

verwechselt. Schneide deshalb die Wurzelverdickung auf, um die Art der Krankheit festzustellen. Findest du in der Verdickung Fraßgänge, Maden, Puppen oder Larven, so hast du es hier mit dem Kohlgallenrüßler zu tun. Er sticht die jungen Kohlpflanzen im krautartigen Zustande an und legt

Nirgendwo noch Kraut gedieh, wenn im Boden Kohlhernie!

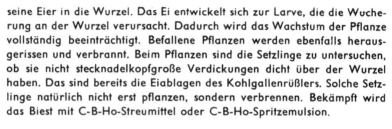

seine Eier in die Wurzel. Das Ei entwickelt sich zur Larve, die die Wucherung an der Wurzel verursacht. Dadurch wird das Wachstum der Pflanze vollständig beeinträchtigt. Befallene Pflanzen werden ebenfalls herausgerissen und verbrannt. Beim Pflanzen sind die Setzlinge zu untersuchen, ob sie nicht stecknadelkopfgroße Verdickungen dicht über der Wurzel haben. Das sind bereits die Eiablagen des Kohlgallenrüßlers. Solche Setzlinge natürlich nicht erst pflanzen, sondern verbrennen. Bekämpft wird das Biest mit C-B-Ho-Streumittel oder C-B-Ho-Spritzemulsion.

Der Kohlgallenrüßler, ein gefährlicher Schädling.

Kohlläuse

Gegen weißliche, oft graugrüne Läuse hilft ein wiederholtes Besprizen mit einem insektentötenden, aber möglichst für Mensch und Tier ungiftigem Bekämpfungsmittel.

Erdflöhe

Auch du wirst deinen Ärger über Erdflöhe gehabt haben, wenn sie deine Kohlsaaten schon auf dem Saatbeet nicht hochkommen ließen, wenn sie deine kaum aufgegangenen Radieschen radikal vernichteten. Ich habe festgestellt, daß der Erdfloh an heißen Tagen und vor allem an Pflanzen, die in der Sonne stehen, besonders auftritt. Die im Schatten stehenden Pflanzen zeigten weniger Befraß. Ich schütze meine Kohlsaaten, indem ich das Saatbeet mit Brettern leicht schattiere. Der Erdfloh bleibt weg. Haben also deine Saatbeete unter dem Erdfloh zu leiden, dann decke Bretter darüber mit einer Handbreite Zwischenraum. Gieße außerdem reichlich, denn auch Feuchtigkeit kann der Erdfloh nicht vertragen und meidet sie. Werden freistehende Kulturen vom Erdfloh heimgesucht, dann wende chemische Bekämpfungsmittel an. „Erdflohpulver" ist ein durchaus sicher wirkendes Mittel.

Kohlweißling

Ein gefährlicher Schädling ist der Kohlweißling, der seine Eier meist auf die Unterseite der Kohlblätter legt. Die sich daraus entwickelnden Larven und Raupen können deine Kohlpflanzen in kurzer Zeit vollständig kahlfressen, so daß nur noch die Blattrippen übrig bleiben. Siehst du also über deinen Kohlbeeten Kohlweißlinge fliegen, dann suche deine Kohlblätter nach den gelben Eiernestern ab. Durch Absammeln der Eiablage und später der Raupen kann man in kleineren Kulturen den Kohlweißling wirksam bekämpfen.

Er ist wohl lustig anzuschauen, doch vor dem Nachwuchs wird dir grauen!

Gurken

Die Heimat der Gurke ist Hinterindien. Sie ist also eine Pflanze der wärmeren Zonen. Daraus ergibt sich schon, daß sie viel Wärme, aber zugleich auch Feuchtigkeit beansprucht. Wir wollen nun versuchen, ihr dies alles, so gut es eben geht, in unserem kälteren Vaterlande zu geben. Deshalb müssen wir schon bei der Aussaat vorsichtig sein und abwarten, bis der Boden die nötige Wärme besitzt. Die Gurke keimt überhaupt erst bei 10—12° C Bodentemperatur, darum dürfen wir sie erst Anfang bis Mitte Mai ins Freiland aussäen. Als Stichtag nenne ich immer den 5. Mai. Der Samen braucht zehn bis zwölf Tage, bis er keimt. Rechnet man noch fünf Tage hinzu, ehe die ersten Blätter ans Licht kommen, dann sind die gefürchteten Eisheiligen bereits vorbei. Gute Ernten erzielst du, wenn du es folgendermaßen machst: Die Gurke liebt humosen Boden in sonniger Lage, möglichst zwischen Stangenbohnen und angereisterten Erbsen, die reichlich Windschutz geben. Das geht aber auch mit Zuckermais. Bitte,

Als Stichtag für die Gurkensaat, gilt nach wie vor noch dieser Rat.

verwendet für Gurken niemals Strohdünger, sondern immer gut verrotteten Stalldünger. Wer sich Pferdemist beschaffen kann, erhöht die Ertragsfähigkeit, denn er erwärmt den Boden beachtlich. Bringe auf die Beete je Quadratmeter 25 g Kalkammonsalpeter, 30 g Thomasmehl und 40 g Patentkali, dann finden sie genügend Nährstoffe zur Entwicklung im Boden vor. Wenn sie zu ranken beginnen, kannst du noch Pflanzenfutter als Kopfdüngung dazugeben, und zwar etwa 40 g je Quadratmeter. Gurken wollen immer in 1. Tracht stehen. Gebt den Pflanzen genügend Platz auf den Beeten und bringt deshalb möglichst nur eine Reihe auf ein 1 m breites Beet. Lege immer drei bis vier Samenkörner etwa 3 cm tief in Abständen von 20 cm in die Erde. Wer nach dem Erscheinen des dritten Blattes die Spitze auskneift, sorgt so für bessere Tragranken. Salat als Zwischenkultur ist anzuraten, auch Radieschen und Sommerrettiche, da diese schnell das Beet räumen.

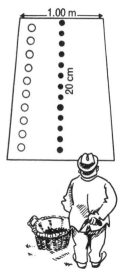

Achtet bitte bei der Ernte auf ganz vorsichtiges Pflücken, damit die Ranken nicht losgerissen und beschädigt werden. Das vermindert die Ernte! Je jünger die Gurke für Einmachzwecke geerntet wird, um so fleischiger und kernloser ist sie. Dies zu wissen ist wichtig! Bittere Gurken sind auf Wachstumsstockung zurückzuführen, die durch kühle Nächte, Wassermangel bei starker Hitze, kaltes Leitungswasser usw. verursacht wird.

Kalte Nächte sind wie Schurken, sie vernichten uns die Gurken, doch steh'n sie gut geschützt, der Ernte das viel nützt!

Nun noch einige interessante Einzelheiten, die euch ganz bestimmt interessieren. Etwa 30—50 Samenkörner, je nach Sorte, wiegen etwa 1 g. Die Saat bleibt fünf bis acht Jahre keimfähig, zehn bis zwölf Tage dauert der Keimprozeß. Bis zur ersten Ernte braucht die Gurke ca. 65—80 Tage. Wenn ihr das Saatgut beizt, sind die Pflanzen widerstandsfähiger. Die Gurke wünscht erst alle vier Jahre wieder auf dem gleichen Beet zu stehen. Der normale Ernteertrag wird bei 2—3 kg je Quadratmeter liegen. 100 g frische Gurken enthalten etwa sechs Kalorien. An Vitaminen sind vorhanden B_1 und C. Sie entziehen dem Boden bei einer Normalernte folgende Reinnährstoffe je Quadratmeter: 7 g Stickstoff, 5 g Phosphor, 10 g Kali und 4 g Kalk.

In manchen Jahren hat die Gurke unter verschiedenen Schädlingen und Krankheiten zu leiden, wie Rote Spinne, Gurkenmehltau, -krätze, -virus und -welkekrankheit. Was die Pflanzenschutzmittelindustrie alljährlich an neuen Präparaten herausbringt, das entnehmt bitte den Samenkatalogen.

Das Gurkendach für rauhe Lagen, gibt guten Schutz an kalten Tagen!

Oft klagen Leute über das Taubblühen der Gurke. Sehr richtig, sage ich. Das muß so sein! Das sind die männlichen Blüten, die in der Überzahl vorhanden sein müssen, da sonst die weiblichen Blüten nicht genügend befruchtet werden können.

Und als Hausmittel? Der Saft wird gern bei Brustleiden und zur Erhaltung einer reinen Haut getrunken. Mit Milch genossen, ist er ein durststillendes Getränk bei Fieber. Saure Gurken heben die Körperwärme und helfen bei der Verdauung. Frische Gurken sind ein gutes Entgiftungsmittel. Gurkenschalen, auf den Kopf gelegt, kühlen und helfen bei Kopfschmerz. Gurken sind länger frisch zu halten, wenn ihr sie mit der Stielseite nach unten ins Wasser steckt und in den dunklen Keller stellt.

Die Gurkenschale auf der Stirn, verjagt den Schmerz — erfrischt das Hirn!

Treibgurken im Frühbeet

Bist du im Besitze eines Frühbeetes, in dem du dir deine Frühgemüse- und Blumenpflanzen herangezogen hast, wirst du schon Mitte April einen Teil des Beetes geleert haben. Die beste Ausnutzung des Beetes geschieht durch die Anpflanzung von Treibgurken. Mache es darum so: Ende März legst du dir je ein Korn in kleine Blumentöpfe und stellst die Töpfchen ins warme

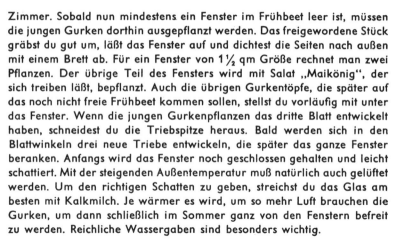

Das Mistbeet muß gelüftet werden, sonst macht die Pflanze dir Beschwerden!

Zimmer. Sobald nun mindestens ein Fenster im Frühbeet leer ist, müssen die jungen Gurken dorthin ausgepflanzt werden. Das freigewordene Stück gräbst du gut um, läßt das Fenster auf und dichtest die Seiten nach außen mit einem Brett ab. Für ein Fenster von 1½ qm Größe rechnet man zwei Pflanzen. Der übrige Teil des Fensters wird mit Salat „Maikönig", der sich treiben läßt, bepflanzt. Auch die übrigen Gurkentöpfe, die später auf das noch nicht freie Frühbeet kommen sollen, stellst du vorläufig mit unter das Fenster. Wenn die jungen Gurkenpflanzen das dritte Blatt entwickelt haben, schneidest du die Triebspitze heraus. Bald werden sich in den Blattwinkeln drei neue Triebe entwickeln, die später das ganze Fenster beranken. Anfangs wird das Fenster noch geschlossen gehalten und leicht schattiert. Mit der steigenden Außentemperatur muß natürlich auch gelüftet werden. Um den richtigen Schatten zu geben, streichst du das Glas am besten mit Kalkmilch. Je wärmer es wird, um so mehr Luft brauchen die Gurken, um dann schließlich im Sommer ganz von den Fenstern befreit zu werden. Reichliche Wassergaben sind besonders wichtig.

Das Treiben der Gurken in Treiblöchern

Hast du Dünger und Fenster zur Verfügung, kannst du dir auch Gurken in Treiblöchern heranziehen. Mitte bis Ende April hebe an einem geschützten Ort eine 40 cm tiefe und den Fenstern entsprechend breite Grube aus. Diese wird mit frischem Pferdemist oder einer Mischung aus Laub und Mist angefüllt. Nachdem gut festgetreten ist, wird der Mist angefeuchtet. Eine 20 cm hohe Schicht von Kompost- und Landerde wird darübergebracht und die Fenster werden aufgelegt. Nach drei Tagen wird gesät. Einen Vorsprung erreicht man, wenn man sich einige Tage vorher Gurkenkerne im warmen Zimmer vorgekeimt hat. Im Juni und Juli werden die Fenster ganz abgenommen. Zu dieser Kultur eignen sich sogar auch Treibgurken wie „Orion"; eine Mistbeetgurke von großer Fruchtbarkeit, gut geformt, schlank und wenig empfindlich. Nicht für das Freiland geeignet. Treibgurkensamen ist sehr teuer!

Sorten

Für die Gläser auf dem Borde, wähle auch die rechte Sorte!

Bisher gab es ein Riesensortiment an Gurken, das oft nur ganz geringe Unterschiede zwischen den einzelnen Sorten zeigte. Durch sorgfältige Prüfung auf meinen ausgedehnten Probefeldern kann ich dir die nachfolgenden Sorten wärmstens empfehlen. Entsprechend ihrem Verwendungszweck gibt es nun verschiedene Sorten, die als Einlege-, Salat- oder Senfgurken hohe Erträge bringen. Eine der besten Landsorten ist „Delikateß"; eine halblange von 17—20 cm, vorzüglich zum Einlegen. Die Delikateß-Gurke ist früher und reichtragender als die bekannte „Riesen-Schälgurke", hat wenig Kerngehäuse, ist fester und eignet sich als Einlegegurke. Je jünger du erntest, um so festfleischiger sind sie. Für Senf- und Salatgurken wähle die „Riesen-Schälgurken". Die Frucht bleibt grün und wird bis zu 25 cm lang. Das Fleisch ist dick und besitzt nur ein kleines Kerngehäuse. Die Entwicklungszeit beträgt zwölf Wochen. Zu Pfeffer- und kleinen Gewürzgurken ist die „Vorgebirgs-Traubengurke" bestens zu verwenden. Die Früchte bleiben kurz, 9—12 cm lang. Wünscht man sich noch kleinere Früchte zu Essiggurken, müssen diese eben in der gewünschten Größe abgenommen werden.

Krankheiten und Schädlinge der Gurke

Auch bei uns wird stets studiert, was andere schon ausprobiert!

Ist die Oberseite der Blätter von einem weißen Polster überzogen und bilden sich auf der Blattunterseite gelblichbraune Flecken, so ist das der **falsche Mehltau.** Er tritt hauptsächlich bei langanhaltender Feuchtigkeit auf. Zur Bekämpfung wird alle zwei Wochen mit Kupferspritzmittel oder Fungo-Pulvit gespritzt.

Durch warmes und trockenes Wetter wird das Auftreten des **echten Mehltaus** begünstigt. Es erscheinen in diesem Falle auf den Blättern weiße Flecken, die schließlich einen geschlossenen Überzug bilden. Die damit befallenen Blätter sterben vorzeitig ab. Eine vorbeugende Maßnahme gegen den echten Mehltau ist die wiederholte Anwendung von Netz- und Naphthalschwefel. Dabei ist zu beachten, daß auch die Blattunterseite getroffen wird. Bei jedem Mehltaubefall müssen die kranken Pflanzen herausgerissen und verbrannt werden. Sie dürfen keinesfalls auf den Komposthaufen kommen!

Die Krätze der Gurken

Die Gurken zeigen kleinere oder größere Flecken, die meist grubig eingesunken, schorfig und zerrissen sind. Ein samtähnlicher, grünschwarzer Flaum oder eine gummiartige Ausscheidung ist an den befallenen Stellen zu sehen. Die Früchte verkrüppeln und bleiben klein. Hier handelt es sich um einen Schmarotzerpilz, der auf den abgestorbenen Gurkenteilen weiterlebt und auf diesen sowie in der Erde überwintert. Deshalb krankes Gurkenkraut und kranke Früchte nicht auf den Kompost werfen, sondern verbrennen. Während der nächsten Jahre darfst du keine Gurken auf das verseuchte Land bringen. Mit Kupferkalkbrühe als Vorbeugungsmittel spritzen. Im Frühbeet stets neue Erde verwenden.

Als Krankheit niemals unterschätze den Schmarotzer: Gurkenkrätze!

Die Gurke in der Küche

Liebe Hausfrau! Über die Verwendung der Gurke in der Küche gibt es nun wieder sehr viel zu sagen. Auch dir wird es schon so gegangen sein, daß du bei Freundinnen anders zubereitete Gurken gegessen hast, die ganz besonders gut schmeckten. Da gibt es so viele kleine Kniffe, die lohnen, festgehalten zu werden. Ich will dir nun nachstehend einige gute Rezepte aufschreiben, die mir erfahrene Hausfrauen bereitwilligst zuschickten und die ich in meiner Küche ausprobieren ließ. Hast du ein besonderes Rezept, das sich lohnt, festgehalten zu werden, dann schreibe es mir. Ich probiere es aus und werde es dann in der nächsten Neuauflage mit berücksichtigen, wenn es gut ist.

Grüner Gurkensalat mit Essig und Öl

Du schälst die Gurken und prüfst dabei jede einzeln, ob sie bitter schmeckt. Dann erst werden sie in Scheiben geschnitten, mit Salz und etwas Zucker bestreut. Der Zucker hat die Eigenschaft, das oftmals unangenehme Aufstoßen zu verhindern. Sind die Gurken jung, dann wird der Saft mitgenossen; bei älteren Gurken gießt du ihn weg, da er schlecht verdaulich ist. Mit Öl, Essig oder Zitronensaft werden die Scheiben übergossen, eine Prise weißer Pfeffer kommt dazu und gewiegte Petersilie, mit Dill vermischt. Hast du Boretsch, Schnittlauch und Zwiebelschlotten, kommen auch diese dazu. Alles wird gut gemischt und serviert. So zubereitet, wird dir bestimmt viel Lob gespendet. Durch eine Beigabe von Senf ist der Salat bekömmlicher.

Gurkensalat mit Tomaten und Bohnen

Die Zubereitung geschieht genau wie oben beschrieben, nur wird eine mittlere Zwiebel beigefügt, die Tomaten werden in Scheiben geschnitten und die Bohnen geschnippelt oder gebrochen dazugegeben, natürlich gekocht.

Die Gurken fein zu Scheiben schneid', das fördert die Verdaulichkeit!

*Des Winters wegen —
Gurken einlegen!*

Gefüllte Gurken — eine besondere Delikatesse

Du nimmst einige größere Gurken, schälst sie und schneidest sie in der Länge durch. Mit einem Löffel wird das Kerngehäuse herausgeschabt. Unter 250 g Hackfleisch vermischst du zwei aufgeweichte Semmeln, ein Ei, etwas Salz, eine Prise Pfeffer, Zwiebel und gewiegte Petersilie sowie etwas Speck. Die Füllung kommt in die Gurken, die danach zugebunden werden. In Tomatensoße läßt du dann die Gurken gar schmoren.

Gurkensalat von Sauergurken

Du schälst die Sauergurken und schneidest sie in Scheiben. Mit Öl, einer Prise Pfeffer, dazu noch eine feingehackte Zwiebel, gemischt, wird er serviert.

Gurkensalat mit saurer Sahne

Du nimmst dicke saure Sahne, in welche du etwas Essig, Salz, Zucker und Pfeffer verrührst. Die Gurkenscheiben kommen hinein und das Ganze wird mit feingeschnittenem Schnittlauch, Pimpernelle und Boretsch überstreut.

Das Einlegen von Sauer- oder Salzgurken

*Grüne Gurken hält
man frisch, wenn man
sie mit dem Stiel nach
unten in kaltes
Wasser stellt. ⅓ der
Gurke muß aber
herausragen.*

Du wirst wohl auch alljährlich einen Teil der Gurkenernte einlegen, damit du im Winter diese wertvolle Zuspeise laufend mit auf den Tisch bringen kannst. Auch beim Gurkeneinlegen sind gewisse Punkte erwähnenswert. Erst wird das Faß ausgebrüht, ausgescheuert und an der Luft getrocknet. Kleine feste Gurken eignen sich zum Einlegen besonders gut. Essig wird nicht verwendet, nur Salz. Man rechnet auf 100 Stück halblange grüne Gurken etwa 500 g Salz. Mit einer Bürste schrubbst du die Gurken ab und läßt sie über Nacht im Wasser stehen, dem du schon etwas Salz beifügen kannst. Am anderen Tage nimmst du sie aus dem Wasser, trocknest sie gut ab und packst sie lagenweise in das Faß. Zwischen jede Lage wirfst du recht viel Dillkraut, Estragon und Basilikum sowie Wein- oder Sauerkirschblätter. So schichtest du das Faß voll. Die entsprechende Menge Salz (40—50 g auf einen Liter) löst du nun in Wasser auf, läßt es kochen und gießt es in erkaltetem Zustande darüber, so daß die ganze Menge von der Lauge überdeckt ist. Jetzt kommt ein Holzdeckel darüber, mit einem Stein wird beschwert und an kühlem Ort (Keller) aufbewahrt. Für den Sofortverbrauch lassen wir einen kleinen Behälter an warmem Orte stehen. Um die Gurken recht lange für den Winter aufzubewahren, ist es wichtig, daß der Keller kühl, aber luftig ist! Die sich später auf der Oberfläche bildende Lake beeinträchtigt den Geschmack etwas und wird daher mit einem Holzlöffel entfernt.

Senfgurken

*Gib jeder Gurke einen
Stich,
dann wird sie schneller
säuerlich!*

Zur Senfgurkenbereitung kannst du die größten, ausgereiften Gurken nehmen (auch Kürbis). Du schälst sie, entfernst das Kerngehäuse durch Auskratzen mit dem Löffel und schneidest Stücke in gewünschter Größe. Alle diese Stücke bestreust du nunmehr mit Salz, legst sie schichtweise in eine Schüssel und läßt sie bis zum anderen Tage stehen. Am nächsten Tage läßt du die Stücke abtropfen, indem du sie auf ein Sieb oder Tuch legst. Anschließend trocknest du sie trotzdem noch gut mit einem Tuche ab und schichtest sie in die Gefäße. Zwischen die Gurkenscheiben streust du Senfkörner, Basilikum, Estragon, Perlzwiebeln oder kleine Zwiebelstückchen, ein paar Lorbeerblätter, einige Pfefferkörner und würfelig geschnittene Meerrettichstücke. Hast du Nelken zur Verfügung, kommen auch davon immer einige dazwischen. Nun nimmst du guten Weinessig und verdünnst ihn 1 : 1 (ein Liter Essig und ein Liter Wasser). Auf einen Liter Flüssigkeit kommt jetzt noch ein Eßlöffel Salz, dann wird aufgekocht und nach dem Erkalten über die Gurken geschüttet. Am folgenden Tage wird die Flüssigkeit abgegossen, erneut abgekocht und wieder kalt übergeschüttet. Hast du das drei Tage lang gemacht, genügt es. Nunmehr bleibt die Flüssigkeit im Gefäß, es wird verschlossen und kühl aufbewahrt. Das mehrmalige Aufkochen kannst du dir ersparen, wenn du Einmachhilfe verwendest!

*Würze mit Pfiff,
das ist der Kniff!*

Pfeffergurken

Du nimmst kleine bis fingerlange Gürkchen, läßt sie über Nacht in Salzwasser liegen, trocknest sie ab und schichtest sie in Gläser. Verwende die gleichen Gewürze wie bei Senfgurken, nur reichlicher Pfeffer geben und den Essig unverdünnt nehmen. Durch Verwendung von Einmachhilfe kannst du dir das mehrmalige Aufkochen des Essigs ersparen, da dieses Mittel ein Verderben des Essigs verhindert. Die Behälter werden zugebunden, und der Inhalt ist sehr lange haltbar.

Essiggurken

Für Essiggurken nimmst du normale, halblange Einlegegurken, die du reinigst, abbürstest und über Nacht stehen läßt. Am anderen Tage trockenreiben und in Gläser schichten. Gewürze wie bei Senfgurken; auch Essig wird 1 : 1 mit Wasser verdünnt, jedoch kommt in die Flüssigkeit je Liter etwa 75 g Zucker und etwa 20 g Salz. Die abgekühlte Flüssigkeit kommt über die Gurken, Einmachhilfe darüber, verschließen und kühl aufbewahren.

*Mach Essiggurken
selber ein,
dann wird die Würze
richtig sein!*

Und hier noch ein Rezept für „Mixed Pickles"

Du nimmst verschiedene anfallende Gemüsearten, wie kleine Karotten, Blumenkohlröschen, Bohnen, Perlzwiebeln, auch kleine Zwiebelchen, Radieschen, Spargelstückchen und kleine Gürkchen. Alles wird gewaschen und bis auf die Gurken und Radieschen in Salzwasser halbgar gekocht. Gurken und Radieschen werden nicht mitgekocht! Nach dem Abtrocknen schichtest du in Gläser, mischst die Gurken und Radieschen dazwischen und gibst Dill, Estragon, Thymian, Pfefferkörner und Lorbeerblätter dazu. Jetzt machst du so viel Essig heiß, daß der Inhalt davon überdeckt wird. Der heiße Essig wird darübergeschüttet und die Gläser werden zugebunden. Nach etwa vier Wochen ist das Mixed Pickles fertig. Auch hier kannst du Einmachhilfe obenaufstreuen.

Das Einfrieren von Gurken

Gurken werden entweder ganz oder geschnitten eingefroren. Man verwendet hierzu nur frische, grüne Schlangengurken. Gurken, die ganz eingefroren werden, sollten nicht zu groß und dick sein. Die besten Erfahrungen habe ich damit gemacht, die Gurken in Schnitzeln einzufrieren. Selbstverständlich werden Gurken nur roh eingefroren. Im ganzen eingefrorene Gurken werden in halbabgetautem Zustand geschält und geschnitten.

*In Scheiben schneid' die
Gurke klein
und friere sie im
Beutel ein!*

Tomaten

Um die Jahrhundertwende waren die Tomaten bei uns nur als Zierpflanzen bekannt. Man nannte sie damals Paradies- oder Liebesäpfel. Noch Anfang des 17. Jahrhunderts wurden für eine einzige Pflanze wegen ihres Seltenheitswertes bare 1000 DM nach heutigem Gelde bezahlt! Die Botaniker

Rupf bitte die Tomaten nicht, die Blätter atmen Luft und Licht!

tauften sie *Solanum lycopersicum* und zählten sie zu den Nachtschatten-gewächsen. In Peru hat die Wiege der Tomate gestanden. 1847 bereits hatte ein findiger Gärtner in Paris erfolgreiche Pfropfungen mit der Kartoffel vorgenommen. Heiß umstritten war um die Jahrhundertwende die Eßbarkeit. Man lehnte sie nämlich als giftig ab. Trotz allen Streits konnte man jedoch den Siegeszug der Tomaten als wertvolles Volks-nahrungsmittel nicht aufhalten. Die vielseitige Verwendungsmöglichkeit ist heute unumstritten. Sie werden roh gegessen, als Salat zubereitet, mit Fleisch oder Fleischsalat gefüllt, zu Tunken, Suppen oder sonstigen Ge-richten verwendet, zu Tomatenmark verarbeitet oder schließlich auch als vitaminreicher Saft getrunken. Eine Riesenindustrie beschäftigt sich heute in aller Welt mit der Verarbeitung und Konservierung der Tomate. Immer ist der besondere Tomatengeschmack vorhanden, der sich durch kein anderes Gemüse ersetzen läßt. Die Anzucht der Tomaten geschieht ab Ende Februar/Anfang März durch Aussaat ins Frühbeet oder auch in kleine Kästchen und Blumentöpfe im Zimmer. Sie sollen nicht zu dicht ausgesät werden und müssen später auf etwa 5 × 5 cm in größere Kistchen pikiert werden. Wer einzeln in Blumentöpfe pikiert, kann bestimmt einen größeren Vorsprung erreichen. Bei Sonne stellt ihr die Jungpflanzen dann in die warme Frühlingsluft und laßt sie dort abhärten.

Nur kurze gedrungene, nicht aber lange verhärtete Pflanzen, bringen vollen Erfolg. Nach dem 20. Mai bringt ihr die Pflanzen ins Freie. Als Südländerin ist sie nämlich gegen kalte Nächte recht empfindlich. Gebt der Tomate lockeren, gut gedüngten Boden, möglichst in 2. Tracht. Setzt sie weiter in windgeschützte Lage und nehmt jedes Jahr wieder das gleiche Beet. Sie fühlen sich wohl, wenn sie alljährlich am gleichen Ort stehen können! Bei Trockenheit müßt ihr gießen. Gebt 80 cm Pflanzweite und 1 m Abstand bis zur nächsten Pflanze, häufelt sie an und steckt einen Stab in die Erde, so daß ihr sie nach und nach anbinden könnt, wenn sie höher gewachsen sind. Alle Seitentriebe aus den Blattachsen brecht ihr rücksichts-los heraus, damit die ganze Kraft in die Fruchttrauben geschickt werden kann. Gebt während des Sommers ab und zu etwas Pflanzenfutter ins Gießwasser. Ab August könnt ihr die Spitzen an den Pflanzen ausbrechen — aber bitte belaßt ihnen die Blätter; sie werden zum Atmen gebraucht.

Der Seitentrieb kommt immer raus, das wirkt sich bei der Ernte aus!

Einige Notizen für euch: 1 g Samen sind etwa 300 Körner. Nach zehn Tagen ist der Keimprozeß beendet. Drei bis vier Jahre bleibt die Saat keimfähig. 100 g Früchte enthalten 18 Kalorien. Normalernte etwa 2—5 kg je Quadratmeter, je nach Düngung und Bodenzustand. Sie ent-ziehen einem Quadratmeter Boden folgende Reinnährstoffe: 15 g Stick-stoff, 12 g Phosphor, 18 g Kali und 10 g Kalk. An Vitaminen schenkt sie uns A, B_2, C und K. Bei drohender Frostgefahr zieht ihr im Herbst alle Pflanzen heraus und hängt sie geschützt mit der Wurzel nach oben zum Nachreifen auf.

Tomatensorten

(Nachstehend nenne ich nur die wichtigsten, für den Kleingärtner inter-essanten und ausprobierten Sorten.)

„Spaliertomaten" bringen kleine, süße, rote Früchte, die wie Obst genossen werden können.

„Lukullus" ist eine runde, glatte, fast kernlose Sorte mit scharlachroter Frucht. Mittelfrüh.

Pflanzt Tomaten in Töpfe, sie vertreiben Mücken und Ameisen!

„Buschtomaten" brauchen weder geschnitten noch angebunden zu werden. Frühe, gleichmäßige Reife. Reichtragend, wohlschmeckend. Sie ähneln im Wuchs dem der Kartoffeln.

Die Tomate in der Küche

Liebe Hausfrau! Wer schätzt heute nicht Tomaten als vitaminreiches Gemüse in der Küche. Nur wenige sind es, denen die Tomate geschmacklich nicht zusagt. Der Siegeszug der Tomate durch die ganze Welt hat sich in wenigen Jahrzehnten vollendet. Und wie vielseitig ist ihre Verwendung! Roh, gekocht, konserviert und zu Mark oder Extrakt verarbeitet wird sie genossen. Wahrlich, die Tomate ist heute schwerlich aus der Küche fortzudenken. Viele hundert Rezepte gibt es über die Tomate. Einige, die besonders beachtenswert sind, bringe ich nachstehend als Vorschlag.

Tomatensalat

Schöne, gut ausgereifte, jedoch schnittfeste Tomaten werden in Scheiben geschnitten und mit Salz, Pfeffer, Essig, Öl, Zwiebeln und einer Prise Zucker angemacht. Mayonnaise kann beigefügt werden. $\frac{1}{2}$ Stunde ziehen lassen und servieren. Wirklich ein sehr erfrischender, pikanter Salat.

Tomatensalat, eingemacht

Sauber gewaschene Tomaten, die recht schnittfest sind, werden in Hälften geschnitten und in Weckgläser gelegt. Es wird 1 : 1 verdünnter guter Weinessig erhitzt und übergegossen. Gläser verschließen und bei 80° C etwa 15 Minuten sterilisieren. Die Gewürze kommen erst beim Anrichten dazu.

Tomatenmischsalat (siehe bei „Gurken in der Küche")

Ganze Tomaten, eingemacht

Du nimmst schöne, rote, gleichmäßige, feste Tomaten, die du in heißem Wasser wäschst, von den Blütenansätzen befreist und trockenreibst. Mit einem dünnen Hölzchen (Zahnstocher) durchstichst du die Früchte, damit sie beim Einkochen nicht platzen. Jetzt werden sie in die Gläser gelegt und mit abgekochtem Salzwasser übergossen, verschlossen und 45 Minuten bei 80° C sterilisiert. Achte aber darauf, daß das Wasserbad nicht ungestüm kocht, da sonst die Tomaten trotzdem platzen. Es ist Wert auf gleichmäßiges, leichtes Sieden zu legen.

Die Frucht wird kurz durchstochen, sonst platzt sie uns beim Kochen!

Essig-Tomaten

Hierzu nimmst du möglichst kleine, aber feste Tomaten, die durchstochen und in einen Steintopf geschichtet werden. Dazwischen streust du immer etwas Salz. Nun bleibt der Topf drei Tage lang stehen. Nach dieser Zeit werden die Tomaten herausgenommen, gewaschen und abgetrocknet. Ist das geschehen, werden die Früchte wieder eingeschichtet und mit abgekochtem, kaltem Weinessig übergossen, damit der Inhalt völlig im Essig liegt. Damit die Tomaten im Essig liegenbleiben, ist es zweckmäßig, daß sie ein wenig beschwert werden. Der Topf wird zugebunden und kühl aufbewahrt.

Essig-Tomaten — immer zu raten!

Tomaten in Salz

Ein vielfach angewendetes Rezept, um gleich viele Tomaten zu konservieren, ist folgendes: Feste, rote, gesunde Früchte werden sauber abgerieben und in einen Steintopf gelegt. Wir machen uns nun Salzwasser, welches so stark gesalzen wird, daß ein frisches, rohes Ei darauf schwimmen kann. Ist die Lauge so stark gesalzen, dann wird sie über den Inhalt gegossen und dieser leicht beschwert, damit die Früchte alle in der Lauge liegen. So konservierte Tomaten müssen vor dem Gebrauch gewässert werden.

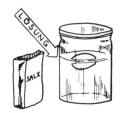

Die Lauge stimmt, wenn das Ei schwimmt!

69

Tomatenpüree

Du nimmst dir eine gewisse Menge rote Tomaten, welche du zerschneidest und möglichst ohne Wasser schnell zu Brei kochen läßt, was unter fleißigem Umrühren schnell geschieht. Durch ein feines Sieb streichst du dann den Tomatenbrei, damit Haut und Kerne zurückbleiben. Diesen Brei füllst du in Gläser und läßt 30 Minuten lang bei 100° C einkochen.

Getrocknete Tomaten sind noch wenig bekannt

Du nimmst reife, schnittfeste Tomaten, halbierst diese und läßt sie ohne Wasser einmal aufkochen. Dann legst du die Stücke auf eine Emailleplatte und läßt sie im Backofen trocknen. Ist der Trockenprozeß beendet, werden die getrockneten Tomaten losgelöst und in einem Säckchen trocken und luftig aufgehängt. Getrocknete Tomaten sind ein feines Zusatzgewürz zu Braten, Soßen, Suppen oder Brühen. Auf diese Weise kannst du auch bei großem Tomatenanfall schnell einen Posten haltbar machen, ohne Gläser zu benutzen. Das Trocknen kann aber auch in der Bratröhre des Ofens geschehen; dabei ist jedoch darauf zu achten, daß die Tomaten völlig ausgetrocknet sind, da sie sonst verderben.

Kommt der Frost
zu früh,
dann lohnt sich
diese Müh!

Was geschieht mit grünen Tomaten?

Bekanntlich vernichtet schon der erste leichte Frost unsere Tomaten im Garten. Da fallen oft nicht geringe Mengen von grünen Tomaten an, die vielfach verderben und verfaulen. Ich will versuchen, nachstehend einige Ratschläge dir auf den Küchenweg mitzugeben. Mußten die Tomaten unreif abgenommen werden, dann suchen wir aus der Masse zuerst die halbreifen und größten grünen Tomaten heraus. Diese kommen in einen hellen Raum, jedoch nicht in die Sonne. Dort reifen sie bestimmt nach und können so laufend zum Frischverbrauch verwendet werden. Was machen wir nun mit den grasgrünen, unreifen Tomaten?

Unreife, grüne Tomaten, süßsauer eingemacht

Die grünen Tomaten werden gar gekocht und über Nacht im Wasser stehen gelassen. Am nächsten Tage gießt du das Wasser fort, da es bitter ist. Jetzt wird mit frischem Wasser angesetzt, in welchem etwas Zucker aufgelöst und dem ein Schuß Essig beigegeben wurde. Füge etwas Zimt und Ingwer dazu. Die Tomaten kommen in die Flüssigkeit und werden 10 Minuten lang mitgekocht. Nach dieser Zeit werden sie herausgenommen und in Gläser geschichtet. Die Lauge lassen wir noch etwas einkochen und gießen sie später über den Inhalt, so daß die Tomaten in der Lauge liegen. Nun wird etwas Einmachhilfe überstreut, das Gefäß zugebunden und kühl aufbewahrt.

Am Schuppen unter'm
Dach,
da reift die Pflanze
nach.

Tomatensenf — auch nicht zu verachten

Du machst aus reifen Tomaten Püree, wie geschildert, kochst es besonders dick ein und mischst endlich auf 1 kg Tomaten etwa 50 g Senf und $1/_8$ Liter Essig. Ist das geschehen, läßt du nochmals aufkochen und füllst den Tomatensenf auf Flaschen. Etwas Einmachhilfe oben aufgestreut, verkorken oder zubinden und kühl aufbewahren.

Tomaten in Torfmull

Es ist sehr einfach, Tomaten recht lange im Winter frisch zu haben. Du nimmst schöne, gesunde, halbreife Tomaten, die gerade einen Anflug zum Erröten zeigen, und packst sie ganz vorsichtig in eine Kiste mit trockenem Torfmull. Die Früchte dürfen sich in der Kiste nicht berühren! Am Schluß kommt noch eine Schicht Torfmull als Abschluß. Hast du einige Bogen Ölpapier zur Verfügung, so lege die ganze Kiste damit aus und schließe damit ab. Du wirst staunen, wie lange sich die Tomaten darin schmackhaft halten. Nimm aber bitte nur ganz gesunde, nicht beschädigte, geplatzte oder gerissene Früchte.

Not macht oft erfinderisch, im Torf bleibt die Tomate frisch!

Tomaten kannst du auf vielerlei Art zubereiten

Es ist nicht der Zweck dieses Buches, alle die Rezepte aufzuzählen, die es gibt. Ich habe mich darauf beschränkt, dir einige Winke speziell für die Konservierung zu geben. Wir alle schätzen ja die Tomaten als Zubrot, Salat, geschmort, gedämpft, gefüllt oder als Mark. Bei Festlichkeiten rate ich zur Füllung der Tomaten mit Herings- oder Fleischsalat. Tomatensuppe ist uns allen eine beliebte Vorspeise. Da gibt es gebackene Tomaten, die in einem Gemisch aus Semmeln, Mehl und Salz gewälzt und in Butter gebacken werden. Unmöglich, alle die herrlichen Gerichte aufzuzählen. Habt ihr schon einmal eine Tomate zwischen das Rührei gemacht? Versucht's nur einmal und urteilt selbst. Niemals werde ich jene gefüllten Tomaten bei Freunden vergessen, die mit kleingehackten Champignons, geriebener Zwiebel, Speck und Petersilie gefüllt waren. Versucht auch das einmal selbst!

Gut gefüllt, schmeckt das vorzüglich, auch das Auge schaut vergnüglich!

Sellerie

Zu den stark zehrenden Gemüsearten gehört auch der Sellerie. Er ist eine sehr alte Nutzpflanze, die den alten Ägyptern schon bekannt war. Bei uns zählt der Sellerie zu den beliebtesten Wurzelgemüsearten. Frischer und in guter Dungkraft stehender Boden ist für ihn das Richtige. Kalk soll im Frühjahr gegeben werden, denn er liebt stark und frisch gekalkten Boden. In kalkarmem Boden versagt allerdings die Kultur zumeist. Auf Neuland wächst er hingegen sehr gern. Voraussetzung ist aber immer wieder gute Düngung. Wenn Stalldung gegeben wird, dann nur im Herbst vor der Pflanzung, sonst werden die Knollen anfällig und krank. Sellerie ist ein starker Kalifresser. Daher gib schon im Herbst 50 g Kali mit 40 g Thomasmehl auf den Quadratmeter. Im Frühjahr ist noch eine Gabe von 30 g Pflanzenfutter vorteilhaft. Mit der Aussaat des Sellerie kannst du schon Ende Januar/Anfang Februar beginnen. Um gleichmäßig aussäen zu können, kann der Samen mit Sand vermischt werden. Die Aussaat muß gleichmäßig warm und feucht gehalten werden. Sellerie keimt nach etwa 20 Tagen. Ist die Saat aufgegangen, mußt du die Pflänzchen so jung wie möglich in einem anderen Kasten pikieren. Sellerie keimt häufig unregelmäßig, man sollte deshalb das Saatgefäß auch nach dem Pikieren noch warm und feucht halten. Es keimen dann oft noch eine Menge Pflanzen.

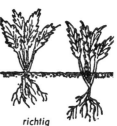

richtig

falsch

Pflanzt du den Sellerie zu tief, dann liegst du mit der Ernte schief!

Später setzt du den Kasten mit den pikierten Pflanzen in dein fertiges Frühbeet. Vor Frost ist der Sellerie zu schützen. Die Pflanzen erfrieren zwar nicht, sie erleiden jedoch Wachstumsstockungen, und später schießen sie. Von der Aussaat bis zur Pflanzung liegt eine Zeitspanne von zwölf Wochen. Nach den Eisheiligen, im Mai, wird gepflanzt. Auf ein Beet von 1,20 m Breite ziehst du drei Reihen und pflanzt in der Reihe auf 40 cm Entfernung. Falsch ist es, wenn Sellerie zu tief gepflanzt wird. Tiefgepflanzter

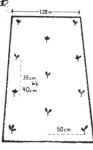

Folg dem Rat vom Alten, Abstand gilt's zu halten!

Der Sellerie schießt, wenn zu wenig du gießt!

Gieß niemals so mit scharfem Strahl, die Pflanze findet das brutal!

Sellerie gedeiht schlecht und kann nur sehr schwer Knollen bilden. Darum merke dir: Sellerie stets hoch, stets nur bis an den Wurzelhals pflanzen. Es schadet nicht, wenn sich die Blätter nach dem Pflanzen umlegen. Aus diesem Grunde wird oft fälschlicherweise zu tief gepflanzt. Die Blätter richten sich jedoch bei richtiger — also flacher — Pflanzung selbsttätig wieder auf. Das Pflanzen in Rillen ist nicht ratsam, denn die Rillen schwemmen leicht zu. Im Laufe des Sommers muß öfter gehackt werden. Sellerie braucht viel Wasser. Gewöhnliches, allabendliches Überbrausen nützt nichts. Lieber einmal weniger gießen, aber dafür ordentlich, und am nächsten Tage gleich mit der Ziehhacke durchfahren. Du weißt ja wie; ich habe es dir schon an anderer Stelle erzählt. Es besteht die Ansicht, daß zur Erreichung größerer Knollen der Sellerie entblättert werden müsse. Andere wieder behaupten, daß während des Sommer öfter die Wurzeln um die Pflanze herum abgestochen werden müssen. Beides ist falsch, denn die Pflanze benötigt die Blätter zum Atmen; sie sind ja die Lunge der Pflanze. Außerdem gibt es nur Wachstumsstörungen. Ebenso ist es mit dem Abstechen der Wurzeln. Die Wurzeln des Sellerie gehen bis einen Meter tief in den Boden hinein und holen so die Nahrung herauf. Durch das Abstechen entstehen Wunden und wiederum Wachstumsstockungen. In den Wunden setzen sich leicht Krankheitserreger fest; anstatt der Pflanze zu nützen, machst du nur Schaden.

Willst du große Knollen haben, gib tüchtig Wasser und sorge für gute Ernährung, wie ich sie oben beschrieb. Denke an lockeren und tiefgründigen Boden.

1 g Samen enthält etwa 2500 Körnchen. Drei bis vier Wochen keimt die Saat. Drei Jahre behält sie ihre Keimfähigkeit. 220 Tage müßt ihr bis zur Ernte rechnen. 5—6 kg Knollen können je Quadratmeter bei einer normalen Ernte gerechnet werden. Eine Normalernte entzieht dem Boden je Quadratmeter folgende Reinnährstoffe: 14 g Stickstoff, 6 g Phosphor, 3 g Kali und 2 g Kalk. An Vitaminen sind vorhanden: A, B_1 und C. 100 g Knollen liefern 45 Kalorien. Botanisch heißt der Sellerie *Apium graveolens* und familienmäßig wird er zu den Doldenblütlern gerechnet. Ihr könnt Sellerie gut auf abgeerntete Beete nach Salat, Radieschen oder Spinat als Nachfrucht bringen. Dann muß aber gut gedüngt werden. In manchen Jahren macht die Selleriewanze viel Schaden. Ihr könnt sie mit modernen Präparaten bequem bekämpfen. Wenn die Pflanzen durchschießen, so ist dies auf Wachstumsstörungen zurückzuführen, z. B. durch Trockenheit, Frost usw. Du mußt hier, wie bei allen Pflanzen, darauf bedacht sein, sie stets in freudigem Wachstum zu erhalten.

Sorten

Die empfehlenswerteste Sorte ist „Magdeburger Markt", sehr schnellwüchsig. Bei zeitiger Pflanzung eine Rekordsorte, die sehr große runde Knollen bringt. Das Fleisch ist weiß und zart. Diese Sorte wird nicht so leicht rostig; es ist eine der besten überhaupt.

Krankheiten

Die Blattfleckenkrankheit (*Septoria Apii*) wird durch einen mikroskopisch kleinen Pilz hervorgerufen. Es bilden sich auf Blättern und Stengeln scharf abgegrenzte, dunkle Flecken. Von dort aus werden die Blätter gelb und sterben ab. Das alte, äußere Laub wird zuerst befallen. Von da geht die Krankheit auf die jungen Blätter über und die Pflanzen werden sehr stark in ihrem Wachstum gehemmt. Das Gelbwerden ist jedoch nicht mit dem natürlichen Absterben der Blätter zu verwechseln. Bei vereinzeltem Auftreten kann man noch wirksam eingreifen, indem das kranke Laub ausgebrochen wird. Bei stärkerem Befall, besonders in nassen und kalten Sommern, muß jedoch wiederholt mit Mitteln wie Fungo-Pulvit gespritzt werden, wenn man gesunde Knollen ernten will. Da die Pilzsporen an Wurzel- und Laubrückständen überwintern, sollten diese sorgfältig nach der Ernte von den Beeten entfernt und verbrannt werden.

Der Sellerierost. Bekannt ist der Rost der Sellerieknollen. Die frühere Ansicht, daß es sich um die Oxydation der im Sellerie enthaltenen Eisenmenge handeln könnte, ist falsch. Der Grund des Rostigwerdens ist in den Harzstoffen und den ätherischen Ölen zu suchen, die sich in besonderen Exkretbehältern der Knolle befinden.

Wenn auf dem Blatte Flecken sitzen, kannst du mit guten Mitteln spritzen!

Das Schwarzwerden der Knollen

Wenn beim Kochen der Sellerie schwarz wird, ist dies nicht, wie behauptet wird, auf Jauchedüngung zurückzuführen. Diesen Beweis wirst du vielleicht einmal selbst erleben. Kalkmangel wird wohl hier die Ursache sein. Zu spät gepflanzte und nicht ausgereifte Knollen zeigen ein stärkeres Auftreten der Schwärze.

Der Sellerieschorf,

oft mit Rost verwechselt, beginnt mit kleinen Flecken unter der Haut der Knollen. Bald verwandelt sich die Haut in eine braune Kruste. Erst im Wintereinschlag beginnt die Knolle zu faulen. Eine Bodendesinfektion mit Brassicol ist anzuraten. Der Ansteckungsstoff steckt im Boden. Fruchtwechsel, mehrere Jahre keinen Sellerie auf die Beete bringen, die Wurzeln verbrennen ist alles, was man tun kann. Es gibt noch ungefähr 15 tierische Schädlinge, die aber bei kleinerem Anbau nicht so stark in Erscheinung treten.

Ob Schnecke mit — ob ohne Haus, „Agrimort" macht ihr Garaus!

Der Heilwert des Sellerie

Sellerie wirkt harntreibend. Der Genuß wird auch Rheumakranken empfohlen. Auch Gichtkranke sollten Sellerie fleißig essen. Übrigens ist die im Volksmunde weit verbreitete Meinung, daß der Sellerie anregend wirke, bisher noch nicht wissenschaftlich begründet oder festgestellt.

Sellerie in der Küche

Liebe Hausfrau! Du kennst und liebst auch Sellerie in der Küche, kannst vielleicht gar nicht ohne ihn sein und hast es jedes Jahr durchgesetzt, daß ein Beet Sellerie im Garten angepflanzt wird. Über die Verwendung desselben gibt es viel zu sagen, ich will mich jedoch nur auf das Wichtigste beschränken.

Wie erreichst du schöne weiße Selleriescheiben?

Beim Putzen der Knollen machst du in jede einzelne einige senkrechte Schnitte von der Wurzel her und fügst dem Wasser eine Prise doppeltkohlensaures Natron bei.

Wenn so gedieh — dein Sellerie, dann ändere die Beetpartie!

Die Knollen zur Winterlagerung suchst du diesmal selbst aus

Du verfährst dabei nach folgenden fachmännischen Richtlinien: Du sortierst zuerst die gesündesten, glatten und unbeschädigten Knollen aus, wobei du den runden Knollen den Vorzug gibst. Hast du Knollen dabei, die eine Höhlung am Blattansatz aufweisen, so bestimmst du diese zum Sofortverbrauch, da die so gezeichneten Knollen zur Weichfäule neigen! Die mittlere Knolle ist die richtige, die große kann hingegen hohl sein und sich dadurch ebenfalls nicht zur Lagerung eignen. Hast du die Sortierung genauestens durchgeführt, dann schneidest du die Wurzeln kurz, ohne dabei die Knolle zu beschädigen, und drehst mit der Hand die Blätter so ab, daß die Herzblätter noch stehen bleiben. Die so behandelten, ausgesuchten Knollen werden im Keller in Sand eingeschlagen. Sie werden reihenweise geschichtet und mit Sand zugedeckt.

Getrocknete Gewürz- und Heilkräuter behalten ihr Aroma, wenn sie zerrieben und in dicht verschlossenen Büchsen aufbewahrt werden.

Sellerieblätter trocknen

Die bei der Ernte anfallenden Blätter kannst du zum Teil trocknen und zerrieben in gut verschließbaren Dosen aufbewahren. Sie sind ein unentbehrliches Würzmittel bei Suppen und Soßen.

Selleriesalat

Der geputzte Sellerie wird ganz in Salzwasser gekocht, danach geschält und zu feinen Scheiben geschnitten, saure Milch (saurer Rahm) kommt dazu, Salz, Pfeffer und eine feingeriebene Zwiebel, mit Essig oder Zitronensaft wird abgeschmeckt.

Selleriepüree — wenig bekannt, aber sehr delikat

Du kochst die Knollen mit der Schale ganz, dann werden sie geschält und warm durch ein Sieb getrieben, eine helle Mehlschwitze kommt dazu, ebenso Butter und Salz. Heiß servieren.

Und nun noch ein pikanter Selleriesalat

Kinderherzen pochen, wenn die Omas kochen.

Schäle einige Knollen Sellerie und schneide sie in Scheiben. Koche diese in Wasser unter Zusatz von 1 bis 3 Zitronen oder Essig sowie 2 Teelöffeln Zucker und etwas Salz weich. Nach dem Abnehmen vom Feuer gibst du eine feingeschnittene Zwiebel dazu. Ist der Salat erkaltet, gibst du Öl zu und schmeckst ab. Durch das Mitkochen der Zitronen ist die Säure in die Scheiben eingezogen, wodurch der Geschmack sich sehr verbessert hat. Läßt du den Salat 1 bis 2 Tage stehen, geliert er und schmeckt dann noch köstlicher.

Bleichsellerie

ist ein Gemüse, das noch viel zu wenig bekannt und in den Delikateß- und Gemüsegeschäften der Großstädte erhältlich ist. Der Bleichsellerie gewinnt von Jahr zu Jahr mehr Freunde. Die Aussaat und Anzucht der Pflanzen ist die gleiche wie beim Knollensellerie; ebenso die Düngung. Bei Pflanzung im Mai kannst du bereits im August ernten. Die Junipflanzung ist für den Herbstbedarf bestimmt. Die Art der Pflanzung ist je nach Bodenbeschaffenheit verschieden, sie geschieht entweder auf Beete oder in Gräben.

Pro Pflanze hol' nur ein, zwei Blatt, das merke dir — du Nimmersatt!

Die Pflanzung auf Beete

Vor dem Pflanzen ist eine Düngung mit 50 g Pflanzenfutter je Quadratmeter wichtig, weil dadurch viel Blattmasse erzeugt wird. Die Pflanzweite beträgt 50 × 50 cm. Die Pflanzen dürfen nicht zu tief, sondern müssen frei über der Erde stehen. Bleichsellerie mußt du reichlich bewässern. Je besser die Pflanzen genährt sind, um so üppiger und wertvoller werden sie. Sobald nun die Blattstiele 1½ bis 2 cm breit, die Herzblätter klein und von den äußeren Blättern noch umschlossen sind, beginnt das Bleichen. An den äußeren Pflanzenreihen entlang werden Bretter gestellt, die Pflanzen mit Stroh oder Papier leicht umwickelt. Zum Verdunkeln der Beete legst du über die Bretter Rahmen, die mit Dachpappe oder Packpapier bezogen sind.

Die Pflanzung in Gräben

Es werden 30 cm tiefe und 50 cm breite Gräben ausgehoben. Der Boden wird gut gedüngt (Kompost) und in zwei Reihen bepflanzt. Das Bleichen geschieht durch Anhäufeln. Die Blätter werden oben zusammengehalten und vorerst 15 cm hoch angehäufelt. Du darfst aber dabei keine Erde ins Innere der Pflanze kommen lassen. Nach 14 Tagen wird so hoch gehäufelt, daß nur noch die Blattspitzen zu sehen sind. Spätere Ernten werden wie Endivien im dunklen Keller gebleicht.

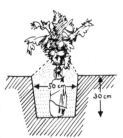

Wenn bis zum Blatt die Erde reicht, dann wird die Pflanze gut gebleicht!

Bleichsellerie in der Küche

Liebe Hausfrau! Hast du dich entschlossen, einmal ein Beet Bleichsellerie anzulegen, mußt du natürlich auch über die Zubereitung Bescheid wissen. Vielen wird dieses herrliche Gemüse unbekannt sein, und ich will nun nachstehend das Rezept schildern, wie ich Bleichsellerie das erste Mal als junger Gärtner in Frankreich gegessen habe und ihn mir noch heute zubereiten lasse.

Bleichsellerie als Spargel mit brauner Butter

Du verwendest nur die inneren, hellgebleichten Blätter, schneidest sie auf die Länge des Spargels und reinigst sie unter fließendem Wasser, damit auch das letzte Erdkrümelchen fortgespült wird. Dann setzt du die Stangen aufs Feuer und läßt sie etwa 15 Minuten kochen. Das Wasser wird abgegossen und Fleischbrühe hinzugefügt, bis der Inhalt vollkommen bedeckt ist. Jetzt wird so lange gekocht, bis die Stangen gar sind, was nach etwa einer Stunde geschehen ist. Angerichtet wird genau wie bei Spargel; die braune Butter wird darübergegossen. Auch Bratentunke kann verwendet werden. Gesalzt wird je nach Bedarf. Dazu gibt es Salzkartoffeln. Alles wird recht heiß serviert.

Fehlt's an der Suppe irgendwo, bleibt Sellerie das A und O!

Bleichselleriegemüse

Die gereinigten Blattrippen werden in 2 bis 3 cm lange Stücke geschnitten und etwa 15 Minuten in Salzwasser gekocht. Das Wasser wird abgegossen, Fleischbrühe hinzugefügt und weitergekocht. Ist das Gemüse weich, wird es mit einer Mehlschwitze gebunden und gesalzen.

Jetzt will ich mich mit dir über solche Gemüsearten unterhalten, die in zweiter Tracht folgen. Sie werden im zweiten Jahr auf die Beete gebracht, auf denen du im vergangenen Jahre die im ersten Teil beschriebenen Gemüsearten gebaut hast.

Karotten und Möhren

auch Mohrrüben, Gelbrüben oder Wurzeln genannt. Mit Karotten bezeichnet man die frühen, kurzen, runden und halblangen Sorten. Unter Möhren versteht man die langen, starken, besonders als Wintergemüse verwendbaren Wurzeln. Die Kultur der Möhre ist sehr, sehr alt und bis in das Jahr 2000 v. Chr. nachzuweisen. Also schon sehr frühzeitig hat man die Nähr- und Heilwerte der Möhre erkannt. In jedem Garten werden heute Karotten und Möhren gezogen, aber immer wieder zeigt sich, daß beim Anbau noch Fehler gemacht werden, die die Ernte von vornherein beeinträchtigen.

Um diese abzustellen, gebe ich dir aus meiner jahrzehntelangen Gärtnerpraxis folgende erprobte Ratschläge:

Der Boden soll in alter Dungkraft stehen und kalkhaltig sein, saure Böden geben keinen Ertrag. Frischer Mist ist mehr schädlich als nützlich, denn

1. wird der Möhrenfliege (siehe unter Schädlingen) bester Unterschlupf gewährt;
2. wird die schöne rote Farbe beeinträchtigt;
3. gibt es leichter Blüher, sogenannte Schosser.

Interessantes über die Möhre

1 g Möhrensamen enthält 400 bis 500 Körner. Möhrensamen liegt 18 bis 24 Tage, ehe er aufgeht. Der Samen behält 2 bis 3 Jahre seine Keimfähigkeit. Auf 1 qm rechnet man 1 bis 2 g Samen. Saattiefe 0,5 cm. Der durchschnittliche Ertrag pro qm ist mit 3 bis 4 kg festgestellt worden. Möhren enthalten die Vitamine A, B, C und D. 100 g Möhrengemüse ergeben 32 Kalorien. Eine Normalernte entzieht dem Boden an Reinnährstoffen pro qm: 10 g Stickstoff, 4 g Phosphor, 15 g Kali und 11 g Kalk.

Möhren sind starke Kalifresser

Da im Boden nicht die genügende Menge Kali vorhanden ist, müssen Kalidüngesalze in stärkerem Maße gegeben werden, im Januar und Februar je Quadratmeter 70 g 40%iges Kali mit 50 g Thomasmehl gemischt. Vor der Saat gibt man außerdem pro Quadratmeter 20 g Kalkamonsalpeter oder 30 g Pflanzenfutter. Schwefelsaures Ammoniak ist zu vermeiden. Die Aussaat beginnt, sobald der Boden offen ist. Das Land wird gut durchgekarstet und gelockert. Auf einem Beet von 1,20 m Breite werden fünf Reihen gezogen, der Samen wird so dünn wie möglich gesät. Wenn dir die Übung des „Dünnsäens" fehlt, so mische den Samen mit trockenem Sand. Die Rillen mußt du recht flach ziehen, denn der Samen muß flach liegen. Ehe die Rillen geschlossen werden, nimm eine Portion Radieschensamen oder eine Prise Mohn und streue sie in die offenen Rillen. Aber nur so, daß alle 10 bis 15 cm ein Korn fällt. Dadurch werden die Reihen vor dem Aufgehen des schwerer keimenden Karotten- oder Möhrensamens bereits sichtbar markiert und können blindgehackt und vom Unkraut gereinigt

Das Kind soll rohe Möhren essen, auch Saft läßt sich aus ihnen pressen. Damit du stets im Bilde bist, lies — was die Möhre für uns ist!
Merke: Rohgenossene Möhren sollen stets abgeschrappt werden!

Immer wieder mahnt Gärtner Pötschke, weiter Stand erhöht den Ertrag!

40% Kali

Hör auf mich, den alten Herrn, auch Möhren fressen Kali gern!

werden. Außerdem ergibt sich noch der Vorteil, frühzeitig und durch den weiten Stand, große Radieschen zu bekommen. Wenn nach einigen Wochen die Saat aufgegangen ist und die Pflänzchen eine Höhe von 3 bis 4 cm erreicht haben, werden sie sofort auf 2 bis 3 cm Zwischenräume verzogen. Zu bedenken ist: dichter Stand ergibt zu viele schwache und unbrauchbare Wurzeln. Weiter Stand sichert von vornherein eine Riesenernte großer, schwerer Karotten und Möhren, es wird außerdem auch eine frühere Ernte erzielt. Die Hausfrau wird es sehr begrüßen, schon zur Zeit der ersten Erbsenernte junge, eigene Karotten zu haben, die ihr bisher zum Einwecken mit Erbsen fehlten und anderweitig zu hohen Preisen erworben werden mußten. Für den Winterbedarf an Frischgemüse kann noch eine zweite Aussaat Ende Mai bis Ende Juni erfolgen. Je später du säst, um so weiter mußt du verziehen. Um schöne frische Winterkarotten zu haben, probiere mal diesen Kniff aus. Die Juni-Aussaat bringt bei richtiger Behandlung im Oktober/November schöne, kräftige Möhren.

Die Hausfrau schätzt die gute Möhre, wie ich tagtäglich wieder höre!

Vor Frosteintritt wird das Beet mit trockenem Laub oder Stroh so stark eingedeckt, daß der Frost den Karotten keinen Schaden anhaben kann. An schönen frostfreien Tagen wird die Decke gelüftet. Es können dann jederzeit aus dem frostfreien Boden Karotten herausgenommen werden, deren Geschmack dem der eingekellerten Möhren gegenüber bedeutend besser ist.

Hast du schon einmal Ende Mai, Anfang Juni Karotten geerntet? Auch das ist keine Hexerei. Mache es so: Säe zweimal je ein Beet im September und Oktober aus. Verwende dazu die halblange „Marktgärtner" (Typ Nantaise). Eine leichte Decke, die den Boden beschattet, ist richtig, denn das Auftauen und Gefrieren schadet mehr als strenger Frost. Du siehst also: Karotten das ganze Jahr! Keine Experimente, sondern erprobte Tatsachen, die den meisten Laien nicht bekannt sind. Die Aussaat der langen Wintersorten wird von März bis Mai mit einem Reihenabstand von ungefähr 30 cm vorgenommen. Bei 20 cm Abstand wird die Ernte noch größer, nur mußt du dann die Möhren auf einen Abstand von 5 cm und mehr in der Reihe verziehen. Während des Sommers sind die Beete gut zu hacken und zu durchlüften. Wenn das Kraut ungefähr 10 cm hoch ist, ist eine leichte Stickstoffgabe (20 g Kalkammonsalpeter auf 1 qm) von großem Nutzen. Es ist angebracht, bei der Aussaat einige Körner Dill mit in die Reihen zu geben, so bekommst du rechtzeitig grünen Dill zum Salat. Zum Ernten nimm die Grabegabel, es geht leichter, du zerstichst keine Wurzeln. Im Keller halten sich die Möhren nicht gut, feuchte Möhren faulen leicht, deshalb vor dem Lagern gut abtrocknen lassen. Am besten halten sich die Möhren in der Erdmiete. Als Unterlage wird trockener Sand dünn auf den Erdboden gestreut. Die Möhren werden nicht höher als 20 cm gelagert — sie faulen sonst —, darüber kommt wieder eine Sand- oder Erdschicht. Nie Stroh über die Möhren decken.

Die Herbstsaat deck mit Reisig ab, dann gibt es Möhren — nicht zu knapp!

Die Krankheiten und Schädlinge der Möhre

Gabelbildungen, Verzweigungen

Wenn du bei deinen Möhren einmal Gabelbildungen oder Krümmungen bemerkst, so ist dies auf eine Beschädigung der jungen Hauptwurzel durch Steine oder feste Erdklumpen im Boden zurückzuführen. Der Boden muß unbedingt locker und frei von größeren Steinen sein. Auf sandigem Boden gibt es deshalb die schönsten Möhren.

flach gelockert

tief gelockert

Harter Boden — kleine Steine, machen Möhren krumme Beine!

Das Platzen der Wurzel

wird meist durch eine plötzliche starke Wasserzufuhr nach längerer Trockenheit hervorgerufen. Einige Sorten neigen bei Übergröße besonders gern dazu.

Die Möhrenfliege

Entdeckst du an den Möhren einen eisenfarbigen Befall und Madenfraß, dann ist größte Gefahr im Verzug. Hier wütet der Möhrenfeind Nr. 1, die Möhrenfliege. Zwei, ja sogar drei Generationen bringt dieses Insekt in einem Sommer zur Welt. Darum: Schärfster Kampf dem Möhrenfeind Nr. 1. Der Befall ist leider erst zu bemerken, wenn die Maden sich schon tief in die Wurzeln eingefressen haben, was ein Gelbwerden und Welken der Blätter zur Folge hat. Die von der Made der Möhrenfliege befallenen Wurzeln sofort auszuziehen, nicht achtlos beiseite werfen. Nein, restlos durch Verbrennung vernichten. Die Möhrenfliege legt ihre Eier mit Vorliebe im frischen Stallmist ab, weil hier die jungen Maden für die erste Zeit Unterschlupf und reiche Nahrung finden. Deshalb gilt als Grundsatz: Möhren und Karotten nie auf frisch mit Stallmist gedüngtes Land aussäen! Als frisch gedüngt gilt auch das Land, dem du im vorhergehenden Herbst frischen Stallmist gegeben hast. Beachtest du dies, dann hast du den Kampf gegen den gefährlichsten Feind der Möhre schon zum größten Teil gewonnen. Es gibt bewährte Mittel im Kampf gegen die Möhrenfliege. Die genaue Anwendung ist auf den Packungen aufgedruckt. Du findest sie in den Samenkatalogen angeboten. Vorbeugend kannst du außerdem viel gegen die Möhrenfliege tun, wenn du Möhren und Zwiebeln auf einem Beet säst.

Möhren- und auch Zwiebelfliegen müssen beide unterliegen!

Beide Pflanzen schützen sich gegen diesen Wüterich!

Der Wurzeltöter

Ist an den Wurzeln ein dunkelvioletter Pilzüberzug zu bemerken, so sind die Möhren vom Wurzeltöter befallen. Die von diesem Pilz überzogenen Stellen gehen später in Fäulnis über. Drei Jahre lang sind die Krankheitserreger im Boden lebensfähig. Auf solche Beete dürfen also drei Jahre lang keine Wurzelgemüse, wie Möhren, Karotten, Rote Rüben, Runkeln, Kartoffeln und Fenchel gebracht werden. Alle vom Wurzeltöter befallenen Möhren müssen restlos vernichtet werden, du gibst reichlich Kalk in den Boden und desinfizierst ihn mit „BRASSICOL" oder „CYAN-SCHWEFEL".

Es gibt ungefähr noch zehn Schädlinge der Möhren, die aber nicht so verheerend wie die beiden vorerwähnten wirken. Von einer eingehenden Besprechung möchte ich deshalb hier absehen.

Durch Zwischenpflanzung wir besiegen die Möhren- und die Zwiebelfliegen!

Sorten

Für den Siedler und Schrebergärtner eignen sich besonders folgende Karotten- und Möhrensorten zum Anbau:

a) Frühe: Karotte „Pariser Markt", rund, mehr breit als lang, schöne rote Farbe, zum Konservieren und Kochen im Ganzen geeignet. — Karotte „Marktgärtner" (Typ Nantaise): die beliebteste halblange Karotte, im Wachstum lang-spitz, zur Ernte von oben bis unten fast gleich dick, schöne rote Farbe. Gewicht: 15 bis 100 g. Die „Marktgärtner" ist eine unserer besten Karotten.

b) Von den langen Möhren für den Winterbedarf sind die „Roten Riesen" die vorteilhaftesten. Diese Möhre muß sehr weit verzogen werden, da sie je nach Stand bis über zwei Pfund schwere Wurzeln bringt. Trotz ihrer

Möhrensaft — der geht ins Blut, ist für Haut und Augen gut!

Größe bleibt sie zart und mild im Geschmack, eine sehr gute Winter-
sorte, die jedem nur empfohlen werden kann. — Die „lange rote stumpfe
ohne Herz" ähnelt in der Form der Karotte „Marktgärtner" und ist
ebenfalls als eine gute Wintermöhre zu bezeichnen.

c) Die bekannteste Futtermöhre ist die „goldgelbe Lobbericher". Sie ist
bei einer Reihenweite von 30 cm auf 10 cm zu verziehen und gibt bei dieser
Entfernung Höchsterträge.

Der Nähr- und Heilwert der Möhre

Die Möhre hat einen sehr hohen Vitamingehalt, dadurch ist sie eines der
gesündesten Gemüse. Schimpfe deshalb nicht, wenn deine Kinder einmal
die Möhrenbeete strafen, sondern halte sie an, recht viele Möhren zu essen.
Geriebene Möhren sind ein gutes Mittel gegen Husten, Heiserkeit und
Mundfäule. Aus Möhrensaft und Sirup kannst du dir Hustensirup herstellen.
Um Spulwürmer zu vertreiben, sind morgens einige rohe Möhren zu essen.
Die Zuckerausscheidung bei Zuckerkranken wird durch den regelmäßigen
Genuß von Möhrensaft gefördert. Durch den hohen Kaligehalt wirkt die
Möhre wassertreibend und verhütet eine Ansammlung von Stoffwechsel-
schlacken. Die Heilung schlecht heilender Wunden wird durch Auflegen
in der Pfanne erhitzter Möhren begünstigt. Frisch geriebene Möhren auf
Brandwunden fördern die neue Hautbildung.

Auf den Heilwert uns'rer Möhren kann getrost ein jeder schwören!

Viele Autofahrer, die nachts unterwegs sein müssen, nehmen zur Stärkung
ihrer strapazierten Augen Präparate mit Vitamin A. Jetzt hat der Bundes-
ausschuß für volkswirtschaftliche Aufklärung mitgeteilt, daß man mit dem
Vitamin A von täglich 500 g frischen Mohrrüben den gleichen Erfolg erzielen
kann. Rallyefahrer schätzen schon seit langem die belebende und nervenstärkende Wirkung von Gemüsesäften.

Die Möhre in der Küche

Liebe Hausfrau! Über die Verwendung der Möhren gibt es allerhand zu
sagen, und es wird dir gewiß eine ausreichende Anzahl von Gerichten
bekannt sein, die du erfahrungsgemäß anwendest. Trotzdem möchte ich
dir einige Winke und Rezepte mitgeben, die eigentlich noch viel zu wenig
bekannt sind. Über den hohen Heil- und Nährwert der Möhre habe ich
bereits berichtet.

Mohrrübensalat

Die jungen Möhren werden gereinigt, geschält und in Salzwasser weich
gekocht. Danach schneidest du sie in Scheiben, übergießt sie mit Öl,
würzt mit Pfeffer, Salz, Essig und etwas Zucker, mischst alles recht gut und
dekorierst mit feingehackter Petersilie. (Auch unter Äpfel und Gurken
gemischt schmecken sie ausgezeichnet.)

Möhren mit Erbsen

Du schneidest die geputzten Möhren in kleine Scheiben oder Würfel und
kochst sie zusammen mit jungen Schotenkernen in Fleischbrühe gar. Eine
helle Mehlschwitze kommt dann dazu, etwas Salz und eine Wenigkeit
Zucker. Vor dem Anrichten streust du feingehackte Petersilie darüber.

Das Einmachen von jungen Karotten

Ganz junge, zarte Karotten, möglichst runde Sorten, werden gewaschen,
sauber geschabt und sofort in kaltes Wasser gelegt, damit sie nicht braun

Pariser Markt

Nantaise

Lange rote stumpfe ohne Herz

Dieser Spruch hat viel Gewicht: Vergiß mein Freund die Düngung nicht!

werden. Runde Sorten bleiben ganz, wenn sie klein sind, größere werden einmal zerschnitten. Lange Sorten werden in Scheiben geschnitten oder gewürfelt. Jetzt kommen sie in den Topf. Du schüttest nicht mehr Wasser darüber als nötig ist, um sie gerade zu bedecken. Eine Prise Zucker erhöht den Geschmack. Nun läßt du sie langsam halbweich kochen, abkühlen und anschließend schüttest du sie mit der Brühe zusammen in die Gläser. Das Kochwasser wird zugefüllt, bis die Möhren bedeckt sind. Im Einweck-apparat wird zerschnittenes Möhrengemüse 1 Stunde bei 100° C sterilisiert; ganze Karotten etwa 1 Stunde 15 Minuten.

Wußtest du schon?

...daß man Möhren vor dem Schaben oder Schälen 5 Minuten lang in heißes Wasser wirft, dem man etwas Natron zugesetzt hat und dadurch ein brillantes Putzen hat? Die ganze Haut kann man dadurch mitunter abziehen!

...daß man auch Möhren trocknen kann und dadurch Gläser spart? Die Möhrenscheiben werden 10 Minuten lang gedämpft und dann schnell im Ofen getrocknet.

Das Einfrieren von Möhren

Zum Einfrieren sollte man bei Möhren und Karotten nur junge, zarte Wurzeln wählen, die noch kein Herz ausgebildet haben. Sie werden gesäubert, abgeschabt und kochfertig in kleine Stücke geschnitten. Anschließend legt man sie 3 Minuten in kochendes Wasser, kühlt sie unter fließendem Wasser oder in Wasser mit Eiswürfeln sofort ab und füllt sie in die Beutel zum Einfrieren.

Der Zwiebel Wachstum unterbrechen? Mach's so wie hier — mit einem Rechen!

Zwiebeln, Zippel, Zipolle, Bolle

Ebenfalls auf in zweiter Tracht stehendes Land müssen die Zwiebeln gebracht werden. Ihre Heimat ist Westasien. Der Wert der Zwiebel war schon im Altertum geschätzt. Wir finden hierüber geschrieben: „Die ägyptische Küchenzwiebel war von so großer Güte, daß man ihr dort, zur Belustigung der Römer, Ehrenbezeugungen erwies."

Gedüngt wird die Zwiebel nur mit Handelsdünger. Sie braucht sehr viel Kali und Phosphor, denn diese Stoffe ergeben festfleischige, haltbare Zwiebeln. Zuviel Stickstoff würde die Zwiebel nicht zum Ausreifen bringen. Deshalb ist Pflanzenfutter hier der gegebene Dünger. Der Gartenfreund sollte von diesem Mischdünger wegen seiner vielfachen Verwendbarkeit immer einen kleinen Vorrat im Hause haben. Für den Quadratmeter mußt du 35 g rechnen. 14 Tage vor dem Aussäen wird er aufs Zwiebelland gestreut. Die Zwiebel braucht nicht so tiefgründigen Boden wie andere Wurzelgemüsepflanzen. Daher beim Herrichten der Beete im Frühjahr nicht zu tief mit Grubber und Karst das Land durchstoßen.

Die Aussaat

Nachdem du das Beet abgetreten und zurecht gemacht hast, werden fünf etwas breitere Reihen gezogen. Dies gibt einen Reihenabstand von 20 cm. Der Samen wird nicht zu dicht gestreut. Vor dem Bedecken der Saat werden, wie bei Möhren, zum Blindhacken einige Körner Radieschensamen zusätzlich in die Reihen gestreut. Die Saat wird ganz leicht zugedeckt, nicht tiefer als 5 bis 7 mm darf der Samen liegen. Jetzt wird das ganze Beet fest angeklopft, denn Zwiebeln müssen festliegen. Der Samen keimt sehr lange, 3 bis 4 Wochen. Darum werden Zwiebeln zuerst mit ausgesät. Er-

Zwiebelsaat geht besser auf, trittst du mit Brettern oben drauf!

scheint das Unkraut, wird einmal vorsichtig blind gehackt. Um Speise-zwiebeln zu ernten, mußt du die aufgegangene Saat verziehen. Je dünner sie stehen, um so größer wird die Einzelzwiebel. 10 cm Entfernung ist der beste Stand. Die verzogenen Zwiebeln kannst du zum Nachpflanzen auf dünne Stellen oder andere Beete verwenden. Um besonders große Zwiebeln zu ernten, säe rechtzeitig den Samen ins Frühbeet. Die gut ab-gehärteten Pflanzen werden im April auf Beete ganz flach ausgepflanzt (Reihenweite ebenfalls 20 cm, Entfernung in der Reihe 10 bis 12 cm). Beim Hacken im Sommer mußt du recht vorsichtig sein, denn Zwiebeln sind Flachwurzler. Geht es nun auf den Herbst zu und deine Zwiebeln wollen nicht absterben, so mußt du etwas nachhelfen. Die Röhren werden mit einem Rechen niedergedrückt oder auch niedergetreten. Wenn sie sich bei feuchtem Wetter wieder erheben, mußt du das Niedertreten wieder-holen. Zu spät gereifte Zwiebeln halten sich nicht, darum rechtzeitig aus-säen. Spätreife ist vielfach auch eine Folge von zu starker Stickstoffdüngung, zu starker und tiefer Bodenlockerung und zu großer Feuchtigkeit. Beachte dies — und arbeite dementsprechend, der Erfolg bleibt dann nicht aus.

So werden Zwiebeln gebündelt und aufgehängt.

Die Ernte

der im Frühjahr gesäten Zwiebeln beginnt Ende August bis September, kann sich aber oft noch bis Oktober hinziehen. Aus Steckzwiebeln gezogene Zwiebeln reifen früher. Jetzt mußt du aufpassen: Zu zeitig heraus-gerissene Zwiebeln (grüne) halten sich nicht; zu lange in der Erde be-lassene beginnen erneut zu treiben. Deshalb mußt du dir den richtigen Blick für die Reife aneignen. Den Eintritt der Reife erkennt man an dem Festwerden der Zwiebeln und dem Gelbwerden der Schlotten. Die ge-ernteten und in der Sonne getrockneten Zwiebeln werden auf einem luf-tigen Boden aufbewahrt. Später bringt man sie in einen frostfreien Raum. **Um Steckzwiebeln zu gewinnen,** wird im Mai breitwürfig ausgesät. Der Samen muß dicht fallen, damit die Zwiebeln recht klein bleiben (auf dem Quadratmeter 6 bis 8 g Samen). Das Land muß unbedingt unkrautfrei sein. Wenn die Zwiebeln gelb werden, wird geerntet. Erst mußt du sie in der Sonne gut ausreifen lassen, später werden sie geputzt und am besten hinter dem Ofen nachgetrocknet. Beim Stecken im nächsten Frühjahr ist zu beachten, daß du nicht zu tief steckst. Die Spitze muß gerade noch zu sehen sein. Reihenentfernung 20 cm, in der Reihe 10 bis 12 cm.

Willst Zwiebeln du recht lange halten, dann folg' auch hier dem Rat der Alten!

Sorten

Die besten Sorten sind „Zittauer gelbe Riesen". Es ist die am meisten gefragte Speisezwiebel. Die „blutrote Braunschweiger" wird nicht ganz so groß, ist aber schärfer im Geschmack.

Interessantes über die Zwiebel

1 g Zwiebelsamen enthält ca. 200 Körner. Zwiebelsamen liegt drei bis vier Wochen in der Erde, ehe er aufgeht. Er muß festliegen, damit er keimen kann. Die Saat behält ihre Keimfähigkeit zwei bis drei Jahre. Auf 1 qm Fläche rechnet man 2 g Samen. Saattiefe 0,5 cm. Der Durch-schnittsertrag pro qm ist mit 2 bis 3 kg festgestellt worden. Zwiebeln enthalten Vitamin B_1 und C. In 100 g Zwiebeln sind 42 Kalorien. Wachs-tumszeit von der Saat bis zur Ernte je nach Sorte 120 bis 150 Tage. Eine Normalernte entzieht dem Boden auf 10 qm an Reinnährstoffen: 80 g Stickstoff, 40 g Phosphor, 100 g Kali und 60 g Kalk. Wichtig! Zwiebeln wollen nicht nach sich selbst auf den Beeten stehen, d. h. also: alljährlich die Beete wechseln.

Wär' ich ein Meister in dem Fach, ich dächte gar nicht lange nach: Ein Denkmal setzte ich der Zwiebel, die uns bewahrt vor manchem Übel.

Krankheiten und Schädlinge

Zwiebelbrand

Wenn die Blätter der jungen Zwiebelpflanzen blaugrün erscheinen und Beulen haben, hast du es mit dem Zwiebelbrand zu tun. In den Beulen bilden sich die Sporen, die Vermehrungskörper dieses Krankheitspilzes. Die Beulen platzen auf und verseuchen die Erde mit Ansteckungskeimen, machen sie also anbaumüde.

Bekämpfung: Befallene Zwiebeln müssen vernichtet werden. Die Erde wird entseucht durch Streuen von Brassicol.

Auf diesen Schädling gib gut acht, damit er dir nicht Ärger macht!

Zwiebelfliege

Wenn die Zwiebelpflanzen welken und eingehen oder sich das Herz leicht herausziehen läßt, hast du die Zwiebelfliege in deinen Kulturen. Die Fliege legt ihre Eier am Grund der Pflanze ab. Ihre Maden fressen im Inneren der Zwiebel von unten her das Herz aus.

Bekämpfung: Man sollte jeweils eine Reihe Möhren mit einer Reihe Zwiebeln abwechselnd auf das Beet bringen. Sie schützen sich gegenseitig vor der Zwiebel- bzw. Möhrenfliege. Über chemische Bekämpfungsmittel lies in den Samenkatalogen nach.

Nähr- und Heilwert

Bei Keuchhusten hat Zwiebelsaft, Linderung noch stets geschafft!

Der Heilwert der Zwiebel ist äußerst groß. Abgekochter Zwiebelsaft wird zu Umschlägen bei Verbrennungen genommen. Wer an Frostbeulen leidet, lege frischen Zwiebelsaft auf. Bei Insektenstichen wirkt er schmerzstillend, indem die Stichwunde damit eingerieben wird. Gegen Schlaflosigkeit hilft das allabendliche Essen einer mittelgroßen Zwiebel. Schlechten Geruch im Krankenzimmer beseitigt man, indem man einen Teller mit Zwiebelscheiben auf den Fußboden stellt. Bandwurm und Spulwürmer werden durch stärkeren Zwiebelgenuß vertrieben. Bei frischen Wunden verhütet die Zwiebel Eiterbildung. Gegen Keuchhusten nimmt man vier rohe Zwiebeln, schneidet diese klein, gibt drei bis vier Löffel klaren Zucker dazu. Nachdem das Ganze 24 Stunden gezogen hat, gibt man dem kranken Kinde dreimal täglich einen Teelöffel voll ein. Der Keuchhusten wird bald gelindert. Rohe Zwiebeln sind verdauungsfördernd, appetitanregend und von gutem Einfluß auf das Nervensystem. Bei hartnäckigem Husten und hartnäckiger Heiserkeit koche einige zerschnittene Zwiebeln und schlucke diesen Saft, so heiß es geht, mit Honig oder Zucker gemischt, ganz langsam hinunter. Je öfter, um so schneller die Wirkung. Große Beschwerden bringen Karfunkel. Viele leiden darunter. Ein altes Hausmittel, das sicher hilft, will ich dir verraten; es bringt den Karfunkel schnell zum Reifen und zieht den Eiter heraus: Eine feingehackte Zwiebel wird mit reinem ungesalzenen Schweinefett zu einer dicken Salbe verrührt. Allabendlich wird diese Salbe auf den Karfunkel aufgelegt und mit Tüchern gut verbunden. Bald geht das Geschwür ohne Schmerzen auf. Die Auflage wird so lange wiederholt, bis der Eiterstock herausgezogen ist.

Ist der Boden draußen trocken, und soll's Wachstum auch nicht stocken, so rät dir Pötschke: Mach sie nasser und leg sie eine Nacht ins Wasser!

Die Frühlingszwiebel

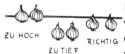

ZU HOCH   RICHTIG

ZU TIEF

Nicht zu hoch und nicht zu tief, dann liegt die Ernte auch nicht schief!

Viel zu wenig ist die im Mai/Juni reifende Frühlingszwiebel bekannt. Gerade im Mai/Juni sind Zwiebeln rar. In dieser Zeit werden vom Ausland viele Zwiebeln eingeführt. Diese eingeführten Zwiebeln sind wegen ihrer riesigen Größe sehr unvorteilhaft, weil die Schnittstellen den nichtverbrauchten Rest eintrocknen. Darum, lieber Gartenfreund, baue Frühlingszwiebeln an! Anfang August säe den Samen ins Saatbeet oder ins freie

Land. Sobald die Pflanzen genügend erstarkt sind, kannst du auspflanzen. In ein Beet mit 20 cm Reihenabstand wird auf eine Entfernung von 5 bis 7 cm gepflanzt. Bei Eintritt des Frostes mußt du mit Tannenreisig oder etwas Laub gut zudecken. Ende Mai kannst du dir schon die ersten fertigen Zwiebeln gartenfrisch hereinholen und somit deinen Bedarf aus eigener Ernte decken.

Die Perlzwiebel

Wer Perlzwiebeln für Einmachzwecke und „Mixed Pickles" selbst anbauen will, muß sich im August Brutzwiebeln besorgen. Diese werden sofort (August) in Häufchen von sechs bis zehn Zwiebeln in einem Abstand von 10 cm gelegt. Im Juli bis August des nächsten Jahres, wenn die Büsche gelb werden, beginnt die Ernte. Die größten Zwiebelchen werden in der Küche verwendet, die kleinen als Brut wieder gelegt. Der richtige Zeitpunkt des Erntens darf nicht versäumt werden. Die Schlotten dürfen nicht zu weit absterben, da sonst beim Herausnehmen die Zwiebelchen abreißen, und du müßtest dann die Perlzwiebeln unter großer Mühe einzeln aus der Erde herausbuddeln. Auch vom Porree können Perlzwiebeln gewonnen werden, besonders vom Sommerporree. Das machst du so: Zweijährigem, stengeltreibendem Porree schneidest du den Schaft ab. Im Sommer bilden sich in der Erde junge Brutzwiebeln. Im August/September nimmst du den Porree heraus, sammelst die Brutzwiebeln, steckst sie sofort wieder und du hast im nächsten Jahr Perlzwiebeln.

Die Perlzwiebel in der Küche

Liebe Hausfrau! Die Perlzwiebel ist in der Küche von heute geradezu unentbehrlich geworden, da sie sich hervorragend zu vielen Konservierungen eignet. Gurken und diverse Salate sind ohne sie kaum denkbar. Wie zierend wirkt irgendein Salat mit Perlzwiebeln dekoriert. Liefert dir der Garten Überschuß an Perlzwiebeln, dann lege sie in Essig ein, dadurch hast du ständig diese wertvolle Zwiebelwürze zur Verfügung.

Perlzwiebeln in Essig eingelegt

Du putzt die Perlzwiebeln und legst sie drei Tage in Salzwasser. Nach dieser Zeit herausnehmen, abtropfen lassen und mit einigen Pfefferkörnern und einem Lorbeerblatt in ein Glas bringen. Über den Inhalt wird Essig geschüttet, den du vorher 3:1 verdünnen mußt. Das Glas wird zugebunden und kühl aufbewahrt.

Knoblauch

Auch der Knoblauch ist eine jahrtausendealte Kulturpflanze, deren großer Heilwert im Altertum genauso bewertet wurde, wie das heute in der Neuzeit geschieht. Zwar ist ihr Geschmack und Geruch von manchen Menschen nicht gerade geschätzt — aber darum geht es ja nicht! Der große Heilwert ist jedenfalls unumstritten! Sie wächst in jedem Gartenboden, der eher etwas trocken als zu feucht sein sollte und sonnige Lage aufweist. Ihr besorgt euch eine oder mehrere Zwiebeln und teilt diese in Einzelzehen. Diese steckt ihr ab März in etwa 15 cm Abstand in den Boden, ähnlich den Steckzwiebeln, jedoch 4 cm tief. Auch als Einfassung kann der Knoblauch gut stehen. Im Herbst, wenn das Laub trocken geworden ist, erntet ihr und flechtet die Zwiebeln zusammen. Nun hängt ihr die Zöpfe luftig und trocken auf. Botanisch wird er *Allium sativum* genannt und gehört zu den Liliengewächsen. Die Heimat des Knoblauchs ist Südeuropa und der

Die Zwiebel wird nur abgedreht, und nicht geschnitten — wie ihr seht!

Läßt du drei Porreestangen stehen, kannst du im Herbst Perlzwiebeln sehen!

Ruhig schlaft ihr, tief und fest, wenn abends ihr 'ne Zwiebel eßt!

Den Knoblauch schätzt man in der Küche, nur stören manchen die Gerüche!

Ein Hauch Knoblauch
am Salat — delikat!

Orient. In der Heilkunde fast aller Völker nimmt der Knoblauch einen bevorzugten Platz ein. Nachgewiesenermaßen reinigt er die Luftwege und ist als krebsfeindlich anerkannt, da er die Darmwege ebenfalls gründlich säubert. Wer diese Zwiebel ißt, wird widerstandsfähiger gegen alle Infektionen, vor allen Dingen bei Grippe-Epidemien. Würmern, auch dem Bandwurm macht der Genuß einiger „Zehen", nach und nach gegessen, den Garaus. Bei allen Erkrankungen des Kreislaufsystems ist die gute Wirkung zur Wiederherstellung der Gesundheit anerkannt. Ärzte empfehlen, täglich eine halbe oder eine Zehe zusammen mit Petersilie und Butterbrot zu verspeisen. Als Gewürz ist er ebenfalls seit alters her geschätzt. Zu Hammelfleisch, in Bratentunken, zu Salaten, Hülsenfrüchten, Wurst und Rohkost ist nur der Teil einer kleinen Zehe zu verwenden. Der Geschmack wird erheblich verbessert und ist sofort wahrnehmbar. Um den berühmten „Knoblauchgeruch" herabzumindern, rate ich euch, Milch zu trinken und Petersilie oder Majoran frisch hinterher zu kauen. Auch die bekannten „Wybert"-Pastillen helfen, den Geruch zu mindern. Wer sich den Saft jahrelang haltbar machen will, muß folgendermaßen verfahren: 50 g Knoblauchzehen werden geschält und feingehackt in eine saubere Flasche gebracht. Ist das geschehen, wird 125 g reiner Alkohol übergegossen. Diese Flasche wird an einen Ort gestellt, an dem ihr täglich des öfteren vorbeigeht. Jedesmal, wenn ihr die Flasche seht, schüttelt ihr diese kräftig durch. Nach 14 Tagen füllt ihr die Flüssigkeit in eine andere Flasche um und setzt zwei bis drei Tropfen Angelikawurzelöl hinzu, damit der Geruch etwas gemildert wird. Davon können täglich bis zu 20 Tropfen genommen werden.

Schnittlauch

Nimm Knoblauch ohne
Vorbehalt,
dann wirst du hundert
Jahre alt!

Er ist in der Küche unentbehrlich und wird das ganze Jahr über gebraucht. Die Anzucht aus Samen ist kinderleicht. Ab April sät ihr auf ein Saatbeet und pflanzt später auf 20 × 20 cm Abstand aus. Zum Keimen braucht er je nach der Bodenwärme 20 bis 30 Tage. Er wächst in allen Gartenböden. Bei der Ernte müßt ihr beachten, daß ihr ihn nicht zu sehr „schröpft"! Bitte, niemals mehr als zwei Drittel der feinen Röhrchen pro Pflanze abschneiden. Vitamine hat er reichlich: A, B und C. Die feinsten Röhrchen erzielt ihr bei alljährlicher Neuaussaat und nicht durch Stockteilung. Botanisch heißt er *Allium schoenoprasum* und gehört zu den Liliengewächsen.

Der Schnittlauch in der Küche

Liebe Hausfrau! Als ersten Frühlingsgruß schickt dir der Garten wohl alljährlich zuerst den Schnittlauch. Und was würzt du nicht alles mit diesen herrlichen Pflanzen! Unser Körper lechzt ja förmlich um diese Jahreszeit nach frischem Grün, nach Vitaminen. Da gibt es eine ganze Menge Hausfrauen, die sich auch den ganzen Winter über Schnittlauch verschaffen, und zwar auf die einfachste Art und Weise! Sie pflanzen im Herbst einige Stauden in einen Blumentopf, den sie mit Ruß düngen, weil

Den Schnittlauch
im Winter,
schätzen Mutti
und Kinder!

sie dadurch eine schöne dunkelgrüne Farbe erzielen. Hast du das schon einmal versucht? Hast du denn schon einmal eine **Schnittlauchtunke** im zeitigen Frühjahre auf den Tisch gebracht? Aus einer guten Suppenfleischbrühe, in welche du die üblichen Suppenwürze gebracht hast und die du durch eine helle Mehlschwitze sämig gebunden hast, kannst du sie zubereiten. Du gibst am Schluß nur reichlich Schnittlauch hinzu, recht fein zerhackt, damit die Tunke völlig grün erscheint. Ansonsten? Bekannt ist die Verwendung des Schnittlauches zu Frühlingsschnitten, Eiern, Salaten und zu Dekorationszwecken.

Porree

Lauch oder Preißlauch wird er noch genannt und fehlt ganz bestimmt in keinem Gemüsegarten. Er liebt gutgedüngten, tiefgründigen Boden in zweiter Tracht, der also nicht frisch mit Mist gedüngt sein soll. Die Aussaat kannst du ab März/April vornehmen, und zwar auf ein lockeres Saatbeet. Ab Mai kannst du auspflanzen, was aber möglichst tief erfolgen soll, damit ein schöner weißer Schaft gebildet werden kann. Zu diesem Zwecke macht ihr eine etwa 15 cm tiefe Furche, in welche ihr in 15 cm Abstand auspflanzt. Der Reihenabstand sollte immer 20 cm betragen. Nach und nach häufelt ihr dann die Rillen zu. Dadurch erhaltet ihr blendend weiße, sehr zarte Porreeschäfte. Die Ernte kann den ganzen Winter über bei offenem Wetter direkt vom Beet erfolgen, weil er sehr winterhart ist. Da der Porree ziemlich spät in den Boden kommen kann, ist er die geeignete Nachfrucht für alle abgeernteten Beete.

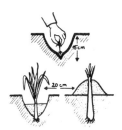

Hast du den Porree so gepflanzt, dann weißt du, was du ernten kannst!

Gut verträgt sich Porree immer mit der Möhre, so daß ihr sie abwechselnd dazwischen pflanzen könnt. Sie schützen sich wechselseitig vor der Möhren- und Zwiebelfliege, die beider Geruch meiden. Auch möchte der Porree nicht jedes Jahr auf dem gleichen Beete stehen. Wichtige Bemerkungen: 300 Körner wiegen 1 g. 14 bis 18 Tage benötigt der Porree zum Auflaufen. Die Saat bleibt nur zwei Jahre keimfähig. Pro qm brauchst du 2 g Saat. Wachstumszeit 100 bis 180 Tage je nach Sorte. 100 g Porreegemüse enthalten 46 Kalorien. An Vitaminen liefert er B_1, B_2 und C. Er entzieht bei einer Normalernte dem Boden folgende Reinnährstoffe: 9 g Stickstoff, 4 g Phosphor, 10 g Kali und 6 g Kalk. Wer während der Monate Juli und August das Porreebeet mit 50 g Pflanzenfutter bedenkt, wird das bei der Ernte merken. Wer Porree in den Einschlag nehmen will, der kann Wurzeln und Blätter etwas stutzen. Wer das Blühen stehengebliebener Porreepflanzen laufend unterdrückt, kann an Wurzeln Perlzwiebeln ernten. Pro qm könnt ihr je nach Sorte und Dungkraft des Bodens 3 bis 6 kg Ernte einbringen. Botanisch heißt der Porree *Allium porrum* und wird zu den Liliengewächsen gerechnet. Seine Wiege stand in Italien. An Krankheiten können auftreten: Grauschimmel, Zwiebelbrand, Zwiebelfliege oder -motte, Zwiebelrotz, Gelbstreifigkeit, Papierfleckenkrankheit, Engerlinge, Erdraupen, Drahtwürmer und falscher Mehltau. Gegen all diese Feinde nennen die Samenkataloge geeignete Mittel.

4 Rillen 10 bis 15 cm tief, dann ist's richtig.

Der Porree in der Küche

Liebe Hausfrau! Auch die Jüngste unter euch weiß um die vielfache Verwendung des Porrees als Einzelgericht oder Gewürz. Genießt doch der Porree seit vielen Hausfrauen-Generationen hohes Küchenansehen. Der eigenartige herzhafte Geschmack ist es, der den Porree so beliebt macht. Seine Frostbeständigkeit versetzt auch dich in die Lage, den ganzen Winter über wenigstens einmal in der Woche ein Gericht, aus Porree zubereitet, auf den Tisch zu bringen.

Porreesuppe

Du nimmst dir einige schöne Porreestangen, 50 g Fett, 50 g Mehl, 1,5 Liter Fleischbrühe, etwas Sahne sowie Salz. Der gewaschene Porree wird in Scheiben geschnitten, danach nochmals gewaschen, weil sich immer noch kleinste Erdteilchen zwischen den Blättern befinden. Nun kochst du die Scheiben in Wasser oder Fleischbrühe. Aus Butter und Mehl machst du eine Mehlschwitze, welche dann zugesetzt wird. Ein paar Eßlöffel Sahne machen die Suppe schmackhafter. Mit Salz wird abgeschmeckt. Zur Porreesuppe als Eintopf werden Kartoffelstückchen mitgekocht und etwas Rindfleisch beigegeben.

Damit sie lange Hälse kriegen, muß Erde an den Schäften liegen!

*Ja — Porreesuppe ist
was Gutes,
da bin ich immer
frohen Mutes!*

Porree überbacken

Ein wirklich sehr gut schmeckendes Gericht, welches viel zu wenig von den Hausfrauen zubereitet wird. Du brauchst dazu etwa 1 kg Porree, ½ Pfund Hammelfleisch, etwas Fett, ein Brötchen (aufgeweicht), ⅛ Liter Milch, ein Ei und ca. drei Eßlöffel geriebenen Käse sowie etwas Fleischbrühe und Salz. Nachdem du den Porree von den grünen Blättern befreit und ihn gründlich gewaschen hast, wird er ca. 15 Minuten im Salzwasser gekocht. Zum Abtropfen kommt er auf einen Durchschlag oder ein Sieb und wird dann der Länge nach geschnitten. Eine Backform wird eingefettet und dort hinein wird der Porree geschichtet. Das Hammelfleisch wird zerkleinert und mit den anderen Zutaten gut vermischt. Jetzt kommt diese Mischung über den Porree. Aus der Fleischbrühe und etwas Mehl wird eine dickliche Soße gemacht, die dann über das Ganze geschüttet wird. Abschmecken und 45 Minuten im Ofen backen. Es kann auch mit etwas Pfeffer und einer Zwiebel gewürzt werden, wodurch der Geschmack pikanter wird.

Porreesalat

Dieser Frischkostsalat ist nicht nur für Rohköstler, sondern auch für gewöhnliche Sterbliche eine beliebte Zuspeise. Du schneidest die weißen Porreeschäfte in sehr dünne Scheibchen, wäschst sie recht gut ab und machst sie mit Essig, Öl, Pfeffer, Salz und gewiegter Petersilie an. Feinschmecker nehmen dann noch Sahne oder dicke Milch dazu und mischen diese Zutaten darunter. Bitte probieren!

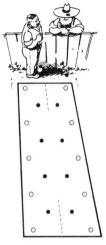

*Der Kohlrabi wächst
sehr schnelle,
deshalb räumt er recht
früh die Stelle!*

Kohlrabi

Er zählt natürlich unter die Kohlarten, die frische Düngung brauchen, ist aber infolge seiner Kurzlebigkeit doch nicht allzu anspruchsvoll, so daß er noch gut auf Land in zweiter Tracht stehen kann. Kohlrabi ist die ausgesprochene Zwischenfruchtpflanze. Die Kultur ist denkbar einfach. Anfang März ins Frühbeet gesät, kannst du im April pflanzen. Die Pflanzweite beträgt 30 × 30 cm. Bei Zwischenkulturen können die Pflanzen etwas weiter gesetzt werden, damit der Hauptkultur nicht zu viel Nahrung und Platz entzogen wird. Ab April kannst du selbstverständlich auch ins Freiland aussäen. Durch reichliches Gießen bei Trockenheit kann man früher ernten. Willst du das ganze Jahr Kohlrabi haben, muß du alle drei bis vier Wochen neue Aussaaten vornehmen. Ein leeres Plätzchen findet sich dann immer, wenn junge Pflanzen vorhanden sind, zumal der Kohlrabi, wie eingangs gesagt, überall als Zwischenfrucht stehen kann. Mitte April wird „blauer Speck" für den Herbst- und Winterbedarf ausgesät. Er muß 40 × 40 cm gepflanzt werden. Für Winterbedarf wird der Kohlrabi im Keller oder in Erdmieten mit der Wurzel eingeschlagen. Die Herzblätter bleiben an der Pflanze. Spätkohlrabi hält sich den ganzen Winter über frisch. Als Zwischenfrucht pflanzt du Kohlrabi zu Gurken an den Rand des Kartoffelstückes, zwischen die Tomaten, zwischen junge Himbeer-, Johannis- und Stachelbeeranlagen. Kohlrabi schießt häufig, wenn die Jungpflanze Frost bekommen hat. Ausgewachsene Kohlrabi sind gegen Frost weniger empfindlich und können bis zum Spätherbst im Freien bleiben. Kohlrabi wird nur holzig, wenn ihm das Wasser fehlt. Junge Kohlrabiblätter werden nicht weggeworfen, sie finden als Suppengrün Verwendung. Sie ergeben auch, wie Spinat zubereitet, ein schmackhaftes Gericht. Die Blätter haben fast denselben Eisengehalt wie Spinat, daher für Blutarme sehr zu empfehlen.

Sorten

Die besten Sorten für den Frühanbau sind weißer und blauer „Delikateß".
Es gibt wohl noch frühere Sorten. Delikateß jedoch beschattet durch seine
großen Blätter den Boden so stark, daß sich die Feuchtigkeit bedeutend
länger hält, er wird dadurch kaum holzig. Für den Herbstbedarf und den
frühen Winter ist der „blaue Speck", ein großer, sehr saftiger Kohlrabi,
zu empfehlen. Davon kann der Kleintierhalter nicht genug haben, denn
Kaninchen sind im Winter für Abwechslung im Speisezettel auch dankbar.

Laßt Kinder Roh-Kohlrabi essen, sie sind darauf bestimmt versessen!

Interessantes vom Kohlrabi

1 g Kohlrabi enthält 300 bis 350 Körner. Die Saat liegt sechs bis acht
Tage in der Erde, ehe sie aufgeht. Die Keimfähigkeit bleibt vier Jahre
erhalten. Auf 1 qm rechnet man 3 g Samen. Saattiefe 1 cm. Der Durchschnittsertrag dürfte bei 2 bis 3 kg pro qm liegen und ist bei späteren Sorten
wesentlich höher. Kohlrabi enthält Vitamine A, B, und C. 100 g Gemüse
sind 22 Kalorien. Die Wachstumszeit beträgt je nach Sorte 75 bis 85 Tage
bei frühen Sorten, 100 und mehr Tage bei späten Sorten. Eine Normalernte entzieht einem qm Boden an Reinnährstoffen: 8 g Stickstoff, 3 g
Phosphor, 12 g Kali und 10 g Kalk. Um Platz zu sparen, kann man zwei
Pflanzen in ein Loch setzen. Der kräftigste wird zuerst geerntet. Beim
sogenannten Sparschnitt wird die Knolle so abgeschnitten, daß noch
zwei bis drei Blätter an dem Strunk verbleiben. Es bilden sich neue Triebe
und man kann später nochmals jungen Kohlrabi ernten, ohne gepflanzt
zu haben.

Läßt du am Strunk ein paar Blätter steh'n, kannst du bald junge Kohlrabi seh'n!

Der Kohlrabi in der Küche

Liebe Hausfrau! Kohlrabi kann der Garten eigentlich nicht genügend
für die Küche liefern, so begehrt ist dieses vitaminreiche Gemüse. Durch
die verschiedenen Sorten ist es heute möglich, fast das ganze Jahr über
frischen Kohlrabi zur Hand zu haben. Den ersten Kohlrabi wirst du dir
wohl kaufen müssen — es handelt sich dann meist um Treibkohlrabi,
der unter Glas gezogen wurde und entsprechend teuer ist. Die Blätter
werden natürlich mit verwendet. Ein Tip noch für Kohlrabi-Einkauf!
Merke also: Die runden Knollen sind immer zarter als die länglichen und
der blauschalige ist in Bezug auf Zartheit stets dem weißen vorzuziehen!
Viele verschiedene Zubereitungsarten von Kohlrabi gibt es und ich will
anschließend einmal versuchen, einige empfehlenswerte Rezepte festzu-
halten.

Gebratene Kohlrabi

Du schälst möglichst zarte Kohlrabi, schneidest sie in Scheiben und kochst
sie in Salzwasser weich. Ist das geschehen, kommen sie auf ein Sieb zum
Abtropfen. In einer Pfanne hast du Butter zerlassen, da hinein gibst du
die gekochten Scheiben, die du mit Salz und Pfeffer abschmeckst und dann
langsam gelb braten läßt. Zum Schluß kommt noch feingehackte Petersilie dazu.

Gefüllte Kohlrabi

Du nimmst eine Anzahl Kohlrabiknollen, schälst sie und höhlst sie mit
einem Löffel aus, nachdem du den Deckel abgeschnitten hattest. In leicht
gesalzenem Wasser werden sie halbweich gekocht und danach auf ein

Vom Beet ganz frisch — zum Küchentisch!

Sieb zum Abtropfen gelegt. Aus 250 g Gehacktem, einem Ei und einem aufgeweichten Brötchen wird die Füllung bereitet, welche noch etwas gepfeffert wird. Diese Füllung wird mit einem Löffel in die ausgehöhlten Knollen gedrückt, welche anschließend zugebunden und in Fett oder Butter auf kleinem Feuer fertig gedünstet werden. Nach dem Garwerden kommen die Fäden weg. Es wird mit Salzkartoffeln serviert. Einfach lecker, sage ich!

Junge Kohlrabi mit Fleischklößchen

Du nimmst die für deinen Haushalt nötigen Mengen junger Kohlrabi, welche du schälst und, mit möglichst wenig Wasser, in Butter und Salz weichkochst. Die grünen Blättchen des Kohlrabi werden extra in Wasser gekocht. Sobald sie gar sind, werden sie auf ein Sieb zum Ablaufen gelegt und anschließend feingehackt. Fleischklößchen werden nunmehr nach der üblichen Weise fertiggemacht und in Fett oder Butter gebraten. Ist der Kohlrabi weich, wird eine Mehlschwitze aus Mehl und Fett hergestellt, welche mit Fleischbrühe oder Wasser recht sämig zu machen ist. An diese weiße Soße kommt etwas geschnittenes Kohlrabikraut. Die heiße Soße wird vor dem Auftragen über den Kohlrabi gegossen.

Kohlrabiknollen im Einmachglas

Gern macht die Hausfrau jungen Kohlrabi ein, um in der gemüsearmen Zeit nicht darauf verzichten zu müssen. Viele haben auch schon schlechte Erfahrungen mit eingekochtem Kohlrabi gemacht. Hier ein gutes Rezept, welches sich bewährt hat. Du schälst die jungen Kohlrabi und zerschneidest sie in kleine Stücke. Jetzt kommen sie 10 Minuten lang in kochendes Wasser, um sie anschließend auf einem Sieb oder Durchschlag abtrocknen zu lassen. Sind sie abgekühlt, kommen sie in die Gläser, es wird klares Wasser dazugegossen und im Einkochapparat eine Stunde bei 100° C sterilisiert. Nach drei Tagen kommen alle Kohlrabigläser aufs neue in den Einkochapparat und werden bei 80° C 10 Minuten lang nochmals eingekocht. Bei älteren Kohlrabi kannst du diese das zweite Mal bis 20 Minuten im Wasserbad lassen.

Kohlrabi durch Trocknen haltbar gemacht

Die geschälten Kohlrabi werden in 0,5 cm dicke Scheiben geschnitten und ca. 6 Minuten lang gedämpft oder mit kochendem Wasser überbrüht. Jetzt kommen sie auf ein Blech und werden im Backofen oder in der Bratröhre gedörrt. Diese Möglichkeit der Konservierung hilft dir Gläser sparen!

Das Einfrieren von Kohlrabi

Kohlrabi wird zum Einfrieren kochfertig geschält und in Schnitzel oder Streifen geschnitten. 3 bis 4 Minuten wird er in kochendes Wasser gelegt, danach sofort abgekühlt und in die Beutel gefüllt.

Blätterkohl

wird auch Grünkohl oder Krauskohl genannt. Die anspruchsloseste Kohlart ist der Krauskohl, weil jede Pflanze, ob klein oder groß, zu verwenden ist und fast alle Blätter verbraucht werden können. Die Pflanzweite beträgt auch hier 50 × 50 cm. Nur niedere Sorten werden auf 40 × 40 cm gepflanzt.

Interessantes vom Blätterkohl

1 g Blätterkohl enthält ca. 350 Körner. Blätterkohl keimt sechs bis acht Tage. Die Saat bleibt drei Jahre keimfähig. Auf 1 qm rechnet man 2 bis 3 g Samen. Der Durchschnittsertrag liegt bei 1,5 bis 2,5 kg pro qm. Vitamine A, B_1, B_2 und C sind im Blätterkohl festgestellt. 100 g Blätterkohl enthalten 15 Kalorien. Wachstumszeit bei niedrigen Sorten 14 bis 17 Wochen, bei hohen bis 23 Wochen. Eine Normalernte entzieht 1 qm Boden an Reinnährstoffen: 7 g Stickstoff, 2 g Phosphor, 11 g Kali und 10 g Kalk. Der abgeschnittene Strunk kann als Viehfutter Verwendung finden. Die hohen Sorten benötigen mehr Pflege und Düngung als die niedrigen. Sie müssen mit den Kohlarten Anfang April gesät werden und beanspruchen den ganzen Sommer ein eigenes Beet, da sie sich als Nachfrucht weniger eignen. Ich möchte, da es dem Kleingärtner immer an Gemüsearten für Zwischen- und Nachfrucht fehlt, den hohen Grünkohl als unrentabel für ihn bezeichnen, obendrein erfriert er leichter als die niedrigen Sorten.

Sind Frühkartoffeln raus, pflanz Blätterkohl ich aus!

Der niedrige Grünkohl ist also der vorteilhafteste, da er viel kürzere Zeit zum Wachsen braucht. Du kannst ihn bei Aussaat im Mai getrost als Nachfrucht nach Frühkartoffeln anbauen. In der Regel werden aber die Frühkartoffeln nicht auf einmal geerntet, sondern nur der tägliche Bedarf aus dem Garten geholt. Die reifen, sich gelb färbenden Stöcke werden zuerst ausgegraben, damit die anderen noch wachsen können. Darum rate ich dir, mache es so: Die Kartoffelstöcke werden am besten mit der Grabegabel herausgehoben und sofort jeder Kartoffelstock durch eine Grünkohlpflanze ersetzt. Ist die Wurzel vorher in Wasser getaucht und ein wenig Erde darüber gestreut worden, wächst die Pflanze auf alle Fälle leicht an. So wird mit der Zeit das Kartoffelland voll Grünkohl gesetzt, es gibt keine Unterbrechung. Natürlich kann er aber auch auf abgeerntete Beete nach Salat, Gurken, Erbsen, Bohnen, Radieschen usw. gepflanzt werden. Man muß nur immer Pflanzen zur Hand haben, um die Lücken zu schließen. Niedriger Grünkohl erfriert nicht so leicht, weil er schon bei geringer Schneehöhe Schutz findet. Ich sagte das bereits. Der halbhohe Grünkohl ist ebenfalls noch empfehlenswert, er gibt im Frühjahr die bekannten Kohlkeimchen, die sich am Strunke bilden und besonders zart sind.

Im Garten ist das Jauchefaß verpönt, mein Freund, merke dir das!

Der Grünkohl in der Küche

Liebe Hausfrau! Auch der Grünkohl ist ein ausgeprochenes Wintergemüse. Er kann während des ganzen Winters direkt aus dem Garten in die Küche kommen, ohne daß man viel Arbeit durch Konservieren, Einschlagen oder Trocknen hat. Hinzu kommt noch, daß er durch starken Frost erst den richtigen Geschmack bekommt. Sorge also dafür, daß im Garten ein großes Beet Grünkohl angepflanzt wird.

Grünkohl einfach

Du nimmst Grünkohl, den du bereits verlesen und gewaschen hast und überbrühst ihn mit kochendem Salzwasser. Nachdem du ihn wieder ausgedrückt hast, wird er fein gehackt und in Fleischbrühe gekocht. Ein Stück Butter oder Fett beigefügt, erhöht den Geschmack ungemein. Etwas Mehl zugeben, gar kochen lassen und mit Pfeffer und Salz abschmecken. Durch einige feingehackte Weißkohlblätter als Zugabe wird der Geschmack gehoben. Dazu gibt es: Bratwurst, Zunge, Schinken, Gänse- oder Schweinebraten.

Grünkohl macht stark, bringt Kraft dir ins Mark!

Erst wenn der Kohl gut durchgefroren, sollst du ihn in der Pfanne schmoren!

Grünkohl mit Sahne zubereitet

Die Blätter werden verlesen und gründlich gewaschen. Hierauf wird er in kochendes Wasser gelegt und weichgekocht. Herausnehmen, abtropfen lassen und zerkleinern oder durch den Fleischwolf treiben. Geriebene Brötchen werden in Butter geschwitzt, der Kohl wird dazu gegeben und unter fleißigem Umrühren gedünstet. Nun kommt $1/8$ Liter Sahne dazu und etwa $1/2$ Stunde wird weiter gedämpft. Würze mit Muskat, Pfeffer und Salz.

Winterpflückkohl

Als eine leider noch wenig bekannte, aber sehr nützliche Krauskohlart möchte ich den mehrjährigen Winterpflückkohl nennen. Er kann, einmal ausgepflanzt, mehrere Jahre stehen bleiben. Es ist die bescheidenste unter den Kohlarten und nimmt sogar mit schattigen Ecken vorlieb. Im Geschmack ist er von den anderen Grünkohlarten nicht zu unterscheiden, er wird zumeist als zarter bezeichnet. Sein Hauptwert besteht darin, daß er in der kohlarmen Zeit noch gepflückt werden kann. Allgemein bekannt ist, daß Grünkohl am besten schmeckt, wenn er Frost bekommen hat, was auch für den Winterpflückkohl gilt.

Markstammkohl

Markstammkohl in zweiter Frucht — als Massenfutter eine Wucht!

Der Markstammkohl hat sich in den letzten Jahrzehnten als „Grünfutterverlängerer" schnell durchgesetzt. Es ist ein Futterkohl mit hohem Eiweißgehalt und schmackhaftem Mark im Stamm. Also eine ganz hochwertige Futterpflanze! Da der Markstammkohl als Nachfrucht nach Frühkartoffeln, Wintergerste, Roggen oder Frühgemüse sehr hohe Erträge bringt, schätzt ihn der Viehzüchter allerorts. Der Kleingärtner und Kleinviehhalter wird immer eine kleine Ecke in seinem Garten für den Markstammkohl freihalten. Nur mußt du sehen, daß du das Pflanzmaterial gerade rechtzeitig zur Hand hast, nämlich dann, wenn du es brauchst. Das bedeutet, daß du die Aussaat sechs bis acht Wochen vor der Ernte der Vorkultur vornimmst. Dann bekommst du bestimmt den Anschluß. An Pflanzweite braucht er 40×40 cm. Bei wiederholter Jauchedüngung und reichlicher Bewässerung bedeckt er schnell den Boden und unterdrückt alles Unkraut.

Hier einige wichtige Bemerkungen:

1 g Saat sind gewöhnlich 350 Samenkörner. Die Keimdauer beträgt ca. acht Tage. Vier Jahre behält er die Keimfähigkeit. Der Boden soll locker sein. Bei Pflanzung rechnet man 1 kg Saat pro ha, bei Drillsaat jedoch ca. 6 kg. Drillsaat mußt du später verhacken, damit genügend Platz zum Wachsen da ist. Bis in den Dezember hinein kannst du die Ernte vornehmen, da er ohne weiteres bis zu zehn Grad C Frost vertragen kann.

Salatarten

Es gibt verschiedene Salatarten: Kopf-, Schnitt-, Pflück- sowie Endivien- oder Bindesalat.

Kopfsalat, Lattich

Auch der Pipmatz braucht im Winter, Vitamin — wie Menschenkinder!

Der Kopfsalat ist der beliebteste Salat. Um ihn den ganzen Sommer über zu haben, mußt du alle 14 Tage bis drei Wochen frisch aussäen. Es genügt, da Salat sehr feinsamig ist, oft eine kleine Prise Samen. Bei der Bestellung ist es ratsam, gleich drei Sorten zu bestellen: Früh-, Sommer- und Wintersalat. Da Salatsamen mehrere Jahre keimfähig bleiben, können Samenreste ohne Bedenken für das nächste Jahr aufgehoben werden. Frühsalat kannst du so zeitig wie möglich, aber ganz dünn, säen. Wer gern Treibsalat selbst ernten möchte und dazu ein Fenster im Frühbeet frei hat, der pflanze die Sorte „Maikönig" auf 25 cm Entfernung. Als Zwischenkultur kannst du je zwei Korn Radies „Saxa" zwischen Pflanzen und Reihen legen. Später bringst du Treibgurken darauf. Als ersten Freilandsalat nimmst du ebenfalls die Sorte „Maikönig". Die Pflanzen hierzu hast du dir herangezogen und gleichzeitig auch eine Sommer-Salatsorte ausgesät, die du dann mit dem „Maikönig" pflanzt. Auf diese Art hast du bald nach dem Frühbeetsalat auch den ersten Freilandsalat, und nach diesem den ersten Sommersalat. Ist im Herbst Wintersalat gepflanzt worden, wirst du diesen nach dem Frühsalat ernten können. Oft wirst du beobachtet haben, daß ein ganzes Beet Frühsalat geschossen ist, ein Zeichen, daß ohne Bedacht zuviel „Maikönig" gepflanzt wurde. Darum beherzige den oben angegebenen Wink der Folgesaaten und du wirst weniger Schosser und mehr und länger Salat für die Küche zur Verfügung haben. Bis Anfang Juli säst du Sommersalat und bis in den Herbst hinein hast du fertigen Salat für die Küche. Sind ständig Salatpflanzen zur Hand, kannst du sie stets als Zwischenfrucht verwenden oder auf leere Beete pflanzen. Die Pflanzweite beträgt allseitig 25 cm, späte Sorten 30 cm. Achte besonders darauf, daß die Pflanzen hoch gepflanzt werden.

Salat,
den du eifrig gießt,
nicht so leicht
in Samen schießt!

Interessantes vom Salat

1 g Salat enthält 600 bis 800 Körner. Die Saat läuft nach sieben bis acht Tagen auf, sie bleibt drei bis vier Jahre keimfähig. Man rechnet pro qm Aussaatfläche 1 g Samen. Saattiefe 0,5 cm. Der Durchschnittsertrag liegt bei 10 bis 15 Köpfen pro qm je Sorte. Im Salat sind Vitamine A, B_1, C und E reichlich vorhanden. 100 g Salatblätter enthalten zwölf Kalorien. Die Wachstumszeit beträgt acht bis zehn Wochen, je nach Sorte. Eine Normalernte entzieht einem qm Boden an Reinnährstoffen: 4 g Stickstoff, 2,5 g Phosphor, 5 g Kali und 3 g Kalk.

Der Gesundheit goldner
Schlüssel,
ist eine volle Salat-
schüssel!

Sorten

„Maikönig" ist eine frühe Sorte, die sich auch für das Frühbeet zum Treiben und als frühester Freilandsalat gleich gut eignet. Er hat grünlichgelbe Farbe und schießt sehr leicht.

Hitzebeständiger ist der „braune Trotzkopf", eine alte bekannte Sorte von grünbrauner Farbe, die trotz Bereinigung des Riesen-Salatsortiments heute noch immer ungezählte Freunde hat.

„Stuttgarter Sommer" ist ein besonders zu empfehlender Sommersalat. Er bildet selbst unter ungünstigen Witterungsverhältnissen gleichmäßige und schöne Köpfe, die trotz großer Hitze sehr lange stehen, ohne zu schießen.

Eine gute Wintersalatsorte ist „Butterkopf", sie ist vollständig winterhart. Der Kopf ist sehr wüchsig und früh.

Die Düngung

Stalldünger braucht Salat nicht. Die Düngung des Salats geschieht am zweckmäßigsten 14 Tage vor dem Pflanzen mit 40 g Pflanzenfutter pro qm. Willst du dem Wintersalat etwas Gutes tun, so gib ihm Anfang März die gleiche Menge als Kopfdüngung.

Die Würze erst macht
den Salat,
für uns're Gaumen
delikat!

Wenn so wie hier die Richtung stimmt, der Frost dir keine Pflanze nimmt!

Der Wintersalat

Im August bis September könnt ihr mit der Aussaat beginnen. Bitte macht jedoch zwei Folgesaaten, da mitunter erst die letzte Aussaat die besten Pflanzen liefert, je nachdem, wie der Herbst sich anläßt. Der Rest des Samens kann Ende September gleich an Ort und Stelle in Reihen ausgesät und im Frühjahr verzogen werden. Das sichert oft eine gute Ernte, wenn die anderen beiden Aussaaten unter ungünstiger Witterung zu leiden hatten. Obwohl er winterhart ist, liebt er doch etwas Schutz in einer Bodenfurche. Bitte zieht etwa 15 cm tiefe Gräben in Ostwest-Richtung und pflanzt ihn da hinein. Das geschieht weniger wegen des Frostes, es ist vielmehr eine Maßnahme gegen die Wintersonne, die ihm schadet, wenn sie den Schnee wegleckt und den Boden teilweise auftaut. Nur in besonders kalten Gegenden ist etwas Deckreisig als Winterschutz nötig.

Der Schnittsalat

Ihr kennt ihn auch als Stechsalat. Er bildet nämlich keine Köpfe, und ihr könnt laufend seine Blätter zur Salatzubereitung verwenden. Die Aussaat kann ab Mitte März beginnen. Wenn ihr alle vier Wochen Folgesaaten macht, so habt ihr den ganzen Sommer über frische, zarte Blätter zur Verfügung, da er nur etwa fünf Wochen bis zum ersten Schnitt benötigt. Er ist mit seiner Rolle als Lückenbüßer ohne weiteres zufrieden und begnügt sich auch als Weg- oder Beeteinfassung, wenn ihr kein ganzes Beet allein für ihn opfern möchtet. Bereits nach 40 Tagen ist er erntefertig. Hühnerhalter haben ihn ebenfalls gern in ihrem Garten, da er auch den Eierlegern willkommen ist. Bitte rechnet 2 g Samen pro qm. Macht Reihen in 15 cm Abstand und überlaßt alles andere dem Schnittsalat selbst.

Sä' Schnittsalat der Hühner wegen, sie danken dir's durch Eierlegen!

Der Pflücksalat

Auch als sogenannter „Rupfsalat" ist er bekannt. Für ihn trifft das von den anderen Salatarten Gesagte auch zu, nur wird er nicht geschnitten, sondern gepflückt. Pflückt alle seine jungen Blätter laufend ab, nur den Herztrieb nicht, da ihr der Pflanze sonst das Lebenslicht ausblast. Lange Zeit über könnt ihr vom Pflücksalat Salatblätter ernten. 20 cm Reihenabstand ist gerade ausreichend. Er wird je nach Sorte 30 bis 60 cm hoch und ist bereits nach sechs Wochen pflückfertig.

Die Sommerendivie

Auf den gleichen Boden wie den Salat könnt ihr sie ab März aussäen, verziehen oder verpflanzen, ganz wie es euch beliebt. Achtet jedoch auf 25 × 25 cm Pflanzenabstand und behandelt sie ansonsten genauso wie den Kopfsalat. 14 Tage vor dem Gebrauch bindet ihr die Blätter zum Bleichen zusammen, was möglichst bei trockenem Wetter geschehen soll, da sonst das Innere fault. Es werden stets nur einige Pflanzen, dem jeweiligen Bedarf entsprechend, gebleicht. Nach 85 Tagen ist sie erntereif.

Die Winterendivie

Ihr sät sie im Juni/Juli aus und pflanzt sie später auf leergewordene Beete als Nachfrucht auf 30 × 30 cm aus. Sobald das ganze Beet von den Blättern überdeckt ist, könnt ihr mit dem Bleichen beginnen, indem ihr immer einen Teil hochbindet. Nach vierzehn Tagen ist das Bleichen beendet und sie

Zum Bleichen binde hoch die Blätter, doch wähl dazu nur trocknes Wetter!

sind genußfertig. Aber immer bei trockenem Wetter hochbinden! Wer sie im Keller einschlagen will, tue das bitte nur, wenn sie trocken geerntet wurden und man für trockenen Sand gesorgt hat. Sie werden dann in gebundenem Zustand eingeschlagen.

Der Zichoriensalat

Er versorgt die Küche im Winter mit Salat, wenn ihr ab Mai bis Juni aussät und auf einen Reihenabstand von 25 cm achtet. Seht aber bitte unbedingt darauf, daß er in der Reihe 15 cm Platz hat, damit er recht kräftige Wurzeln bilden kann. Im Spätherbst holt ihr die Wurzel heraus, putzt die Außenblätter vorsichtig ab, so daß nur noch die Herzblätter verbleiben. Jetzt schlagt ihr die Zichorienwurzel in eine mit feuchtem Sand gefüllte Kiste im dunklen Keller vorsichtig ein. Wie gesagt, dunkel muß der Keller sein, damit der Zichoriensalat schön bleichen kann. Es dauert gar nicht lange, dann beginnt er erneut auszutreiben und liefert euch schmackhaften, vitaminreichen Salat den ganzen Winter über. Achtet aber immer darauf, daß seine Herzblätter geschont werden. Ihr könnt auch seinen Schopf abschneiden, wenn er 15 bis 20 cm hochgetrieben ist, aber dann gibt es nichts zum Nachernten. Die Wurzeln werden vom Kleinvieh gern gefressen.

Du hast es selbst bald rausgefunden, nur was du brauchst, wird hochgebunden!

Der Salat in der Küche

Liebe Hausfrau! Grüner Salat ist der große Vitaminspender des Menschen im Sommer. Du kennst Salat in vielerlei Arten und alle sind sie schmackhaft. Heute sind sie kaum mehr von unserem Speisezettel wegzudenken. Es sind: Kopf-, Schnitt-, Pflück-, Endivien-, Zichoriensalat, Rapünzchen, Kresse usw. Jeder Gaumen liebt den Salat anders, der eine süß, der andere sauer, der dritte wieder süßsauer und so weiter. Das richtige Salatrezept für deine Familie hast du ja nun sicherlich schon selbst herausgefunden. Du weißt auch, daß du bei Personen mit schwachem Magen den Essig durch Zitronensaft ersetzen kannst, weißt auch, daß er durch zu langes Stehen leidet und immer erst kurz vor der Mahlzeit angerichtet werden soll. Hast du aber schon einmal den Essig von eingemachten Pfeffergurken dazu verwendet? Versuche es einmal! Lange Zeit im Wasser gelegener Salat wird niemals so gut schmecken wie frisch vor der Mahlzeit gewaschener und zubereiteter Salat! Abfälle bei der Salatzubereitung den Hühnern vorwerfen.

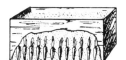

Leg Zichorienwurzeln zum Bleichen in feuchten Sand und dunklen Keller!

Die Salatkräuter

Etwas Würze durch unsere heimischen Kräuter muß an jeden Blättersalat kommen, dadurch wird er pikanter und der Geschmack wird besser. Was haben wir nun als Salatwürze? Schnittlauch, Zwiebelschlotten, Petersilie, Estragon, Kerbel, Pimpernelle, Gurkenkraut, Gartenkresse und Dill. Alle diese Würzkräuter werden möglichst nur auf einer Porzellanunterlage zerschnitten. Wichtig ist, daß das Salatbesteck aus Horn ist, mit welchem wir den Salat anmachen wollen. Durch Berührung mit Metallbestecks leidet er im Geschmack.

Kopfsalatzubereitung

Du entfernst vom Salat die äußeren rauhen Blätter, schneidest den Strunk ab und von den größeren Blättern auch die unteren Rippen. Jetzt wird er zerpflückt, möglichst in nicht zu kleine Stücke und kurz gewaschen,

Die Hausfrau braucht für Tunken, Soßen, manches Würzkraut — fein gestoßen!

Das ist ein Essen in der Tat:
Frühkartoffeln und Salat!
Und alles selbst herangezogen,
da wird der Schweiß nicht mitgewogen!

wobei darauf zu achten ist, daß er nicht zu lange im Wasser liegen bleibt. In einer Serviette wird er ausgeschwenkt, damit er ohne Wasserreste ist. Kurz vor der Zubereitung erhält er etwas Salz, Essig (Zitronensaft), Öl, wird gut gemischt, bekommt zuletzt die Würzkräuter sowie eine Prise Zucker zugesetzt. Dann bleibt er 15 Minuten stehen, um anschließend serviert zu werden. Praktische Hausfrauen machen gleich für die ganze Woche die Soße auf Vorrat und bewahren sie im Kühlschrank auf.

Kopfsalat in saurer Sahne

In dicke saure Sahne verquirlst du Essig, Zucker, Salz und Pfeffer, gibst den verlesenen und gewaschenen Salat hinzu, mischst gut und läßt ihn 15 Minuten ziehen. Vor dem Servieren fügst du die Würzkräuter bei, dazu möglichst etwas Gartenkresse.

Kopfsalat mit Speck

Du bereitest den Salat wie oben beschrieben zu und gibst ihm noch etwas zu Würfeln geschnittenen hellbraun gebratenen Speck hinzu, der über den Salat hinweggegossen wird. Dazu kommt eine feingehackte Zwiebel.

Salattunke aus Quark

Das ist die Tunke meiner Art,
wenn alle Würzen gut gepaart!

Du schlägst eine entsprechende Menge Quark, dem du etwas Milch und Zucker zugesetzt hast, machst den Salat mit Öl und Essig (Zitronensaft) an, gibst eine Prise Salz und die Kräuter dazu. Die Tunke wird dann über den Salat geschüttet.

Welken Salat wieder frisch machen

Du legst welk gewordenen Salat in frisches Wasser und läßt ihn nur so lange darin, bis er wieder frisch ist. Niemals länger!

Salattunken

Du kannst nach vielerlei Arten und Rezepten verschiedene, jedem Gaumen gerecht werdende Salattunken anrichten. Im Grundprinzip bleibt die Tunke immer die gleiche. Ich zähle nur einige verschiedene Tunken auf: Salattunke mit Senf, Salattunke mit Äpfeln und Meerrettich, mit Buttermilch, mit Mayonnaise, mit Kräutern, mit geriebenem Käse, mit Tomatenpüree, mit Bratensoße usw.

Spinat

Ein Datum, das du merken mußt,
bei Spinataussaat im August!

Seit dem Jahre 1351 ist er bei uns bekannt und wird in einem alten Schriftstück den Mönchen als Fastenspeise empfohlen. Schon damals zählte der Spinat als wertvolles Gemüse. Heute baut man allein in der Bundesrepublik jährlich 4000 bis 5000 ha davon an. Seine Wiege hat in Kleinasien gestanden, die Botaniker tauften ihn auf den Namen *Spinacia oleracea* und zählen ihn zu den Gänsefußgewächsen. Als vitaminreich ist er allen Müttern bekannt, denn er produziert reichlich die Vitamine A, B_1, B_2 und C. Wegen seines hohen Eisengehaltes wird er als Nahrung für Kleinkinder und Blutarme empfohlen. Seine blutreinigende Wirkung bei Hautausschlägen ist bekannt, desgleichen seine günstige Wirkung bei Bleichsucht. Wer Spinat im Sommer ernten will, der muß die Aussaat ab März bis Mai vornehmen.

Für den Frühjahrsbedarf wird vom August bis Oktober ausgesät, und zwar möglichst in Abständen von drei Wochen. Wird der Herbst gut, dann habt ihr noch eine Späternte. Ist er nicht besonders schön, dann kommt die erste oder zweite Aussaat besser durch den Winter. Etwas Schutz durch Deckreisig ist nur in besonders kalten Lagen ratsam. Spinat liebt lockeren, in guter Dungkraft stehenden Boden. Findet er zu wenig Stickstoff in der Erde, dann zeigt er das durch gelbe Blätter recht deutlich an. Sät ihn bitte auch nicht zu dicht aus, möglichst 20 bis 25 cm Reihenabstand. Wo er zu dicht steht, verzieht ihn lieber. Eine Verpflanzung verträgt er jedoch nicht.

Zur gesunden Lebensweise, zählt Spinat als Kinderspeise!

Wichtiges vom Spinat

1 g Samen sind 70 bis 80 Samenkörner. 10 bis 14 Tage braucht er zur Keimung. Drei bis vier Jahre behält er seine Keimkraft. 5 g Samen müßt ihr pro qm rechnen. Je nach Düngung könnt ihr mit einer Ernte von 1 bis 2 kg pro qm rechnen. In 100 g Spinatgemüse sind ca. 20 Kalorien enthalten. An Reinnährstoffen entzieht er dem Boden pro qm bei einer Normalernte: 6 g Stickstoff, 2 g Phosphor, 5 g Kali und 3 g Kalk. Über die einzelnen Sorten orientiert ihr euch am besten in den Samenkatalogen. Wer wenig Platz im Hausgarten hat, kann ihn natürlich auch als Einfassung aussäen.

Nähr- und Heilwert

Spinat ist das gesündeste aller Gemüse. Alle vier Vitamine sind in hohem Maße vorhanden. Besonders muß der hohe Eisengehalt hervorgehoben werden. Ein wichtiges natürliches Mittel für Blutarme und Kinder. Spinat reinigt das Blut. Bei Hautausschlägen und bei Bleichsucht wird reichlich Spinatkost empfohlen. Nickelgegenstände, mit Spinatwasser gereinigt, erhalten Hochglanz. Die Verwendung des Spinats ist bekannt. Leider geht der Spinat schnell in Blüte, ohne daß die Ernte voll ausgenützt werden kann. Darum, Siedlerfrauen, laßt dieses nahrhafte Gemüse nicht auf dem Beete verderben, schafft euch Vorräte durch Einwecken und Einfrieren.

Neuseeländer Spinat

Der rankende Spinat

Ihn kennt man unter dem Namen Neuseeländer Spinat. Der Name sagt schon, wo er herkommt. Er ist in der Lage, euch den ganzen Sommer über mit Spinatgemüse zu versorgen, denn er bildet immer neue, bis zu 1 m lange Ranken und dicke Blätter. Nur braucht er etwa ein bis zwei Monate Zeit zum Keimen. Deshalb ist es besser, ihr sät ihn in Töpfe aus, nachdem ihr den Samen ein bis zwei Tage vor der Aussaat in Wasser gelegt habt. Danach steckt ihr stets drei bis vier Korn in einen Blumentopf, was ab März geschehen kann. Stellt die Töpfe ans Fenster und pflanzt später so aus, daß je qm nur eine einzige Pflanze steht. Den leeren Raum bepflanzt ihr mit Salat oder sät Radieschen. Gebt ihm nach der Pflanzung reichlich Wasser. 5 bis 8 Pflanzen reichen für eine vierköpfige Familie. Deshalb ist es verkehrt, den Neuseeländer Spinat in Gewichtsmengen einzukaufen, es genügt für den Normalbedarf eine Portion vollkommen. Botanisch nennt man ihn *Tetragonia expansa*. Er hat einen sehr guten, intensiven Spinatgeschmack.

Allgemeines über den Spinat

Liebe Hausfrau! Bekanntlich gehört der Spinat mit zu den Gemüsearten, die den höchsten Gehalt an Vitaminen besitzen. Es sind in ihm reichlich

Das Geld allein, das zählt hier nicht, im Vitamin liegt das Gewicht!

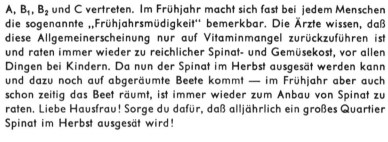

A, B₁, B₂ und C vertreten. Im Frühjahr macht sich fast bei jedem Menschen die sogenannte „Frühjahrsmüdigkeit" bemerkbar. Die Ärzte wissen, daß diese Allgemeinerscheinung nur auf Vitaminmangel zurückzuführen ist und raten immer wieder zu reichlicher Spinat- und Gemüsekost, vor allen Dingen bei Kindern. Da nun der Spinat im Herbst ausgesät werden kann und dazu noch auf abgeräumte Beete kommt — im Frühjahr aber auch schon zeitig das Beet räumt, ist immer wieder zum Anbau von Spinat zu raten. Liebe Hausfrau! Sorge du dafür, daß alljährlich ein großes Quartier Spinat im Herbst ausgesät wird!

Gärtner Pötschke rät: Wer guten, wohl-schmeckenden Spinat im Sommer ernten will, probiere einmal den Neuseeländer Spinat.

Der Spinat in der Küche

Verkehrt ist es, wenn du den Spinat zum Kochen mit dem Wasser ansetzt! Er sollte stets in kochendes Salzwasser gelegt werden, und zwar nur etwa 6 bis 8 Minuten. Damit er die schöne grüne Farbe behält, gibst du einen Schuß Essig dazu. Auch ist es verkehrt den Deckel zu schließen, er bleibt offen. Nach der genannten Zeit wird der Spinat mit dem Schaumlöffel aus dem Topf genommen und sofort in kaltes Wasser gelegt, worin er abkühlt. Mit den Händen wird er ausgedrückt und zerkleinert, wobei sich praktische Hausfrauen des Fleischwolfes bedienen. Dann kommt ein Stück Butter in einen Topf, mit etwas Mehl wird eine hellbraune Mehlschwitze daraus gemacht. Der Spinat kommt dazu, mit Salz wird abgeschmeckt, ein bißchen Muskatnuß beifügen und zum Schluß Fleischbrühe (Wasser oder Bouillon-brühe). Jetzt läßt du ihn langsam kochen. Es wird hin und wieder umge-rührt. An Stelle des Wassers oder der Brühe kannst du auch Sahne zugeben, je nachdem, wie man es wünscht. Serviert wird mit Salzkartoffeln und Spiegelei.

Für Kinder und auch als Diät, wird Spinat selten wohl verschmäht!

Andere Hausfrauen nehmen zum Binden Kartoffelmehl, machen Speck darunter und geben noch einen Schuß Suppenwürze dazu, wodurch das Gericht pikanter wird. Gerade beim Spinat ist deiner Phantasie reichlich Spielraum gelassen. Etwas Gartenkresse dem Spinat zugesetzt, macht ihn pikanter und schmackhafter, desgleichen ein paar Blätter Sauerampfer.

Spinat mit Schlagrahm

Du nimmst Spinat, wäschst ihn und zerhackst ihn recht fein. Zitronensaft, Honig und Schlagrahm werden verrührt und zum Schluß über den als Salat zubereiteten Spinat gegossen und gut durchgemischt.

Spinatsalat

Du kannst den Spinat genau wie den Kopfsalat mit Essig, Öl und allen anderen zur Verfügung stehenden Gewürzen anmachen und servieren. Gerade der roh gegessene Spinat hat keinen Vitaminverlust durch Kochen und sollte deshalb im zeitigen Frühjahr recht oft auf dem Tisch zu finden sein. Ganz besonders gern mag ich den Spinat so, wenn etwas Garten-kresse darunter gemischt ist.

Hat's gut geschmeckt, bedankt man sich, auf diese Weise ritterlich!

Das Einfrieren von Spinat

Bei Spinat sollte man zum Einfrieren nur frische, junge und zarte Blätter verwenden, die keine Stiele haben. Die sauber geputzten Blätter werden etwa 3 Minuten in siedendes Wasser gelegt und anschließend sofort unter fließendem Wasser abgekühlt und in Beutel gefüllt.

Mangold, Beißkohl, Römerkohl

Es gibt viele Gegenden, in denen der Mangold nur wenig oder überhaupt nicht bekannt ist. In anderen Gegenden wiederum ist er aber als Spinatersatz um so beliebter. Vom Mangold werden einesteils die Blätter wie Spinat zubereitet genossen oder aber auch die Blattrippen, die wie Spargel zubereitet werden. Säst du nun Mangold aus, mußt du dir überlegen, was du davon verwenden willst. Für Schnittmangold ist die Sorte „Lukullus" die beste. Die Blätter sind gelbgrün und gekraust; eine sehr ertragreiche Sorte.

Die Aussaat erfolgt Ende März bis April. Die Reihenweite beträgt 30 cm. Zu dichte Saat wird auf 15 bis 20 cm ausgelichtet. Schon nach einigen Wochen kannst du Mangold ernten. Er wächst sehr schnell nach, so daß man ihn bald wieder für eine Mahlzeit schneiden kann. Achte darauf, daß nie mehr als $^1/_3$ der Blattmasse auf einmal entfernt wird. Für reichlich Wasser ist er dankbar. Willst du ganz zeitig im Frühjahr Mangold ernten, so gib über das Beet eine Laubdecke. Die Herzen müssen aber frei bleiben, da sonst die Pflanze fault.

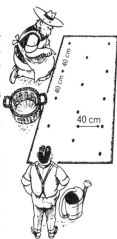

Wenn **Rippenmangold** oder Römerkohl in verschiedenen Gegenden ein beliebtes Gemüse ist, welches wie Spargel zubereitet wird, warum soll er in anderen Gegenden Deutschlands nicht auch angebaut werden? Die Kultur ist einfach, Mißerfolge sind ausgeschlossen. Probiere es einmal und säe ihn von März bis April auf ein Saatbeet ins Freie. Wenn die Pflanzen groß genug sind, werden sie gesetzt. Die Reihenweite beträgt 40 cm, also drei Reihen auf ein Beet. In der Reihe kommen die Pflanzen auf 40 cm Abstand zu stehen. Du kannst natürlich auch gleich an Ort und Stelle mit derselben' Reihenweite säen. Der große Zwischenraum wird durch Sommerspinat oder Radies ausgenutzt. Später wird auf 40 cm in der Reihe vereinzelt.

So weit muß Rippenmangold stehen, dann wird es schon in Ordnung gehen!

Als beste Sorte eignet sich hierzu der „verbesserte Silber" mit sehr starken Rippen. Die Märzsaaten werden im Juli bis August erntereif. Wie schon erwähnt, werden die Rippen wie Spargel zubereitet.

Interessantes vom Mangold

1 g Samen enthält ca. 80 Körner. Die Keimdauer beim Mangold beträgt 12—15 Tage. Die Saat bleibt drei bis vier Jahre keimfähig. Saattiefe 2 cm, Samenbedarf pro qm 2 g. Der Durchschnittsertrag ist mit 5 bis 6 kg je nach Sorte pro qm festgestellt worden. Vitamin A, B_1, B_2 und C ist in Mangold reichlich vorhanden. 100 g Mangold enthalten 22 Kalorien. Die Wachstumszeit beträgt bis zur ersten Ernte 80 bis 90 Tage. Eine Normalernte entzieht einem qm Boden an Reinnährstoffen: 25 g Stickstoff, 8 g Phosphor, 20 g Kali und 30 g Kalk.

Mangold ist im Sommer ein dankbarer Spinatersatz.

Blattfleckenkrankheit und falscher Mehltau sind Plagegeister, die ihn mitunter befallen und die ihr durch geeignete Kulturmaßnahmen, nämlich freien und luftigen Stand, vermeiden könnt.

Mangold in der Küche

Liebe Hausfrau! Wenn es bei mir Mangold gibt, dann werden immer gleich zwei verschiedene Gerichte zubereitet. Probiere es auch einmal. Vielleicht findest auch du Gefallen daran, zwei Fliegen mit einer Klappe zu schlagen. Für die Mittagsmahlzeit werden die Blätter von den Stielen abgestreift und wie Spinat zubereitet. Die Stiele werden wie Rübstielgemüse in Salzwasser weich gekocht und dann in Stückchen geschnitten. Helles

Ein Drittel Blätter ernte nur, ein Mehr ist wider die Natur!

Schwitzmehl kochst du mit Milch oder Brühe dicksämig, gibst das Gemüse dazu und kochst es gut durch. Mit Muskatnuß angerichtet und mit Salzkartoffeln serviert hast du ein zweites Gericht zum Abendbrot mit ganz anderem Geschmack.

Sauerampfer

Auf Sauerampfer nicht verzichten, will ich bei guten Fischgerichten!

Dieses Knöterichgewächs erhielt den schönen Namen *Rumex acetosa*. Auf allen europäischen Wiesen, bis tief hinein nach Asien, ist er heimisch. Als Spinat zubereitet, schätzen ihn Kenner wegen seines feinen, säuerlichen Geschmackes und seines hohen Vitamin-C-Gehaltes. Einige Blätter dem Spinat beigefügt, verbessern den Geschmack gewaltig. Zu Kräutertunken und Kräutersuppen wird er ebenfalls gern verwendet, genausogut ist er bei leckeren Fisch- und Fleischgerichten zu verwenden. Als Salat roh zubereitet, ist er mit Rosinen zusammen den Vegetariern genauso wohlschmeckend wie dem Diätköstler. Er kann aber auch mit Löwenzahn vermengt zubereitet werden.

Es ist ein ausgesprochener Wildsalat, der natürlich in jedem Boden wie Unkraut gedeiht. Sät ihn im Herbst oder Frühjahr auf ein Saatbeet mit 20 cm Reihenabstand. Verzieht später in der Reihe auf diesen Abstand. Nach 10 Tagen ist er aufgegangen. Ihr könnt ihn dann ruhig einige Jahre am gleichen Platze stehen lassen. Bitte, pflückt seine Blätter recht oft, damit er ständig neue austreiben kann. Beim Erscheinen des Blütentriebes müßt ihr diesen ausschneiden, da er sonst Samen bildet, euren Garten verunkrautet und die Blattbildung vernachlässigt. Als Heilpflanze wird das frische Kraut zur Darmreinigung empfohlen, besonders bei Verstopfungen. Es fördert die Blutbildung und kräftigt das Knochenmark. Bei Vitaminmangel und Skorbut ist er ein wertvolles Heilmittel.

Der Sauerampfer wächst auch wild, geschmacklich ist er trotzdem mild!

Es sollten ihn empfindliche Menschen und Kranke aber nicht allzu reichlich genießen, da sein reicher Gehalt an Oxalsäure Herz und Nieren angreifen könnte (so sagen die Ärzte und die sollten es doch eigentlich wissen).

Der Sauerampfer in der Küche

Liebe Hausfrau! Sauerampfer wächst auch wild und ist von vielen Frauen in den ersten Nachkriegsjahren emsig gesucht und als Mahlzeit zubereitet worden. In vielen Familien ist seit dieser Zeit der Sauerampfer im Frühjahr ständiger Gast geworden und hat sich sogar ein Eckchen im Garten erobert, damit man im Freien nicht erst lange die einzelnen Blättchen zusammensuchen muß. Der angenehme, natursäuerliche Geschmack dieses Wildsalates ist es, der ihm den Vorzug einräumt, vom Kleingärtner kultiviert zu werden, zumal er vollkommen anspruchslos ist.

Die Zubereitung des Sauerampfers

Du behandelst ihn genauso wie den Spinat, nur mußt du beim Kochen daran denken, daß er viel schneller gar wird als „Kollege Spinat"! Du läßt ihn also nur 2 bis 3 Minuten in Salzwasser kochen. Zu Lammkoteletts, gedämpftem Kalbfleisch und gebratenem Fisch wird er als besondere Zuspeise sehr geschätzt.

Sauerampfer als Rohkostsalat

Ich tu' hier kund: Roh ist gesund!

Du zerzupfst die Blätter oder zerschneidest sie und richtest sie wie Kopfsalat an, nur daß du Essig oder Zitrone wegläßt. Feinschmecker wollen geriebene Äpfel dazwischen haben!

Gartenmelde

Teilweise wird sie auch als „Spanischer Salat" bezeichnet. Sie wird in vielen Gegenden gern als Sommerspinat angebaut und erfreut sich einer denkbar einfachen Kultur. Sie wächst bis 1 m hoch und hat reiches, großes Blattwerk. Sie ist einjährig, doch robust, so daß ihr sie bereits ab Januar, sobald draußen offenes Wetter herrscht, aussäen könnt. Das kann ohne weiteres als Wegeeinfassung oder am Beetrand geschehen. Bitte gebt aber einen Reihenabstand von 25 cm bei Beetkultur. Die Ernte kann auch durch Schnitt erfolgen, wenn sie 20 bis 25 cm hoch gewachsen ist. Mit Blatt und Stiel kommt sie in den Kochtopf. Botanisch heißt sie *Atriplex hortensis* und gehört wie der Spinat zu den Gänsefußgewächsen. Im Geschmack ist sie zwar nicht so kräftig wie der Spinat, aber manche Feinschmecker lieben sie gerade deshalb, sie würzen dann mit etwas Muskat nach. Der hohe Gehalt an Vitamin C ist nicht zu verachten. Bei der Melde kann man sogar die Blätter der in Blüte geschossenen Pflanze ernten. Wegen des reichen Samenausfalls entfernt man die Pflanze am besten vorher, damit dein Garten nicht plötzlich voller Melde steht.

Im Garten wächst sie — auch im Felde, die altbekannte Gartenmelde!

Petersilie

Zwei Arten sind zu unterscheiden: Die Wurzel- und die Schnittpetersilie. In der Fruchtfolge wird Petersilie in zweiter, aber auch in dritter Tracht angebaut, je nachdem du Land dafür zur Verfügung hast. Am besten säst du im März bis Mai in Reihen von 20 cm Abstand aus. Die Wurzelpetersilie wird auf 5 cm verzogen, die Schnittpetersilie auf 4 bis 5 cm. In die Reihen säst du wie bei Karotten und Zwiebeln ganz dünn etwas Radieschensamen, um „blind" hacken zu können. Hacken und Unkrautvernichtung sind die Arbeiten, die das Petersilienbeet von uns verlangt. Wer viel Petersilie braucht, muß im Sommer öfters gießen. Als Düngung gibt man vor der Aussaat 30 g Pflanzenfutter auf den Quadratmeter. Willst du im Winter schöne Petersilie haben, pflanze dir einige starke Wurzeln in Töpfe und setze diese ans Küchenfenster. Die Köpfe der Wurzeln müssen frei stehen. Ganz gewitzte Gartenfreunde pflanzen im Herbst den Balkonkasten voll. Wer Bretter und Deckmaterial hat, schneidet im August die Petersilie vollständig ab. Ehe der Winter kommt, wird von Brettern ein Kasten um das Beet gebaut und von oben zugedeckt. An frostfreien Tagen mußt du jedoch lüften. Um den Kasten wird ein Erddamm in der Höhe der Bretter als Schutz angeworfen. Auf diese Weise kann das Beet bis in den Winter hinein vollständig abgeerntet werden. Wer Mistbeetfenster hat, nimmt diese.

Im Topf gepflanzte Petersil, hilft im Winter uns sehr viel!

Wurzelpetersilie wird zum Überwintern im Herbst in Sand eingeschlagen (im Keller oder in der Miete). Als Wurzelpetersilie empfehle ich dir die Sorte „Berliner halblange, verbesserte", als Schnittpetersilie die „Mooskrause", es sind die geeignetsten Sorten. Unter Schädlingen hat die Petersilie wegen ihres intensiven Geruchs und Geschmacks wenig zu leiden.

Der Heilwert der Petersilie

Die Petersilie ist außer ihrer Verwendbarkeit in der Küche auch ein vorzügliches Hausmittel, besonders als Tee. Sie wirkt Wasser und Blähungen treibend, nervenberuhigend und schmerzstillend. Ein gehäufter Eßlöffel Petersilienwurzel wird mit einem Viertel Liter Wasser eine Minute gekocht. Dieser Tee täglich 1 bis 2 Tassen schluckweise genommen, wird bei Wassersucht, Blasenschwäche, Harnverhaltung und wässrigen Ergüssen in den Beinen, der Brust und der Bauchhöhle oder auch im Herz-

Wurzel und Kraut, sind jedem vertraut!

*Sticht mich 'ne Biene
in die Haut,
dann nehm ich
Petersilienkraut!*

beutel mit allerbestem Erfolg angewandt, da er eine besonders harntreibende Wirkung besitzt. Frisch zerquetschte Petersilie wirkt schmerzstillend und heilend bei Ohren- und Zahnschmerzen, selbst wenn das Gesicht schon stark angeschwollen ist (in die Ohren stecken). Auflagen mit zerquetschter Petersilie werden mit Erfolg bei krankhaften und hartnäckigen Verhärtungen der Brüste (sogenannten Milchknoten) und bei anderen Drüsen angewandt. Bei Harnzwang, Wassersucht, Blasenleiden und Nierenwassersucht ist Tee von Petersiliensamen ein altes Hausmittel. Man trinke täglich höchstens zwei Tassen (ein Teelöffel Samen auf eine Tasse).

Bei Mückenstichen ist es ebenfalls ein altbewährtes Hausmittel. Man reibt die Stichstellen mit dem grünen Kraut ein. Du siehst, welch große Heilkraft in der Petersilie steckt. Darum trockne Petersilie im Sommer, wenn du reichlich von dem Kraut im Garten hast. Das Trocknen muß im Schatten geschehen, damit das Aroma erhalten bleibt.

Interessantes von der Petersilie

1 g Petersiliensamen enthält ca. 600 Körner. Die Keimdauer beträgt 21 Tage. Die Saat bleibt zwei bis drei Jahre keimfähig. Saattiefe 5 mm. Auf 1 qm werden 3 g Saat gerechnet. Der Durchschnittsertrag pro qm liegt bei 1 kg frischer Schnittpetersilie. Eine Normalernte entzieht einem qm Boden an Reinnährstoffen: 7 g Stickstoff, 7 g Phosphorsäure, 11 g Kali und 10 g Kalk. Bis zum ersten Schnitt mußt du etwa 65 bis 70 Tage warten. In der Petersilie sind die Vitamine A und C reichlich vorhanden.

*Die ganze Familie
schätzt Petersilie!*

Die Petersilie in der Küche

Liebe Hausfrau! Wohl kaum ein zweites Würzkraut ist auf der Erde so bekannt wie unsere alte gute Petersilie. Schon sehr früh hat die Menschheit die hohe und eigenartige Würzkraft dieses Kräutleins erkannt und es in ihren Gärten gehegt und gepflegt. Auch du hast wohl als Kind schon den Abzählreim aufgesagt: „Petersilien-Suppenkraut, wächst in unserm Garten..." und hast somit recht früh schon Freundschaft mit ihr geschlossen. Wie vielseitig ihre Verwendungsmöglichkeit ist, weißt du selbst. Die Speisen bekommen erst durch dieses unscheinbare Kräutlein die letzte Feinheit in der Würze, die Abrundung. Da die Petersilie in allen Fällen zuletzt zugesetzt wird, kommt sie in rohem Zustand in den Magen, wodurch auch ihre gesundheitsfördernde Wirkung auf den Gesamtorganismus voll zur Wirkung kommt.

Petersilientunke zu gekochtem Fisch und Fleisch

Ein altbekanntes Rezept, den jungen Hausfrauen sei es trotzdem erzählt! Du läßt 3 Eßlöffel gehackte Petersilie zusammen mit einer feingehackten Zwiebel in Butter schwitzen, achtest aber darauf, daß sich die Zwiebel nicht bräunt. Jetzt kommt ein Eßlöffel Mehl oder eine geriebene Semmel hinzu, mit Fleischbrühe wird aufgefüllt und eine schöne sämige Soße daraus gemacht. Eine Prise Pfeffer, Salz und etwas Fettigkeit werden zugegeben. Ein paar Tropfen Suppengewürze oder einige Tropfen Zitronensaft werden gleichfalls beigefügt. Willst du die Soße zu Fisch verwenden, wird an Stelle der Fleischbrühe mit Fischwasser aufgegossen, wobei darauf zu achten ist, daß nur soviel Fischbrühe genommen wird, wie es dem Gaumen wegen des Salzgeschmackes zuträglich ist. Es muß dann mit Wasser verdünnt werden.

*Das ist der Petersilientopf,
trägt grüne Haare auf
dem Schopf!*

Das Einfrieren von Petersilie

Petersilie wird vollkommen roh eingefroren. Man reinigt und wäscht zu diesem Zweck nur frische, grüne Blätter, entfernt die Stiele und füllt sie in Beutel.

Wichtige Hinweise

Du weißt, daß du Petersilie im Sommer trocknen kannst, um zur Winterzeit dieses herrliche Kräutlein nicht ganz zu missen. Trockne es aber im Schatten. Der große Heilwert des Krautes ist dir aus dem vorher Gesagten bekannt. Nicht genug kann ich darauf hinweisen, daß du dir im Herbst einige Pflanzen eintopfst oder in den Balkonkasten setzt. Zu Dekorationszwecken wird die mooskrause Petersilie gern verwendet.

Jede Speise hat in Kürze, Geschmack durch Petersilienwürze!

Eingesalzenes Suppengrün

Du stellst es wie folgt her: Frische Petersilie und frisches Selleriekraut werden gewaschen und kommen auf ein Tuch zum Abtrocknen. Danach werden die beiden Kräuter mit dem Wiegemesser zerkleinert, mit reichlich Salz vermengt und in ein Glas gedrückt. Obendrauf kommt nochmals eine Salzschicht von 1 cm Dicke als Abschluß. So konserviertes Suppengrün hält sich sehr lange und ist im Winter eine willkommene Würze.

Das Einfrieren von Suppengrün

Petersilie, Sellerielaub und -knollen, Lauch, Möhren, Karotten und Kräuter werden sorgfältig gereinigt und gewaschen. Die geschnittenen Wurzeln und Knollen werden 5 Minuten in kochendes Wasser gelegt, während Petersilie und Kräuter nur etwa 4 Minuten über Wasserdampf gedünstet werden. Dann wird alles sorgfältig gemischt, in Portionen aufgeteilt und in Beutel gefüllt.

Suppengrün im Tiefkühlfache, das ist eine feine Sache!

Schwarzwurzel oder Scorzonerwurzel

Die Schwarzwurzel wird als der Spargel des Winters bezeichnet und ist ein ganz vorzügliches Wintergemüse, das sich kein Kleingärtner entgehen lassen dürfte. Die Kultur ist einfach, der Ertrag sicher. Vorbedingung ist allerdings ein recht lockerer, tiefgründiger Boden, weil die Wurzeln sehr lang werden. Schwarzwurzeln werden immer in zweiter Tracht angebaut. Gern stehen sie auf Beeten nach Gurken, Kohl oder Kartoffeln. Im Herbst mußt du schon wissen, auf welchem Beet die Schwarzwurzeln im nächsten Jahr stehen sollen. Dieses Land wird nämlich dann zwei Spatenstich tief umgegraben. Als Düngung kommt nach der Aussaat auf den Quadratmeter 50 g Pflanzenfutter. Für eine spätere Kopfdüngung mit 30 g Pflanzenfutter sind Schwarzwurzeln immer dankbar. Die Aussaat erfolgt in der Regel im März bis April. Auch Herbstaussaat im August/September ist möglich. Bei Herbstaussaat müssen die Beete bis zum Aufgang der Saat gleichmäßig feucht gehalten werden.

Auf geringem Boden bleiben die Wurzeln oft klein. In diesem Falle kannst du die Schwarzwurzeln noch ein Jahr stehen lassen. Da aber im zweiten Jahr alle Pflanzen in Blüte gehen, leiden die Wurzeln an Güte. Die einjährigen Wurzeln sind bedeutend zarter. Bei Herbstaussaat überbrückt man diese Schwierigkeiten. Es wird nur wenige Blüher geben, auch werden die Wurzeln stärker werden. In Kleingärtnerkreisen ist diese Aussaatzeit wenig bekannt. Die Reihenweite beträgt 25 cm. Dies ergibt vier Reihen aufs Beet. Mit einer kleinen Spitzhacke werden 3 cm tiefe Rillen gezogen,

Tiefgrundig muß der Boden sein, sonst bleibt die Wurzel dünn und klein!

Recht tief muß stets der Spaten stechen, damit die Wurzeln ja nicht brechen!

in die die Samen einzeln, alle 2 cm ein bis zwei Körner gelegt werden. Nach dem Bedecken der Saat wird gut angedrückt. Um starke Wurzeln zu erhalten, muß später auf 8 bis 10 cm verzogen werden. Obwohl die Schwarzwurzel mit ihrer tief in den Boden hinabwachsenden Wurzel sich leicht selbst mit Wasser versorgen kann, ist bei großer Trockenheit ein kräftiges Gießen angebracht. Aufschießende Blütenstengel mußt du abkneifen. Bei der Ernte ist besondere Sorgfalt nötig, um das Abbrechen der Wurzeln zu verhindern. Die Schwarzwurzeln sind vollkommen winterhart und können im Freien stehen bleiben. Wer im Winter frisch ernten will, muß so stark mit Laub oder Stroh abdecken, daß der Boden nicht gefriert. In der Regel werden die Schwarzwurzeln im Keller oder in der Miete in Sand eingeschlagen. Der Saft der Wurzeln darf nicht eintrocknen. Zu den Feinden der Schwarzwurzel gehören Mäuse und Wühlmäuse. Gegen die Wühlmäuse wirken die bekannten Vergasungsbriketts, auch die Wühlmauspaste „Metamort" hat sich sehr gut bewährt. Wir müssen diese Mittel sofort nach dem ersten Auftreten dieser gefährlichen Nager anwenden und die Nachbarn ebenfalls an der Bekämpfung der Plagegeister beteiligen.

Sorten

Als beste Sorte sind mir die „einjährigen Riesen" bekannt.

Interessantes von der Schwarzwurzel

Du brauchst nicht Mieder noch Korsett — iß grüne Kost, die macht nicht fett!

1 g Samen enthält ca. 80 Stäbchen. Die Keimzeit beträgt 18 Tage. Die Saat bleibt nur ein Jahr keimfähig, deshalb stets frischen Samen einsäen! Auf 1 qm rechnet man 4 bis 5 g Samen. Der Durchschnittsertrag liegt bei 2 bis 3 kg pro qm. Vitamin B_1, B_2 und C ist in den Schwarzwurzeln enthalten. 100 g Schwarzwurzeln enthalten ca. 10 Kalorien. Die Wachstumszeit beträgt 200 bis 240 Tage. Eine Normalernte entzieht dem Boden pro qm an Reinnährstoffen: 12 g Stickstoff, 4 g Phosphor, 15 g Kali und 6 g Kalk. Eine letzte Kopfdüngergabe im Juli mit Pflanzenfutter ist angebracht.

Nähr- und Heilwert

Schon im Mittelalter wußte man, daß Schwarzwurzeln auf das Knochensystem einen günstigen Einfluß ausüben. Knochenbrüche heilen schneller, wenn der Verletzte die Wurzelabkochung trinkt und reichlich Schwarzwurzelgemüse ißt. Äußerlich kann man die mit Wasser verdünnte Tinktur, ähnlich wie die Arnikatinktur, zum Verbande verwenden. Sehr günstig wirkt die Wurzel bei Bluthusten, Schleimdurchfall und ruhrartigem Durchfall, verbunden mit krampfartigen Leibschmerzen. Gegen Harnbeschwerden mit scharfem Urin ist die Wurzel ein altes Mittel. 3 g zerschnittene Wurzel werden in ½ Liter Wasser gekocht. Diese Menge genügt als Tagesgabe. Es ergibt sich also, daß Schwarzwurzeln neben ihrem Wohlgeschmack als Gemüse gleichzeitig im Körper heilkräftig wirken. Laß dir dieses Gemüse nicht entgehen, säe auch ein Beet Schwarzwurzeln alljährlich mit aus.

Schwarzwurzeln haben nur wenig Kalorien, daher sind sie das geeignete Gericht für korpulente Menschen!

Da Schwarzwurzeln nur sehr wenig Kalorien enthalten, sind sie das geeignete Gericht für korpulente Menschen, weil sie den Magen füllen, wenig Nährwert haben und das Gefühl der Sättigung vermitteln, ohne dick zu machen! Weniger bekannt ist, daß Schwarzwurzeln ein anerkanntes Inulin-Gemüse sind und Zuckerkranken ärztlicherseits zum Genuß empfohlen werden.

Die Schwarzwurzel in der Küche

Liebe Hausfrau! Die Schwarzwurzel ist unser Winterspargel und ich hoffe, daß auch du dieses wohlschmeckende Gemüse aus deinem Garten bekommst. Da sich die Schwarzwurzeln im Einschlag sehr gut halten, ist es angebracht, alljährlich ein Beet davon neu anzulegen. Hinzu kommt der hohe Gehalt an Vitaminen, denn gerade im Winter braucht doch der Körper diese kleinen, geheimnisvollen Wirkstoffe, um sich gesund zu erhalten.

Schwarzwurzel in den Winterwochen, bringt Vitamine in die Knochen!

Schwarzwurzeln in holländischer Tunke

Du schabst die Wurzeln recht schön sauber und legst sie sofort in Wasser, dem du einen Schuß Essig beigefügt hast, damit sie weiß bleiben. Dann schneidest du sie in fingerlange Stücke und gibst sie in kochendes Salzwasser, worin sie etwa fünf bis zehn Minuten weiterkochen. Anschließend werden sie herausgenommen und in Fleischbrühe weitergekocht. Ein Stück Butter und Salz kommt dazu. Die Brühe machst du durch Beigabe von Mehl sämig und läßt die Wurzeln nun so lange kochen, bis sie gar sind.

Schwarzwurzeln in Käse

Du bereitest die Schwarzwurzeln wie oben berichtet zu, nimmst sie aus dem Salzwasser heraus, läßt sie abtropfen, gibst sie in eine Pfanne, in welcher du Butter zerlassen hast und streust geriebenen Käse und eine Prise Pfeffer darüber.

Gebackene Schwarzwurzeln

Du nimmst zehn Eßlöffel Mehl, zwei Eigelb, etwas Weißbier oder Milch, eine zerkleinerte Zwiebel, eine Prise Salz und Pfeffer, machst davon einen dickflüssigen Ausbackteig, den du mit dem zu Schnee geschlagenen Eiweiß verfeinerst. Die in Salzwasser gekochten Schwarzwurzeln kommen da hinein und werden einzeln wieder herausgeholt, sie kommen nunmehr in eine Pfanne mit Fett, worin du sie hellbraun backen läßt.

Eigne Frucht auf eignem Herd, ist fürwahr von großem Wert!

Rote Rübe

Salatbete, Salatrüben, Rote Bete oder Rahne werden sie noch genannt. Aus den Mittelmeergebieten kamen sie zu uns, sie werden gewöhnlich ab April im Hausgarten ausgesät, und zwar in einem Reihenabstand von 20 cm. Wer alle 10 cm zwei Samenkörner steckt, erspart sich meist das Verziehen. Sie lieben altgedüngten, lockeren Gartenboden, jedoch nicht frisch mit Mist gedüngtes Land. Beachtet später bei der Ernte, daß die Rüben nicht verletzt werden, weil sie sonst „hell verbluten". Auch das Kraut nicht abschneiden, sondern abdrehen. Ein Verpflanzen zu dicht aufgegangener Saat ist nicht möglich, da bei der dadurch auftretenden Wachstumsstockung die Ringbildung gefördert wird.

Interessantes über die Rote Rübe

1 g Saat enthält ca. 70 Körner. Nach 12 bis 14 Tagen ist der Keimprozeß beendet. Vier Jahre bleibt die Saat keimfähig, Saattiefe 3 cm. Bis zur Ernte braucht die Rote Rübe je nach Sorte drei bis vier Monate Zeit. Samenbedarf 2 bis 3 g pro qm. Die Rüben enthalten pro 100 g 20 Kalorien. Eine Normalernte entzieht dem Boden pro qm folgende Reinnährstoffe: 15 g Stickstoff, 8 g Phosphor, 15 g Kali und 20 g Kalk. Gegen Spätfröste

Die Blätter sind nur abzudrehen, wie wir's auf diesem Bildchen sehen!

Bei recht vielen hellen Ringen, fehlt's an Wasser — und am Düngen!

sind sie empfindlich, erntet deshalb rechtzeitig. Der rote Saft wird von klugen Hausfrauen und der Industrie gern als neutrales Färbemittel verwendet. An Vitaminen liefern sie: B_1, B_2 und C. Nach neuesten wissenschaftlichen Forschungen wirkt der Genuß von Roten Rüben auf den menschlichen Körper als einziges bisher bekanntes Mittel krebshemmend! Diese Tatsache wird der Roten Rübe zu noch größerem und intensiverem Anbau verhelfen.

Das Lebensmittelgesetz, wonach alle chemisch gefärbten Speisen und Konserven genau bezeichnet werden müssen, gibt der Roten Rübe neue Aufgaben und Chancen als natürlicher Farbstoff. Botanisch heißt sie *Beta vulgaris rubra* und wird zu den Gänsefußgewächsen gerechnet. Wer die Ringbildung vermeiden will, der sorge für zügiges Wachstum, genügend Wasser und ca. 50 g Pflanzenfutter pro qm an Kopfdüngung. In manchen Jahren sind sie anfällig gegen Rübenblattwanze, Herztrockenfäule, Schwarzbeinigkeit und Rübennematode. Geeignete zeitgemäße Mittel findet ihr in den Fachsamenkatalogen angeboten.

Die Roten Rüben in der Küche

Liebe Hausfrau! Auch die Rote Rübe hat in den Nachkriegsjahren einen vermehrten Anbau erfahren, und vielerlei neue Gerichte aus ihr sind hinzugekommen und haben geholfen, dir den Speisezettel abwechslungsreicher zu gestalten. Rote Rüben sind blutbildend. Der Salat aus ihnen ist sehr schmackhaft. Die Haltbarkeit im Winter ist gut, somit steht dir während der ganzen Wintermonate dieses Gemüse zur Verfügung.

Durch den Saft der roten Rüben, bin ich so mobil geblieben!

Gemüse von Roten Rüben

Du wäschst Rote Rüben und kochst sie mit der Schale weich. Rote Rüben werden aber nicht mit der Gabel angestochen, um zu probieren ob sie weich sind, da sie dann Farbe verlieren. In kaltem Wasser wird nach dem Garwerden die Schale abgestreift und die Knollen werden zerkleinert. Mehl wird in Fett hellbraun geschwitzt, etwas saure Sahne kommt dazu sowie ein paar Pfefferkörner und ein Lorbeerblatt. Es wird langsam gekocht. Die Gewürze werden entfernt, die Soße mit den Roten Rüben vermischt, ein Schuß Essig dazugegeben und nochmals alles zusammen kurz durchgekocht.

Salat aus Roten Rüben

Nachdem du einige Rote Rüben gewaschen hast, ohne an ihnen herumzuschneiden, werden sie in Wasser ganz gekocht. Sobald sie gar sind, werden sie geschält, in Scheiben geschnitten, etwas Öl und Essig kommt dazu, ein Stück kleingeschnittener Meerrettich sowie einige Kümmelkörner. Eine Prise Pfeffer, Salz, Zucker, ein Lorbeerblatt und etwas Schnittlauch oder Zwiebelschlotten. Dann gut mischen und das Ganze ziehen lassen. Pikanter wird dieser Salat noch, wenn du Heringsstückchen und eine Sellerieknolle dazwischenmischst.

Der gute Rote-Rüben-Saft, der bildet Blut — unzweifelhaft!

Rote Rüben eingemacht

Rote Rüben stehen ja den ganzen Winter über aus dem Keller zur Verfügung, aber viele Hausfrauen schätzen sie eingemacht besonders, da sie dann gut durchgezogen sind. Du verfährst wie folgt: Nimm schöne dunkle Rüben, welche du kochst und möglichst nicht verletzt, da sonst der Saft beim Kochen schon entweicht und die Rüben blaß werden. Wenn sie sich weich anfühlen, werden sie herausgenommen. Die Haut wird warm abgezogen (nicht anstechen!). Jetzt werden sie in Scheiben geschnitten, es kommt Salz, zerkleinerter Meerrettich, Kümmel, Nelken und Lorbeerblätter hinzu. Das Ganze kommt in einen Steintopf oder ein Glas. Wir kochen nun 1 Liter guten Weinessig mit einem halben Liter Wasser und geben etwas Zucker hinzu. Jetzt wird diese Lösung über die Roten Rüben gegossen, das Gefäß zugebunden und kalt gestellt.

Pastinaken, Moorwurzel, Hammelmöhre

Ein wenig bekanntes, aber doch anbauwürdiges Gemüse. Die Pastinake schmeckt würzig süßlich, das Fleisch ist weiß. Jedenfalls hast du in ihr ein Gemüse, mit dem du im Winter den Speisezettel bereichern kannst. Die Saatzeit ist März bis April, die Saatweite 30 cm, in den Reihen mußt du auf 15 cm vereinzeln. Es wird 50 g Pflanzenfutter als Düngung gegeben. Die Pastinake ist winterhart, sie kann also im Freien überwintern. Willst du Pastinaken einwintern, mache es ebenso wie bei Möhren. Das Kraut wird bei der Ernte abgeschnitten und an das Kleinvieh verfüttert. Die Rüben werden gleich den Möhren im Frühjahr gerne von den Kaninchen genommen. Als beste Sorte ist wohl die „Halblange Weiße" zu bezeichnen. Die Pastinake ist ein nahrhaftes Gemüse und hat mehr Nährwerte als Kohlrabi und Kohlrüben besitzen. Vitamine A und B_1 enthält sie. Wachstumszeit ca. 170 Tage, Keimzeit drei Wochen. 1 g Saat sind etwa 220 Körner.

Der Schlesier schätzt am Pastinak den eigentümlichen Geschmack!

Die Pastinake in der Küche

Liebe Hausfrau! Viele von euch kennen die Pastinake nicht und doch wird sie in vielen Gegenden sehr geschätzt. Sie kann wie Petersilie zum Würzen verwendet werden, zu Tunken und als Gemüse. Die Pastinaken werden wie Möhren gekocht, oder mit holländischer Soße zu Salzkartoffeln gegeben. Als Salat werden sie wie Sellerie mit Essig und Öl verwendet.

Pastinakengemüse

Du schabst und wäschst die Wurzeln, schneidest sie in fingerlange Stücke, kochst sie in Wasser oder Fleischbrühe unter Beigabe von etwas Fettigkeit. Du kannst sie jedoch auch wie Schwarzwurzeln mit holl. Tunke zubereiten. Das Gericht wird allen deinen Tischgenossen gut munden.

Pastinaken werden gern von Kaninchen gefressen!

Pastinakensalat

Nachdem du die Wurzeln in Salzwasser gar gekocht hast, schneidest du sie in kleine Stücke und machst sie mit Essig, Pfeffer, Öl, Salz und etwas Zwiebel an. Ziehen lassen und servieren.

Kohlrübe

Sie ist unter vielen Namen bekannt, nämlich: Wrucke, Erdrübe, Dorsche, Steckrübe, Erd- bzw. Bodenkohlrabi oder Erddorsche. Sie hat in der Landwirtschaft viele Freunde, da die haltbaren Rüben als Viehfutter sehr geschätzt werden. Der Kleintierhalter will sie im Garten selbst heranziehen und benutzt sie als Zwischen- oder Nachfrucht. Der Bauer hat die Kohlrübe gern zur Hand, wenn Rübenpflanzen auf dem Felde eingegangen sind, um die Reihen voll zu pflanzen. Sie ist drei Monate nach der Pflanzung erntereif. Leichten Nachtfrost kann sie noch vertragen, auch sonst ist sie anspruchslos.

Die Dorsche pflanz in zweiter Frucht, du brauchst sie für die Kleintierzucht!

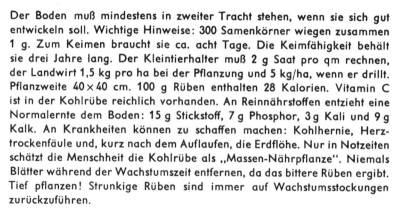

Der Boden muß mindestens in zweiter Tracht stehen, wenn sie sich gut entwickeln soll. Wichtige Hinweise: 300 Samenkörner wiegen zusammen 1 g. Zum Keimen braucht sie ca. acht Tage. Die Keimfähigkeit behält sie drei Jahre lang. Der Kleintierhalter muß 2 g Saat pro qm rechnen, der Landwirt 1,5 kg pro ha bei der Pflanzung und 5 kg/ha, wenn er drillt. Pflanzweite 40 × 40 cm. 100 g Rüben enthalten 28 Kalorien. Vitamin C ist in der Kohlrübe reichlich vorhanden. An Reinnährstoffen entzieht eine Normalernte dem Boden: 15 g Stickstoff, 7 g Phosphor, 3 g Kali und 9 g Kalk. An Krankheiten können zu schaffen machen: Kohlhernie, Herztrockenfäule und, kurz nach dem Auflaufen, die Erdflöhe. Nur in Notzeiten schätzt die Menschheit die Kohlrübe als „Massen-Nährpflanze". Niemals Blätter während der Wachstumszeit entfernen, da das bittere Rüben ergibt. Tief pflanzen! Strunkige Rüben sind immer auf Wachstumsstockungen zurückzuführen.

*Immer wieder meine Mahnung:
Abstand halten ist auch Planung!*

Die Kohlrübe in der Küche

Liebe Hausfrau! Wahrscheinlich wirst du sagen: „Warum erst wegen der Kohlrübe viel Sache machen — haben wir doch alle dieses Volksnahrungsmittel während der unseligen Kriege zur Genüge gegessen!" Ich möchte trotzdem ein paar Worte darüber verlieren, denn selbst in normalen Zeiten, mit guten Zutaten bereitet, ist die Kohlrübe immer noch ein schmackhaftes Gemüse. Geblieben ist ihre fast unbeschränkte Haltbarkeit, somit hilft sie uns doch, den Winter über hin und wieder eine andere Gemüseart auf den Tisch bringen und uns mit wichtigen Vitaminen zu versorgen.

Kohlrübenscheiben gebraten

Du schälst deinen üblichen Bedarf und schneidest die Rüben in etwa 2 cm dicke Scheiben, welche du in Salzwasser gar kochst, dem du einen Schuß Essig beigefügt hast. Sobald sie gar sind, läßt du sie abtropfen, wälzt sie in Ei und panierst sie mit geriebener Semmel. In Butter werden sie nunmehr goldbraun gebacken und zu Kartoffeln serviert. So zubereitet, wird niemand dieses Gericht verschmähen!

Durchgeschlagene Kohlrüben

Du nimmst dein Quantum Kohlrüben, schälst sie, schneidest sie in Stücke, überbrühst sie und setzt sie in Salzwasser an. Du gibst Schmalz oder Speck hinzu und schneidest eine Zwiebel hinein. Nachdem die Rüben weichgekocht sind, treibst du sie durch den Durchschlag, machst den Brei nochmals warm, gießt braune Butter darüber und servierst sie zu Salzkartoffeln. Ebenfalls ein sehr schmackhaftes Kohlrübengericht, welches ich nicht verachte.

*Kanne, Pflanzholz,
Pfeife, Hut,
steh'n noch jedem
Gärtner gut!*

Mairübe, Stielmus, Weiße Rübe

Wer Mairüben recht dicht aussät, 2 bis 3 g pro qm, der erhält viele kräftige Blattstiele, die der Rheinländer und Westfale Stielmus nennt. Zu dichter Stand verhindert die Bildung der Rüben. Bei Maiaussaat und weitem Stande können sich die Rüben gut entwickeln und liefern acht bis neun Wochen später die beliebten Mairübchen, auch „Teltower Rübchen" genannt. Bei Augustaussaat gibt es die sogenannten Herbstrüben, die im Kellereinschlag während des Winters wieder austreiben und zarte Schosser bilden, welche der Kenner wie Endivien zubereitet und verspeist. Also: aus eins mach' drei!

Die Mai- oder Teltower Rübchen in der Küche

Liebe Hausfrau! Die Teltower Rübchen sind in der Berliner Gegend ein sehr beliebtes Frühjahrsgemüse und anspruchslos im Anbau. Sie räumen die Beete schnell und machen Platz für anderes Gemüse. Lege dir einmal ein Beet Teltower Rübchen an — ich rate sehr dazu. Verwendung: als Eintopf zu Fleisch, als Gemüse, zu Hammelbraten zum sogenannten französischen Souper. Ein Gericht für Feinschmecker.

Erst studieren, dann probieren; mal was anderes schnabulieren!

Teltower Rübchen

Nachdem du die Rübchen gründlich gewaschen und geschabt hast, werden sie mit Mehl bestreut, damit sie bis zum Kochen nicht braun oder schwarz werden. Du läßt nunmehr etwa drei Eßlöffel Butter und einen Teelöffel Zucker zergehen. Ist die Butter braun, kommen die zerschnittenen Rübchen hinein und werden geschmort. Nachdem die Rübchen eine Zeitlang geschmort haben, kommt Fleischbrühe oder kochendes Wasser darüber. Darin läßt du sie weichkochen. Du machst anschließend eine helle Mehlschwitze, die du dann mit der Rübenbrühe (Fleischbrühe) zu einer Soße verkochst. Mit Salz und Pfeffer wird dann abgeschmeckt und etwas feingehackte Petersilie zugegeben. Die Teltower Rübchen werden gern zu Schnitzeln und sonstigen Fleischspeisen gegessen.

Kürbis

Der Kürbis (botanisch *Cucurbita; Cucurbitaceae* — Kürbisgewächse) gilt als der Riese im Garten. Auf Ausstellungen wird natürlich der größte Kürbis am meisten bestaunt. Wer große Kürbisse zu Ausstellungszwecken ziehen will, pflanzt an den Komposthaufen und läßt nur zwei bis drei Früchte hängen. Für reichliche Wasser- und Düngergaben ist zusätzlich zu sorgen. Wer die Erde seines Komposthaufens nicht durch die Pflanzen aussaugen lassen will, der pflanze Kürbis an den Fuß des Haufens und leite die Ranken darüber, wodurch die Erde schattig gehalten wird. Eine ausgewachsene Kürbispflanze ist imstande, an einem heißen Sommertage 40 Liter Wasser zu verdunsten! Sobald die Frucht etwas größer geworden ist, wird ein Brett darunter gelegt, um das Faulen zu verhindern. Oben wird ein Kürbisblatt oder ein Stück Leinen übergedeckt, damit die dicke Frucht nicht platzt oder rissig wird. Die Aussaat erfolgt im März in Töpfe oder Ende April ins Freiland.

Kürbisse gehören nicht auf den Komposthaufen, sondern an den Rand!

1 g Samen enthält zwei bis vier Körner, je nach Sorte. Die Saat geht nach acht Tagen auf. Der Samen bleibt vier bis fünf Jahre keimfähig. Die Wachstumszeit beträgt 130 bis 150 Tage, die Saattiefe 2 cm. Das Fleisch enthält Vitamin A, B_1 und C. 100 g Kürbisfleisch ergeben sechs Kalorien. Vor einiger Zeit ist der Ölkürbis hinzugekommen, dessen Fleisch sehr schmackhaft ist, während die schalenlosen Körner bis zu 50% Fett enthalten. Diese werden auch wie Mandeln beim Backen verwendet. Der besseren Haltbarkeit wegen erntet man stets mit Stiel! Schützt die Frucht auch vor Frost und laßt sie, wenn notwendig, in der Sonne nachreifen. Sie ist vollkommen ausgereift, wenn sie beim Anklopfen hohl ertönt und die Schale hart geworden ist. Bitte immer der Pflanze mindestens 1 bis 2 qm Platz geben. Eine Normalernte entzieht dem Boden an Reinnährstoffen: 27 g Stickstoff, 12 g Phosphor, 23 g Kali und 9 g Kalk. Die Heimat des Kürbis liegt in Amerika.

Den Kürbis mußt du stets bedecken, und auch ein Brettchen drunterstecken!

Zierkürbisse am
Gartenzaune
schaffen immer frohe
Laune!

Zierkürbis

Zierkürbisse eignen sich zur Dekoration in Schalen und Körbchen. Die Kinder lieben diese grotesk geformten Früchte. Man sollte ihnen davon eine Portion Samen für das „Kinderbeet" geben. Am Zaun, an der Laube und überall dort, wo guter Boden ist, wachsen die Pflanzen gut heran. Die Aussaat wird Ende April vorgenommen. Es dürfen später nur völlig ausgereifte Kürbisse zur Dekoration ins Zimmer kommen, da unreife Früchte leicht faulen. Monatelang halten sie sich im Zimmer.

Der Kürbis in der Küche

Liebe Hausfrau! Kürbis wird dir wohl dein Garten alljährlich in größeren Mengen liefern. Die Verwendung dieses „Dickbauches" ist ja so vielseitig, sogar wie Senfgurken wird er zubereitet und findet reißenden Absatz in der Konserven-Industrie. Warum willst du es nicht einmal mit dieser schmackhaften Frucht versuchen?

Kürbissuppe

Du schneidest den Kürbis in kleine Würfel und läßt sie in Wasser weichkochen. Ist das geschehen, nimmst du die gekochten Stücke heraus und treibst sie durch einen Durchschlag, setzt das Mus aufs Feuer und gibst Milch dazu sowie etwas Salz, Zimt und Zitronenschale. Danach verquirlst du etwas in Milch verrührtes Mehl und läßt die Suppe aufkochen, um sie dann mit Zucker zu süßen. Mit ein paar kleingemahlenen Mandeln schmeckt die Suppe besonders gut.

Ohne Worte

Gefüllter Kürbis

Du nimmst hierzu einen recht kleinen, zarten Kürbis, den du halbierst, schälst und die Kerne entfernst. Nun stellst du eine Füllung aus Bratenresten, in Würfel geschnittenen sauren Gurken, einigen Sardellen, Kapern und kleingeschnittenen Tomaten her, die du mit Öl, Zitronensaft, etwas Senf, Salz und einer Prise Pfeffer vermischst. Diese Masse kommt in die Kürbishälften, die du kühl stellst. Ein sehr delikates Gericht, wie ich es in Italien oft gegessen habe.

Kürbiskompott

Den gewürfelten Kürbis dämpfst du in Essigwasser, gibst etwas Zitronenschale dazu, Zimt und Zucker kommen ebenfalls hinein. Wenn die Stücke glasig geworden sind, werden sie herausgenommen, gekühlt und als Nachtisch serviert.

Kürbis mit Ingwer

Du kannst so viele
leckre Sachen —
aus einem einz'gen
Kürbis machen!

Du kochst fingergroße Kürbisstücke halbweich und bringst sie danach zum Abtropfen auf den Durchschlag oder ein Sieb. Jetzt legst du sie in ein Gefäß, streust lagenweise die gleichen Gewichtsteile Zucker (1 kg Kürbis = 1 kg Zucker) und auf diese Menge etwa 3 g Ingwer (gestoßen) dazwischen. Bis zum anderen Tage bleibt das Ganze stehen. Der sich bildende Saft wird abgegossen, aufgekocht und abgeschäumt, die Kürbisstücke werden darin fertig gar gekocht. Nun wird der Kürbis in Gläser gebracht, der Saft zugegossen und nach dem Erkalten werden die Gläser zugebunden und kühl aufbewahrt.

Kürbis eingemacht [süß-sauer]

Das zerschnittene und gewürfelte Kürbisfleisch wird einige Minuten lang in siedendem Wasser gekocht, herausgenommen und auf ein Sieb zum Abtropfen gelegt. Anschließend gibst du die Stücke in unverdünntes Essigwasser und läßt sie über Nacht ziehen. Am anderen Tage machst du eine Mischung (je nach Menge) aus einem Liter Essig und einem Pfund Zucker, gibst reichlich Zitronenschale dazu und etwas Vanille. Darin wird der Kürbis glasig gekocht, herausgenommen und, nachdem er abgekühlt ist, in einen Steintopf gelegt. Den Saft läßt du noch etwas einkochen, um ihn dann über den Kürbis hinwegzugießen. Das Gefäß wird abgebunden und kühl aufbewahrt (Ingwer, Zimt und einige Nelken können nach Belieben hinzugefügt werden).

Lerne die Radieschen zu dibbeln. Es spart Samen, gibt schneller fertige Radieschen und keine vorzeitigen Schosser mehr.

Radieschen und Sommerrettich

Noch oft sieht man, daß Radieschen auf ein besonderes Beet allein ausgesät werden. Dabei gibt es keine schneller zu erntende Zwischenfrucht als gerade Radieschen. In allen Fällen werden Radieschen viel zu dicht gesät. Groß ist dann das Erstaunen, wenn sie schnell schießen, oft, noch ehe überhaupt eine Knolle zu sehen war. Platz für Radieschen ist überall im Garten, so viel, daß sie gar nicht alle gegessen werden können, wenn aller Platz ausgenützt würde. Gewöhne dir das Säen ab und dibble deine Radieschen.

Von jetzt ab muß es dein Ziel sein: Jedes Korn ein Radieschen und keine vorzeitigen Schosser, dazu frühere Ernte. Probiere es einmal so: Der Radieschensamen wird in ein Gefäß geschüttet, mit Zeigefinger und Daumen wird der Samen herausgenommen und wie beim Geldzählen werden auf den Erdboden in je 5 cm Entfernung je zwei Körner gelegt. Mit dem ausgestreckten Mittelfinger drückt man die beiden Körner leicht in den Boden und gleicht die flache Mulde aus. Mit der Zeit bekommst du eine solche Übung, daß es dir Freude macht. Der Vorteil dieser Saatweise ist, daß du an den Rändern und Beetkanten jeden Beetes Radieschen dibbeln kannst, ohne den dort stehenden Pflanzen oder Saatreihen zu schaden. Radieschen können vom zeitigen Frühjahr an während des ganzen Sommers ausgesät werden. Je wärmer die Witterung ist, um so mehr Wasser benötigen sie. Pelzigwerden ist ein Zeichen von Wassermangel. Radieschen sollen rasch heranwachsen.

Hast du zu dicht gesät, ist es meist zu spät!

Sorten

Gute Sorten sind: „Saxa", ein rundes Radies von leuchtend roter Farbe und feinem kurzem Laub. Es eignet sich fürs Frühbeet und Freiland gleich gut, ist sehr früh und schnellwüchsig, nach 25 bis 30 Tagen erntefertig. „Riesen-Butter" ist dunkelscharlachrot und eine ausgesprochene Riesensorte, auch für den Herbst. Es wird kaum pelzig. „Eiszapfen", als „Glasradieschen" bekannt, sind lang, weiß, mit leicht grünem Kopf, sehr saftig und äußerst zart im Geschmack. Sie verlangen deshalb auch viel Wasser. Als Sommerrettichsorten sind zu empfehlen: „Reform", reinweiß, zart, fest, mit guter Form, und „Stuttgarter Riesen", eine weiße, langoval zugespitze Sorte ohne grünen Kopf.

Interessantes vom Rettich und Radieschen

1 g Samen enthält ca. 100 Körner. Die Keimdauer beträgt fünf bis sechs Tage. Die Saat bleibt drei Jahre keimfähig. Auf 1 qm rechnet man 3 bis 4 g

Ein Humpen Bier — und dazu hätt' ich, weil es gesund ist, gerne Rettich!

Samen. Saattiefe doppelte Kornstärke. In Radieschen und Rettich sind Vitamin B$_1$, B$_2$ und C enthalten. 100 g enthalten 15 Kalorien. Die Wachstumszeit beträgt bei Radies je nach Sorte 20 bis 50 Tage. Eine Normalernte Radieschen entzieht dem Boden an Reinnährstoffen pro qm: 4 g Stickstoff, 2 g Phosphor, 5 g Kali und 3 g Kalk. Der Rettich entzieht einem qm: 12 g Stickstoff, 6 g Phosphor, 10 g Kali und 6 g Kalk. 30 g Pflanzenfutter genügt für 1 qm Fläche als Düngung. Durch die Kürze der Keimperiode eignet sich das Radieschen ganz besonders als Markiersaat für alle langsamkeimenden Aussaaten, wie Zwiebeln, Möhren usw.

Winterrettich

Die Aussaat des Winterrettichs erfolgt ab Anfang Juli auf ein Beet, welches nicht frisch mit Mist gedüngt sein soll, denn das hätte nur madige Knollen zur Folge. Der Rettich wächst in jedem Gartenboden. Auf reinem Sandboden werden meist harte, sehr scharfe Knollen geerntet. Die Reihenweite auf Rettichbeeten sollte stets 20 cm betragen. Innerhalb dieser Reihen wird der Samen recht dünn ausgesät. Noch besser ist jedoch die sogenannte „Dibbelsaat". Bei dieser Methode werden alle 10 cm zwei Samenkörner in doppelter Kornstärke tief in die Erde gedrückt. Die Keimzeit beträgt beim Rettich ca. fünf bis sechs Tage. Die Wachstumszeit dauert bis 100 Tage. Rettich sollte nur als Nachfrucht stehen. Auch Zwischenfrucht ist möglich, z. B. zwischen Buschbohnen, Frühgemüse usw. Alle Rettiche und Radies müssen schnell heranwachsen! Langsam heranwachsende Pflanzen bringen bittere, harte und lederartige Knollen hervor. Aus diesem Grunde ist während starker Trockenheit für reichliche Wassergaben Sorge zu tragen. Hohle Knollen sind auf Stickstoffüberschuß zurückzuführen. „Dünne Schwänze" und kleine Knollen werden geerntet, wenn die Aussaat zu dicht erfolgt ist und nicht verzogen wurde. Winterrettiche dürfen nicht zu früh ausgesät werden, da solche Aussaaten die meisten Schosser ergeben.

Im Alter flink noch wie ein Wiesel, das machen Radi und Radiesel!

Die Ernte erfolgt im Spätherbst, nicht zu früh und nicht zu spät. Vom Frost betroffene Knollen beginnen bald zu faulen und eignen sich für die Einlagerung nicht. Sie werden möglichst unbeschädigt aus der Erde geholt. Beschädigte Knollen sind dem Sofortverbrauch zuzuführen. Die Blätter werden am Ansatz abgeschnitten und die Gesamternte im Keller in Sand eingelagert. Auch Einmieten ist möglich. Liegen die Rettiche im Keller nicht im Sand, dann sind später sehr viel pelzige, welke Knollen die Folge. Interessant ist noch, daß bereits die Arbeiter beim Bau der Pyramiden Rettiche kannten und damals schon die gute Wirkung auf den menschlichen Organismus bekannt und geschätzt war. Auch die Germanen wußten von solchen Rettichen, wie sie heute noch in Bayern, hauptsächlich in der Regensburger Gegend, angebaut werden. Erfahrene Rettichanbauer wollen ein sogenanntes Heimatgefühl beim Rettich festgestellt haben, d. h. also, daß sich neue Sorten immer erst allmählich akklimatisieren und man am besten tut, die alten bewährten Sorten weiter anzubauen. Gartenfreunde sollten also dieserhalb in die Nachbargärten schauen und herumhören, welche Sorten in ihrer Gegend mit Erfolg angebaut werden.

Der Heilwert des Rettichs

Als eines unserer besten Heilmittel gegen Gallen- und Leberleiden wurde Rettich schon von den Völkern des Altertums angewandt und diese Tatsache wird bis heute anerkannt. Rettich macht die Galle dünnflüssig und verhindert Stein- und Grießbildung. Desgleichen wirkt Rettich harntreibend

und regt die Nierentätigkeit an. Fleißige Rettichesser werden nie an Stein-
bildungen der Niere und Galle leiden. Reichlicher Rettichgenuß beeinflußt
den Stoffwechsel sehr günstig, er ist appetitanregend und fördert die Verdauung. Bei trockenen Katarrhen wirkt er schleimlösend und fördert den
Auswurf. Rettichsaft, mit Honig gemischt, ist ein altes Mittel gegen Keuchhusten. An Vitaminen und Mineralsalzen ist Rettich besonders reich,
darum laßt die Kinder Radies und Rettich essen soviel sie nur wollen.
In der Regel wird Rettich mit Salz gegessen. Bei Kranken ist es besser,
den Rettich gerieben mit Öl als Salat zubereitet zu geben.

*Das gibt den echten
Rettichsaft,
der beim Husten
Linderung schafft!*

Gewinnung des Rettichsaftes

Ein großer Rettich wird ausgehöhlt und an der Spitze eine kleine Öffnung
gemacht. Die Höhlung wird mit braunem Zucker gefüllt und der Rettich
auf ein Glas gestellt. Der abfließende Saft wird löffelweise eingenommen.

Gartenkresse

Die ersten Vitamine, das erste Grün aus unserem Garten liefert uns die
unentbehrliche Gartenkresse (*Lepidium sativum Cruciferae* — Kreuzblütler). Das Kraut wird wie Salat zubereitet und findet weiter als Brotbelag Verwendung, ebenso zu Kräuterbutter und Tunken. Der Geschmack
ähnelt dem des Radieschens. Weniger bekannt ist es, daß das Kraut, dem
Spinat oder dem Salat zugesetzt, diese Speisen schmackhafter und pikanter
macht. Kinder und Blutarme sowie alle an der sogenannten Frühjahrsmüdigkeit leidenden Gartenfreunde sollten dieses Kraut, das reich an
Vitamin C ist, essen und laufend davon aussäen. Der Samen ist billig.

*Beginnt die Kresse
durchzuschießen,
so ist sie nicht mehr
zu genießen!*

Aussaat der Gartenkresse

Die Anzucht ist leicht. Die Aussaat erfolgt im zeitigen Frühjahr aufs Beet
in den Garten oder auch, um ganz frühzeitig das Kraut zur Verfügung zu
haben, in kleine Kisten ins Zimmer. Nach fünf Tagen geht die Saat auf.
Gartenkresse wird nur etwa 8 cm hoch. Sobald die grünen Blätter 7 bis
8 cm hoch getrieben sind, werden sie mit der Schere abgeschnitten und
verwendet. Sie kann sofort wieder neu ausgesät werden. Die Kresse
schießt sehr schnell in Samen, weshalb sie möglichst in halbschattige Lage
kommen sollte. Der Samen bleibt 3 bis 4 Jahre keimfähig. 1 g Samen
enthält ca. 500 Körner. Bei Freilandaussaat sind 15 cm Reihenabstand zu
berücksichtigen. Gartenkresse ist nach 3 bis 4 Wochen erntefertig.

*Der Vitamine wegen
esse,
das Kraut der frischen
Gartenkresse!*

---

*. . . heute ißt man anders als vor Jahrhunderten oder vor Jahrtausenden. Damals
kannte man keine Konserven, die mit irgendwelchen giftigen Stoffen haltbar
gemacht wurden und über Jahre aufbewahrt werden konnten. Ebenfalls kannte man
damals noch keine Vitamine und war doch gesund. Medikamente oder Pillen waren
unbekannt. Schon bei meinen Großeltern stand Rohkost im Vordergrund! Ich habe
mich an diese wertvollen Ratschläge ein ganzes Leben lang gehalten und immer
wieder in allen meinen Schriften und Büchern auf den großen Heilwert unserer
Gemüsearten, Gewürze und Kräuter hingewiesen. Wenn es dir nun, lieber Gartenfreund, auch gelingt, durch meine Ratschläge und Hinweise alt und grau zu
werden und dabei gesund zu bleiben, dann ist der Zweck des Buches doppelt
erfüllt. DEIN GARTEN SOLL DEINE GRÜNE APOTHEKE SEIN!*

Gärtner Pötschke

*Die Weisheit hat schon
einen Bart:
Wer Pötschke fragt,
bleibt gut in Fahrt.*

Bohnen

Wir unterscheiden Stangen- und Buschbohnen. Stangenbohnen werden an Stangen gezogen und können bis zum Herbst geerntet werden, während Buschbohnen kurzlebiger sind und nur ein begrenztes Wachstum haben. Bohnen werden auf den Beeten angebaut, die vor drei Jahren mit Stallmist gedüngt wurden. Im Januar oder Februar gibst du eine Düngung von 40 g 40%igem Kali und 50 g Thomasmehl pro qm auf das für Bohnen bestimmte Land. Konnte diese Düngung nicht ausgeführt werden, so streust du drei Wochen vor der Aussaat, also Mitte April, 80 g Patentkali und 60 g Superphosphat je qm. Nach dem Ausstreuen wird flach untergehackt. Eine Stickstoffdüngung ist nicht angebracht, weil die Bohnen Stickstoffsammler sind. Die sich an den Wurzeln bildenden Knöllchen mit Stickstoffbakterien sammeln den nötigen Stickstoff aus der Luft.

Stangenbohnen

Auf dem Beete werden zwei Reihen Stangen schräg gegeneinander gestellt und oben durch eine Längsstange verbunden. Die Entfernung der Stangen in der Reihe beträgt 60 cm, die Reihen voneinander 70 cm. Um jede Stange werden in einem Kreis von ungefähr 25 cm Durchmesser fünf bis sechs Bohnen 3 cm tief gelegt. 100 g Saat reichen für 40 bis 50 Stangen je nach Größe des Korns. Sind die Bohnen so groß, daß sie ranken wollen, mußt du ihnen durch vorsichtiges Anlegen an die Stange nachhelfen, wenn sie die Stangen nicht finden können. Beachte dabei, daß sie entgegen dem Uhrzeigerlauf ranken. Die Bohnen sind gegen kühle Witterung sehr empfindlich. Die Tagestemperatur soll zwischen 12 und 18 Grad liegen. Die niedrigste Bodentemperatur, die eine Keimung überhaupt erst ermöglicht, ist +10 Grad. Daraus ist zu ersehen, daß die Bohnen, die zu zeitig gelegt worden sind, wohl quellen, aber nicht zum Keimen kommen. Die Folge davon ist, daß sie im Boden verfaulen. Die Schuld wird dann meist dem Samen zugeschoben. Darum, Gartenfreund, merke dir: Bohnen dürfen nie vor dem 9. Mai gelegt werden. In der Regel ist um diese Zeit der Boden genügend warm, die Saat kann quellen und wird nach den Eisheiligen, wenn keine Nachtfröste mehr zu befürchten sind, aufgehen. Bei Stangenbohnen mußt du erst die Stangen stecken und dann die Saat legen. Oft wird es umgekehrt und damit umständlicher gemacht. Der 5. Juli sollte als letzter Stichtag für die Aussaat der Späternte gelten, denn man rechnet je nach Sorte 75 bis 100 Tage Wachstumszeit bis zur ersten Pflücke. Im Sommer ist außer dem Hacken keine besondere Pflege nötig. Bei anhaltender Trockenheit muß gegossen werden, weil sonst die Blüten leicht abfallen.

Buschbohnen

Um Buschbohnen auszusäen, ziehst du auf einem Beet von 1,20 m Breite drei Rillen von 5 cm Tiefe. In diese werden die Buschbohnen in Häufchen zu je vier Stück mit 40 cm Abstand gelegt. Nach dem Bedecken der Saat wird diese besonders fest angedrückt, denn Buschbohnen müssen allseitig fest mit Erde umschlossen sein. Verkrustet durch einen Gewitterregen der Boden, mußt du die Kruste vorsichtig hacken. Sind die Bohnen groß genug, werden sie angehäufelt. Beim Pflücken kann man oft sehen, daß die

Die Bohnenstangen bind gut fest, damit der Wind sie stehen läßt!

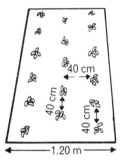

Die Bohnen werden nie versagen, legst du sie erst an diesen Tagen!

40 cm
40 cm
40 cm
— 1,20 m —

Bohnen mehr abgerissen als gepflückt werden. Darum den Stengel festhalten, sonst wird die flachwurzelnde Pflanze locker und hört vorzeitig auf zu tragen. Bei günstiger Witterung muß jeden zweiten oder dritten Tag durchgepflückt werden. Buschbohnen legt man von Mai bis Mitte Juli. Je später aber die Aussaat gemacht wird, um so schneller wachsende Sorten muß man wählen. 100 g Saat reichen je nach Größe des Korns auf ein Beet von 8 bis 12 m Länge.

Sorten

Das Angebot in Bohnensorten ist noch verhältnismäßig sehr groß. Ich erachte es für angebracht, daß der Kleingärtner nicht nur den Anbau, sondern auch die Sorten und ihre Eigenschaften kennen muß, um die für seine Lage geeigneten wählen zu können. Als gute Stangenbohnensorten möchte ich die folgenden bezeichnen:

Ein alter Spruch sagt: „Bohnen wollen die Glocken läuten hören und die Gärtnerin vorübergehen sehen", deshalb lege deine Bohnen flach.

Stangenbohnen, grünhülsige

„Rekord", ohne Fäden, gesch. Sorte. Besonders ertragreich und wuchsfreudig. Lange, flachovale grüne Hülsen mit weißem Korn.

„Meisterstück", ohne Fäden, Korn weiß, wird auch die fadenlose „Phänomen" genannt, der Ertrag ist gut. Die Hülse ist flachrund und 20 bis 30 cm lang. Zwischen Aufgang und erster Ernte liegen etwa 90 Tage.

„Mombacher Speck", mit Fäden. Langschotig, oval, dick, hochrankend, beliebt; Korn weiß. 65 Tage Wachstumszeit. Eine altbekannte Sorte, die sich noch nicht aus dem Sortiment verdrängen ließ und sich ganz besonders in höheren Lagen nach wie vor behauptet.

„Olympia", ohne Fäden. Eine ertragreiche, weißkörnige Stangenbohne mit langen, fleischigen, ovalen grünen Hülsen. In der Ernte früher als Meisterstück. Robuste, gesunde Spitzensorte. Gesch. Sorte.

Die Stangenbohne uns beglückt, weil man zur Ernte sich nicht bückt!

„Blaukönigin", ohne Fäden, Korn braun, eine neue, sehr empfehlenswerte Sorte. Die Hülsen sind sehr fleischig, saftig und von dunkelvioletter Farbe. Beim Kochen werden die Bohnen grün. Der Geschmack ist hervorragend, denn sie hat meines Erachtens den intensivsten Bohnengeschmack. Der Ertrag ist als an erster Stelle stehend zu bezeichnen. Die Widerstandsfähigkeit ist sehr groß. Sie ist daher auch für rauhere Lagen geeignet.

Gelbhülsige Stangen-Wachsbohnen

„Wachs-Goldbohne", ohne Fäden, gelblich-weißes Korn, schöne gelbe Farbe, rund und dickfleischig, 20 cm lang, eignet sich gut zum Einwecken, Ertrag gut.

„Mansfelder Gold", gesch. Sorte. Goldgelbe Hülsen, oval-rund und fleischig. Das Korn ist weiß. Hochleistungssorte.

Prunkbohnen, Feuerbohnen, arabische, türkische oder Woll-Bohnen

Diese Sorte ist eine robuste und widerstandsfähige, sich durch ihren Blütenreichtum und die Blütenfarbe auszeichnende Bohne. Weiße, leuchtendrote oder zweifarbige Blüten überdecken zierend die Ranke. Aber auch als Speisebohne ist sie zu verwenden. Wo andere Bohnen versagen, können Feuerbohnen noch angebaut werden, so z. B. in höheren Lagen. Die Hülsen sind rauh und von besonders kräftigem Geschmack, müssen aber, da sie schnell hart werden, so jung wie möglich gepflückt werden.

Steck mal fürs Kind drei Stangen so, der kleine Häuptling dankt dir's froh!

Sorten

„Preisgewinner" ist die beste, reichtragende Prunkbohne und erreicht eine riesige Schotenlänge von 40 cm und darüber. Ihre Blütenfarbe ist rot, das Korn schwarzmarmoriert. Sehr hochwachsende Stangenbohne.

Buschbohnen

Von den Buschbohnen sind für den Hausgarten die nachfolgenden Sorten am besten geeignet.

Grünhülsige

Ein Prunkbohnenkorn.
(Schwarzmarmoriert —
ist es markiert!)

„Saxa", ohne Fäden, Korn gelb, als eine der besten fadenlosen Frühsorten zu empfehlen. Bei meinen früheren, mehrjährigen Anbauversuchen mit 70 und mehr Sorten stellte sich „Saxa" in bezug auf Wert, Frühe und Ertrag immer an die Spitze. Wegen ihrer Schnellwüchsigkeit ist sie noch zur Juli-Aussaat besonders zu empfehlen.

„Favorit", ohne Fäden, gesch. Sorte, verbesserte „Hinrichs Riesen". Überreich tragende, widerstandsfähige, hochstaudige Sorte. Sehr lange zartbleibend und nicht „bastig" werdend. Gehört unbedingt mit zu den bewährtesten Spitzensorten.

„Hinrichs Riesen", ohne Fäden mit weißgrundigem Korn, eine etwas spätere Sorte mit ebenfalls außerordentlichem Ertrag, gute Konservenbohne. Als widerstandsfähige Spätsorte zu empfehlen.

„Konserva", ohne Fäden, eine frühe, mittellange, rundhülsige Bohne, die nicht so schnell hart wird. Der Ertrag ist außerordentlich groß und der „Saxa" gleich, von der sie auch abstammt. Sie wird nicht so leicht von Krankheiten befallen und ist eine der besten Sorten.

„Universal", die langen Hülsen sind flach-oval. Sehr hochstaudige, wüchsige Sorte mit weißem Korn und reichem Ertrag.

Die Wurzeln sind
reich angeschwollen,
durch die kleinen
Stickstoffknollen!

Wachsbohnen

„Beste von Allen", ohne Fäden, Korn weiß mit schwarzem Nabelfleck, sehr ertragreich, widerstandsfähig, Hülse goldgelb und rund, gegen Rost und Brennfleckenkrankheit ziemlich unempfindlich, hat alle Eigenschaften einer guten Bohne.

„Goldhorn", eine goldgelbe Bohne ohne Fäden, die den Namen nicht umsonst trägt, reichtragend, fleischig, gute Farbe, goldgelbes Korn. Die Widerstandsfähigkeit gegen Nässe und Krankheiten sind Eigenschaften von hohem Wert.

Interessantes über die Bohne

100 g Samen sind je nach Sorte 200 bis 300 Körner. Die Keimdauer beträgt 8 bis 10 Tage. Die Saat bleibt drei bis vier Jahre keimfähig. Auf 1 qm muß man je nach Sorte bei Buschbohnen und bei Stangenbohnen 20 bis 30 g Samen rechnen. Die Wachstumszeit beträgt bei Buschbohnen 50 bis 70 Tage, je nach Sorte, bei Stangenbohnen 75 bis 100 Tage. Grüne Bohnen enthalten Vitamine A, B_1, B_2, C und E. 100 g frische Bohnenhülsen enthalten 56 Kalorien und 4 g Eiweiß; Trockenbohnen sogar 310 Kalorien und 17 g Eiweiß pro 100 g. Die Buschbohne entzieht 1 qm Boden bei Normalernte an Reinnährstoffen: 1,5 g Phosphor, 5 g Kali und 7 g Kalk. Die Stangenbohnen entziehen derselben Fläche: 3 g Phosphorsäure, 9 g Kali und 13 g Kalk. Im Anfangsstadium entzieht die Buschbohne 1 qm 6 g Stickstoff, die

Legst du im Juli
nochmals Bohnen,
wird sich im Herbst
die Ernte lohnen!

114

Stangenbohne 11 g. Dieser wird ihm jedoch in den Folgewochen durch die Arbeit der Knöllchenbakterien wieder zugeführt. Bohnen sind ausgesprochene Kalifresser. Die Normalernte beträgt pro qm bei Buschbohnen 1 bis 2 kg Hülsen und bei Stangenbohnen 2 bis 4 kg. Höhere Erträge sind keine Seltenheit!

Krankheiten und Schädlinge der Bohnen

Die Brennfleckenkrankheit

Wenn an deinen Bohnen kreisrunde, etwas eingesunkene, schwarzrandige Flecken auftreten, so hast du es mit der Brennfleckenkrankheit zu tun. Die Wachsbohnen werden gern befallen. Die Krankheit wird durch einen Sporenpilz hervorgerufen, dessen Sporen sich besonders in feuchten Lagen bei feuchtwarmer, dunstiger Witterung sehr verbreiten. Stangenbohnen werden weniger befallen, weil sie freier in Wind und Luft hängen. Zur vorbeugenden Bekämpfung ist das Saatgut zu beizen. Mit Fungo-Pulvit haben wir jetzt ein wirksames und für die Pflanzen unschädliches Bekämpfungsmittel. Gegen Spritzen mit Kupferkalkbrühe sind die Blätter empfindlich. Nach der Blüte darf überhaupt nicht mehr gespritzt werden. Vor allen Dingen ist auf den richtigen Pflanzabstand zu achten, damit genügend Licht und Luft einfallen können.

Krankheitsmale sind die Flecken, wenn sie die Blätter so bedecken!

Der Rost

Wenn sich auf den Blättern erst hellgelbe, später kleine, schwarzbraune Flecken zeigen, sind deine Bohnen vom Rost befallen. Gleich beim ersten Auftreten sind die Blätter abzupflücken, später ist es zwecklos. Die Saatgutbeize ist hier zu empfehlen.

8-ung!
Richtiger Pflanzenabstand hilft mit, Krankheiten zu verhindern!

Die Johanniskrankheit

Sterben Pflanzen von unten herauf ab, so ist das die Johanniskrankheit. Saatgutbeize mit Orthocid ist das einzige Gegenmittel. Tritt die Krankheit stark auf, muß man einige Jahre auf den Anbau von Bohnen und Erbsen verzichten.

Die tierischen Schädlinge sind nicht so verheerend in ihrem Auftreten, so daß eine Bekämpfung kaum in Frage kommt. Bei erfolgtem Pilzbefall ist es von größter Wichtigkeit, daß alle erkrankten Pflanzenteile verbrannt und nicht etwa auf den Komposthaufen geworfen werden.

Nähr- und Heilwert

Die grunen Bohnen sind sehr gesund. Selbst leere getrocknete Bohnenhülsen haben als Tee einen großen Heilwert. 40 g Bohnenhülsen werden in 3 Liter Wasser bis auf einen Liter eingekocht. Dieser Tee ist ein bewährtes Mittel gegen Gicht, Rheumatismus, Nierengrieß und Nierensteine. Bei Zuckerkrankheit läßt man 200 g Bohnenschalen mit 1 l auf $\frac{1}{2}$ l einkochen und nimmt tagsüber den Tee in kleinen Mengen. Nach einigen Wochen verringert sich der Zuckerspiegel bei richtiger Diät bedeutend.

Die Bohne in der Küche!

Liebe Hausfrau! Auch du wirst die Bohne niemals missen wollen und hast ihren großen Wert als Gemüse und zur Konservierung sicherlich längst erkannt. Wie abwechslungsreich kannst du den Mittags- und Abendbrottisch durch Bohnen gestalten. Wie herrlich frisch sind doch eigene selbst

Der Zucker- und der Nierenkranke, sagt dir für leere Hülsen danke! (Leere Hülsen haben als Tee großen Heilwert!)

gezogene Bohnen aus dem Garten! Sie knacken ordentlich, wenn man sie bricht — und so soll es auch sein, so sollen sie verarbeitet werden, gartenfrisch.

Bohnensuppe von grünen Brechbohnen

Nachdem du die Hülsen von den Enden befreit hast, werden sie gewaschen und in schräge Stücke geschnitten. Nun läßt du sie in Fett, Zwiebeln und Fleischbrühe dämpfen, etwas Mehl überstäuben und mit Wasser oder Fleischbrühe aufgießen. Kartoffelstückchen kommen dazu sowie Bohnenkraut. Nimm zum Schluß das Bohnenkraut heraus und gib gebratenen Speck darüber. Mit Salz und einer Prise Pfeffer wird abgeschmeckt.

Brechbohnen-Gemüse

Die Bohnen hast du gewaschen, entspitzt und falls nötig, entfadet und in etwa 3 cm lange Stücke gebrochen. Jetzt lege sie in kochendes Wasser und brühe sie. Ist das geschehen, nimmst du sie heraus und gibst sie in Fleischbrühe, der du eine Prise Salz, Pfeffer und kleingehacktes Bohnenkraut hinzugefügt hast. Etwas Butter kommt dazu, Mehl wird überstäubt und die Bohnen werden vollends weich gedünstet. Du kannst junge Möhren daruntermischen und etwas Zwiebel dazugeben.

Wachsbohnen mit brauner Butter

Du kochst die entfadeten Wachsbohnen, läßt sie ganz, setzt sie in Salzwasser an und kochst sie weich. Sind die Bohnen gar, wird das Wasser abgegossen und mit brauner Butter übergossen. Feinschmecker wollen etwas geriebenen Käse oder Paniermehl über die Bohnen gestreut haben.

Grüne Bohnen säuerlich

Nachdem du die Bohnen entspitzt oder entfadet, gewaschen und in Stücke gebrochen hast, kochst du sie in Salzwasser weich. Nun läßt du Speck aus, gibst Mehl und Zwiebel dazu und bereitest davon eine Schwitze und füllst sie mit Bohnenwasser und etwas Essig auf, bis der Geschmack gerade richtig ist. Die Bohnen werden nun darin fertig gedünstet.

Suppe von trockenen, weißen Bohnen

Du quellst die für deine Familie ausreichende Menge Bohnen am Abend vorher in Wasser ein. Am nächsten Tag wird Wasser nachgefüllt, ein Stück Schweinefleisch kommt dazu und Suppengemüse, wie Möhren, Porree, Petersilienwurzel, Zwiebel und Sellerie. Nun läßt du die Suppe langsam gar kochen. Zuletzt läßt du einige Kartoffelstücke mitkochen und gibst Thymian feingehackt dazu. Mit Salz und einem Schuß Essig schmeckst du ab.

Die Konservierung der Bohnen

Schnittbohnen. Du nimmst zarte, fleischige Bohnen, entfadest und wäschst sie. Sie werden nunmehr dünn geschnitzelt und kommen in einen Kochtopf, dem du so viel Wasser zugießt, daß sie gerade bedeckt sind. Darin werden sie fast weich gekocht. Sobald sie erkaltet sind, kommen sie in die Gläser, werden leicht eingedrückt und die Brühe wird darübergegossen. Im Einweckapparat werden sie etwa 1 Stunde sterilisiert. Sind die Gläser größer als 1 Liter, mußt du bis 1½ Stunden sterilisieren.

Grüne Bohnen eingesalzen

Die jungen Bohnen werden entfadet und geschnitzelt. Danach nimmst du 10% der Bohnen-Gewichtsmenge an Salz, vermischt dieses recht innig mit den Bohnen und drückst sie, so fest es geht, in einen Steintopf. Die Schnitzelbohnen werden lagenweise eingedrückt. Nachdem du einige Lagen eingedrückt hast, wird sich eine Lauge bilden, die dann immer über der jeweiligen Lage stehen muß. So verfährst du, bis das Gefäß gefüllt ist. Mit einem sauberen Brett werden sie abgedeckt, mit einem Stein beschwert und kühl gestellt.

Eingestampft und festgepreßt, damit die Lauge sie durchnäßt!

Was man sonst noch mit Bohnen anfangen kann

Sicherlich wußtest du noch nicht, daß man Bohnenwasser zur Entfernung von hartnäckigen Flecken (Obst-, Wein- oder Grasflecken) verwenden kann! Du nimmst 250 g weiße Bohnen und setzt diese mit 2 Liter Wasser an, dem du etwas Borax beifügst. Diese Bohnen läßt du kochen. Mit diesem Wasser lassen sich oftmals jahrealte Flecken in Seide, Wolle, Baumwolle oder sonstigen Wäschestoffen entfernen, ohne daß das Gewebe angegriffen wird.

Wichtig für die Entfernung hartnäckiger Flecken!

Schnittbohnen getrocknet

Viele Hausfrauen trocknen die Bohnen, um dadurch Gefäße zu sparen. Sie verfahren dabei wie folgt: Die jungen grünen Bohnen werden von den Fäden befreit, gewaschen und geschnitzelt. Danach werden sie 10 Minuten in kochendem Wasser gedämpft, herausgenommen, abgetrocknet und anschließend einige Stunden in der Bratröhre getrocknet. Es ist dabei zu kontrollieren, daß die Bohnen nicht braun werden. Wer einen Bäcker in der Nähe hat, kann sie dort auf einem Blech trocknen lassen und wird dadurch größere Mengen mit einem Male haltbar machen können. Wichtig ist die anschließende Aufbewahrung in einem vollkommen trockenen Raum!

Das Einfrieren von Bohnen

Nur zarte, frische Bohnen werden geputzt, gebrochen oder geschnitzelt und 3 Minuten in siedendes Wasser gelegt, anschließend in Eiswasser oder unter fließendem Wasser sofort abgekühlt und in Beutel gefüllt. Zum Einfrieren eignen sich am besten sehr fleischige Sorten.

Des Tiefkühlfaches Isolierung vereinfacht heut' die Konservierung!

Puffbohne, Dicke Bohne

Man nennt sie Ackerbohne, Große Bohne, Pferdebohne oder gar Saubohne. Auch der letzte Name ändert nichts an der Tatsache, daß diese Gemüseart in vielen Gegenden als ausgesprochene Delikatesse gilt. Die Pflanze liebt in alter Dungkraft stehenden Boden mit viel Feuchtigkeit. Sobald das Land offen ist — möglichst bis zum 10. März — sollte die Saat in den Boden kommen. Der größte Feind aller Puffbohnen ist die schwarze Wickenblattlaus (Apis viciae). Völlig schwarz von diesen Biestern sind die oberen Pflanzenteile oft befallen. Was ist hier zu tun?

1. Nicht frisch mit Mist gedüngten Boden für die Aussaat verwenden.
2. Früheste Aussaat (bis 10. März).
3. 40 cm Reihenabstand, denn in zu dichten Beständen vermehrt sich das Ungeziefer vortrefflich.

Säst du Puffbohnen sehr früh aus, dann stört sie weniger die Laus!

Das ist die schwarze Bohnenlaus, ihr gilt's zu machen den Garaus!

4. Bestäuben mit „Schacht C-B-Ho Staub".

5. Auskneifen der befallenen Spitzen nach Fruchtansatz.

6. Zwiebeln an die Beeträder säen oder stecken.

Mit diesen Tips wirst du bestimmt zum Erfolg kommen.

Interessantes über die Puffbohne

100 g Samen sind je nach Sorte 50 bis 100 Körner. Die Keimdauer beträgt acht bis zwölf Tage. Der Samen bleibt drei bis vier Jahre keimfähig. Auf 1 qm rechnet man 20 bis 30 g Saat. Saattiefe 6 bis 8 cm, Wachstumszeit 120 bis 150 Tage. Vitamine A, B und C sind in der Puffbohne reichlich enthalten. 100 g frische Bohnen sind 60 Kalorien, trockene Puffbohnen 250 Kalorien. Puffbohnen sind wenig frostempfindlich und können deshalb sehr zeitig gesät werden. Eine Durchschnittsernte beträgt 1 bis 2 kg pro qm. Eine Normalernte entzieht dem Boden pro qm folgende Reinnährstoffe: 15 g Stickstoff, 5 g Phosphorsäure, 13 g Kali und 25 g Kalk. Puffbohnen sind große Kalifresser. Darum schon im Herbst oder im zeitigen Frühjahr Kali und Thomasmehl geben. 60 g Kali und 50 g Thomasmehl im Januar/ Februar je Quadratmeter gestreut, das ist die beste Düngung. Puffbohnen können getrost bei der Aussaat 4 bis 6 Grad Celsius Kälte vertragen. Wuchshöhe 1,20 m.

Sorten

„Con Amore". Eine neuere Sorte von größter Frühzeitigkeit und höchstem Ertrag. Hülse: lang, dick, breit. Weißkeimig.

„Hangdown". Weißblühend, weißkeimig und weißbleibende neue Konservensorte. Dicke Hülsen, reicher Behang. Die Bohne zum Einmachen!

„Zwijndrechter". Weißkeimig, mittellang, breit, reichtragend, schnellwüchsig. Gut zum Vortreiben und Verpflanzen geeignet.

Puffbohnen in der Küche

Liebe Hausfrau! Die Puffbohne als Gemüse oder Salat ist in vielen Gegenden weniger bekannt. Man denkt da an „Saubohnen" oder „Pferdebohnen" und was man ihr sonst noch für Namen gegeben hat. Es ist sehr richtig, der große Nährwert der Puffbohne wurde frühzeitig erkannt und wurde darum auch zu Futterzwecken verwendet. Könntet ihr jedoch einmal in einem guten Erfurter Hotel oder im Rheinland Puffbohnen als Gemüse oder Salat essen — das Vorurteil wäre mit einem Schlage beseitigt! Die Puffbohne zählt sogar in England zu den Delikatessen! Durch meine Umsiedlung ins Rheinland lernte ich die Puffbohne als Gemüse noch mehr schätzen und es vergeht während der Bohnenzeit nicht eine einzige Woche, in der ich dieses schmackhafte Gericht nicht auf dem Mittagstisch habe. Beim Entkernen der grünen Hülsen mußt du darauf achten, daß der kleine, stielartige Ansatz der Bohnen entfernt wird, weil sonst das Gemüse leicht bitter schmecken könnte.

Puffbohnengemüse

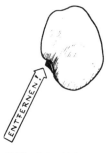

Entfern' den kleinen Nabel, sonst schmeckt sie miserabel!

Die enthülsten Puffbohnen werden in Salzwasser fast gar gekocht. Es wird Speck zerlassen, etwas Mehl geschwitzt, eine Zwiebel feingehackt dazugegeben und mit Fleischbrühe aufgefüllt. In dieser Tunke werden die Puffbohnen gar gekocht, nachdem man etwas Bohnenkraut zugegeben hat. Am Schluß kommt zerkleinertes Petersilienkraut darüber und die Bohnen können serviert werden.

Das Einfrieren von Puffbohnen

Bei Puffbohnen verwendet man zum Einfrieren nur zarte, weiße Kerne. Sie werden entstielt und 3 bis 4 Minuten in kochendes Wasser gelegt, anschließend sofort abgekühlt und in die Beutel gefüllt.

Puffbohnen mit Tomaten

Du nimmst die Hälfte der Puffbohnenmenge an Tomaten, die du zusammen mit reichlich Speck und Butter dünstest. Mit Salz, Pfeffer und feingehacktem Bohnenkraut wird abgeschmeckt und zu Salzkartoffeln serviert.

Hohe Sorten reisere an, damit die Erbse ranken kann!

Erbsen

Die Erbsen werden gleich den Bohnen auf in dritter Tracht stehendes Land gebaut. Vielen Gartenfreunden sind beim Einkauf von Samen die Unterschiede zwischen Pahl-, Mark- und Zuckererbsen nicht bekannt. Unter Zuckererbsen verstehen viele Kleingärtner die Markerbse wegen ihrer großen, süßen Körner für den Rohgenuß. Das ist ein Irrtum. Zuckererbsen haben runde Körner und werden hauptsächlich wegen der zarten Hülse und Innenhaut zum Ganzkochen, ähnlich wie die grünen Bohnen, verwendet. Sie zeichnen sich durch ihre langen Hülsen aus.

Pahlerbsen sind solche mit rundem, glattem Samenkorn; sie werden auch Schal- oder Kneifelerbsen genannt. Von diesen werden die Körner ausgepahlt und jung verwendet. Markerbsen haben runzelige Samen. Junge, ausgepahlte Körner sind besonders groß und süß.

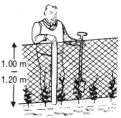

1.00 m
—
1.20 m

Erbsen am Draht — schön akkurat!

Vor der Aussaat sind 50 g Superphosphat und 50 g Kali je qm zu streuen. Die Aussaat kann von März bis Mai/Juni erfolgen. Für Spätaussaaten eignen sich nur frühe Sorten. Um dieses köstliche Gemüse recht lange zu ernten, mußt du mehrere Aussaaten in verschiedenen Sorten vornehmen.

Als erste wird die 60 cm hohe Maierbse oder Allerfrüheste Mai gelegt. Auf ein Beet, 1 m breit, werden vier Rillen je 6 cm tief gezogen. In den Rillen müssen die Körner einen Abstand von etwa 3 cm bekommen. Die Rillen hackst du gut zu und klopfst sie recht fest. Als Vogelschutz wird Reisig darübergedeckt. Sind die Erbsen ungefähr 15 cm hoch, werden die Reihen angehäufelt. Maierbsen kommen gerade noch ohne Halt aus und sind in etwa 60 Tagen pflückreif.

Gleichzeitig mit den Maierbsen sät man die großhülsige „Riesen-Schnabelerbse", sie wird 1,30 m hoch und muß angereisert werden. Bis zur ersten Ernte benötigt sie 70—75 Tage und ist anschließend an die Maierbse zu ernten. Also ist gleich für Anschluß gesorgt. Markerbsen kann man ab April legen. Die Reihenentfernung richtet sich nach der Höhe der Sorte. Während von niedrigen Sorten vier Reihen auf ein Beet gelegt werden, dürfen von den hohen Sorten (Reisererbsen) nur zwei Reihen in einem Abstand von 40—50 cm gelegt werden. Zwischen je zwei Reihen muß ein größerer Abstand von 60 cm frei gelassen werden.

Zuckererbsen werden genau wie die hohen Reisererbsen angebaut. Die Erntezeit verlängert sich, wenn die jungen Schoten immer rechtzeitig gepflückt werden. Zuckererbsen werden mit der Schale (ähnlich Bohnen) gekocht.

Pahl- oder Schalerbsen

„Allerfrüheste Mai" wird 60 cm hoch, ist sehr früh und reichtragend. Sie ist die bekannteste und beste Sorte für den Frühanbau. „Kleine Rheinländerin", 40 cm hoch, eine gute Sorte, die sich ebenfalls großer Beliebtheit

Schalerbsen — rundes Samenkorn!

Markerbsen —
gedrücktes Korn! ▲

erfreut. Die Reife ist mittelfrüh, Schoten schnabelförmig und der Ertrag reich. „Riesen-Schnabelerbse" ist großhülsig mit gedrücktem Korn. Sie ist 1,40 m hoch, sehr reichtragend und spät. Die beste Sorte unter den hohen Pahlerbsen.

Markerbsen

„Wunder von Kelvedon" zeigt bei 40 cm Höhe einen außerordentlich hohen Ertrag und ist als die früheste der Markerbsen zu bezeichnen (sie wächst ohne Reisig). „Senator" ist als die beste mittelhohe Sorte anzusprechen, von sehr gutem Ertrag mit großen, süßen Kernen; Höhe 90 cm. „Alderman", eine Erbse von 1,30 m Höhe. Sie ist im Ertrag, in der Süßigkeit der Körner und in Größe der Schoten unübertrefflich.

Zuckererbsen

Empfehlenswerte Sorten: „Frühe Heinrich" mit leichtgebogener Hülse, 70 cm hoch, und „Riesen-Säbelerbse" mit breiten, hellgrünen Hülsen und ca. 1,40 m Wuchshöhe.

FLACHE HÜLSE

Zuckererbse.
Flach soll die Hülse
sein,
nur so schmeckt sie
sehr fein.

Interessantes von der Erbse

100 g Samen enthalten 350 bis 400 Körner, je nach Sorte. Die Keimdauer der Erbse beträgt 8 bis 10 Tage. Die Saat bleibt 3 bis 4 Jahre keimfähig. Auf 1 qm rechnet man 20 bis 25 g Saat. Saattiefe: 3 bis 5 cm (Vogelfraß).

Wachstumszeit je nach Sorte; Maierbse ab 60 Tage, späte Sorten bis 100 und mehr Tage. 100 g frische Erbsenkerne enthalten 65, trockene Erbsen 310 Kalorien. Die frischen Erbsenkerne enthalten Vitamine A, B_1, B_2 und C, die trockenen Erbsen A, B, C und E. Die Durchschnittsernte auf 10 qm liegt zwischen 5 und 8 kg grünen Hülsen. Eine Normalernte entzieht dem Boden pro qm an Reinnährstoffen: 6 g Stickstoff, 1,5 g Phosphorsäure, 5 g Kali und 6 g Kalk. Den Stickstoff brauchen die Schmetterlingsblütler nur im Anfangsstadium, bis die Knöllchenbakterien zu arbeiten beginnen. Als Nachfrucht empfehle ich: Kohlrabi, Porree, Radieschen und Salat.

Schädlinge und Krankheiten

Blattrandkäfer

An jungen Erbsen sind die Ränder der Blätter angefressen. Hier war der Blattrandkäfer am Werk. Fleißiges Gießen, damit die Erbsen herauswachsen, ist das beste Gegenmittel. Ein kräftiges Einstäuben mit Rotenol ist sehr vorteilhaft. Höhere Erbsen entkommen diesem gefährlichen Burschen gewöhnlich durch ihren raschen Wuchs.

Mehltau

Im Sommer kommt es vor, daß sich der Mehltau durch seinen mehligen Überzug an den Pflanzen bemerkbar macht. Rechtzeitiges Behandeln mit Schwefelmitteln hat sich bewährt.

Die Erbse in der Küche

Junge Erbsen gehören bekanntlich mit zu den schmackhaftesten Gemüsesorten und sind deshalb immer begehrt. Darüber brauchen wir wohl nicht viel Worte zu verlieren. Über die Zubereitung der verschiedensten

Der Blattrandkäfer,
ein gefürchteter Feind!

120

Erbsengerichte bist du dir ebenfalls im klaren. Aber bei der Konservierung der Erbsen hast auch du sicherlich schon Schiffbruch erlitten. Sie halten bekanntlich im Glas schlecht zu — und doch hast du immer und immer wieder versucht, dieses schmackhafte Gemüse im Einkochglas für den Winter haltbar zu machen. Neben einigen weniger bekannten Rezepten will ich dir einen Tip verraten, nach dem du bestimmt deine Erbsengläser ohne Sorge über den Winter bringst.

Auf Erbsen im Glas ist wenig Verlaß! Solch kleine Tricks, merkt man sich fix.

Erbsen im Einkochglas

Beim Verlesen der jungen Erbsenkörner mußt du darauf achten, daß keine wurmstichigen Körner dazwischengelangen. Du wäschst dann die Kerne und läßt sie mindestens 6 Stunden in reichlicher Wassermenge stehen. Jetzt werden sie nochmals gewaschen. Anschließend werden sie mit kochendem Wasser übergossen und ca. 15 Minuten bei 100° C sterilisiert. Achte auf besonders glatte Gläserränder und Deckel. Der Abstand zwischen Deckel und Masse soll 2 bis 5 cm betragen. So behandelt halten die Gläser bestimmt zu.

Erbsen-Rohkostsalat

Nachdem du die jungen, zarten Erbsen ausgepahlt hast, rührst du Sahne und Öl in gleichen Teilen durcheinander, bringst eine feingehackte Zwiebel dazwischen, würzt mit Zitronensaft (Essig), etwas Salz und Zucker. Mische nun die Erbsen darunter und gib etwas Petersilie dazu. Dieser Salat wird bestimmt gern gegessen.

Zuckerschoten (Zuckererbsen)

Eine vorzügliche Delikatesse! Du nimmst die Zuckerschoten ganz, ziehst etwa vorhandene Fäden ab, wäschst sie und zerbrichst sie in Stücke. Danach werden sie in einen Tiegel gebracht, in welchem Butter zerlassen wurde. Salz und Zucker kommen dazu, jetzt wird ca. 15 Minuten gedämpft. Danach wird mit Fleischbrühe aufgegossen, etwas gelblich geröstete Semmelbrösel kommen dazu und die Erbsen werden nunmehr völlig gar gekocht. Mit feingehackter Petersilie wird gewürzt und serviert. Nach dieser Mahlzeit wirst du sicherlich alle Jahre ein Beet Zuckererbsen anlegen! Du kannst sie auch in leichtem Salzwasser kochen und mit brauner Butter übergießen. Dazu gibt es Schinken oder kalten Braten.

Kinder sollen Grünkost essen, sie sind darauf direkt versessen!

Erbsen und Karotten zusammen sterilisiert

Die ausgepahlten Erbsen werden genauso wie oben beschrieben behandelt. Du mischst sie zur Hälfte mit Möhren, die du ebenfalls gekocht hast und füllst sie vermischt in die Gläser. Nun werden sie genauso behandelt wie „Erbsen im Einkochglas". Bekanntlich halten sich Erbsen und Möhren immer besser im Einkochglas als Erbsen allein.

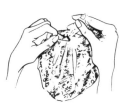

Das Einfrieren von Erbsen

Zum Einfrieren von Erbsen verwendet man nur junge, zarte Erbschen. Diese werden 2 Minuten mit kochendem Wasser überbrüht, anschließend sofort unter fließendem Wasser abgekühlt, in Plastikbeutel gefüllt und eingefroren.

Grüne Erbsen eingefrostet, wirklich nicht viel Mühe kostet! (Bitte Plastikbeutel verwenden.)

Rapünzchen

Rapünzchen, gefüllte (geben mehr her!)

Man kennt es noch als Rapunzel, Feldsalat, Nüßchen, Nisselsalat, Mausohr, Ackersalat, Sonnenwirbel, Feldcrop oder Schafmäulchen. Botanisch nennt man es *Valerianella olitoria*. Wegen der frischen Blätter, die als Blattgemüse im Herbst und Winter sehr geschätzt sind, wird es überall gern angebaut. Es wächst in jedem Gartenboden freudig heran und ist äußerst kältebeständig, so daß ihr auch im Winter ernten könnt.

Sät ab Juli/August in Reihen von 15 cm Abstand. Septemberaussaat deckt den Winter- und Frühjahrsbedarf. 1 g Samen enthält ca. 1000 Körner. 8 Tage brauchen sie zur Keimung. 3 bis 4 Jahre bleibt die Saat keimfähig. 2 bis 3 g Samen pro qm müßt ihr rechnen. Bitte klopft das Beet etwas an, da die Saat dann besser keimt, wenn sie fest im Boden liegt. Rapünzchen benötigen etwa 8 bis 10 Wochen Entwicklungszeit. Im Frühjahr schießen sie dann jedoch schnell in Samen; deshalb rate ich dir, vorher besser abzuernten. Mitunter macht der Erdfloh den Pflanzen zu schaffen, man bekämpft ihn am besten mit Erdflohpulver. An Vitaminen enthält das Rapünzchen A und C. Es ist in Europa beheimatet.

Sorten

Alle hier genannten Sorten, vertragen Kälte allerorten!

„Rapünzchen, deutsche gewöhnliche", eine kleinblättrige Marktsorte. „Dunkelgrüner, vollherziger" Feldsalat ist die beste Sorte für den eigenen Bedarf; sehr zart, wohlschmeckend und kleine Köpfe bildend, daher ergiebiger als die einfachen Sorten. „Feldsalat, holländischer breitblättriger", eine frühe, rasch wüchsige Sorte von hohem Ertrag.

„Welch eine Torheit ist es doch anzunehmen, der Herrgott hätte bis zum Erscheinen unserer großen Chemiekonzerne gewartet, um seinen Geschöpfen ein Heilmittel zu geben!"

Diese großen, wahren Worte stammen von einem bekannten Mediziner, der sie einmal in einer Versammlung vor Fachleuten vom Podium herunterschmetterte. Wir alle wissen heute, daß der Heilwert vieler Pflanzen und Gemüsearten aus unserem Garten wissenschaftlich erwiesen ist. Viele Medikamente und Pillen wurden erst auf Grund der genauen Forschung altüberlieferter Rezepte hergestellt; denn „Unsere Altvorderen waren auch keine Dummen", wie an dem alten Knochenhauer-Haus in Hildesheim zu lesen war.

Wenn ich auch an dieser Stelle erneut meinen Stift zum Schreiben dieser Zeilen ansetze, dann tue ich das mit voller Absicht. Wir modernen Menschen müssen eben wieder zu einer naturgemäßen, gesunden Ernährung zurückfinden, denn „Gegen jede Krankheit ist ein Kräutlein gewachsen". Auch das wurde uns überliefert. Wir brauchen auch im Winter keine Vitamintabletten zu essen, wenn wir für reichlich Frischgemüse sorgen. Viele wertvolle Vitaminträger können wir uns gerade während der kalten Jahreszeit aus dem eigenen Garten holen. Dazu gehört natürlich auch das Rapünzchen, welches während des ganzen Winters zu ernten ist, wenn wir genügend Vorsorge treffen. Rapünzchen können im Herbst in jeder Menge ausgesät werden, denn die Beete sind ja leer!

Wer ernten will bei kaltem Wetter, deckt auf das Beet nur ein paar Bretter!

Freilandmelone

Botanisch nennt man sie *Cucumis melo*. Sie gehört zu den gurkenartigen Gewächsen. Durch Züchtung ist es gelungen, eine Freilandmelone herauszubringen, die in geschützter, sonniger Lage auch bei uns reif wird. Sie ist unter dem Namen Freilandmelone „Zuckerkugel" im Handel. Im April werden die Körner in einer Schale ausgesät und später in kleine Töpfe gepflanzt. Nach Mitte Mai müssen die Pflanzen auf ein geschütztes und besonders sonniges Beet, welches in guter Dungkraft steht, gebracht werden.

Auf ein Beet kommen zwei Reihen; in der Reihe wird auf eine Entfernung von 50 bis 60 cm gepflanzt. Melonen müssen geschnitten werden, das erstemal nach dem sechsten Blatt; das zweitemal, wenn die Ranken 20 bis 30 cm lang sind. Ferner wird die Ranke ein Blatt hinter dem Fruchtansatz abgeschnitten. Die Früchte dürfen nicht auf der Erde liegen, deshalb werden Brettchen untergelegt. Die grüngenetzten Früchte können ein Gewicht bis zu 500 g erreichen. Man düngt Freilandmelonen wie Gurken.

Damit man auch Melonen hat: Schneiden nach dem 6. Blatt!

Zuckermais

Er hat ebenfalls schon verschiedene Liebhaber gefunden, die seinen Wert und Wohlgeschmack erkannt haben. Botanisch nennt man ihn *Zea mays saccharata*. Anfang Mai legt man je drei Korn mit einem Abstand von 25 × 60 cm 5 cm tief in die Erde. Der Boden muß besonders dungkräftig sein. Darum gibt man ihm im April Pflanzenfutter, 40 g je qm. Später bleibt nur eine einzige Pflanze stehen. Im Sommer erscheinen dann die Kolben in den unteren Blattachsen. Wenn man sie verwenden will, müssen die aus der Kolbenhülle heraushängenden Haarbüschel noch grün sein. Die grünen, milchigen Körner haben einen süßen, erbsenähnlichen Geschmack und sind sehr nahrhaft und gesund. Die Kolben werden in Salzwasser gekocht, mit Butter bestrichen und ganz gegessen, oder wie Spargel zu Kartoffeln gegeben.

Zuckermais ist vitaminreich!

Wer zum Mixed Pickles Mais verwenden will, muß ihn ganz jung brechen. Die beste Sorte ist der weiße Zuckermais. Er darf nicht mit dem oft auf Feldern gesehenen Mais verwechselt werden. Zuckermais ist nebenher noch ein ausgezeichneter Windschutz. Er kann ab Mitte August ununterbrochen bis zum Eintritt des Frostes geerntet werden.

Topinambur

Die Kartoffel der Zuckerkranken (mit 17% Inulingehalt) und als Erdapfel, Erdbirne, Erdartischocke, Jerusalem-Artischocke, Erdschocke oder Knollensonnenrose bekannt. Botanisch nennt man sie *Helianthus tuberosus* und zählt sie zu den Korbblütlern.

Die Wiege stand in Nordamerika. Vor mehr als 300 Jahren kam sie über Frankreich nach Deutschland. Sie wird, ähnlich der Sonnenrose, 2 bis 3 m hoch, bildet jedoch an den Wurzeln kartoffelähnliche Knollen (Stolonen). Vor der Einführung der Kartoffel war sie in jedem deutschen Bauerngarten zu finden und galt als ausgezeichnete Nahrungs- und Futterpflanze. Heute entsinnt man sich wieder mehr und mehr der

Kein Zuckerkranker sie verschmäht — die Knolle braucht er zur Diät!

Topinambur

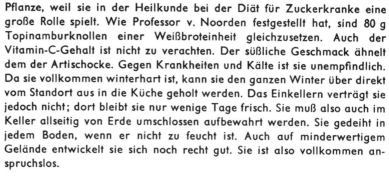
Wenn's draußen fast kein Grün mehr gibt, ist Topinambur-Kraut beliebt!

Pflanze, weil sie in der Heilkunde bei der Diät für Zuckerkranke eine große Rolle spielt. Wie Professor v. Noorden festgestellt hat, sind 80 g Topinamburknollen einer Weißbroteinheit gleichzusetzen. Auch der Vitamin-C-Gehalt ist nicht zu verachten. Der süßliche Geschmack ähnelt dem der Artischocke. Gegen Krankheiten und Kälte ist sie unempfindlich. Da sie vollkommen winterhart ist, kann sie den ganzen Winter über direkt vom Standort aus in die Küche geholt werden. Das Einkellern verträgt sie jedoch nicht; dort bleibt sie nur wenige Tage frisch. Sie muß also auch im Keller allseitig von Erde umschlossen aufbewahrt werden. Sie gedeiht in jedem Boden, wenn er nicht zu feucht ist. Auch auf minderwertigem Gelände entwickelt sie sich noch recht gut. Sie ist also vollkommen anspruchslos.

Ihr besorgt euch im Frühjahr einige Pflanzenknollen, die in 1 m Abstand etwa 20 cm tief in die Erde gepflanzt werden. Im Herbst könnt ihr dann pro Pflanze 3 bis 4 kg Knollen ernten. Wenn ihr etwas verdecken wollt, sei es den Komposthaufen, eine häßliche Gartenecke, den Hühnerhof usw., dann könnt ihr wirklich nichts Besseres finden als Topinambur.

In der Küche werden die Knollen im eigenen Saft gedünstet und wie Kartoffeln gegessen oder, zu Brei gedrückt, mit Milch und Salz verspeist. Auch zu Suppen lassen sie sich verwenden, ebenso kann man sie kochen, braten, backen oder im eigenen Saft schmoren lassen.

Die Stengel werden gern vom Vieh, hauptsächlich aber von Kühen und Schafen gefressen, wenn es fast kein frisches Grün mehr gibt. Auch als Wildfutterpflanze ist sie den Jägern und Hegern gut bekannt. Die Pferde fressen sie roh und in gekochtem Zustande, ebenso viele andere Haustiere.

Sauerkleerübchen

Sauerkleerübchen

Das Sauerkleerübchen hat den wohlklingenden Namen *Oxalis esculenta* und eignet sich recht gut als Einfassungspflanze. Es bilden sich kleine Rübchen, die ohne weiteres genießbar sind und eine angenehme Abwechslung auf den Küchenzettel bringen.

Ausgepflanzt werden die kleinen, zwiebelartigen Brutknöllchen, welche sich an den Köpfen des Sauerkleerübchens bilden. Im Herbst werden diese kleinen Brutknollen herausgenommen, frostfrei gelagert und im Frühjahr wieder ausgesetzt. Die Ernte erfolgt im Herbst, nachdem die Blätter erfroren sind. Die großen, eßbaren Knollen werden verspeist oder im Keller in Sand eingeschlagen. Die Zubereitung geschieht wie bei den Teltower Rübchen. Die kleinen Rübchen sind im Herbst am schmackhaftesten.

Eierfrucht

Eierfrucht

Auch Aubergine oder blaue Tomate genannt. Sie gehört zur Familie der Nachtschattengewächse, ist also auch eng verwandt mit der Tomate. Die Kultur geschieht genauso wie bei dieser, nur braucht sie nicht soviel beschnitten zu werden. Reichliches Gießen ist anzuraten. Die Aubergine braucht sehr viel Wärme. Sobald die Früchte violett sind, werden sie geerntet. In gebratenem oder geschmortem Zustande lassen sie sich vorzüglich verzehren.

*Soll auch der Pfeffer
bei dir reifen,
dann lerne diesen
Spruch begreifen:
Nimm's wärmste
Plätzchen an der Sonne
und recht viel Wasser
aus der Tonne!*

Der Speisepfeffer findet von Jahr zu Jahr mehr Freunde, die ihn anbauen. Überall dort, wo Tomaten wachsen, wächst auch der Paprika. Das zu wissen ist wichtig!

Speisepfeffer (Paprika)

Beißbeere oder spanischer Pfeffer wird er im Volksmund genannt. Er ist aus Spanien zu uns gekommen, heißt botanisch *Capsicum annuum* und gehört zu den Nachtschattengewächsen. Seine schönen, reifen Früchte, die in leuchtendem Rot oder Gelb sehr zierend wirken, werden in vielen Ländern als Gemüse und anregende Würze benutzt. Grüne Früchte dienen als Gemüse und die vollreifen pulverisiert als pikante Würze. Ihr müßt ihn nur sehr zeitig, etwa ab Februar, im Zimmer oder Frühbeet aussäen. Legt aber die Saat etwa 2 Tage vorher in lauwarmes Wasser, dadurch erreicht ihr eine schnellere Keimung. Der Pfeffer braucht noch mehr Wärme als Tomaten, also einen ganz besonders warmen und sonnigen Standort. Setzt bitte 6 Pflanzen auf einen Meter im Geviert. Gebt aber auch recht viel Wasser, denn der Speisepfeffer ist ein ausgesprochener Säufer, der nun einmal das nasse Element zum Leben braucht. Nach etwa 70 bis 80 Tagen sind die ersten Kapseln erntereif. Der hohe Gehalt an Vitamin C ist bekannt.

Anzucht am warmen Ort, dann klappt es — auf mein Wort!

Der Speisepfeffer in der Küche

Liebe Hausfrau! Setze dich einmal für einige Pflanzen Paprika ein. Du wirst dann bestimmt dafür sorgen, daß alljährlich ein paar Pflanzen im Garten stehen. Paprikaschoten sind vitaminreich und gesund. Zu dem schmackhaften Mixed Pickles sind Pfefferschoten sogar unentbehrlich. Auch zu Pfeffergurken findet er Verwendung. In südlichen Gegenden ist eine Zubereitung der Speisen ohne Paprika schier undenkbar.

Mohn

Botanisch nennt man ihn *Papaver somniferum*. Der aus dem fernen Orient stammende blaue Mohn ist eine steinalte Kulturpflanze. Dort gewinnt man aus ihm das berauschende Opium, um welches sogar ein Krieg geführt wurde. Nach dem 2. Weltkriege hat der Mohnanbau zur Ölgewinnung ganz erheblich zugenommen. Sogar im Hausgarten hat er seinen Einzug gehalten, denn die Hausfrau möchte zum Mohnkuchen gern eigenen Mohn verwenden.

Mohn

Schüttelmohn

Schließmohn

Die Aussaat des feinen Samens erfolgt im Frühjahr gleich an Ort und Stelle. Nach 17 Tagen läuft die Saat auf. Zu empfehlen ist er als Zwischenkultur bei Möhren, Zwiebeln usw. Nach dem Aufgehen ist zu beachten, daß die Pflanzen mindestens 15 cm Abstand haben; bei Zwischenkultur sogar bis auf 50 cm. Du mußt zwei Arten des Mohnes unterscheiden: a) den Schüttelmohn und b) den Schließmohn. Sobald die Reife eintritt, öffnen sich beim Schüttelmohn die kleinen Öffnungen unter dem Hut. Der Wind schüttelt die kleinen Samenkörnchen heraus und verringert dadurch die Ernte ganz erheblich. Beim Schließmohn bleiben die Kapseln jedoch verschlossen. Sie müssen einzeln aufgeschnitten werden. Der blaue Mohn wird herausgeschüttelt. Deswegen wird der Schließmohn bevorzugt angebaut.

Mohnsamen mußt du kühl und trocken lagern, er wird sonst leicht muffig. Die Verwendung des Mohnes ist bekannt.

Meerrettich

Früher, heute, einst und jetzt: Meerrettich bleibt hochgeschätzt!

Der Meerrettich, auch Kren, Krien, Mirch, Maressig, Pfefferwurzel oder Fleischkraut genannt, kommt an vielen Orten verwildert vor. Botanisch nennt man ihn *Armoracia rusticana*. Er wird einfach ausgegraben und für die Küche verwendet.

Wer ihn jedoch im Garten haben will, der pflanze im Frühjahr sogenannte Fechser. Diese werden von allen Nebenwurzeln befreit und mit einem Lappen abgerieben. Hierauf werden die Fechser schräg eingepflanzt.

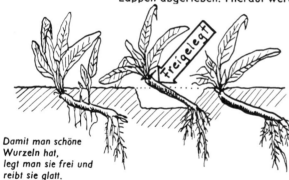

Damit man schöne Wurzeln hat, legt man sie frei und reibt sie glatt. Danach deckst du die Stelle zu, die Pflanze hat dann wieder Ruh'!

Bei der Spezialkultur wird während des Sommers an regnerischen Tagen die Wurzel zweimal freigelegt und von den Seitenwurzeln befreit, damit sich eine recht starke, glatte Wurzel bildet. Im Herbst wird diese dann herausgenommen und in der Küche verwendet. Meerrettich ist wegen seines hohen Vitamingehaltes und wegen seines herzhaften Geschmackes ein gern verwendetes Wurzelgemüse. Es wird zu den gesündesten Gemüsen gerechnet.

Schon von alters her wird der Meerrettich wegen seiner reinigenden Wirkstoffe hochgeschätzt. Ein Teelöffel voll geriebener Meerrettiche ist in der Lage, Darm und Harnwege einen ganzen Tag lang keimfrei zu halten. Auch bei Erkältungserscheinungen und Erkrankungen der Atmungswege sowie bei Mittelohrentzündungen leistet der Meerrettich immer wieder beste Dienste.

Geriebener Meerrettich mit Quark und Gartenkresse vermischt angerichtet, ist ein sehr herzhaft schmeckender und gesunder Brotbelag. Meerrettich kann den ganzen Winter über geerntet werden, wenn der Boden offen ist.

In der kleinsten Gartenecke wächst Meerrettich — fast wie Quecke!

Der Kräutergarten

In den letzten Jahrzehnten ist das „Kräutergärtchen", ohne den von alters her ein Garten nicht denkbar war, vernachlässigt worden. Die vielen ausländischen Gewürze, die auf dem Markt erschienen, brachten die bei uns heimisch gewordenen Kräuter immer mehr in Vergessenheit. Ganz besonders wird jetzt wieder durch Muster- und Schaugärten, auf Gartenschauen und in den Schulgärten sowie in Wort und Schrift neu geworben, denn die einheimischen Kräuter sind meist bekömmlicher als die scharfen ausländischen Gewürze.

Ein sauberes Kräutergärtchen muß der Stolz des Kleingärtners sein.

Lieber Gartenfreund! Lege dir deshalb ein Kräutergärtchen zu. Das ist nicht allein interessant, sondern auch sehr nützlich. Ich will dir helfen, nicht nur die Kräuter richtig im Haushalt zu verwenden, sondern auch deinen Kräutergarten richtig anzulegen.

Schon vor der Anlage mußt du dir klar sein, welche Kräuter du in deinem Garten selbst heranziehen willst, wieviel du von der einen oder anderen Kräuterart brauchst. Dementsprechend teilst du dir das Kräutergärtchen ein. Auf den meist kleinsten Teil kommen die hohen, mehrjährigen Arten. Von diesen werden nach Bedarf je eine kleine Reihe oder auch nur einige Pflanzen gezogen. Um gleich von vornherein Ordnung zu haben, mußt du nach der Höhe der Kräuter die Anordnung, also die Anpflanzung vornehmen.

Die Mamsell hat es ausprobiert; es schmeckt viel besser — dekoriert!

Die Höhe der Kräuter

Alant: 2 m; Angelika: 1,50 m bis 2 m; Liebstock: 2 m; Estragon: 1,20 m; Beifuß: 1,50 m; Wermut: 1 m; Melisse: 60 cm; Salbei: 50 cm; Raute: 40 cm; Pimpinelle: 50 cm; Lavendel: 30 cm; Bohnenkraut: 30 bis 35 cm; Tripmadam: 30 cm; Pfefferminze: 30 cm; Thymian: 35 cm. Den Abschluß bilden Kümmel und Löffelkraut, welche nur zweijährig sind. Waldmeister wird in eine schattige Ecke gesät.

Anschließend pflanzt oder säst du die einjährigen Würz- und Heilkräuter: Dill: 1 m; Fenchel: 1 m; Koriander: 50 cm. Anis, Boretsch, Bohnenkraut, Basilikum, Thymian, Portulak, Majoran, Kamille, Kerbel und Kresse benötigen keine Anordnung. Sie sind ziemlich gleich hoch und können je nach der Aussaatzeit der Reihe nach in den Boden gebracht werden. Zuletzt werden noch die jungen Kräuter gepflanzt, die im Mistbeet oder Zimmer vorgezogen worden sind. Ein so angelegtes Kräutergärtchen ermöglicht gute Übersicht und Ordnung.

Das Heilkraut hilft aus mancher Not, und hält den Körper gut im Lot!

Lieber Gartenfreund! An der Giebelwand des Knochenhauer Amtshauses auf dem Marktplatz der einst so schönen alten Stadt Hildesheim befand sich ein Spruch, an dessen Weisheit ich oftmals erinnert werde, wenn ich über Würz- und Heilkräuter nachdenke: „Unsere Altvordern waren keine Dummen!" Wieviel Bescheidenheit unserer Alten liegt in diesen Worten! Fürwahr, sie haben, mit keinerlei wissenschaftlichen Kenntnissen ausgerüstet, am eigenen Leib in schmerz- und leidvollen Zeiten die Heilkräfte der Natur ausprobiert und uns einen Schatz von Erfahrungen hinterlassen, aus dem wir heute noch schöpfen können. Der alte Gärtner Pötschke möchte mit dafür sorgen, daß dieser Schatz wieder gehoben wird und unseren leidenden und gesunden Mitmenschen zugute kommt.

Bohnenkraut

Bohnenkraut, ausdauerndes

Das ausdauernde Bohnenkraut, auch Berg-Bohnenkraut genannt, stammt aus der Familie der Lippenblütler und heißt botanisch *Satureja montana*.

Es wird im März/April in Kästen oder Töpfe ausgesät und geht nach etwa 14 bis 18 Tagen auf. Wenn die Sämlinge kräftig genug sind, werden sie an einen sonnigen Platz in einen humosen Gartenboden gepflanzt. Im Herbst kann man einige Pflanzen in einen Topf setzen und in einem temperierten Zimmer an ein sonniges Fenster stellen. So hast du den ganzen Winter hindurch frisches Bohnenkraut zur Hand.

Die Pflanzen werden 25 bis 30 cm hoch. Wenn das Kraut getrocknet werden soll, schneidest du es kurz vor der Blüte, bündelst es und läßt es an einem schattigen Platz möglichst schnell trocknen.

Das ausdauernde Bohnenkraut wird, wie das einjährige Bohnenkraut, zur Bereitung von Kräutertunken und Bohnengerichten verwendet. Ein aus Bohnenkraut zubereiteter Tee wirkt krampfstillend, schweiß- und harntreibend. Außerdem ist es als beruhigendes Magenmittel anzuwenden.

Bohnenkraut, einjährig

Schon den Alten war vertraut, als Bohnenwürze — Bohnenkraut!

Das einjährige Bohnenkraut heißt botanisch *Satureja hortensis* und wird auch Kölle oder Pfefferkraut genannt. Es stammt aus den Ländern östlich des Mittelmeeres und gehört in die Familie der Lippenblütler. Die Verwendung ist die gleiche wie bei dem ausdauernden Bohnenkraut. Es ist eine sehr beliebte Salat-, Tunken-, Wurst- und Bohnenwürze.

Die Aussaat wird im März/Mai vorgenommen. Da der Samen sehr fein ist, 1 g enthält 3000 Körner, muß die Aussaat sehr sorgsam vorgenommen werden. Je nach Wärme keimt das Bohnenkraut nach 15 bis 20 Tagen.

Als Heilwirkung ist vom Bohnenkraut hauptsächlich die krampflösende Wirkung zu erwähnen. Als Beruhigungs- und Nervenstärkungsmittel ist es sehr beliebt. Zu diesem Zweck werden 1 bis 2 Teelöffel zerriebene Blätter in einer Tasse mit kochendem Wasser überbrüht, 15 Minuten zugedeckt stehen gelassen und danach abgegossen. Dieser Tee ist außerordentlich wirksam gegen Blähungen.

Kerbel

Kerbel

Er ist ein enger Verwandter der Petersilie und wird in manchen Gegenden auch Körbelkraut, Karweil oder spanischer Kerbel genannt. In Südrußland und Westasien war er einst zu Hause; botanisch heißt er *Anthriscus cerefolium* und gehört zu den Doldenblütlern. Feinschmecker loben Kerbelsuppe. Zu Salaten, Braten, Tunken, Kräuterbutter, Diätspeisen, Tisch- und Plattendekoration, vegetarischen Gerichten und mit Schnittlauch vermischt zum Quark, sowie mit Petersilie und Estragon zum Tomatensalat und für viele andere Würzzwecke wird sein aromatisches Kraut gern benutzt. In getrocknetem Zustande gilt Kerbel als ein bewährter Blutreinigungstee bei Frühjahrskuren. Kultur, Aussaat usw. sind genauso wie bei der Petersilie, nur liegt die Saat ca. 14 Tage in der Erde, ehe sie aufläuft.

Kerbel muß alle 5 bis 6 Wochen erneut ausgesät werden, weil das Kraut schnell in Samen schießt. Septemberaussaaten kommen gut über den Winter, und dadurch steht das frische Kraut im Frühjahr wieder der Küche zur Verfügung. Auch in Töpfen ist Kerbel leicht heranzuziehen. Das beste

Aroma entwickelt sich auf sonnigem Beet. 6 bis 8 Wochen werden bis zur Entwicklung gebraucht.

Liebstöckel

Es ist in Südwesteuropa zu Hause, gehört zu der großen Familie der Dolden-gewächse und wird botanisch *Levisticum officinale* genannt. Bei uns gilt es als alte Kulturpflanze, wird je nach Bodenverhältnissen bis zu 2 m hoch und kann als Einzelpflanze gut in jedem Gartenwinkel stehen.

Mehr als eine Pflanze braucht man nicht davon, denn die Blätter sind stark aromatisch, haben einen sellerieartigen Geruch und werden frisch gepflückt nur in kleinsten Mengen zu Suppen, Soßen, Brühen, Salaten, Gemüsen, Braten und Geflügel verwendet. Die Würzkraft ist anerkannt groß und bleibt auch nach dem Kochen voll erhalten.

Merke dir: Auch nach dem Kochen bleibt die Würzkraft ungebrochen!

Die Wurzeln könnt ihr im Herbst ausgraben, flechten und trocknen. Danach müßt ihr diese in einem gutverschlossenen Behälter aufbewahren, damit das Aroma erhalten bleibt.

Die Vermehrung erfolgt durch Stockteilung oder Saat. Die Aussaat nehmt ihr im Frühjahr auf ein Saatbeet oder in einer Saatschale vor. Die Saat bleibt nur 1 Jahr keimfähig. Sie liegt ca. 4 Wochen im Keim. Tee aus den Wurzeln gilt als wassertreibend und wird bei schlechter Durchblutung des menschlichen Verdauungsapparates getrunken. Auch bei Gelbsucht, Würmern und Blähungen trinkt man den Tee. Zur Kräftigung des Kno-chenbaues bei Kleinkindern wird das trockene Kraut ins Badewasser gebracht. Bekannt ist die Vermehrung der Magensäfte nach dem Genuß der Wurzeln.

Liebstöckel

Majoran

Botanisch nennt man ihn *Majorana hortensis*, und er ist ein aus Nordafrika stammender Lippenblütler. Durch sein starkes Aroma und seinen würzigen Geschmack ist er in der Küche und in der Lebensmittelindustrie ein geradezu unentbehrliches Würzkraut geworden. Zu Braten, Soßen, Wurstbereitung, Kartoffelklößen, Gänse- und Schweinefett sowie Erbsen-, Bohnen- oder Linsensuppen, zu Salaten in der Diätküche, zum Sellerie oder Fisch, stets braucht man das getrocknete Kraut, welches allen diesen Gerichten zu besserem Geschmack verhilft.

Die Aussaat kann ab März ins Mistbeet erfolgen oder in Kistchen bzw. Blumentöpfe im Zimmer. Ab April könnt ihr auch auf einem gut zurecht-gemachten, feinkrümeligen und lockeren Saatbeet aussäen.

Die feine Saat wird nur obenauf gesät und ganz leicht angedrückt. Bis zum Aufgang sind die Aussaaten schattig und gleichmäßig feucht zu halten. Die Keimzeit beträgt ca. 14 Tage bis 3 Wochen. Später, wenn die Pflänzchen etwas stärker herangewachsen sind, pflanzt ihr immer 2 bis 3 Stück zusammen in ein Pflanzloch, und zwar in Abständen von 10 × 15 cm. Wenn die ersten Blüten erscheinen, könnt ihr ernten. Schneidet die Pflanze ca. 5 cm über dem Boden ab und macht kleine Bündel, die ihr schattig zum Trocknen aufhängt. Meist treiben die geschnittenen Pflanzen dann noch-mals aus und bringen zum Herbst eine zweite Ernte. Ist die Trocknung beendet, könnt ihr das Kraut in verschlossenen Dosen aufbewahren, damit das Aroma gut erhalten bleibt.

Als Heilpflanze wirkt der Tee nervenstärkend und erwärmend. Deshalb wird er bei Koliken, Krämpfen und Blähungen gereicht. Bei Störung der

Majoran

129

Atmungsorgane (Asthma) wird er unter Zusatz von Honig als ein auswurfförderndes Mittel empfohlen. In Wein gekocht ist seine schweiß- und wassertreibende Wirkung anerkannt. Mundspülungen mit dem Tee beseitigen üblen Mundgeruch und helfen, Zahnschmerzen zu mildern. Magen und Darm werden durch den Genuß gestärkt und beruhigt. Bei Gicht und Rheuma trinkt man den Tee mit Erfolg. Zum Nasenspülen bei Heu- und Stockschnupfen schafft ein Aufguß Erleichterung und Heilung.

Salbei

Schon im Mittelalter bezeichnete man Salbei als „das heilige Kraut des Altertums". Er ist aus den westlichen Mittelmeerländern zu uns gekommen, heißt botanisch *Salvia officinalis* und gehört familiär zu den Lippenblütlern. Seine aromatische Würze hat ganz besondere, geschmackliche Reize, und die Hausfrau verwendet den Salbei zu Fischgerichten (Aal, Hering), sauren Soßen, Bratentunken, Essiggurken, Fleischspeisen, Wildgerichten, Kaninchen, Hammel, Hülsenfrüchten, Salaten, Diät und Frischkost sowie zur Herstellung von Kräuterbutter. Das Kraut wird in frischem und auch in pulverisiertem Zustande gebraucht.

Mit Salbei reib' das Zahnfleisch ein, und gurgle — dann wird's besser sein!

Der Tee wird bei Halsschmerzen und Husten mit Erfolg getrunken. Tbc-Kranke bekommen getrocknete Blätter ins Bad und fühlen sich danach weitaus frischer als vorher. Die frischen Blätter aufs Zahnfleisch gerieben, stärken dasselbe und helfen bei Zahnfleischblutungen. Bei Mundhöhlenentzündungen wird mit dem Tee gegurgelt, wie er auch wegen seiner bakterientötenden Eigenschaften täglich dem Zahnputzwasser zugefügt werden sollte. Bei Magenverstimmungen und Durchfall wird Salbei immer wieder als Tee zu Hilfe gezogen. Wer täglich einige zerstoßene Salbeiblätter den Speisen zusetzt, wird seine Magensäfte verbessern und sein Blut reinigen.

Bekanntlich hilft bei manchem Weh der gute, alte Salbei-Tee!

Die Aussaat erfolgt ab April ins Mistbeet oder im Mai direkt auf das Saatbeet, welches sehr schön locker zurechtgemacht sein soll. Er braucht ca. 3 bis 4 Wochen zum Keimen. Später, wenn er kräftig genug geworden ist, pflanzt ihr die Sämlinge im Abstand von 25 × 30 cm auf ein Beet. Im Winter braucht er etwas Reisigschutz. Salbei kommt dann jedes Jahr erneut wieder. Vor der Blüte schneidet ihr die Stengel und trocknet diese an einem schattigen Ort.

Dill

Er ist ein aus den Mittelmeerländern stammendes, einjähriges Doldengewächs, zu dem der Botaniker *Anethum graveolens* sagt.

Nicht fehlen darf Dill für Salatgerichte und beim Einlegen von Gurken. Auch zu Rohkostspeisen, Kartoffelsalat, Suppen, Quark, Koch- oder Bratfisch, Bohnensalat, Soßen usw. findet er immer wieder Verwendung. Der Samen ist bei Krautsalaten, Gewürzgurken, Sauerkraut und Pilzgerichten geradezu unentbehrlich. Als Tee wird das Kraut bei verschiedenen Krankheiten mit Erfolg genommen. Schon lange kennt die Volksmedizin seine Wirksamkeit gegen Blähungen und als wassertreibendes Mittel. Bei schlechtem Schlaf, zur Appetitanregung und bei Verdauungsstörungen greift der Dilltee helfend ein. Bei Unterleibsschmerzen wird das Kraut Dampfsitzbädern beigefügt.

Nicht nur allein für Sauerkraut wird Dill als Würze angebaut!

Aussaat ab März direkt ins Freie, Reihenabstand 15 bis 20 cm. Dill ist völlig anspruchslos und wächst in jedem Gartenboden. Nach 20 Tagen ist die Saat aufgelaufen. Bis zur Samenentwicklung rechnet man 60 volle

Tage. Deshalb ist eine Folgesaat im Mai anzuraten, damit zum Gurken- und Sauerkrauteinlegen das frische Kraut zur Verfügung steht. Ein Verpflanzen verträgt Dill leider nicht. Das Kraut könnt ihr natürlich schattig trocknen, um es auch im Winter in der Küche parat zu haben.

Thymian

Thymian

Römischer Quendel oder Demut sagt man in verschiedenen Gegenden zum Thymian. Er kam aus den Mittelmeerländern zu uns, ist Lippenblütler und heißt botanisch *Thymus vulgaris*. Der Wuchs ist etwa 35 bis 40 cm hoch. Thymian ist ausdauernd und blüht von Juni bis August. In der Würzkraft reicht er fast an den Majoran heran, wenn ihr das Kraut an einem warmen Sommertage über Mittag abschneidet und gebündelt im Schatten luftig trocknet. Nach dem Trocknen streift ihr die Blättchen ab und bewahrt diese verschlossen in Dosen auf.

Thymian findet Verwendung beim Wurstmachen, zu ausgelassenem Fett, zu Suppen, in Erbsengerichten, zu Braten, Soßen, Tunken, Salaten, Rohkostspeisen, Kartoffelsalat und -suppen, Pasteten oder zum Brotaufstrich. Zu Wild- und Hammelfleisch, vegetarischen Bratlingen, Kräuterbutter, Dicken Bohnen und jungen Tauben, immer sind nur ein paar Blättchen von ausschlaggebender Bedeutung für einen hervorragenden Geschmack.

In der Medizin wird der Tee wegen seiner stark desinfizierenden Kraft geschätzt. Er ist magen- und darmstärkend, krampflösend und wurmvertreibend. Bei Keuchhusten, mit Honig vermischt, bringt er Erleichterung, wenn er viertelstündlich eßlöffelweise verabreicht wird. Nicht unerwähnt möchte ich lassen, daß Thymian ein hoher Vitamin-C-Träger ist. Aus dem Kraut werden gern Riechkissen für die Wäschetruhe gefertigt.

Die Aussaat geschieht ab März/April in Schalen oder Töpfen. Nach 3 Wochen sind die jungen Keimlinge aus der Erde heraus. Sobald die Jungpflanzen kräftig genug sind, werden sie auf 20 × 20 cm ausgepflanzt. Die Saat ist sehr fein — es gehen etwa 1200 Körnchen auf 1 g Saat. Deshalb müßt ihr sie nur obenauf säen, leicht andrücken und bis zum Aufgang gut feucht und schattig halten. In rauheren Gegenden mag er etwas Deckreisig während der kalten Monate als Schutz ganz gern.

Das Kräuterweiblein lebt nicht mehr, drum muß die Kräuterecke her!

In trockenem, kalkhaltigem Boden wächst er besonders gut. Wegen seiner niedrigen Wuchshöhe und seiner schönen blauen Blüten, die von fleißigen Bienen gern besucht werden, findet er auch im Steingarten gute Verwendung. Ihr könnt also mit ihm gleich zwei Fliegen mit einer Klappe schlagen.

Fenchel

Man nennt ihn auch noch Britsamen und Finkel. Er ist in den Mittelmeerländern zu Hause, ein zweijähriges Doldengewächs und heißt botanisch *Foeniculum vulgare*. Seine Samenkörner werden ähnlich wie Kümmel zum Würzen verwendet.

Die halbreifen Dolden kommen zerhackt als Würze an Salate, auch zum Gurkeneinlegen und zum Sauerkraut werden sie gebraucht. Zu süßen Backwaren, Aufläufen, Brotsuppen, Fleischbrühen, Fischgerichten, Kräutertunken usw. werden die Samenkörner oder die Blätter benötigt. Weiter findet er in der Likörbereitung Verwendung. Er hat einen hohen Vitamin-C-Gehalt.

Ist das Kleinchen einmal krank, gilt Fenchel-Tee als Göttertrank!

Als Tee ist er in der Volksmedizin ein bekanntes Mittel gegen Erkältungen und Blähungen bei Kindern. Bei Brustleiden, Keuchhusten, Asthma, Verdauungsschwäche, Magen- und Darmstörungen wird der Tee gern

Fenchel

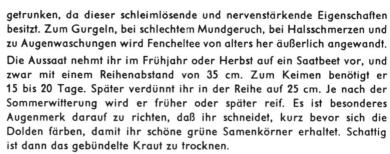

getrunken, da dieser schleimlösende und nervenstärkende Eigenschaften besitzt. Zum Gurgeln, bei schlechtem Mundgeruch, bei Halsschmerzen und zu Augenwaschungen wird Fencheltee von alters her äußerlich angewandt.

Die Aussaat nehmt ihr im Frühjahr oder Herbst auf ein Saatbeet vor, und zwar mit einem Reihenabstand von 35 cm. Zum Keimen benötigt er 15 bis 20 Tage. Später verdünnt ihr in der Reihe auf 25 cm. Je nach der Sommerwitterung wird er früher oder später reif. Es ist besonderes Augenmerk darauf zu richten, daß ihr schneidet, kurz bevor sich die Dolden färben, damit ihr schöne grüne Samenkörner erhaltet. Schattig ist dann das gebündelte Kraut zu trocknen.

Pimpinelle

Man nennt sie auch Steinpeterlein, Bibernelle oder Blutskraut. *Sanguisorba minor* heißt sie botanisch und wird zu den Rosengewächsen gezählt.

Das aromatische Kraut wird gern in kleinen Mengen zu verschiedenen Speisen, Salaten und Kräuterbutter verwendet. Es hat einen gurkenähnlichen Geschmack und sollte nur frisch gebraucht werden. Da sie ausdauernd ist, schneidest du am besten die Blüten aus, dadurch können die Blätter bis in den Winter hinein verwendet werden.

Ab März/April kannst du in jedem Gartenboden aussäen. Die Saat läuft nach 12 Tagen auf. Die Wuchshöhe beträgt 40 bis 50 cm. Nicht unerwähnt lassen möchte ich den hohen Vitamin-C-Gehalt.

Schneid eifrig alle
Blüten aus,
dann zögerst du die
Ernte raus!

Gurkenkraut oder Boretsch

Als einjähriges Boretschgewächs, botanisch *Borago officinalis*, kam es aus den Mittelmeerländern zu uns. Seine schöne, blaue Blüte wird gern von den Bienen beflogen, so daß es viele Bienenzüchter als Futterpflanze aussäen.

Die Wuchshöhe beträgt 40 bis 50 cm. Boretsch wächst in jedem Gartenboden, ihr braucht ihn nur im Frühjahr ins Freiland auszusäen. Ca. 50 Samenkörner wiegen 1 g. 2 bis 3 Jahre bleibt die Keimkraft erhalten und nach 8 Tagen ist der Keimprozeß beendet. Nach etwa 90 bis 100 Tagen ist das Wachstum abgeschlossen.

Die jungen Blätter dürfen bei keinem Salatgericht fehlen, ganz gleich, ob es sich um Kopf- oder Gurkensalat handelt. Bohnen- und Kohlgerichte werden durch das Kraut ebenfalls schmackhafter. Zu hartgekochten Eiern wird das feingehackte Kraut gern gegessen, ebenso zu Fleischgerichten, Tunken und Gewürzessig. Dem Spinat und Mangold zugesetzt, wird deren Geschmack verbessert. Tee von den getrockneten Blättern hilft bei innerer Hitze und ist schon seit langer Zeit unseren Vorfahren als nervenberuhigend bekannt.

Boretsch

Waldmeister

In ganz Europa in schattigen Buchenwäldern ist dieses Schattengewächs heimisch. Der Volksmund gab ihm manchen schönen Namen, so z. B. Maikraut, Herzfreund, Leberkraut oder Waldmannl. Botanisch heißt er *Asperula odorata* und zählt zu den Rötegewächsen. Von Mai bis Juni dauert die Blütezeit an.

Er wächst in jedem Garten gern, wenn ihr ihn nur in den Schatten irgendwelcher Gebüsche bringt und für etwas Lauberde sorgt. Im Herbst könnt

Waldmeister füg der
Bowle bei,
so schmeckst und
fühlst du ganz den Mai!

ihr ihn gleich an Ort und Stelle aussäen und mit etwas Buchenlaub überdecken. Im Frühjahr können die jungen Setzlinge an die betreffende Stelle
ausgepflanzt werden. Geschnitten wird das Kraut, bevor es zu blühen
beginnt. Es wird langsam und schattig getrocknet, damit das Aroma
erhalten bleibt. Das Kraut findet im frischen Zustand Verwendung für die
bekannten Maibowlen. Der Tee ist in der Volksmedizin als nervenstärkend,
harn- und schweißtreibend bekannt. Wenn übermäßige Hitze aus Beulen
und Geschwüren herauszuziehen ist, werden aufgebundene, frische
Blätter empfohlen. Auch bei leichten Kopfschmerzen sollen frische Blätter,
im Umschlag auf die Stirn gebunden, Linderung verschaffen. Das getrocknete Kraut wird gern in Riechkissen eingenäht. Es macht die Wäsche
duftend und vertreibt die Motten.

Waldmeister

Portulak

Er ist aus Vorderasien nach Europa eingewandert und als einjähriges
Würzkraut mit dem botanischen Namen *Portulaca sativa* bei uns bekannt.

Seine dicken Blätter werden nur in frischem Zustande verwendet, und
zwar zu Salaten, als Spinatgemüse und feingehackt zum Butterbrot. Die
feine Saat bringt ihr ab April auf lockeren, guten Gartenboden. Nach
3 Wochen ist die Keimung beendet. Bitte gebt ca. 20 cm Reihenabstand und
haltet die Aussaat bis zum Aufgang feucht und schattig. Der Portulak liebt
eine sonnige Lage.

Ihr schneidet das Laub wenige Wochen nach der Aussaat, wenn es
noch sehr zart und jung ist. Deshalb ist es ratsam, im Juni eine Folgesaat zu
machen. In der Volksmedizin wird der Tee bei Blasen- und Nierenleiden
empfohlen. Das frische Kraut wird bei Skorbut gegessen. Ausgepreßter
Saft hat bei Verbrennungen schmerzlindernde Wirkungen gezeigt. Auch
bei Blutreinigungskuren wird der Tee empfohlen.

Portulak

Wermut

Er ist ein ausdauernder, stark aromatischer Korbblütler, in Süd- und
Mitteleuropa zu Hause und wird botanisch *Artemisia absinthium* genannt.
Seit alter Zeit kennt und verwendet man ihn als Heilmittel bei Magen-
und Darmbeschwerden. Bei der Wurmbekämpfung und bei Fieber wird
der Tee empfohlen. Weiterhin ist die blutreinigende Wirkung allgemein
bekannt, deshalb sollten Leber- und Magenkranke sowie Blutarme immer
eine Messerspitze zerriebenes Wermutkraut an ihre Speisen tun. Auch bei
Nieren- und Blasenleiden sind gute Erfolge erzielt worden. Bei Tier-
erkrankungen (Kolik usw.) wird das Kraut von alters her mit Erfolg angewandt. Wer sich das Gesicht mit den grünen Blättern einreibt, wird vor
Mücken Ruhe haben. Trockenes Kraut in Riechkissen zwischen Wollsachen
gelegt, vertreibt die Motten.

Darauf geb ich mein
Ehrenwort,
Wermuttee jagt
Würmer fort!

Wer dunkle Kleidungsstücke in Wermutwasser wäscht, wird erstaunt sein,
wie schön die alte Farbe wieder zurückkommt. Auch bei der Zubereitung
des Wermutweines ist seine Würzkraft im Spiele. Deshalb sollte wenigstens
eine Pflanze in jedem Hausgarten stehen, zumal sie winterhart und
vollkommen anspruchslos ist.

Die Aussaat nehmt ihr im Frühjahr in ein Kästchen oder auf ein gut zubereitetes Saatbeet vor. Die Saat ist sehr fein, etwa 10 000 Körner gehen auf
1 g. 14 Tage braucht sie zum Keimen und 50 cm allseitigen Abstand muß
die Pflanze schon haben, wenn der Wermut beetweise als Arzneipflanze
angebaut werden soll.

Wermut

Kümmel

Kümmel

Botanisch nennt man den Kümmel *Carum carvi*. Er ist ein in Europa behei-matetes Doldengewächs. Bis nach Asien hinein hat er sich verbreitet, und überall schätzt man ihn als unentbehrliches Gewürz in der Küche und in der Konservenindustrie.

Zum Sauerkraut, zu Brot und Käse, Quark, Kartoffeln, Tunken und Soßen, zu Suppen, Salaten, Roten Rüben und Rohkost, zu Fleischspeisen, ganz besonders zu Hammel und Kaninchen ist er äußerst wertvoll. Vor allem aber darf bei den etwas blähenden Gemüsearten die Würze, wegen ihrer außerordentlichen Wirksamkeit gegen Blähungen, niemals fehlen. Bei der Brotbäckerei, und schließlich nicht zu vergessen als Wurstwürze, genießt er nach wie vor ein sehr hohes Ansehen. In der Likör- und Schnapsbrennerei braucht man ihn ebenfalls. Die jungen Blätter haben gleichfalls den typi-schen Kümmelgeschmack und finden zur Verfeinerung von Salaten und Suppen Verwendung. In Niedersachsen wird er als Kümmelkohl wie Spinat zubereitet. In der Volksmedizin braucht man die Samenkörner bei Leibs-schmerzen, Koliken und Magenkrämpfen (10 g Samen auf ½ Liter Wasser). Auch in Milch gekocht (5 g Samen pro Liter) bleibt die blähungsmindernde Wirkung erhalten.

Die Aussaat nehmt ab März/April auf ein Saatbeet vor. Nach 2 bis 3 Wochen ist der Keimprozeß beendet. Später pflanzt ihr in 15 cm Abstand aus und achtet darauf, daß die Reihenentfernung 30 cm beträgt, denn die Stengel werden 1 m bis 1,50 m hoch. Kümmel ist eine zweijährige Pflanze, deren Dolden im zweiten Jahr ausgeschnitten werden, sobald diese sich zu bräunen beginnen. Die geschnittenen Bündel werden schattig getrocknet und im Winter abgerieben. Ihn mit Fenchel zusammen zu pflanzen, ist unmöglich. Beide können sich nämlich von alters her nicht riechen und kümmern!

Den Kümmel brauch ich jetzt noch nich', die Kümmelflasche meinte ich!

Beifuß

Den Namen Beifuß erhielt er schon in grauer Vorzeit, weil ihm die Eigen-schaft zugesprochen wurde, daß der Wanderer, der seine Füße mit dem Kraut einreibt, nicht ermüden sollte.

Hier haben wir es mit einem Korbblütler zu tun, der in vielen Gegenden unseres Landes heimisch ist. Botanisch wurde er auf den Namen *Artemisia vulgaris* getauft und steht als Würzkraut auch heute noch in hohem Ansehen. In knospigem Zustand geschnitten und im Schatten getrocknet, ist er als Gewürz zu Gänse-, Enten- und Schweinebraten unentbehrlich. Er wird ca. 50 cm hoch und wächst in jedem Gartenboden. Eine oder zwei Stauden genügen für den Bedarf einer Familie. Ab April kannst du aussäen und später die kräftigsten Pflanzen in einen Gartenwinkel setzen, wenn er nicht zufällig wild in deiner Nähe am Wegesrand anzutreffen sein sollte. Bei der Ernte werden nur die kleinen, zarten Blättchen gezupft, was möglichst kurz vor dem Aufblühen der winzigen Knöspchen geschehen sollte. Der Tee gilt bei allgemeiner Schwäche als gutes Kräftigungsmittel, das sehr belebend auf den Organismus wirkt. Die Verdauungsorgane und das Blut werden günstig beeinflußt. Als Mittel gegen chronische Durchfälle, Verschleimung, Bleich-, Gelb- oder Wassersucht wird er seit langer Zeit in der Volksmedizin empfohlen. Aus der Wurzel wird ein krampfstillendes, schweißtreibendes Mittel hergestellt.

Beifuß

Zitronenmelisse

Unter vielen volkstümlichen Namen bekannt, nämlich Frauenkraut, Bienenkraut, Herzenstrost oder Gartenmelisse. Aus dem Mittelmeergebiet ist sie zu uns gekommen. Man nennt sie botanisch *Melissa officinalis* und rechnet sie zur Familie der Lippenblütler. Eine beliebte, ausdauernde Gewürz- und Teepflanze von ca. 60 cm Wuchshöhe, die einen starken Zitronengeschmack und -geruch besitzt.

*Melisse näh in Kissen ein,
dann wird sich Muttis Wäsche freu'n!*

Allen Gerichten kann man statt Zitronen das frische Kraut der Zitronenmelisse zusetzen. Ebenso auch Pilz-, Fisch- und Fleischgerichten. Alle Salate, selbst Gurkensalat, gewinnen durch die Würzkraft an Geschmack. Bei Diätkost und Milchspeisen, zu vegetarischen Salaten und Getränken ist das Kraut gut brauchbar. Schließlich nimmt man es noch zum Gurkeneinlegen und in Riechkissen genäht als Mottenvertreiber in den Kleiderschrank. Wildbret, Geflügel, Obstsuppen, Mangold und viele andere Gemüsegerichte schmecken besser, wenn einige Blättchen des Krautes als Würze beigefügt werden. Jedoch niemals mitkochen, da es sonst die Würzkraft verliert.

In der Volksheilkunde wird angeraten, das frische Kraut bei Insektenstichen auf die offene Wunde zu reiben. Die Bienen schätzen die Blüten als reichen Honigspender. Das Wort Melissa kommt aus dem Griechischen und heißt Biene.

Der Tee der Blätter, vor dem Schlafengehen getrunken, soll nach alten Sagen den Menschen freudig stimmen und frohe Träume verschaffen. Im Wannenbad und beim Waschen wird das Kraut ebenfalls gern benutzt, besonders zarten Kindern und schwangeren Frauen tut es gut. Tee von Melissenkraut wirkt nervenberuhigend, erheiternd, krampflösend und stillt nervöses Erbrechen Schwangerer. Auch nervöses Erwachen wird durch das Kraut völlig beseitigt. Imker benutzen das frische Kraut, um wanderlustige Schwärme an den neuen Stock zu fesseln, indem sie die Rahmen damit einreiben. Melissentee, zu gleichen Teilen mit Kalmus und Pfefferminze gemischt, regelt die Herztätigkeit, wärmt den Magen und beruhigt den ganzen Körper. Also ein überaus vielseitiges Würz- und Heilkraut.

Zitronenmelisse

Die Aussaat wird ab April/Mai auf ein lockeres Saatbeet vorgenommen, das möglichst etwas im Schatten liegen soll. Zur Keimung braucht die Saat ca. 3 bis 4 Wochen. Später setzt ihr die Pflanzen auf 40 × 40 cm allseitigen Abstand aus. Alle drei Jahre ist eine Staudenteilung und Verpflanzung ratsam. Kurz vor der Blüte schneidet ihr das Kraut ab, trocknet es schattig und streift später die Blätter ab. Diese werden in luftdicht verschlossenen Dosen aufbewahrt.

Lavendel

Schon die alten Römer kannten ihn und legten das Kraut ins Badewasser, um dieses duftend zu machen und gleichzeitig dem Körper Linderung bei Gicht und Rheuma zu verschaffen. Er gehört zur Familie der Lippenblütler, heißt botanisch *Lavandula officinalis* und ist auch heute noch in manchen alten Bauerngärten zu Hause. Er ist ein mehrjähriges Duft- und Heilkraut, wird also nicht zum Würzen benutzt.

In der Blütezeit wird das Kraut geschnitten, schattig getrocknet und in den Wäscheschrank gelegt. Die blauen Blüten sind, einzeln gesammelt und getrocknet, ein in der Kosmetik gesuchter Artikel. Als Riechkissen in den Kleiderschrank gebracht, verjagt Lavendel die Motten. Die Aussaat

Lavendel

nehmt ihr möglichst zeitig im März ins Mistbeet oder in ein Saatgefäß vor. Lavendel keimt nach 18 bis 24 Tagen. Später pflanzt ihr ihn in 25 bis 35 cm Abstand als Einfassung oder in den Steingarten, da er nur ca. 50 bis 60 cm hoch wird. In feuchtem Boden müßt ihr für eine leichte Winterdecke sorgen. Wer allerdings zu stark mit Stickstoff düngt, muß damit rechnen, daß er im Winter erfriert!

Lavendelkraut im Wäscheschrank, die Hausfrau sagt dir Lob und Dank!

Estragon

Er ist eine ausdauernde Würzpflanze, die man früher „das Kraut, das die Kreuzfahrer mitbrachten" nannte. Seine Heimat ist die Mongolei und Mittelasien gewesen. Von dort aus wurde er in alle Welt getragen. Botanisch heißt er *Artemisia dracunculus* und gehört zu den Korbblütlern.

Die Höhe beträgt 120 cm. Blätter und feine Triebspitzen können den ganzen Sommer verwendet werden. Unentbehrlich als Würzkraut, beim Gurkeneinlegen, zu Kürbis und bei Salatgerichten, Kräutertunken, Spargelsoßen, Fleischgerichten, Mayonnaisen; Gemüse sowie Rohkost und Diät gewinnen an Geschmack durch sein Aroma. Ein guter Kräuteressig wird mit einer Handvoll Blätter, zusammen mit ebensoviel Majoran, Dill, Basilikum, Bohnenkraut und Thymian hergestellt. Alle Kräuter werden mit einer Schalotte oder großen Zwiebel feingehackt und mit 1 Liter Weinessig übergossen. Das Gefäß bleibt 3 bis 4 Wochen stehen und danach wird die Flüssigkeit in eine gutschließende Flasche abgefüllt.

Der Estragon liebt feuchten Boden und sonnige bis halbschattige Lage. Die Aussaat wird von März bis April vorgenommen, möglichst auf ein lockeres Saatbeet. Estragonsaat braucht etwa 10 Tage zum Auflaufen. Später pflanzt du in 40 × 40 cm Abstand aus. Binde die Pflanze an, damit sie der Wind nicht umwerfen kann. Zu Beginn der Blüte wird das Kraut über dem Boden abgeschnitten, gebündelt und im Schatten getrocknet. In der Volksheilkunde diente der Tee früher bei Skorbut und bei Wassersucht zur Heilung. Man schrieb weiter dem Kraut verdauungsfördernde Wirkung zu.

Der durch Stockteilung vermehrte echte „deutsche" Estragon ist ganz besonders intensiv im Aroma, vor allem dann, wenn das Beet recht sonnig ist.

Estragon

Anis

Der botanische Name ist *Pimpinella anisum*. Ein Doldengewächs, das aus Ägypten zu uns gekommen ist. Es gehört zu den ältesten Arzneimitteln der Welt, denn in uralten Schriften wird es als Heilkraut lobend genannt. Bereits Karl der Große ließ es in seinen Gärten anbauen. Die Pflanze selbst wird ca. 40 bis 50 cm hoch, und die Hausfrau verwendet die Samenkörner gern als Gewürz zu Backwaren und Brot. Beim Einmachen von süßsauren Früchten wird Anis ebenfalls gern angewandt, so z. B. bei Kürbis, Gurken, Birnen usw. Durch den angenehmen, süß-aromatischen Geruch und Geschmack ist Anis sehr beliebt. Bei Erkältungen, Husten, Asthma und Appetitlosigkeit wird gern Tee von Anis verabreicht. Auch vermag er bei Koliken Linderung zu verschaffen. Bei schweren Träumen und Alpdrücken hilft Tee von Anissamen immer. Die desinfizierende Kraft ist altbekannt. Aus diesem Grunde benutzte man früher den Tee zum Gurgeln bei Halsbeschwerden.

Geschmacklich, süß und aromatisch, das macht den Anis so sympathisch!

Die Aussaat nehmt ihr im März/April möglichst in Reihen mit 25 cm Abstand vor. Nach 3 bis 4 Wochen ist der Keimprozeß beendet. Ab August

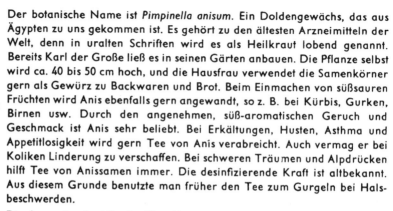

könnt ihr die Ernte vornehmen, indem ihr das Kraut schneidet und bündelt. Nachdem es getrocknet ist, werden die reifen Samenkörner abgestreift und verschlossen aufbewahrt.

Anis

Tripmadam

Eine Staude, die zu den Dickblattgewächsen gehört, sich flach über den Boden ausbreitet, gern von Bienen besucht wird und in jedem Gartenboden gut gedeiht. Sie ist schon seit langer Zeit in unseren Gärten heimisch und hat den botanischen Namen *Sedum reflexum*.

Blätter und Triebe sind ein gutes Würzkraut. Zu Salaten, Kräuteressig, Suppen, Tunken und als Spinatersatz wird es gern verwendet. Du kannst Tripmadam als Einfassung oder auch in den Steingarten pflanzen. Die Aussaat nimmst du ab April in Saatgefäße vor. Nach 14 bis 16 Tagen keimt die Saat.

Gartensenf

Ein westeuropäischer Kreuzblütler, den man auf den Namen *Sinapsis alba* taufte, und der heute noch, als Würz- und Heilpflanze, hohes Ansehen genießt. Öl wird aus den gelben Samenkörnchen hergestellt. Weiter benötigt die Küche wie Industrie die Körner zum Einmachen von Gurken, zu Salaten, Soßen, Suppen und Fleischgerichten. Die frischen Blätter sind feingehackt bestens als Würze zu Salat- und Fischgerichten geeignet.

Tripmadam

In der Volksheilkunde wird Senfsaat bei Verdauungsstörungen und Appetitlosigkeit empfohlen. Ein Teelöffel Samenkörner wird 30 Minuten vor der Mahlzeit mit einem Schluck Wasser heruntergespült. Dieses einfache Mittel wirkt auch günstig bei vielen anderen Krankheiten und Beschwerden, z. B. Gallensteinen, Hartleibigkeit, Kopfschmerzen, Müdigkeit und Schwindel. Die Dosis muß dann unter ärztlicher Anordnung gesteigert werden. Senfmehl wird äußerlich bei Rheuma, Lungenentzündung oder Bronchitis angewandt.

Die Aussaat nimmst du ab März/April in einem Reihenabstand von 15 cm möglichst recht dünn vor. Nach 10 Tagen ist die Keimung beendet. Wo die Saat zu dicht aufgelaufen ist, wird verzogen. Später, etwa gegen Ende Juli, wenn die Schoten reif werden, sind sie zu schneiden und auf einem Tuch zu trocknen. Nachdem sie sich restlos geöffnet haben, werden die Körner gesammelt und verschlossen aufbewahrt.

Gartensenf

Engelwurz

Eine 1 bis 2 m hoch wachsende, ausdauernde Staude, die in Asien beheimatet ist. Teilweise kommt sie in verschiedenen Gegenden Nordeuropas auch wild vor. Dort erfreut sie sich größter Hochachtung. Der Volksmund nennt sie noch Brustwurz oder Zahnwurzel. Botanisch heißt sie *Angelica archangelica*.

Sie gehört zu den Doldenblütlern und wird hauptsächlich wegen ihrer Wurzeln in der Heilmittelbranche gebraucht. Die Likörindustrie benötigt die Wurzeln zur Herstellung von Bitterschnäpsen. Das Kraut, ins Bad gelegt, empfiehlt die Volksheilkunde als nervenstärkend, erfrischend und den Gesamtorganismus belebend. Das aus den Wurzeln hergestellte Pulver regt die Verdauung an und wirkt auf die Blutgefäße günstig. Täglich soll davon eine Messerspitze genommen werden.

Bist du mal nicht so recht auf Draht, tu Engelwurz ins heiße Bad!

Engelwurz

Die Aussaat nimmst du zweckmäßig im Herbst vor, da es sich um einen Frostkeimer handelt. Am besten bringt man immer ein paar Körner zwischen die Reihen des Wintersalates. Später wird auf 40 × 40 cm allseitigen Abstand ausgepflanzt. Erst im zweiten Jahr kannst du die Wurzeln ernten, die danach gewaschen und getrocknet werden. Die Blüten, die im August erscheinen, werden ausgeschnitten.

Pfefferminze

Botanisch nennt man sie *Mentha piperita* und zählt sie zu den Lippenblütlern. Die beste Sorte in Bezug auf Erträge und Aroma ist die Mitcham Minze, eine in England gezüchtete Sorte.

Sie wächst in jedem Gartenboden, am liebsten aber in etwas feuchtem Lande, und bildet reichlich Wurzelausläufer, ähnlich der Quecke. Die Pflanze ist winterhart. Du mußt nur verhindern, daß sie Samen ansetzt, denn dann verliert sich das Aroma.

Steht dir im Magen etwas quer, muß einfach Pfefferminze her!

Die Wurzelausläufer legst du in 30 cm Abstand voneinander im Frühjahr oder Herbst in den Boden. Es dauert nicht lange, dann hast du ein schönes Beet im Garten, wovon du laufend Stengel schneiden kannst, die danach gebündelt und im Schatten getrocknet werden. Das abgestreifte Laub ergibt den berühmten Pfefferminztee, der bei den verschiedensten Krankheiten zur Heilung empfohlen wird. Alle drei Jahre müßt ihr die Wurzeln erneut teilen und umpflanzen. Der Tee gehört zu den bekanntesten Hausmitteln und wird bei Blähungen, Gallenleiden, verdorbenem Magen und zur Anregung der Nierentätigkeit immer wieder gern gebraucht. Die pharmazeutische Industrie stellt aus der Pfefferminze das bekannte Menthol her.

Weinraute

Sie ist ein Rautengewächs mit dem Namen *Ruta graveolens*. Die jungen, zarten Blätter geben ein starkes Aroma und werden zu Suppen und Tunken gern benutzt. Wegen der überaus starken Würzkraft ist sie natürlich mit Vorsicht zu verwenden, denn wenig genügt und reicht aus. Weinraute darf in keinem Kräuteressig fehlen, macht Salate würziger und schmackhafter, und eine echte Aalsuppe ist ohne sie geradezu undenkbar. Auch als Würze zu Fleischgerichten wird Weinraute gern gebraucht. Feingehackt als Belag aufs Butterbrot ist das frische Kraut appetitlich und nahrhaft.

Kenner sagen, daß der Aal, ohne Raute schmeckt banal!

Die Aussaat nehmt ihr im April auf ein Saatbeet vor und pflanzt später auf eine Stelle in die Kräuterecke oder in den Steingarten, wo sie gleichzeitig mithilft, leere Stellen zu füllen. Als Staude kommt sie natürlich alljährlich wieder und lockt während der Blüte viele Bienen in deinen Garten. Die Pflanzweite beträgt 30 × 40 cm.

Löffelkraut

Eine mehrjährige Staude, die in Europa zu Hause ist. Botanisch heißt es *Cochlearia officinalis* und gehört zu den Kreuzblütlern. Das frische Kraut ist sehr vitaminreich, und die feine Küche verwendet es gern zu Salaten oder feingehackt aufs Butterbrot, denn es schmeckt kresseartig und ein wenig salzig. In der Volksheilkunde gilt das Kraut von alters her als Mittel gegen Skorbut. Das getrocknete Kraut, welches in der Blüte geschnitten wird, gilt als guter Tee bei Wassersucht und verschiedenen anderen Leiden.

Löffelkraut

Es wächst in jedem Gartenboden, nur sollte er nicht zu feucht sein. Die Aussaat erfolgt im August/September an Ort und Stelle in einer Reihenweite von ca. 20 cm. Nach 14 Tagen ist die Saat aus der Erde heraus, bildet noch im Herbst eine kleine Blattrosette und beginnt sofort im nächsten Frühjahre mit einem üppigen Wachstum. Beim Beginn der Blüte schneidet ihr das Kraut und trocknet es an einem schattigen Ort.

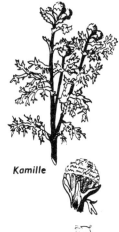

Kamille

Europa und Asien sind ihre Heimat und überall ist sie wild anzutreffen. Ein einjähriger Korbblütler mit dem botanischen Namen *Matricaria chamomilla*, dessen Blüten getrocknet einen ausgezeichneten, altbekannten Tee ergeben. Bei Blähungen, Darmstörungen und Koliken ist der Tee als wirkungsvoll gepriesen. Zur Wundbehandlung, bei Eiterherden, Furunkulose und sonstigen Entzündungen wird der Tee äußerlich mit guten Heilerfolgen angewendet. Seit Urgroßvaters Zeiten ist in der Hausapotheke Kamillentee vertreten und beliebt.

Kamille

Die Kamille wächst in jedem Gartenboden und ist vollkommen anspruchslos. Die Aussaat nehmt ihr im Herbst oder auch im Frühjahr vor. Da sie zu den Lichtkeimern gehört, dürft ihr die Saat nicht bedecken, sondern obenauf säen und gut anfeuchten. Nach 14 Tagen ist der Keimprozeß beendet. Später pflanzt ihr auf 20 cm Abstand aus. Geerntet werden nur die Blütenköpfchen, die vorsichtig schattig zu trocknen sind und zum Tee verwendet werden.

Heut gibt es keine Pille, jetzt trink mal fein Kamille!

Rosmarin

Rosmarinus officinalis wird im März in Töpfe oder Schalen ausgesät. Bis zum Keimen liegt der Samen 30 Tage. Rosmarin kann auch in Töpfen als Zimmerpflanze gezogen oder im Sommer auf Beete gepflanzt werden.

Das Kraut findet in der Küche als Würze zu Braten und Tunken Verwendung. Es stärkt den Knochenbau schwächlicher Kinder, wenn es dem Badewasser zugesetzt wird und fördert die Heilung von Hautausschlägen und bösartigen Geschwüren. Auch Kräuterkissen kannst du von Rosmarin machen. Ein aus 10 bis 15 g Rosmarin auf einen Liter Wasser bereiteter Tee wird bei Verdauungsstörungen, Blutarmut, Blutandrang nach dem Kopfe, allgemeiner Körperschwäche, Appetitlosigkeit, Blähungen, Herzschwäche, Nervenschmerzen und Schwindelgefühl genommen. Die Haut mit Rosmarin zu waschen und zu pflegen, kann ich nur empfehlen. Sie bleibt dadurch frisch und gesund. Rosmarin gilt auch als haarwuchsfördernd.

Das Kraut vom guten Rosmarin im Kinderbad — ist Medizin!

Koriander

Coreandrum sativum ist wenig anspruchsvoll. Er ist eine einjährige Pflanze von 40 bis 60 cm Höhe. Im April mußt du in 20 bis 30 cm voneinander entfernten Reihen säen. Später je Pflanze 10 bis 15 cm Raum durch Auslichten der Saat geben. Anfangs ist die Aussaat gut feucht zu halten. Verwendet wird der Samen. Er fällt übrigens leicht aus, darum im Morgentau ernten, wenn der Tau noch auf der Pflanze liegt! Die Pflanzen schneidest du ab und stellst sie zu kleinen Garben gebunden einige Tage zum Trocknen auf. Beim Transport verwende Tücher, damit nicht zu viel Samen verlorengeht.

Koriander

Basilikum

Koriander ist nicht nur ein Wurst- und Küchengewürz, sondern auch ein bekanntes Heilmittel. Die Körner werden zerquetscht und dann heiß übergossen (ein Teelöffel auf eine Tasse). Schluckweise vor den Mahlzeiten genommen, wirkt er magenstärkend und blähungstreibend. Auch bei Schwindelanfällen nimmt man diesen Tee als Heilmittel. Mit Zuckerüberzug sind die reifen Samen eine Nascherei für die Kinder. Zur Pfefferkuchenbäckerei und zur Likörbereitung wird er auch verwendet.

Basilikum

Basilikum ist ein stark duftendes, einjähriges Würzkraut, welches u. a. auch Hirnkraut, Königskraut oder Josefskräutlein genannt wird. Seine Heimat ist Asien. Es gehört zur Familie der Lippenblütler und heißt botanisch *Ocimum basilicum*.

Das stark aromatische Kraut wird frisch und getrocknet als Fleisch- und Gurkenwürze gebraucht, und auch zur Senf- und Kräuteressigherstellung findet es Verwendung. Wildkräutersalat, Salattunken, Dicke Bohnen, Fischgerichte und Suppen kannst du mit diesem Würzkraut ganz besonders schmackhaft anrichten. Auch Wurst, Pasteten und Kräuterbutter werden gern mit Basilikum gewürzt. Wie schon gesagt, ist das Kraut stark aromatisch und schon wenige Blättchen genügen, um eine Speise besonders schmackhaft zu bereiten.

Des Schnupfens Kraft wird bald gebrochen, wird fleißig Josefskraut gerochen!

Basilikum ist aber nicht nur als Gewürzpflanze, sondern auch als Heilpflanze bekannt und beliebt. So fördert der Tee von Basilikum die Milch bei stillenden Müttern. Bei Mundfäule sollte man mit ihm gurgeln und erzielt so eine baldige Heilung. Mit Thymian und Honig vermischt, lindert Basilikum den Hustenreiz und wird sogar bei Keuchhusten mit viel Erfolg angewandt.

Die Aussaat erfolgt im März im Frühbeet oder etwas später auf ein Saatbeet. Basilikum ist frostempfindlich und sollte deshalb erst nach Mitte Mai auf das vorgesehene Plätzchen im Kräutergarten gepflanzt werden. Auf einem sonnigen, geschützten Beet entwickeln sich die Pflanzen am besten. Sie erreichen eine Höhe von etwa 30 bis 40 cm und brauchen einen Abstand von 20 cm von Pflanze zu Pflanze.

In voller Sonne entwickelt das Basilikum das beste Aroma. Kurz vor der Blüte wird es geschnitten und an einem schattigen, luftigen Platz getrocknet. Das gut getrocknete Kraut wird zerrieben und in einer verschlossenen Dose für den Winter aufgehoben.

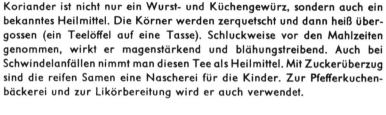

Anmerkung:

In allen meinen Büchern und Schriften habe ich immer wieder auf den großen Heil- und Nährwert unserer heimischen Gemüsearten und Kräuter hingewiesen. Auch die in diesem Buch gebrauchten Angaben über die Heilwirkung der Pflanzen wollen keinesfalls den Rat des Arztes oder berufenen Heilers ersetzen.

Gärtner Pötschke

Gesundheit — diese Himmelsgabe, ich auch recht gern an ihnen habe!

Arbeiten im Winter

Konntest du im Winter deinen Vorratskeller infolge des starken Frostes nicht lüften, so verspürst du bestimmt etwas Muffiges in deinem Riechorgan. Schaust du dann unter deinen Vorräten nach, findest du natürlich ein paar „faule Burschen" darunter. Wenn es aber nur bei einem bliebe, ließe man es sich noch gefallen, das ganze Gegenteil tritt aber ein, denn einer steckt den anderen an, und es bildet sich um ihn herum bald eine ganze „faule Gesellschaft". Was ist da zu machen?

Wenn der Lagerraum zu feucht, ist die Ernte schnell verseucht!

1. Nur die besten, gesündesten Früchte gehören in den Vorratskeller; gedrückte, beschädigte oder wurmstichige Früchte müssen sofort verbraucht werden.

2. Nur trockene Ernte in den Keller bringen — also bei trockenem Wetter ernten!

3. Die von den eingelagerten Früchten ausgedünstete Luft muß von Zeit zu Zeit abziehen können. Deshalb ist bei trockenem, frostfreiem Wetter zu lüften.

4. Laufende Kontrollen aller eingelagerten Früchte, auch der Einweckgläser usw. sind unerläßlich. Was nicht lagerfähig ist, wird der Küche zugeführt.

5. Die Kellerasseln sind ständig zu bekämpfen. Dieses lichtscheue Volk nagt nämlich an unserer eingelagerten Ernte und fördert dadurch den schnelleren Verderb. Heben wir einen Topf oder einen Stein beiseite, dann können wir eine ganze Versammlung dieser Biester feststellen. Sie werden bekämpft durch Auslegen eines feuchten Brettes oder Ziegelsteines, unter denen sie sich bald häuslich einrichten. Diese Fallen werden kontrolliert und die Schädlinge vernichtet. Auch hat sich das Auslegen von ausgehöhlten Rüben oder Kartoffeln gut bewährt, da sie tagsüber diesen „Unterschlupf" gern aufsuchen. Von Zeit zu Zeit vernichtet man so die ganze Gesellschaft.

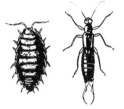

Die Lagerhaltung dir vermasseln, der Ohrwurm und die Kellerasseln.

6. Das lichtscheue Gesindel der Ohrwürmer ist auch im Keller oftmals anzutreffen. Sie werden ebenso bekämpft wie die Kellerasseln.

7. Auch starke Mäuseplage im Keller ist vielfach der Anlaß zum Verderb. Greifst du nicht rechtzeitig ein, hast du bald eine starke und recht gesunde Mäusesippe im Keller mit zu ernähren. Hier hilft nur eins — ausrotten! Das sicherste Mittel ist immer noch die Klappfalle. „Mit Speck fängt man Mäuse!" Einem Stück angeräucherter Speckschwarte, auf die Klappe angenagelt, hat bisher noch keine Maus widerstehen können! Giftkörner und Köder im Keller auszulegen, ist nicht ratsam. Die Tiere verenden in einer Ecke und gehen in Verwesung über. Eine gute Hauskatze ist aber immer noch das sicherste.

8. Keine Fliegen im Keller dulden! Die sogenannte Essigfliege fühlt sich im Keller zu Hause. Es wimmelt nur so von ihnen auf dem eingesäuerten Gemüse (Sauerkraut usw.). Der saure Geruch lockt dieses Volk an. Bekämpfung: Die Gefäße mit Tüchern überdecken, von Zeit zu Zeit reinigen, Gazefenster anbringen.

Mäuse fängt man noch mit Speck und erreicht stets seinen Zweck!

9. Kellerschnecken kann man durch Ausstreuen von ungelöschtem Kalk im Keller radikal vernichten.

10. Gegen die bekannten „Silberfischchen", die sich gern in feuchten Kellerräumen aufhalten, gehen wir mit einem Stäubemittel vor, das wir auf ihre Laufwege streuen.

Überwinterung im Freien, im Einschlag und in Mieten

Wohin mit dem Segen des Sommers, wenn der Keller zu klein ist? Du willst doch dein Wintergemüse möglichst mit keinen oder nur wenigen Verlusten über die kalte Jahreszeit bringen. Um das zu erreichen, mußt du sorgfältig vorgehen. Dir stehen verschiedene Möglichkeiten zur Verfügung:

a) Überwinterung im Freien

b) Überwinterung in Mieten

c) Überwinterung in Erdgruben.

Hast du die Grube abgedeckt, dann ist die Lagerung perfekt!

Was bleibt draußen auf den Beeten?

Direkt an Ort und Stelle auf den Beeten läßt du den Lauch (Porree), Grünkohl, Rosenkohl und einen Teil der spät gesäten Möhren, die du natürlich mit etwas Laub abdecken mußt. Selbstverständlich bleiben auch Spinat und Rapünzchen auf den Beeten, die du etwas mit Reisig abdeckst. Dadurch kannst du z. B. Rapünzchen im Winter frisch vom Gartenbeet essen.

Miete

Das Gemüse im Winterquartier soll möglichst spät eingemietet werden. Vor November wird keine Miete angelegt! Das Einmieten wird nur bei trockenem, möglichst windigem Wetter vorgenommen, denn naß eingebrachtes Gemüse begünstigt die Fäulnis. Wurzelgemüse, wie Möhren, Rote Rüben, Pastinaken, Petersilienwurzeln, Kohlrüben usw., werden nur mit der Hand von der Erde befreit und nicht gewaschen. Die Blätter werden nur abgedreht. Es sollten an jeder Pflanze ein paar Herzblätter verbleiben. Kohlarten können mit oder ohne Strunk eingemietet werden. Wer mit Strunk einmietet, muß darauf achten, daß dieser nach oben kommt. Nur völlig trocken eingemietetes Kohlgemüse hält sich gut!

Unsere Alten schon uns rieten, große Mengen einzumieten.

Du suchst dir einen gut geschützten Ort im Garten aus und hebst dort eine ca. 1 m breite und 25 cm tiefe Grube aus, deren Länge sich nach den einzumietenden Vorräten richtet. In diese Grube wird nun das Gemüse dachförmig bis 1,25 m Höhe geschichtet. Auf den Haufen kommt langes Stroh mit den Ähren nach unten. Die Ähren sollen nicht in die Miete reichen, sondern außerhalb der Grube auf einen ca. 10 cm hohen Erdwall. Diese Strohschicht soll etwa 10 bis 15 cm dick sein. Ein Strohwisch kommt in die Mitte des Dachfirstes zur Entlüftung. (Bei längeren Mieten jeweils mit 1 m Abstand.) Jetzt kommt etwas Erde auf die Miete. Den oberen Teil der Miete lassen wir nur mit Stroh bedeckt und werfen die Erde dort erst später darüber, wenn Frostgefahr besteht. Bei Regenwetter kannst du mit einem Brett diesen oberen Teil etwas zudecken. Dadurch erreichst du, daß bei trocknem Wetter nach Entfernen des Brettes der Inhalt gut ausdunstet und etwaige Feuchtigkeit verfliegt. Tritt Frost ein, so wird die Miete völlig zugedeckt, und zwar kommt vorläufig nur eine etwa 15 cm dicke Erdschicht auf das Stroh. Ist sehr strenge Kälte zu erwarten, so wird die Erdschicht bis auf 30 cm verdickt. Die Erde zum Bewerfen der Miete nehmen wir von den Längsstreifen derselben, etwa in 50 cm Abstand, wo wir eine Grube graben. Die ganze Miete muß dann wie auf einem Sockel stehend erscheinen. Wer hohen Grundwasserstand hat, wirft keine Grube aus, sondern legt die Miete zu ebener Erde an und wirft einen 30 cm hohen

8ung!
Bei hohem Grundwasserstand Miete zu ebener Erde anlegen.

Wall auf, in welchen er das Gemüse legt. Die Erdschicht bleibt bis zum Frühjahr auf der Miete liegen.

Trocknen

In der letzten Zeit ist das Haltbarmachen von Obst, Gemüse und Gewürz-kräutern durch Trocknen wieder vermehrt angewandt worden, denn es ist nach wie vor die billigste Art, die anfallende Ernte über die Winter-monate hinaus erhalten zu können. Das alljährliche Trocknen der Pilze kennen wir ja alle noch von Großmutter her.

Im Winter holst du eins, zwei, drei, schnell was Getrock-netes herbei!

Durch Trocknen wird den Früchten die Feuchtigkeit völlig entzogen.

Durch den Entzug der Feuchtigkeit aus den Nahrungsmitteln nehmen wir den Bakterien ihr Lebenselement. Wer bastelt, ist in der Lage, sich mit primitiven Mitteln selbst die notwendigen Horden herzustellen. Wir bespannen kleine Rahmen oder Kistchen mit Gaze oder Gardinenresten und nageln oben an alle vier Ecken je ein kleines Klötzchen, um sie übereinander stellen zu können. Dadurch kann auch die Luft überall an die Nahrungsmittel heran. Wir unterscheiden nun

a) das Trocknen an der Luft

b) das Trocknen mit künstlicher (Ofen-)Wärme.

Das Trocknen an der Luft

soll bei warmem Wetter im Sommer in Glasveranden, auf Balkonen oder auf dem Hausboden geschehen. Es soll viel Luft, aber immer zugleich Schatten in den gewählten Räumen herrschen, am besten eine leichte Zugluft. Der Trockenprozeß wird bei warmem Wetter schneller vonstatten gehen. Setzt Regenwetter ein oder ist auf Tage hinaus kein Witterungs-umschlag zu erwarten, so muß in oder auf dem Ofen weiter getrocknet werden. Obst wird auf Schnüre gezogen und getrocknet. Die Nahrungs-mittel sind trocken, wenn sie sich noch biegen lassen, ohne zu brechen, und du beim Drücken oder Schneiden keinerlei Saft mehr feststellen kannst.

Getrocknet oder eingefroren, geht nie ein Vitamin verloren!

Trocknen bei künstlicher Wärme

wird im Backofen oder auch in der Bratröhre vorgenommen. Du legst ein sauberes Tuch oder unbedrucktes Papier auf Kuchenbleche, wenn du keine Horden hast. Alle 15 Minuten ist eine genaue Kontrolle notwendig. Das Trockengut muß immer gewendet werden, damit das oberste zu unterst kommt. Bereits fertig getrocknete Früchte werden herausgelesen. Die Feuchtigkeit muß entweichen können, deshalb wird die Bratröhre niemals völlig geschlossen. Gemüse wird bei 60 bis 80°C, das Obst bei etwa 70 bis 90°C getrocknet.

Was eignet sich alles zum Trocknen?

Zum Trocknen eignet sich alles Obst, besonders aber Pflaumen, Äpfel und Birnen. Bei Pflaumen sollen möglichst überreife Früchte verwendet werden, die du zu diesem Zweck möglichst lange am Baume hängen läßt. Nach ca. 10 bis 15 Stunden bei 70 bis 90°C ist der Trockenprozeß meistens beendet.

Zum Trocknen war mein alter Herd, mir früher schon von großem Wert!

Das Trockengut wird zubereitet, indem man's meist in Stücke schneidet!

Wie wird das Trockengut zubereitet?

Äpfel werden geschält und zu Achteln geschnitten. Das Kerngehäuse wird entfernt. Am besten werden die Stücke vorher etwa 1 Stunde lang in Essigwasser gelegt, wodurch du schönes, weißes Trockengut erhältst. Birnen werden nach hart- und weichschaligen sortiert, geschält oder ungeschält zum Trocknen vorbereitet. Hartschalige und nicht allzu süße Sorten überbrühst du zweckmäßig mit heißem Zuckerwasser. Nach 12 bis 15 Stunden ist bei 70 bis 90°C der Trockenprozeß beendet.

Pilze sollen immer ganz frisch und jung sein. Sie werden sorgfältig gereinigt, halbiert oder in Stücke geschnitten und anschließend in der Sonne oder auf dem Ofen getrocknet. Wurmstichige Pilze eignen sich nicht zur Trocknung.

Aufbewahrung

Ob eßbar oder giftig, ein Grund fürwahr, sehr triftig!

Zweckmäßig wird das Trockengut in sauberen Beuteln aus möglichst dichtem Stoff aufbewahrt. An den Beuteln wird auch am Boden ein Henkel angebracht, damit er von Zeit zu Zeit gewendet werden kann. Der Aufbewahrungsort soll trocken und kühl sein. Laufende Kontrollen sind nötig! Schlecht getrocknetes Obst schimmelt leicht.

Konservieren in Rum

Zu guter Letzt möchte ich den guten, alten Rumtopf nicht unerwähnt lassen. In meiner Kindheit war es immer ein Fest, wenn Mutter den Rumtopf öffnete. Natürlich gab es diesen köstlichen Nachtisch nur an Feiertagen, denn Zucker und Rum waren damals sehr teuer und auch heute ist die Herstellung eines Rumtopfes nicht gerade billig.

Außer dem Trocknen war früher die einzige Möglichkeit, Obst zu konservieren, es in Rum einzulegen. Als dann Anfang dieses Jahrhunderts das Sterilisieren aufkam, geriet diese Methode ganz in Vergessenheit. Erst in letzter Zeit erfreut sie sich wieder steigender Beliebtheit; denn Obst aus dem Rumtopf schmeckt ganz besonders pikant. Hier das Rezept:

Des Rumtopfs Sammelsurium sind Zucker, Beeren, Obst und Rum!

Natürlich darfst du nur voll ausgereifte Früchte dazu verwenden und beginnst mit Erdbeeren, weil diese zuerst reif sind. Auf ein Pfund Früchte rechnet man ein Pfund Zucker und zu Anfang einen halben Liter Rum.

Die gewaschenen und gut abgetropften Erdbeeren schichtet man dann in einen Steintopf und füllt den Rum auf. Anschließend wird der Zucker trocken darüber gestreut, damit er langsam einziehen kann. Der Topf wird nun zugebunden und in eine kühle Speisekammer oder in den Keller gestellt, bis das nächste Obst reif ist. Wie die Früchte anfallen, werden sie eingeschichtet. Rum kannst du nach Bedarf zugeben, die Früchte müssen jedoch stets von der Flüssigkeit bedeckt sein. Zucker brauchst du immer in der gleichen Menge, wie du Obst zutust.

Für den Rumtopf kannst du alles Obst verwenden. Am besten eignen sich jedoch weiche Früchte dazu, in welche der Alkohol und Zucker gut einziehen können. Himbeeren, Stachel- und Johannisbeeren, Brombeeren, Aprikosen, Pfirsiche, Pflaumen und Zwetschen schätze ich am meisten für den Rumtopf.

Einen Rumtopf kannst du mit jeder beliebigen Fruchtmenge ansetzen, er sollte jedoch nicht mehr als 5 l fassen.

Blumen im Heim und ihre Pflege

Nicht nur im Winter, wenn draußen die Natur ruht, freuen wir uns an unseren Zimmerpflanzen, sondern auch im Sommer sollten sie unser Heim schmücken. Wenn sie uns jedoch wirklich Freude bereiten sollen, dann brauchen sie auch eine sehr sorgsame und überlegte Pflege. Ich möchte dir nun in den nächsten Kapiteln helfen, deine Zimmerpflanzen richtig zu pflegen.

Blumenfreunde mit Verständnis teilen mit mir die Erkenntnis: Schöne Blumen, selbst gezogen, haben uns noch nie betrogen!

Das beginnt schon beim Kauf der Pflanze. Stets solltest du dich schon beim Kauf der Pflanze genau nach Namen, Herkunft und Ansprüchen erkundigen. In jedem guten Blumengeschäft wird dir der Fachmann gern Auskunft darüber erteilen. Die Herkunft der Pflanze ist für viele Pflegemaßnahmen von großer Wichtigkeit. Nehmen wir einmal ein sehr krasses Beispiel: Kakteen stammen aus den heißen, trockenen Zonen unserer Erde und möchten infolgedessen sehr sonnig, warm und verhältnismäßig trocken stehen. Niemals gehören sie auf das gleiche Fensterbrett, wie z. B. Efeu, welcher gern schattig wächst und auch hier in Europa am besten im Wald und in schattigen Lagen gedeiht. Der Zimmerefeu stellt die ähnlichen Ansprüche und wächst auch noch in dunkleren Ecken eines Zimmers. Wenn du den Namen einer Pflanze kennst, kannst du stets in Fachbüchern oder beim Gärtner erfahren, wie diese richtig gepflegt werden muß.

Ganz allgemein ist bei allen Zimmerpflanzen zu beachten, daß sie sehr sorgsam gegossen werden, einen neuen Topf bekommen, wenn der alte zu klein geworden ist, und regelmäßig das Blattwerk von Staub und Schmutz befreit wird, damit die Pflanzen atmen können.

Die Pflanze wächst, der Topf wächst nicht: Was Wunder, daß ihr Leben bricht?

Gießen

Wie oben bereits erwähnt, stellen alle Pflanzen verschiedene Ansprüche. So braucht die eine Art wenig, die andere wieder viel Wasser. Außerdem hängt es weitgehendst von der jeweiligen Zimmertemperatur ab, wie häufig gegossen werden muß. Aus diesem Grunde sollte man jeden Tag prüfen, welche Pflanzen Wasser brauchen und welche nicht. Wie häufig werde ich gefragt: „Ja, wie oft muß ich denn die eine oder andere Pflanze gießen?" So einfach diese Frage klingt, man kann sie nicht mit einem Satz beantworten. Außer einigen, sehr wenigen Sorten, zu denen Kakteen, Geranien und Sansevierien gehören, sollten Topfpflanzen niemals vollkommen trocken werden. Die zarten Wurzelspitzen, mit welchen die Pflanzen Wasser und Nahrung aufnehmen und die stets weiß aussehen müssen, trocknen dann ein und die Pflanze nimmt leicht Schaden. Auf gar keinen Fall darf jedoch eine Pflanze, auch wieder bis auf wenige Ausnahmen, stets im Wasser stehen. Achte deshalb immer darauf, daß niemals Wasser im Untersatz oder Übertopf stehenbleibt. Was von der Pflanze nicht aufgesaugt wird, sollte stets abgeschüttet werden. Alle Pflanzen, die stehender Nässe ausgesetzt sind, leiden sehr, da die Wurzelspitzen faulen und damit weder Nahrung noch Wasser aufnehmen können.

Die Zimmerpflanzen brauchen Pflege, sonst kümmern sie und blühn nur träge!

Sicher hast du schon einmal erlebt, daß eine Pflanze vollkommen welk ist, obgleich das Erdreich klatschnaß ist. Eine solche Pflanze ist vergossen und geht ein, wenn sie nicht sofort umgepflanzt und ganz sachgemäß behandelt wird. In stark geheizten Räumen muß natürlich wesentlich mehr gegossen werden als in kühlen Räumen. Pflanzen mit großen Blättern brauchen

Sind die zu faul zum Gießen, uns soll das nicht verdrießen!

145

Schnell bist du beim Düngen schlüssig, durch Pötschkes Pflanzenfutter flüssig!

mehr Wasser als kleinblättrige Arten, weil die Verdunstungsfläche viel größer ist. Pflanzen mit fleischigen oder behaarten Blättern brauchen weniger Wasser, weil sie in der Lage sind, viel Wasser zu speichern und wenig Wasser verdunsten. Wie bereits gesagt, solltest du jeden Tag jede Pflanze prüfen, ob sie Wasser braucht oder nicht. Wenn du dir nicht ganz sicher bist, klopfe an den Topf; wenn er hohl klingt, fehlt Wasser. Zum Gießen sollte nur lauwarmes oder abgestandenes Wasser verwendet werden. Einen Tip möchte ich dir noch geben. Solltest du einmal verreisen und niemanden haben, der deine Blumen gießt, so kannst du sie folgendermaßen eine lange Zeit feuchthalten, ohne daß sie stauender Nässe ausgesetzt sind: Man stellt die Pflanzen alle eine Stunde ins Wasser, damit sich die Ballen richtig vollsaugen können, dann packt man Moos auf die Topfränder und füllt auch in die Untersätze noch etwas Wasser. Selbstverständlich stellt man sie an einen Platz, wo sie nicht der vollen Sonnenbestrahlung ausgesetzt sind, am besten an die Ost- oder Westseite und nicht direkt ans Fenster. Dann halten sie es schon einige Tage so aus.

Düngen

Die Scherbe auf dem Abflußloch, sie sorgt für bessere Lüftung noch.

Natürlich kann eine Topfpflanze auf die Dauer in dem kleinen Erdreich eines Blumentopfes nicht genügend Nahrung vorfinden. Versorge sie deshalb regelmäßig mit einem guten Blumendünger, in welchem alle Nährstoffe enthalten sind, die sie zum Leben benötigt. Mein PFLANZENFUTTER, HAKAPHOS oder HORMASAN eignen sich vorzüglich zu diesem Zweck. Auf allen Düngerpackungen findest du Gebrauchsanleitungen, die unbedingt eingehalten werden sollten; denn nur von einer sachgemäßen Düngung kannst du einen wirklichen Erfolg erwarten. So brauchen großblättrige Pflanzen wesentlich mehr Nahrung als kleinblättrige Arten. Kakteen und alle Dickblattgewächse solltest du nur sehr wenig und mit Bedacht düngen. Wichtig ist vor allen Dingen, daß niemals solche Pflanzen gedüngt werden, die einen trockenen Ballen haben. Du solltest sie stets vorher gießen. Frisch verpflanzte Topfpflanzen darfst du erst nach etwa vier Wochen wieder düngen, dann sind sie gewöhnlich angewachsen. Beim Düngen merke noch, daß niemals die Blätter mit der Düngelösung benetzt werden. Sollte es doch einmal passieren, muß die Pflanze gut abgebraust werden, da sonst leicht unschöne Brennflecken auf dem Laub entstehen. Pflanzen, die im Winter kühl stehen, sollten nur mäßig gedüngt werden.

Umtopfen

Umtopfen ist gar kein Problem, nur manchem ist es unbequem!

Mit dem Wachstum der oberirdischen Pflanzenteile geht auch das Wurzelwachstum Hand in Hand. Deshalb wird nach einer gewissen Zeit der Topf jeder Topfpflanze zu klein. Dann wird es höchste Zeit, daß man ans Umtopfen geht. Das sollte aber möglichst im Frühjahr oder auch im Frühsommer geschehen, weil die Pflanzen in dieser Zeit am willigsten wieder anwachsen. Man topft zu diesem Zweck die Pflanze vorsichtig aus, entfernt die obere Erdschicht, die meistens sauer und mit Moos bewachsen ist, und lockert den festen Ballen vorsichtig auf, ohne dabei die Wurzeln zu beschädigen. In den neuen Topf legt man auf das Abflußloch eine Scherbe oder einen flachen Stein und füllt eine Handvoll Erde hinein. Dann hältst du die Pflanze in der gewünschten Höhe in den Topf und füllst diesen mit Erde auf. Dabei ist zu beachten, daß ein Gießrand frei bleibt, sonst läuft später beim Gießen das Wasser leicht ab. Den gefüllten Topf stauchst du nun einige Male kräftig auf den Tisch auf, damit sich die Erde setzt und drückst die Pflanze schließlich gut an. Dann wird sie gut angegossen und in den ersten Tagen nach dem Umpflanzen warm gehalten und vor Zugluft und Sonne geschützt. So wächst sie meist willig an, und du sollst einmal sehen, wie prächtig sie sich danach entwickelt und wohl fühlt. Wichtig ist beim Umpflanzen, daß jede Pflanzenart die richtige Erdmischung bekommt, sofern dir keine Einheitserde zur Verfügung steht, die es neuerdings in jedem Blumengeschäft zu kaufen gibt. Achte außerdem darauf, daß die Töpfe nicht glasiert, sondern porös sind, damit Luft an die Wurzeln der Pflanzen kann.

Erst recht dem größten Exemplar, bekommt die Sache wunderbar!

Reinigen der Zimmerpflanzen

Alle Pflanzen in der freien Natur werden laufend durch den Regen „gebadet" und dabei von Staub und Schmutz auf ihren Blättern befreit. Auch unsere Zimmerpflanzen verlangen von Zeit zu Zeit ein solches Bad, sonst verstopfen die Poren und die Blätter können nicht mehr atmen. Du solltest sie deshalb immer einmal mit handwarmem Wasser abwaschen oder abbrausen. Sehr gut geht es, alle Pflanzen in die Badewanne oder unter die Dusche zu stellen und sie dann sorgfältig abzubrausen. Achte aber bitte stets darauf, daß das Wasser nicht zu warm ist, das können sie nämlich schlecht vertragen. Es soll nicht viel wärmer sein als ein warmer Sommerregen. Bei warmem Wetter kann man die Topfpflanzen natürlich auch ins Freie in den Regen stellen; aber es muß warm sein. Durch kalten Regen erleiden sie leicht einen Schock, welcher Schäden verursachen kann. Bei einer solchen Reinigung sollte man die Pflanzen auch eine Stunde im Wasser stehenlassen, damit sich der Ballen richtig vollsaugen kann. Du sollst einmal sehen, wie frisch und erholt deine Pflanzen ein solches Bad verlassen.

1. Gießrand
2. alter Ballen
3. frische Erde
4. Tonscherbe

Sommerurlaub im Garten kann man vielen Zimmerpflanzen gewähren. So sollte man die Amarylliszwiebeln, Azaleen, Alpenveilchen usw. den Sommer über ruhig in den Garten bringen. Damit die Töpfe nicht so leicht austrocknen, solltest du sie in die Erde einsenken und allen Pflanzen, außer den Geranien, einen leicht schattigen Platz geben. Achte jedoch darauf, daß die Pflanzen im Spätsommer zeitig wieder ins Haus geholt werden. Dabei ist es wichtig, daß sie erst langsam wieder an die Stubenluft gewöhnt werden, und man sollte sie deshalb die ersten Tage viel am offenen Fenster stehen haben.

Der Sommerurlaub, schön im Schatten, kommt Zimmerpflanzen gut zustatten.

Krankheiten der Pflanzen

können verschiedene Ursachen haben. Sehr häufig ist ein Kulturfehler eine solche. So werden sehr viele Pflanzen ganz einfach „vergossen". Deshalb empfehle ich meinen Kunden stets, die Pflanzen, die in Übertöpfen stehen, auf zwei kleine Hölzchen zu stellen. Sollte dann wirklich nach dem Gießen Wasser im Untersatz zurückbleiben, so stehen die Pflanzen doch nicht direkt darin. Außerdem sollten Übertöpfe niemals zu eng sein. Wenn Luft an die Töpfe und Wurzeln kann, ist die Gefahr nicht so groß, daß die Erde versauert und die Wurzeln faulen. Viele Zimmerpflanzen müssen auch vertrocknen. Sie werden zwar regelmäßig gegossen, bekommen jedoch jedesmal nur ein Tröpfchen Wasser, welches in der warmen und trockenen Heizungsluft vieler Räume schon bald wieder verdunstet, weil unter dem Fensterbrett die Heizung verläuft und die Töpfe zu warm stehen.

Durch Überdüngung ist auch schon so mancher schönen Zimmerpflanze das Lebenslicht ausgeblasen worden. Viel hilft nicht immer viel, vor allen Dingen nicht bei der Düngung von Zimmerpflanzen. Du solltest, wie bereits gesagt, deshalb stets die Gebrauchsanleitung genau beachten.

Den Zimmerpflanzen kommt gelegen jeder warme Sommerregen!

*Hat man den Grund
gefunden,
dann wird sie bald
gesunden!*

Schließlich sind ungünstige Lichtverhältnisse sehr häufig die Ursache, wenn Zimmerpflanzen nicht recht gedeihen wollen. So solltest du immer darauf achten, daß alle Pflanzen direktes Licht bekommen. Pflanzen, die an Wänden neben einem Fenster hängen, gehen nach kurzer Zeit ein, wenn nicht von einem anderen Fenster Licht einfällt. Bedenke immer, daß ein Lichtstrahl nur einen geraden Weg nimmt, die Sonne scheint auch nicht um die Ecke!

Wie erkennt man nun die Ursache der Erkrankung, und was tut man dagegen?

Vergießen

Die Pflanze welkt plötzlich, obgleich die Erde sehr naß ist. Beim Austopfen stellst du fest, daß die Wurzeln braun und faul sind, evtl. z. T. schon von allein abfallen. Alle faulen Wurzeln müssen sorgfältig entfernt werden. Fleischige Wurzeln bestäubt man mit Holzkohlenstaub. Die Pflanze bekommt neue Erde, keinen größeren Topf und wird nur mäßig gegossen, bis sie wieder neues Wachstum zeigt. Wenn möglich, sollte man diesen Pflanzen Unterwärme geben (Fensterbank, unter welcher die Heizung verläuft).

Vertrocknete Pflanzen

*Oftmals sind sie,
Gott sei Dank,
nur „vergossen"
und nicht krank!*

werden gelb, haben einen vollkommen trockenen Erdballen und werfen z. T. die Blätter ab. Beim Austopfen kannst du erkennen, daß die Wurzelspitzen eingetrocknet und braun sind. Man stellt die Pflanze so lange in einen Eimer mit Wasser, bis keine Luftblasen mehr aufsteigen. Vollkommen trockene Erdballen nehmen häufig sehr schwer wieder Wasser auf und bleiben mitunter trotz wiederholten Gießens trocken. Nachdem sich der Ballen wieder voll Wasser gesaugt hat, hält man die Pflanze zwar gleichmäßig feucht, gießt aber nicht zu viel, da die beschädigten, also kranken Wurzelspitzen nur in begrenztem Maße Wasser aufnehmen können, bis der Schaden verheilt ist.

Überdüngte Pflanzen

erkennt man an den gelben Blatträndern, die sich bilden. Häufig beginnen die Pflanzen auch zu welken, da in diesem Falle die Wurzelspitzen regelrecht verbrannt sind.

Überdüngte Pflanzen stellt man am besten einige Stunden in lauwarmes Wasser und gießt sie einige Male ganz kräftig, aber so, daß das Gießwasser ablaufen kann, damit die Düngesalze möglichst ausgewaschen werden. Danach vorsichtig, aber gleichmäßig gießen, bis sich die Wurzeln und damit später auch die Pflanze wieder erholt haben.

Hungrige Pflanzen erkennt man an den gleichmäßig gelben Blättern und mangelhaftem Wuchs. Hier kann nur eine regelmäßige Düngung, wie sie bereits beschrieben wurde, helfen. Merke: aber niemals einen trockenen Topf düngen! Stets erst vorgießen!

Pflanzen, die unter Lichtmangel leiden,

*Ein hohler Topf, der
zeigt dir an,
daß drin nur Wasser
fehlen kann!*

erkennt man an den langen, geilen Trieben, die sich gebildet haben, und der blassen, durchsichtig grünen Farbe. In diesem Fall kannst du ihnen nur helfen, wenn du ihnen einen günstigeren Platz gibst. Niemals darf eine solche Pflanze sofort der vollen Sonnenbestrahlung ausgesetzt werden, die verweichlichten Blätter würden bald verbrennen. Ein heller, aber nicht sonniger Platz ist für die Erholung richtig.

Tierische Schädlinge

Im Keller stell die Pflanzen hell, sonst kümmern sie und sterben schnell!

können uns an Zimmerpflanzen ebenfalls zu schaffen machen. Meistens werden sie durch befallene Pflanzen eingeschleppt, häufig aber auch durch Zugluft und Trockenheit. So besuchen Läuse und Weiße Fliegen meist solche Pflanzen, die viel trocken und in der Zugluft stehen. Die hartnäckigsten Schädlinge an unseren Zimmerpflanzen sind die Schild- und Wolläuse. Sehr stark befallene Pflanzen sollte man am besten vernichten, damit nicht alle übrigen Pflanzen darunter leiden müssen. Wenn du deine Zimmerpflanzen stets auf den Befall von Schädlingen beobachtest und diese gleich am Anfang bekämpfst, erzielst du durch wiederholte Behandlungen mit den geeigneten Mitteln einen hundertprozentigen Erfolg. T-X-L-Spritz- und Gießmittel oder andere Insektizide (insektenvernichtende Mittel), die im Fachhandel erhältlich sind, eignen sich vorzüglich zu diesem Zweck. Wichtig ist bei der Anwendung all dieser Mittel, daß sie genau nach der aufgedruckten Gebrauchsanweisung angewandt werden.

Häufig leiden Pflanzen auch durch tierische Schädlinge in der Erde. Kleine, weiße Würmchen halten sich z. B. gern in sehr feuchten, sauren Erden auf. Man sollte die Pflanzen auf alle Fälle umtopfen, dabei die alte Erde restlos von den Wurzeln schütteln und die Wurzeln in lauwarmem Wasser abwaschen. Ein Radikalmittel ist, die Pflanzen einen Tag lang in lauwarmes Wasser zu stellen. Alle Würmer verlassen dann eilends den Topf. Wiederholtes Gießen mit T-X-L-Spritz- und Gießmittel wirkt ebenfalls hundertprozentig gegen alle Bodenschädlinge an unseren Zimmerpflanzen.

Geh ich auf meine Urlaubsreise, dann helf ich mir auf diese Weise!

Krankheiten mit pilzlichen Erregern

befallen unsere Zimmerpflanzen ebenfalls recht häufig. Auch dafür gibt es geeignete chemische Mittel zur Bekämpfung. Mehltau ist z. B. mit Schwefelmitteln sehr wirksam zu bekämpfen. Wichtig ist, daß bei der Behandlung alle Pflanzenteile von dem Mittel berührt werden, auch die Blattunterseiten. Sonst bildet sich leicht an versteckter Stelle wieder ein Herd, und die Krankheit bricht schon bald erneut aus. Blattflecken- und Rostkrankheiten ist mit ORTHOCID oder FUNGO-PULVIT sehr wirksam entgegenzuwirken. In jedem Fall solltest du gleich beim Feststellen der Krankheit für eine energische Bekämpfung sorgen und vor allen Dingen die erkrankten Pflanzen sofort von den gesunden isolieren. Merke: Stark befallene Pflanzen werden stets unansehnlich, denn die einmal entstandenen Blattflecken verschwinden nicht wieder! Deshalb ist es besser, sie zu vernichten, wenn es sich nicht gerade um ein sehr wertvolles Exemplar handelt.

Kannst du trotz Mühe nichts verrichten, dann bleibt nichts übrig als vernichten!

Wasser, Nahrung, Luft
und Licht,
geben Pflanzen das
Gesicht!

Ich möchte dir nun noch sagen, daß alle Pflanzen, genau wie wir Menschen, Licht, Luft und Sonne brauchen. Ohne direktes Licht ist jede Pflanze zum Tode verurteilt. Auch Schattenpflanzen brauchen Licht, jedoch wenig oder keine Sonne. Achte deshalb immer darauf, wenn du Pflanzen im Raum aufstellst oder an die Wand hängst, daß das Licht stets direkt auf die Blätter fällt. Andernfalls können sie nicht assimilieren und segnen über kurz oder lang das Zeitliche.

Alpenveilchen *(Cyclamen persicum)*

Eine der beliebtesten Zimmerpflanzen, die zu festlichen Gelegenheiten immer gern geschenkt wird, ist das Alpenveilchen. Wieviel Freude, aber auch wieviel Sorge hat uns allen diese hübsche Zimmerpflanze sicher schon bereitet. Das Alpenveilchen, welches uns als Topfpflanze angeboten wird, stammt aus dem Vorderen Orient und liebt einen leicht schattigen, kühleren Standort, Luftfeuchtigkeit und lockere, humose Erde. Es gehört zu der Familie der Primelgewächse. Da es beim Gärtner unter vorschriftsmäßigen Bedingungen kultiviert wird, wird es in der Wohnung leicht gelb, und die Blüten welken ab, wenn du es in ein geheiztes Zimmer mit trockener Luft stellst. Gib ihm deshalb einen kühleren Platz, und wenn du es gern im warmen Wohnzimmer haben möchtest, stelle es an ein Fenster, wo es nicht der vollen Sonne ausgesetzt ist. Bringe es wenigstens nachts auf den luftigen und kühlen Flur. Beim Gießen mußt du vorsichtig zu Werke gehen, denn es darf kein Wasser in den Blatt- und Knospenansatz gelangen, weil dort sonst leicht Fäulnis entsteht und die Knospen sich dann nicht mehr weiterentwickeln. Aus diesem Grund wird sehr häufig empfohlen, Alpenveilchen von unten zu gießen. Das kannst du durchaus tun, solltest aber unbedingt das Wasser, was die Pflanze nach einer halben Stunde nicht aufgesaugt hat, aus dem Untersatz gießen, damit sie nicht im Wasser steht. Alpenveilchen müssen regelmäßig gegossen werden, ein häufiges Trockenwerden vertragen sie gar nicht.

Steht's Alpenveilchen
reichlich warm,
dann stirbt es
oder blüht nur arm!

Meist werden die abgeblühten Pflanzen fortgeworfen. Vielen glücklichen Blumenfreunden gelingt es jedoch, sie alle Jahre wieder zur Blüte zu bringen. Wenn auch du es einmal versuchen willst, dann dünge die Pflanze während der Blüte einmal wöchentlich mit Blumendünger. Nach der Blüte gießt du langsam weniger, damit sich die Knolle ausruhen kann. Sie verliert dann die Blätter und kann im Sommer an einem schattigen Platz im Garten stehen. Sowie sich aber erneut Knospen zeigen, solltest du sie gießen und düngen, jedoch erst dann, wenn sich die ersten neuen Blätter entfaltet haben. Wenn die alte Pflanze zu treiben beginnt, solltest du ihr neue Erde geben und sie ins Haus holen. Alpenveilchen lieben eine sehr humushaltige, lockere Erde, am besten eine Lauberde, die mit etwas Kompost, Torfmull und Sand vermischt wird. Aber auch in Einheitserde gedeihen sie gut.

Amaryllis *(Hippeastrum vittatum)*

Die Amaryllis, auch Ritterstern genannt, stammt aus dem tropischen Amerika und ist besonders in den letzten Jahren zu einer sehr beliebten Zimmerpflanze geworden. Sie gehört in die Familie der Amaryllisgewächse. Die Zwiebel einer Amaryllis wird gewöhnlich 5 Jahre kultiviert, bis sie blühfähig ist. Daraus erklärt sich auch der hohe Preis, zu welchem du die Zwiebeln in jedem guten Geschäft kaufen kannst. Bei genauer

Jeder hat den
Ritterstern
am Zimmerfenster
blühend gern!

Einhaltung der Kulturanleitung kannst du viele Jahre Freude an dieser besonders hübschen Zimmerpflanze haben. Wie schon gesagt, das Wichtigste ist, sie richtig zu pflegen.

Eine Amaryllis wirst du meist als Zwiebel bekommen. Diese pflanzt du in einen Topf, der auf keinen Fall zu groß sein darf. Zwischen Topfrand und Zwiebel sollte nicht mehr als ein Finger breit Platz sein. Achte beim Einpflanzen darauf, daß die fleischigen Wurzeln vorsichtig in den Topf gedreht und dabei nicht geknickt werden. Abgeknickte Wurzeln faulen und verhindern somit den Austrieb neuer Wurzeln. Häufig befinden sich auch am Wurzelboden bereits eingetrocknete Wurzeln. Diese sollten vor dem Einsetzen sorgfältig entfernt werden, denn sonst legen sie sich unter den Zwiebelboden und verhindern ebenfalls den Austrieb neuer Wurzeln. Die Zwiebel sollte etwa ein Drittel aus der Erde ragen und mit zwei Dritteln in der Erde sein. Die Erdmischung wird aus guter Komposterde, Torfmull und Sand zusammengestellt. Nach dem Einpflanzen wird der Topf gut angegossen und an einen warmen Platz gestellt. Unterwärme bekommt Amaryllen ganz besonders gut. Wenn du deshalb ein Fensterbrett zur Verfügung hast, unter welchem die Heizung verläuft, ist dort der rechte Platz für sie.

Nimmst du den Topf nicht allzugroß, blüht sie in Bälde beispiellos!

Sie bleibt nun vollkommen ungestört stehen, nicht einmal gießen sollst du sie, bis sich die Knospe zeigt. Erst wenn diese etwa handbreit ausgetrieben ist, gießt du die Amaryllis regelmäßig und beginnst, sie auch einmal wöchentlich zu düngen. Gärtner Pötschkes PFLANZENFUTTER, HORMOSAN oder HAKAPHOS eignen sich vorzüglich zu diesem Zweck. Wenn du die Amaryllis während der Blüte etwas kühler stellst, wird sie sich wesentlich länger halten.

Und nun kommt das Wichtigste, wenn du auch in den folgenden Jahren noch Freude an der Amaryllis haben willst! Gewiß, die abgeblühte Zwiebel trägt nicht gerade zur Zierde des Zimmers bei. Stelle sie aber bitte nicht unbeachtet beiseite, sondern pflege sie jetzt nach der Blüte ganz besonders gut. Sie sammelt in dieser Zeit nicht nur die Nährstoffvorräte für ihre Ruhezeit im Herbst, sondern bildet auch schon die Knospenanlage für das kommende Jahr aus. Es hängt demzufolge immer von der guten Pflege in diesen Wochen ab, ob die Zwiebel im kommenden Jahr erneut blüht. Gieße sie also regelmäßig und dünge sie einmal wöchentlich. Im Sommer kann sie gut im Garten stehen, sollte aber einen leicht schattigen Platz bekommen. Den Topf solltest du in die Erde einsenken, damit er nicht so leicht austrocknet. Ab August mußt du die Düngungen einstellen und langsam weniger gießen, damit die Zwiebel ausreift. Im September muß sie ins Haus geholt werden, und ab Oktober bleibt sie vollkommen trocken stehen, bis sie ab Januar/Februar wieder angetrieben wird. Wichtig ist auch, daß die Zwiebel in ihrer Ruhezeit nicht zu kalt steht, sonst kann die Knospe steckenbleiben. Das gelb gewordene Laub schneidest du ab und stellst den Topf am besten in einen kühleren Raum, dessen Temperatur jedoch möglichst nicht unter 10 Grad liegt.

Amaryllis. Wir kennen: rote, orange, weiße und gestreifte Sorten. Eine schöner als die andere!

Ananasgewächse *(Bromeliaceae)*

Die Familie der Ananasgewächse hat eine Menge Pflanzen hervorgebracht, die sich vorzüglich als Topfpflanzen eignen und sich erfreulicherweise in letzter Zeit immer steigender Beliebtheit erfreuen. Da die Ansprüche der verschiedenen Arten ziemlich gleich sind, möchte ich über Bromelien insgesamt sprechen.

Ohne Worte!

Die meisten Arten stammen aus dem tropischen und subtropischen Amerika und sind Epiphyten, d. h. sie wachsen als Aufsitzer auf Ästen und Bäumen. Sie bilden infolgedessen wenig Wurzelwerk und brauchen daher nur einen kleinen Topf mit sehr durchlässiger, humoser und lockerer Erde. Diese sollte aus grober Torfstreu, Heide- oder Lauberde, Moos und Sand zusammengesetzt sein. Da diese Pflanzen nur wenig Wasser und Nahrung mit den Wurzeln aufnehmen, sollte in der Blattrosette stets etwas Wasser stehen, da sie in der freien Natur das Wasser in dieser Trichterrosette sammeln. Sie freuen sich, wenn sie hin und wieder übersprüht werden. Wenn es jedoch kühl ist, sollte man mit Wassergaben etwas vorsichtiger sein, da sie sonst leicht faulen. Sie lieben einen warmen, hellen Platz, sollten jedoch vor der prallen Mittagssonne geschützt werden. Gedüngt werden Bromelien kaum. Vermehren kannst du sie selbst, wenn sich nach der Blüte am Grunde der Pflanze die kleinen Kindeln bilden. Diese sollte man jedoch erst dann von der Mutterpflanze trennen, wenn sie beinahe die halbe Größe der alten Pflanze erreicht haben. Wichtig ist außerdem, daß die Kindeln sehr vorsichtig von der Mutterpflanze gelöst werden, auf alle Fälle sollten sie einige Wurzeln mitbringen.

Hier gieß nur etwas Wasser rein, die Pflanze freut sich ungemein!

Die bekanntesten Bromelienarten sind: Aechmea fasciata, Billbergia nutans Zimmerhafer, Cryptantus, Guzmannia, Nidularium und Vriesien. Sie blühen alle nur verhältnismäßig kurze Zeit, schmücken jedoch durch ihr hübsch gezeichnetes und oft sehr bizarres Laub, zählen also zu den Blattpflanzen.

Aralien *(Fatsia japonica)*

Aralien sind seit langem bekannt und beliebt als anspruchslose und sehr hübsche Blattpflanzen. Sie wollen kühl und schattig stehen, wie viele Vertreter aus der Familie der Araliengewächse. Sie nehmen sogar noch mit einem dunkleren Platz vorlieb, brauchen jedoch in der warmen Zeit viel Feuchtigkeit, weil die großen Blätter viel Wasser verdunsten. Im Sommer sind sie sehr dankbar, wenn sie häufig abgebraust werden. Wenn dies im Zimmer nicht möglich ist, solltest du wenigstens hin und wieder die Blätter mit klarem, lauwarmem Wasser abwaschen, sie danken es dir mit besonders frischgrüner Farbe. Vom Frühjahr bis in den August hinein solltest du deiner Aralie einmal wöchentlich einen guten Blumendünger geben. Sie braucht zur Ausbildung ihrer großen Blätter viele Nährstoffe, die sie im Topf allein nicht vorfindet. Die Erde muß kräftig und lehmhaltig sein. Aralien bilden ein dichtes Wurzelwerk und sollten deshalb einen geräumigen Topf bekommen. Von Schädlingen wird sie eigentlich nur befallen, wenn sie zu sonnig, zu warm und zu trocken steht. Dann wird sie sehr leicht ein Opfer von Schild-, Woll- und anderen Läusen. Aber auch die Rote Spinne findet man schon an Aralien, wenn sie Zugluft und Trockenheit ausgesetzt waren. Stark befallene Pflanzen werden gleich vernichtet, damit sie nicht noch andere Pflanzen anstecken. Wenn du den Befall gleich bei Beginn feststellst, kannst du die Schädlinge wirksam mit den geeigneten insektenvernichtenden Mitteln bekämpfen, die in jedem Samenkatalog angeboten werden.

Kühl und schattig will sie stehen, bei Wärme recht viel Wasser sehen!

Eine nahe Verwandte der Aralie ist die Fatshedera, eine Kreuzung zwischen Efeu und Aralie. Sie hat kleine Blätter und verzweigt sich, wenn sie gestutzt wird. Sie ist heute eine beliebte Zimmerpflanze geworden, die vor allen Dingen in Blumenfenstern und kühlen, schattigen Treppenhäusern sowie Korridoren Verwendung findet, weil sie genauso anspruchslos ist wie die Aralie. Die Pflege ist die gleiche.

Richt wegen ihrem Wurzelwerk, auf großen Topf dein Augenmerk.

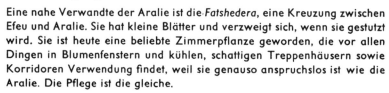

Azaleen *(Azalea indica)*

Azaleen werden von Weihnachten bis Muttertag gern zu allen festlichen Anlässen verschenkt, und jeder ist bemüht, diese besonders hübsche Zimmerpflanze ein zweites Mal zur Blüte zu bringen. Leider gelingt dies nicht immer, und oft muß eine Pflanze schon bald ihr Leben aushauchen, weil sie falsch behandelt wird. Das kann verschiedene Ursachen haben. Die Azalee gehört zur Familie der Heidekrautgewächse und liebt, wie alle Vertreter ihrer Familie, eine sehr kalkarme, humose Erde, einen leicht schattigen, kühlen Standort und Luftfeuchtigkeit. Wenn du eine blühende Pflanze geschenkt bekommst, gib ihr einen hellen, nicht zu warmen Platz und gieße regelmäßig. Die lockere Erdmischung trocknet sehr leicht aus und nimmt dann sehr schwer wieder Wasser an. Ist also eine Pflanze einmal vollkommen trocken geworden, dann solltest du sie so lange ins Wasser stellen, bis keine Luftblasen mehr aufsteigen. Nach der Blüte bringst du sie in einen kühlen, hellen Raum, gießt sie regelmäßig und stellst sie im Sommer in den Garten. Vergiß sie aber auch dort nicht zu gießen und senke den Topf in die Erde ein, damit er nicht so rasch trocken wird. An warmen Tagen solltest du sie einige Male mit handwarmem Wasser überspritzen. Bis Mitte Juli kannst du sie einmal wöchentlich mit einer schwachen Düngerlösung düngen, etwa ½ g Volldünger auf 1 Liter Wasser. Nachdem die Pflanze im Herbst ins Haus geholt ist, sollte sie weiterhin kühl und luftig stehen. Erst kurz vor der Blüte darfst du sie ins Warme bringen. Um ihr den Wechsel zu erleichtern, solltest du das Laub mindestens einmal täglich besprühen, das darf jedoch nicht mehr geschehen, wenn die Knospen aufbrechen, da die Blüten sonst Flecken bekommen. In Gegenden mit sehr kalkreichem Wasser sollte man zum Gießen nur Regenwasser verwenden, denn Azaleen sind sehr empfindlich gegen Kalk. Versuche es einmal, deine Azaleen so zu pflegen, du wirst dann sicher viele Jahre Freude an ihnen haben.

Ein Wasserbad, hier tu ich's kund: auch für Azaleen ist gesund!

Als Sonnenschutz dient die Markise, schirmt Regen ab und manche Brise!

Begonien

Die Familie der Begoniengewächse ist außerordentlich groß, und viele Vertreter dieser Familie sind als beliebte Topf-, Balkon- und Beetpflanzen bekannt. Die Knollenbegonie bespreche ich im Kapitel der Balkonpflanzen. Hier möchte ich mich mehr mit der Strauch- und Blattbegonie und den verschiedenen anderen Topfbegonien befassen, die alle ziemlich gleiche Ansprüche stellen. Die Begonien stammen aus dem tropischen Amerika und lieben Wärme, Schatten, feuchte Luft und einen humosen Boden. Die Blattbegonien sind besonders empfindlich gegen Sonne, während Beet- und Knollenbegonien langsam an die Sonne gewöhnt werden können. Ausgesprochene Südlagen sind ihnen jedoch in keinem Fall zuträglich. Sie müssen sehr gleichmäßig gegossen, aber auf keinen Fall naß gehalten werden. Im Laufe der Sommermonate solltest du die Begonien regelmäßig mit einem guten Volldünger düngen, wozu auch „Gärtner Pötschkes Pflanzenfutter" zu rechnen ist.

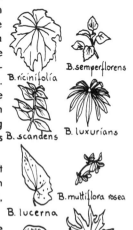

B. ricinifolia

B. semperflorens

B. scandens

B. luxurians

B. lucerna

B. multiflora rosea

B. rex

B. heracleifolia

Die Strauchbegonie zeigt ein besonders üppiges Wachstum und füllt oft in kurzer Zeit ein ganzes Blumenfenster aus. Strauchbegonien erfreuen nicht nur durch hübsches Laub, sondern außerdem durch ihre schönen, üppigen Blütendolden.

Die Blattbegonien bilden keinen Stamm und sind eigentlich nur durch ihre sehr hübschen Blattzeichnungen zu einer wertvollen Zimmerpflanze geworden. Meist sind die am schönsten gezeichneten Arten am empfindlichsten gegen direkte Sonnenbestrahlung.

Blattbegonie

An blühenden Topfbegonien möchte ich die Lorraine-Begonie, die Elatior-Begonie und die Semperflorens-Begonie nennen. Die beiden ersten Sorten werden vom Sommer bis Weihnachten in Blumengeschäften angeboten und stellen die gleichen Ansprüche wie die oben genannten Arten. Meist gelingt es jedoch nicht, die Pflanzen über längere Zeit zu Hause zu halten. Nach der Blüte werden sie unansehnlich und sollten deshalb danach fortgeworfen werden, während die Semperflorens-Sorten uns häufig jahrelang als Zimmerpflanze erfreuen können. Es gibt da gefüllte Arten, aber auch die sehr reich- und einfachblühenden Sorten sind dankbare Zimmerpflanzen, die an Fenstern nach Norden und Osten noch gut zu blühen vermögen. Alle Begonien leiden leicht unter trockener, warmer Luft. Es entstehen dann die häßlichen, trockenen Blattränder; Blattbegonien werfen daraufhin oft die ganzen Blätter ab.

Blutblume *(Haemanthus)*

Blutblume
Haemanthus albiflos

Die Blutblume gehört in die Familie der Amaryllisgewächse. Heutzutage sieht man eigentlich nur noch zwei Arten, und zwar die weißblühende Art *Haemanthus albiflos* und die rotblühende Sorte „König Albert", die man häufig als Blumenzwiebel kaufen kann. Die weißblühende Haemanthus, im Volksmund als Elefantenohr bekannt, ist außerordentlich anspruchslos und gedeiht ganz ausgezeichnet in trockener Zimmerluft. Die Blätter bleiben nur dann kurz und gedrungen, wenn die Pflanze nicht zu warm steht. Sie liebt eine lehmhaltige, lockere Erde, einen sehr hellen Standort, und man sollte im Winter für eine Ruhezeit sorgen. In dieser Zeit solltest du sie zwar nur wenig, aber doch so viel gießen, daß sie nicht alle Blätter verliert. Die Blüte erscheint zu den verschiedensten Jahreszeiten. Das Elefantenohr sollte man einige Jahre in Ruhe lassen, ehe man es umpflanzt.

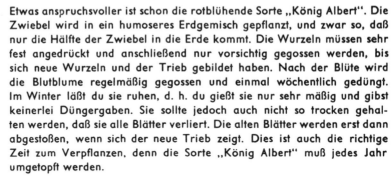

Blutblume
„König Albert"

Etwas anspruchsvoller ist schon die rotblühende Sorte „König Albert". Die Zwiebel wird in ein humoseres Erdgemisch gepflanzt, und zwar so, daß nur die Hälfte der Zwiebel in die Erde kommt. Die Wurzeln müssen sehr fest angedrückt und anschließend nur vorsichtig gegossen werden, bis sich neue Wurzeln und der Trieb gebildet haben. Nach der Blüte wird die Blutblume regelmäßig gegossen und einmal wöchentlich gedüngt. Im Winter läßt du sie ruhen, d. h. du gießt sie nur sehr mäßig und gibst keinerlei Düngergaben. Sie sollte jedoch auch nicht so trocken gehalten werden, daß sie alle Blätter verliert. Die alten Blätter werden erst dann abgestoßen, wenn sich der neue Trieb zeigt. Dies ist auch die richtige Zeit zum Verpflanzen, denn die Sorte „König Albert" muß jedes Jahr umgetopft werden.

Bogenhanf *(Sansevieria)*

Bogenhanf

Der Bogenhanf gehört in die Familie der Liliengewächse und ist eine ausgesprochen anspruchslose Zimmerpflanze. Vor allen Dingen gedeiht sie dort, wo es andere Topfpflanzen nicht mehr aushalten: auf dem Fensterbrett, unter welchem die Heizung verläuft und welches sehr sonnig ist. Bogenhanf liebt die volle Sonne und warme, trockene Luft. Für regelmäßige Wasser- und Düngergaben ist er dankbar, nimmt es aber auch nicht übel, wenn er einmal einige Tage vergessen wird. Natürlich darfst du niemals eine trockene Pflanze düngen, sondern solltest diese unbedingt vorher gießen. Sehr empfindlich ist er gegen stauende Nässe, erst recht dann, wenn er kühl steht. Du kannst die Pflanzen auch an einen schattigeren und kühleren Platz stellen, die Temperatur sollte jedoch möglichst nicht unter 14 Grad C sinken und es darf dann nicht zu viel gegossen werden. Allerdings wird der Bogenhanf im Schatten wesentlich länger und verliert oft auch seine schöne, farbige Zeichnung. Man sollte ihn nach 3 bis 4 Jahren umpflanzen. Dabei ist es angebracht, ihn zu teilen. Verwende als Erdmischung eine lehmige, aber sehr durchlässige Erde. Die Vermehrung sollte, wie gesagt, durch Teilung geschehen, denn Blattstecklinge brauchen eine ganz gleichmäßige Bodentemperatur, die man in der Wohnung nicht erzielen kann.

Coleus — Buntnessel

Buntnessel (Coleus)

Die Buntnessel gehört in die Familie der Lippenblütler und ist eine beliebte Topf- und Beetpflanze. Allerdings ist sie nur einjährig, aber leicht aus Samen zu ziehen. Die Aussaat sollte möglichst im zeitigen Frühjahr erfolgen. Die Sämlinge müssen so bald wie möglich pikiert werden. Wenn sie kräftig genug sind, werden sie in Töpfe gepflanzt. Sie lieben eine nahrhafte Komposterde, welcher Mistbeet-, Lauberde und Sand zugesetzt wurde. Ansonsten sind sie vollkommen anspruchslos und gedeihen am besten in praller Sonne und an einem warmen Standort. Je sonniger der Standort ist, um so bessere Farbzeichnungen zeigen die Blätter. Wichtig ist, daß die Sämlinge zeitig gestutzt werden, damit sich die Pflanzen gut verzweigen. Du kannst sie sehr gut durch Stecklinge vermehren. Man schneidet zu diesem Zweck die Triebspitzen mit einem sehr scharfen Messer kurz unter einer Blattachse ab und steckt sie in ein Gemisch aus Sand und Torfmull. Bei ganz gleichmäßiger Feuchtigkeit und Wärme treiben sie schon sehr bald Wurzeln. Die richtige Temperatur und Luftfeuchtigkeit erzielst du sehr einfach, indem du ein Weckglas o. ä. über die Stecklinge stülpst. Da die Blüten der Buntnessel sehr unscheinbar sind, ist es besser, du kneifst die Knospen aus, die Pflanzen bleiben dann kürzer und behalten länger ihr hübsch gefärbtes Laub.

Sie nimmt's dir krumm, pflanzt du zu tief, dadurch geht meist die Sache schief!

Calla (Zantedeschia)

Die Calla stammt aus den Sümpfen Südafrikas und gehört zur Familie der Aronstabgewächse. Sie ist eine seit Großmutters Zeiten bekannte und beliebte Topfpflanze, die aber auch an geschützten, sonnigen Plätzen im Sommer im Garten gedeiht. Besonders die gelbe Calla (Zantedeschia elliottiana) eignet sich dazu. Wichtig ist, daß den Pflanzen genügend Feuchtigkeit und ausreichend Nahrung zur Verfügung stehen. Die Knollen werden sehr flach gesteckt. Zu tief gepflanzte Callaknollen bringen nur Blätter und keine Blüten. Einmal wöchentlich sollten sie mit einem guten Volldünger gedüngt werden. Da in ihrer Heimat die Sümpfe im Sommer austrocknen, verlangt die Calla nach der Blüte auch bei uns eine vollkommene Ruhezeit. Man gießt sie zu diesem Zweck weniger, um schließlich ganz damit aufzuhören. Selbstverständlich wird die Düngung sofort eingestellt, sowie weniger Wasser gegeben wird. Im zeitigen Frühjahr gibt man ihnen neue Erde (und zwar sollte diese lehmhaltig und kräftig sein) und treibt sie langsam wieder an. An einer einzigen Calla kann man manches Jahr seine helle Freude haben. Häufig bilden sich neben der Mutterpflanze kleine Jungpflanzen, die man beim Verpflanzen ohne weiteres abteilen und gesondert einpflanzen kann, um so die Vermehrung eigenhändig vorzunehmen.

Die Schwester der gelben Calla ist die weiße Zantedeschia aethiopica. Sie ist nur für die Topfkultur geeignet und blüht nicht im Freien. Zur Kräftigung kann sie allerdings nach der Blüte im Garten ausgepflanzt werden.

Calla

Cinerarie (Senecio)

Sie blüht so schön,
ist oft verlaust,
so daß uns häufig
vor ihr graust.

Die Cinerarie, auch Aschenblume genannt, stammt aus der Familie der Korbblütler und ist eine sehr beliebte, aber kurzlebige Topfpflanze. Im Volksmund hat man ihr nicht ganz mit Recht den Namen „Läuseblume" angehängt. Sie wird von ihren Peinigern nur bei falscher Pflege befallen. Durch das sehr großflächige Laub verdunstet die Pflanze sehr viel Wasser und sie muß deshalb entsprechend oft gegossen werden. Wenn sie jedoch sehr sonnig und warm steht und noch dazu häufig trocken wird, dann wimmelt es bald auf ihrem Laub von ungezählten Läusen. An einem leicht schattigen Standort und bei regelmäßigen Wassergaben besteht jedoch keine Gefahr, daß die Cinerarie von Läusen gepiesackt wird. Wie schon gesagt, hat sie nur eine kurze Lebensdauer, da sie einjährig ist. Sie wird meist als knospige Pflanze gekauft bzw. verschenkt und hält sich am besten in einem kühlen Zimmer. Dort kann man sich am längsten an den hübschen Blüten erfreuen, die immer wieder durch ihre intensiven Farben auffallen. Übrigens haben die neueren Züchtungen kleinere Blätter und sind dadurch wesentlich leichter aufzustellen, da sie weniger Platz benötigen.

Clivie (Clivia)

Clivie

Altbewährt ist das Verfahren,
Verpflanzen erst nach vier, fünf Jahren!

Zu den bekanntesten Zimmerpflanzen gehört die Clivie. Sie stammt aus der Familie der Amaryllisgewächse und ist fast in jedem Haus zu finden. Sie ist an sich anspruchslos, fürchtet sich aber vor direkter Sonnenbestrahlung. Allerdings will sie auch nicht zu dunkel stehen, dann rächt sie sich, indem sie nicht blüht. Wichtig ist aber noch, daß nach der Blüte eine mehrwöchige Ruhezeit eingelegt wird. In dieser Zeit sollte die Pflanze zwar nicht vollkommen trocken gehalten werden, man gießt sie jedoch nur recht wenig. Außerdem wird sie in dieser Zeit auch nicht gedüngt. Eine Clivie sollte erst nach etwa 4 bis 5 Jahren verpflanzt werden. Das solltest du dann jedoch sofort nach der Blüte tun; die Wurzeln mußt du dabei sehr vorsichtig behandeln. Die Erde sollte lehmhaltig und durchlässig sein. Vom Frühjahr bis nach der Blüte werden Clivien alle 8 bis 10 Tage einmal mit einem guten Volldünger gedüngt. Ältere Pflanzen bilden die sogenannten Kindeln, die du beim Verpflanzen von der Mutterpflanze lösen kannst. Wenn dieses sehr vorsichtig geschieht, so daß einige Wurzeln an der Jungpflanze verbleiben, dann kannst du die Kindeln einpflanzen und hast später, nach einigen Jahren, blühfähige Pflanzen.

Efeu (Hedera)

Bereit den Blumen keine Qualen —
denk mit an die Fernsehstrahlen!

Jahrelang hatte man diese hübsche Zimmerpflanze beinahe vergessen. Dafür erfreut sie sich jedoch in den letzten Jahren steigender Beliebtheit. Efeu gehört in die Familie der Araliengewächse und ist eine außerordentlich bescheidene Kletterpflanze, die am besten im Schatten gedeiht. Vor voller Sonne sollte man sie schützen. Sie liebt einen lockeren, humosen Boden. Efeu gedeiht häufig auch noch in den schattigsten Zimmerecken. In den letzten Jahren haben sich sehr viele verschiedene Variationen gebildet. So gibt es z. B. die weißbunten, klein- und großblättrigen Spielarten. Die weißbunten Arten sind meist etwas empfindlicher, sie brauchen auch etwas mehr Wärme und du darfst sie auf keinen Fall allzu starker Sonnenbestrahlung aussetzen. Einmal wöchentlich sollte Efeu gedüngt werden; wenn die Pflanze jedoch im Winter sehr kühl steht — das kann sie vertragen —, ist die Düngung einzustellen. Vermehrt wird Efeu durch Stecklinge, die man kurz unter einer Blattachse schneidet. Efeu bildet bei gleichmäßiger Wärme und Feuchtigkeit sehr schnell Wurzeln. Seine Vermehrung ist ein Kinderspiel. Eine Ranke, die noch an der Mutterpflanze sitzt, wird auf die Erde gelegt und gut feucht gehalten. Es bilden sich dann an jeder Blattachse Wurzeln. Schon nach kurzer Zeit können die Ranken von der Mutterpflanze getrennt und in einzelne Stücke auseinandergeschnitten werden. Am besten pflanzt man drei Jungpflanzen in einen Topf zusammen, dann bilden sich am schnellsten üppige und gut verzweigte Pflanzen.

Der Efeu ist leicht zu vermehren, dies Bildchen hier will es erklären.

Farne

Farne gehören in die große Pflanzengruppe der blütenlosen Pflanzen, die sich durch Sporen vermehren. Alle Arten, die wir im Topf kultivieren, kommen aus feuchtwarmen, tropischen Gebieten und sind aus diesem Grund nicht gut im Zimmer zu halten, da man ihnen im Wohnraum nicht die nötige Luftfeuchtigkeit bieten kann. Am besten sind Farne in einem schattigen Blumenfenster untergebracht. Sie lieben alle eine lockere, humose Erde, die möglichst aus Laub-, Heide- und Mistbeeterde mit einem Zusatz Sand und groben Torf zusammengestellt ist. Mit der Düngung sollte man bei Farnen sehr vorsichtig sein. Nur gut durchgewurzelte Pflanzen sind in der warmen Jahreszeit mit einer schwachen Düngerlösung zu düngen.

Hirschzunge

Fensterblatt *(Monstera)*

Eine der beliebtesten Grünpflanzen ist das Fensterblatt, oft mit dem Philodendron verwechselt. Es stammt aus der Familie der Aronstabgewächse und ist verhältnismäßig anspruchslos. Es gibt wohl kaum eine Wohnung, in welcher man nicht mindestens eine Pflanze findet. Das Fensterblatt verlangt eine humose, nahrhafte Erde und möchte zwar hell, aber nicht sonnig stehen. Durch die großen Blätter wird sehr viel Wasser verdunstet, die Pflanzen müssen deshalb reichlich gegossen werden. Allerdings darf niemals Wasser im Untersatz zurückbleiben, denn stauende Nässe wird schlecht vertragen. Auch in dunkleren Ecken gedeiht das Fensterblatt, es bildet dann jedoch nur wenige Blätter, und diese sind kaum noch durchlöchert oder geschlitzt. Da sich auf den großen Blattflächen viel Staub absetzt, sollte man die Monstera hin und wieder mit handwarmem Wasser gründlich abbrausen oder abwaschen. Für regelmäßige Düngungen mit einem guten Volldünger ist sie sehr dankbar.

Geh auf den Wunsch des Farnes ein, im Schatten wächst er ungemein.

Löcher oder Schlitze hat die Monstera — das Fensterblatt!

Fleißiges Lieschen *(Impatiens nana hybr.)*

Das Fleißige Lieschen ist nicht nur sehr anspruchslos und beliebt, man kann es außerdem sehr vielseitig verwenden. Als Topfpflanze ist es ein unermüdlicher Blüher, aber es kann auch als Balkon- und Beetpflanze Verwendung finden. Wichtig ist, daß du ihm einen schattigen Platz gibst und für reichlich Feuchtigkeit sorgst. Es gehört in die Familie der Springkrautgewächse und ist kinderleicht aus Samen zu ziehen.

Glockenblume *(Campanula fragilis)*

Die Ampel-Glockenblume ist eine sehr hübsche Zimmerpflanze, die zu Großmutters Zeiten sehr beliebt war und zur Familie der Glockenblumengewächse gehört. Leider sah man sie lange Zeit sehr selten;

Das „Fleißig Lieschen" ohne Frage, blüht unermüdlich, viele Tage!

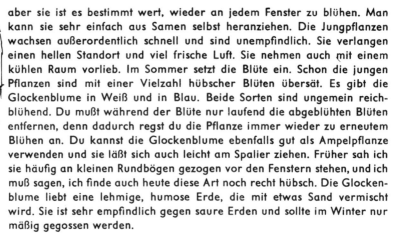

Schon zu Großmutters Zeit sie froh bei uns gedeiht!

aber sie ist es bestimmt wert, wieder an jedem Fenster zu blühen. Man kann sie sehr einfach aus Samen selbst heranziehen. Die Jungpflanzen wachsen außerordentlich schnell und sind unempfindlich. Sie verlangen einen hellen Standort und viel frische Luft. Sie nehmen auch mit einem kühlen Raum vorlieb. Im Sommer setzt die Blüte ein. Schon die jungen Pflanzen sind mit einer Vielzahl hübscher Blüten übersät. Es gibt die Glockenblume in Weiß und in Blau. Beide Sorten sind ungemein reichblühend. Du mußt während der Blüte nur laufend die abgeblühten Blüten entfernen, denn dadurch regst du die Pflanze immer wieder zu erneutem Blühen an. Du kannst die Glockenblume ebenfalls gut als Ampelpflanze verwenden und sie läßt sich auch leicht am Spalier ziehen. Früher sah ich sie häufig an kleinen Rundbögen gezogen vor den Fenstern stehen, und ich muß sagen, ich finde auch heute diese Art noch recht hübsch. Die Glockenblume liebt eine lehmige, humose Erde, die mit etwas Sand vermischt wird. Sie ist sehr empfindlich gegen saure Erden und sollte im Winter nur mäßig gegossen werden.

Gloxinie *(Sinningia hybrida)*

Die Gloxinie gehört in die Familie der Gesneriengewächse und ist eine ganz besonders beliebte Zimmerpflanze, die ihre Heimat in Brasilien hat. Sie ist bei uns ein ausgesprochener Sommerblüher, und auch du kannst dir selbst ein solches Prachtexemplar mit den großen Blütenkelchen heranziehen, wenn du dir im zeitigen Frühjahr eine oder mehrere Knollen besorgst.

Sie will nicht pralle Sonne sehn, deshalb laß sie im Schatten stehn!

Gloxinien lieben eine humose, lockere Erde, einen hellen, aber nicht sonnigen Standort und möglichst eine normale Zimmertemperatur. Die Knollen legt man im Frühjahr flach in die genannte Erdmischung und hält sie gleichmäßig, aber nicht zu feucht. Je mehr Blätter sich ausbilden, desto mehr Wasser und Nahrung brauchen die Pflanzen. Man sollte sie deshalb bis zur Blüte auch regelmäßig düngen. Dabei und auch beim Gießen mußt du sehr vorsichtig zu Werke gehen, damit die Blätter nicht benetzt werden. Wasser, welches in den Blattachsen zusammenläuft, ruft leicht Fäulnis hervor und es kann dann passieren, daß die Knospen abfaulen und nicht zur Blüte kommen. Düngerlösung verursacht Flecken auf den Blättern, da man sie von Gloxinienblättern schlecht abspülen kann. Die Blätter sind behaart und sollten möglichst wenig mit Feuchtigkeit in Berührung kommen. Nach der Blüte solltest du die Pflanze langsam weniger gießen, damit sie sich zur Ruhe zurückziehen kann. Die Knolle kann den Winter über trocken aufgehoben werden. Im Frühjahr gibt man ihr neue Erde und treibt sie in der beschriebenen Weise wieder an.

Pflanz die Gloxinie richtig ein, dafür wird sie dir dankbar sein!

Graslilie *(Chlorophytum)*

Die Gras- oder Grünlilie gehört in die Familie der Liliengewächse und ist wohl auch eine ihrer anspruchslosesten Vertreterinnen. Sie ist unempfindlich gegen alle schädlichen Einflüsse in unseren Wohnungen und steht am besten hell, sonnig und nicht zu feucht. Bei regelmäßigen Düngungen wächst sie auch entsprechend üppig und bildet Ausläufer wie die Erdbeere. Die an den Enden der Ranken entstehenden kleinen Pflänzchen bilden bald Wurzeln, wenn du sie einpflanzt und diese Jungpflanzen warm und feucht hältst. Die Grünlilie möchte zwar gern sonnig stehen, gedeiht jedoch auch im Schatten. Ein warmes Zimmer ist ihr genauso lieb wie ein kühlerer Raum.

Jeder kleine Kindelschopf, braucht wie jedes Kind den Topf!

Gummibaum *(Ficus)*

Der Gummibaum ist ein Maulbeerbaumgewächs. Früher war eigentlich nur die schmalblättrige Art *Ficus elastica* bekannt, die seit einigen Jahren jedoch durch die wesentlich robustere und hübsche Art *Ficus decora* verdrängt wurde. Außer diesen beiden Arten gibt es noch viele Variationen, so z. B. weißbunte, rankende und großblättrige Sorten. Alle lieben einen hellen, aber nicht zu sonnigen Platz. Durch direkte Sonnenbestrahlung oder auch durch Lichtmangel entstehen leicht die dunklen Flecke auf den Blättern, und Wachstumsstockung wird dadurch hervorgerufen. Wichtig ist bei der Pflege des Gummibaumes vor allen Dingen, daß er ganz gleichmäßig gegossen wird. Häufiges Trockenwerden ist für ihn genauso schädlich wie stauende Nässe. Wie gesagt, es muß deshalb jeden Tag sorgfältig geprüft werden, ob gegossen werden muß, und niemals darf Wasser im Untersatz stehen. Der Gummibaum gedeiht am besten in normaler Zimmertemperatur. Überheizte Räume sind für ihn genauso schädlich wie Temperaturen unter 10 Grad. Zugluft kann er gar nicht vertragen. Wenn er einem dieser ungünstigen Faktoren ausgesetzt ist, quittiert er dies sehr schnell durch Hängenlassen der Blätter. Häufig fallen diese auch ab, bekommen braune Flecken oder werden gelb.

Sitzt Staub am Blatte — nicht zu knapp, dann wasch die ganze Pflanze ab!

Während der Sommermonate solltest du einen Gummibaum einmal wöchentlich mit einem guten Blumendünger düngen. Das Umpflanzen sollte nur im Frühjahr geschehen. Er liebt eine humose, durchlässige Erde, ein Gemisch von Laub-, Mistbeet- und Komposterde, welchem etwas Sand und Torfmull zugesetzt wird. Da sich auf den großen Blättern leicht Staub absetzt, müssen diese regelmäßig mit klarem, handwarmem Wasser abgewaschen werden. In den warmen Sommermonaten kann ein Gummibaum ohne weiteres an einem geschützten Platz im Garten stehen. Allerdings darf er nicht der vollen Sonne ausgesetzt sein.

Hortensie *(Hydrangea opuloides)*

Hortensien kommen meist im Frühjahr, zu Ostern, zur Kommunion, zur Konfirmation oder andern festlichen Anlässen zu uns ins Haus. Sie gehören zur Familie der Steinbrechgewächse. Leider braucht diese hübsche Pflanze sehr viel Platz, und in kleinen Wohnungen kann man sie vielfach nicht gut aufstellen. Wichtig ist, daß sie reichlich mit Wasser versorgt wird, denn ein wiederholtes Trockenwerden nimmt sie übel. Durch das große Blattwerk wird viel Wasser verdunstet. Hortensien im Zimmer weiter zu kultivieren, ist kaum möglich, weil die Pflanzen zu groß und üppig werden. Du solltest sie deshalb nach der Blüte in den Garten oder in Kübel pflanzen. Dort kann man noch viele Jahre Freude an ihnen haben.

Im Zimmer wird sie bald zu groß, sie muß aufs Beet — bedingungslos!

Häufig werde ich gefragt, wie man Hortensien blau färben kann. Dies setzt doch etwas Fachkenntnis voraus. Einmal eignen sich nur einige Sorten dazu und zum anderen muß der Erde Ammoniak-Alaun beigemischt werden. Einmal blau gefärbte Hortensien bleiben blau, wenn die Erde in deinem Garten sehr moor- oder eisenhaltig ist.

Kakteen

Die Anzahl der kulturwürdigen Kakteensorten ist außerordentlich groß, und es ist im Rahmen dieses Buches nicht möglich, die einzelnen Sorten eingehend zu behandeln. Für den Liebhaber gibt es ausführliche Fachliteratur in großer Auswahl. Ich möchte deshalb nur ganz allgemein einiges zur Kakteenpflege sagen. Sie stellen vollkommen andere Ansprüche

Immer wieder sind Kakteen, besonders blühend gern gesehen!

Folg Gärtner Pötschkes Rat aufs Wort, dann wächst's am Fenster fort und fort!

Aus Samen selbst herangezogen, hat jede Mühe aufgewogen!

Laß stehen sie am gleichen Platz, sonst ist die Blüte für die Katz!

als alle übrigen Zimmerpflanzen, und man sollte sie deshalb möglichst gesondert von diesen, höchstens zusammen mit sukkulenten Pflanzen, an ein Südfenster stellen. Im Winter stehen Kakteen gern kühl, möglichst in Temperaturen von etwa 10 Grad, und sollten in diesen Wochen nur ganz mäßig gegossen werden. Ab März verlangen sie mehr Wärme und auch mehr Feuchtigkeit. Wenn nötig, sollte man sie im Frühjahr umtopfen. Im allgemeinen lieben sie eine humose, lehmige Erde, welcher scharfer Sand zugesetzt werden muß, damit sie genügend durchlässig ist. Wichtig ist, daß stets für einen guten Wasserabzug gesorgt wird. Deshalb solltest du unten in die Töpfe eine Schicht Kies oder Sand einfüllen. Vom Frühjahr an werden Kakteen den Sommer über gut feucht gehalten, denn in diese Zeit fällt das Wachstum. Immer wieder muß ich feststellen, daß die meisten Blumenfreunde annehmen, Kakteen sollten stets trocken gehalten werden. Das ist vollkommen falsch. Nur wenn es kühl und schattig ist, mußt du vorsichtiger sein mit dem Gießen, sonst faulen sie leicht. Zu trocken gehaltene, häufig Zugluft ausgesetzte Kakteen werden sehr leicht von Wolläusen befallen. Dieser Schädling ist an Kakteen kaum mit chemischen Mitteln zu bekämpfen und man sollte befallene Pflanzen möglichst schnell vernichten, damit die übrigen Kakteen und andere wertvolle Zimmerpflanzen nicht ebenfalls von diesem Ungeziefer heimgesucht werden.

Kakteen kannst du sehr einfach durch Samen vermehren. Die Aussaat muß in einer sehr lockeren, sandigen Erde vorgenommen werden. Kakteen sind Lichtkeimer, die Aussaat muß deshalb recht hell stehen, aber vor Sonnenbestrahlung geschützt werden. Gleichmäßige Feuchtigkeit ist hier genauso notwendig wie bei allen anderen Aussaaten. Die Keimzeit ist unterschiedlich und beträgt je nach Sorte 1 bis 4 Wochen. Man sollte deshalb, wenn man eine Mischung ausgesät hat, die gekeimten Pflanzen vorsichtig aus der Saatschale nehmen, pikieren und die Schale selbst noch weiterhin feucht und warm halten, bis keine Keimung mehr zu erwarten ist. Die Kakteenjungpflanzen werden anfangs noch schattig gehalten und nur langsam an das volle Sonnenlicht gewöhnt.

Weihnachtskaktus *(Epiphyllum)*

Der Weihnachtskaktus weicht etwas mit seinen Ansprüchen von denen der übrigen Kakteen ab. Seine Hauptwachstumszeit liegt nämlich im zeitigen Frühjahr bis Juli. In dieser Zeit sollte er gleichmäßig feucht gehalten und gedüngt werden. Ab Juli solltest du ihn ruhen lassen, d. h., er wird in dieser Zeit nur mäßig feucht, aber auch nicht zu trocken gehalten. Weihnachtskakteen sollen nicht der vollen Sonne ausgesetzt werden und sind dankbar, wenn sie im Sommer an warmen Tagen häufiger abgebraust werden. In den Sommermonaten können sie gut im Garten an einem geschützten, schattigen Platz stehen. Nach etwa 2 Monaten Ruhezeit setzen die Pflanzen Knospen an. Sie müssen dann unbedingt ins Haus geholt werden und möglichst am gleichen Platz stehenbleiben, bis sie blühen. In dieser Zeit mußt du sie wieder regelmäßig feucht halten, und sie sind sehr empfindlich gegen Temperaturschwankungen. Bei häufigem Platzwechsel und schwankenden Temperaturen werfen sie leicht die Knospen ab. Nach der Blüte will sich die Pflanze erneut etwa 2 Monate ausruhen. Wenn ein Umpflanzen notwendig ist, so sollte dies im Frühjahr geschehen, bevor sie wieder angetrieben werden. Der Weihnachtskaktus liebt eine humushaltige, lehmige Erde, welcher etwas Sand und Torfmull zugesetzt wurde.

Korallenblume *(Solanum hendersonii)*

Das Korallenbäumchen gehört zur Familie der Nachtschattengewächse und ist eine sehr beliebte Topfpflanze, die du sehr einfach aus Samen selbst heranziehen kannst.

Die Aussaat müßte jedoch im Frühjahr durchgeführt werden. Bei sachgemäßer Aussaat, gleichmäßiger Wärme und Feuchtigkeit keimt der Samen schon nach etwa 3 Wochen. Die Jungpflanzen setzt du in eine kräftige, humose Erde und düngst sie, nachdem sie angewachsen sind, einmal wöchentlich. Nach einer gewissen Zeit zeigen sich die kleinen, hübschen, aber unscheinbaren Blüten und etwas später die auffallend roten Früchte. Das Korallenbäumchen möchte gern kühl und hell stehen. Im Winter sollte es nur sehr mäßig gegossen werden. Im Frühjahr gibst du ihm neue Erde und treibst die Pflanze wieder an. So kannst du lange Zeit Freude an dieser anspruchslosen Pflanze haben. Alte Pflanzen sind im Frühjahr kräftig zurückzuschneiden. Im Sommer möchte das Korallenbäumchen in der vollen Sonne stehen. Wo Kinder im Haus sind, sollte man jedoch auf diese auffallende Zimmerpflanze verzichten, weil die leuchtend rote Farbe der Früchte Kinder leicht dazu verleitet, sie zu essen. Wie fast alle Früchte der Nachtschattengewächse, außer der Tomate, sind diese jedoch unbekömmlich.

Schön ist er, der Korallenbaum, doch halt die Kinder gut im Zaum!

Myrte *(Myrtus)*

Die Myrte gehört in die Familie der Myrtengewächse und kommt aus den Mittelmeerländern. Sie ist wohl eine der ältesten Zimmerpflanzen und dient schon seit Jahrhunderten als sinnvoller Brautschmuck. Man findet sie heute noch häufig als Zimmerpflanze auf dem Lande. Ich habe dort oft schon ganz prachtvolle Exemplare angetroffen, die den ganzen Stolz der Blumenfreundin darstellen, weil sie diese seit der grünen Hochzeit ununterbrochen pflegte. Bei der Pflege der Myrten ist zu beachten, daß diese stets frische Luft beanspruchen und nicht zu warm stehen möchten. Im Winter sind sie deshalb auf kühlen, aber hellen Korridoren am besten aufgehoben. Frost vertragen sie jedoch nicht. Im Sommer sind sie für einen Aufenthalt im Garten recht dankbar. Sehr sorgfältig müssen sie gegossen werden, denn sie vertragen weder ein Austrocknen noch stauende Nässe. Nur alle paar Jahre pflanzt man sie um. Am besten sagt ihnen eine gut abgelagerte Komposterde zu, welcher etwas Sand und Torfmull zugesetzt wurde. Das Umpflanzen sollte stets im Frühjahr geschehen. Im Laufe des Sommers sind Myrten für eine wöchentliche mäßige Düngung mit einem guten Volldünger dankbar. Frühzeitig gestutzte Pflanzen verzweigen sich besser und man sollte alle zwei Jahre die Spitzen einkürzen, dann bleiben die Pflanzen gedrungen. Auf dem Land trifft man häufig kunstvoll gestutzte Bäumchen und an Bogen gezogene Myrten an. Das kann alles sehr hübsch aussehen. Myrten werden durch Stecklinge vermehrt, was auch die Blumenfreundin leicht selbst verrichten kann. Du schneidest zu diesem Zweck eine Triebspitze kurz unter einer Blattachse ab. Der Trieb darf jedoch noch nicht verholzt und nicht mehr weich sein. Es gehört also ein bißchen Fingerspitzengefühl dazu. Man steckt den Steckling in ein Gemisch aus Sand und Torfmull und hält ihn ganz gleichmäßig warm und feucht. Am besten stülpt man ein helles Wasserglas darüber, dann ist für die nötige Luftfeuchtigkeit gesorgt. Nach etwa drei Wochen bilden sich die ersten Wurzeln und der Erfolg der eigenen Anzucht ist schon sichtbar.

Ein Brautschmuck voller Würde: die gute alte Myrte.

Kentia-Palme

Cocos-Palme

Pantoffelblume

*Halt sie gut feucht,
doch nie zu naß,
dann blühn sie ohne
Unterlaß!*

Palme

Die Familie der Palmen umfaßt etwa 1200 Arten, von denen sich einige ganz vortrefflich als Zimmerpflanzen eignen. Zwar können sie im Topf nicht ihre volle Größe erreichen; da sie sich aber den Verhältnissen hier bei uns gut anpassen, waren sie immer schon recht beliebte Topfpflanzen. In letzter Zeit sind sie allerdings mehr und mehr aus der Mode gekommen und man sieht sie heute verhältnismäßig wenig in Kübeln auf Terrassen und im Garten stehen. Allerdings lieben sie nicht so sehr die volle Sonne, und man sollte sie vor allen Dingen gleichmäßig feucht halten. Das heißt jedoch nicht, daß Wasser im Untersatz stehenbleiben darf. Außer der kleinen Cocospalme *(Cocos weddelliana)* vertragen alle Palmen keine stauende Nässe. Die Cocospalme dagegen sollte stets etwas Wasser im Untersatz haben, dann kann man sie einige Jahre im Haus halten. Allerdings ist sie in keinem Fall so langlebig wie ihre übrigen Schwestern. Hier sind vor allen Dingen die Kentia-Palme *(Howea forsteriana)* und die Phoenix-Palme *(Phoenix canariensis)* zu nennen. Beide Arten verlangen eine kräftige, lehmhaltige Erde und brauchen nur alle 3 bis 4 Jahre verpflanzt zu werden. Sie vertragen auch noch schattigen Stand. In voller Sonne bilden sich leicht braune Flecken auf den Blättern. Die braunen Blattspitzen sind eine natürliche Erscheinung, man kann das etwas dadurch verhindern, indem man die Blätter regelmäßig abwäscht oder abbraust. Selbstverständlich darf dazu nur handwarmes, klares Wasser verwendet werden.

Woll- und Schildläuse sind die am häufigsten auftretenden Schädlinge an Palmen. Sie sind nicht ganz einfach zu bekämpfen, weil sie stets an der Unterseite der gefalteten Blätter sitzen und häufig erst zu spät bemerkt werden. Spritzungen sind oft ohne Erfolg, da die Spritzflüssigkeit das Ungeziefer in den tiefen Blattachsen nicht erreicht. Es muß deshalb bei einer Bekämpfung sehr sorgfältig und gewissenhaft vorgegangen werden, indem man versucht, mit einem in einer Spray-Flasche befindlichen Präparat von unten her beizukommen. Sehr stark befallene Pflanzen solltest du besser vernichten.

Pantoffelblume *(Calceolaria hybrida)*

Die großblumige Pantoffelblume gehört in die Familie der Rachenblütler und erfreut uns durch ihre vielfältige Blütenpracht in vielen prachtvollen Farben. Leider ist die Pflanze nach der Blüte wertlos, und man kann nur für eine möglichst lange Blütezeit durch geeignete Kulturmaßnahmen sorgen. So solltest du einer solchen Pflanze einen möglichst kühlen und hellen Platz geben, sie zwar regelmäßig gießen, aber auf keinen Fall naß halten. Calceolarien sind empfindlich gegen allzu große Feuchtigkeit. Dann faulen sie sehr leicht oder werden gelb und gehen ein. Die Vermehrung ist nur aus Samen möglich, und man sollte diese etwas schwierige Anzucht den Gärtnern überlassen.

Passionsblume *(Passiflora coerulea)*

Die Passionsblume, sie gehört in die Familie der Passionsblumengewächse, bekam ihren Namen von einem Pater, der sie im sechzehnten Jahrhundert hier in Europa einführte, weil sie die Marterwerkzeuge des Leidens Christi versinnbildlichen soll. Die dreilappigen Blätter als Lanzen, die Ranken als Geißeln, der weiße Blütenkelch versinnbildlicht die Unschuld, der farbige Strahlenkranz in der Blüte die Dornenkrone, die fünf Staubblätter die

Wunden und die drei Narben die Nägel. Sie ist daher eine beliebte und interessante Zimmerpflanze, wird aber kaum in Blumengeschäften angeboten. Man kann sie jedoch sehr leicht aus Samen selbst heranziehen, wenn man die Aussaat im zeitigen Frühjahr durchführt. Um die aus Samen gezogenen Pflanzen auch zur Blüte zu bringen, sind verschiedene Dinge zu beachten.

Die Aussaat muß genau nach Vorschrift vorgenommen werden. Bei ganz gleichmäßiger Wärme und Feuchtigkeit keimt der Samen nach 3 bis 4 Wochen. Die Jungpflanzen setzt du in eine kräftige, lehmhaltige Kompost- und Mistbeeterde, welcher etwas Sand zugesetzt wurde. Ein heller, sonniger Platz sagt der Passionsblume am besten zu; doch sollte sie im Winter recht kühl stehen und nur mäßig feucht gehalten werden. Die Pflanze will dann ruhen. Ein Teil der Blätter wird später gelb und fällt ab. Sie treibt jedoch im Frühjahr willig durch, wenn wir wieder mit gleichmäßigem Gießen beginnen und auch gleichzeitig mit Düngen. Nach dem Durchtrieb im Frühjahr solltest du die Ranken auf etwa drei Augen einkürzen. Das regt die Blühwilligkeit wesentlich an. Wenn du diese Dinge bei der Pflege deiner Passionsblume beachtest, wirst du sicher viele Jahre Freude an ihr haben, denn Passionsblumen erreichen mitunter ein hohes Alter.

Passionsblume

Pfeffergewächs (Peperomia)

Als kleine, sehr hübsche Blattpflanzen sind die Pfeffergesichtchen bekannt geworden. Die etwas fleischigen, aber hübsch gezeichneten Blätter könnten leicht zu der Annahme führen, daß sie gern in voller Sonne stehen wollen. Das ist jedoch nicht der Fall. Sie lieben einen leicht schattigen Standort und stehen am besten unter größeren Pflanzen im Blumenfenster. Sie gehen zwar in der Sonne nicht ein, verlieren aber viele Blätter und werden dadurch recht unansehnlich. Fast alle Arten stammen aus dem tropischen Amerika und wachsen dort als Aufsitzer auf Bäumen. Man sollte ihnen eine lockere, humose, mit Sand vermischte Erde geben. Sie bilden nur ein kleines Wurzelgeflecht und sollen in kleine Töpfe gesetzt werden. Im Laufe des Sommers sind sie für regelmäßige Düngungen mit einem guten Blumendünger dankbar. Wenn sie im Winter einen Teil der Blätter verlieren, ist das kein Zeichen von Krankheit, sondern vollkommen normal, denn sie treiben im Frühjahr wieder aus.

Die volle Sonne mag sie nicht, sie kommt sonst aus dem Gleichgewicht!

Primeln (Primula)

Die Primel gehört wohl zu den ältesten und beliebtesten Zimmerpflanzen. Sie stammt aus der Familie der Primelgewächse. Als Topfprimeln sind die Fliederprimel (Primula malacoides), die Becherprimel (Primula obconica) und die chinesische Primel (Primula sinensis) bekannt. Alle drei Arten haben gemeinsam, daß sie die volle Sonne scheuen und eine kräftige, lehmhaltige Erde verlangen. Außerdem sollte man für gleichmäßige Wassergaben sorgen und ihnen einen kühlen Platz geben, denn in warmen Räumen mit trockener Luft bekommen sie leicht braune Blätter und verblühen sehr schnell. Die Fliederprimel blüht im Winter (Januar bis Februar), ist sehr zierlich und deshalb noch auf engstem Raum unterzubringen. Die Becherprimel blüht vom Frühjahr bis Herbst. Sie ist die einzige Topfprimel, die oft mehrere Jahre hübsch sein kann, während die übrigen Arten nach der Blüte wertlos sind. Die Becherprimel enthält jedoch in ihrer Blattbehaarung Primin, einen Stoff, gegen den viele Menschen empfindlich sind, was sich durch Ausschlag an den Händen bemerkbar macht. Wenn einer der Hausbewohner allergisch gegen Primeln ist, sollte man deshalb

Chinesische Primel

Becherprimel

Fliederprimel

Rühr mich nicht an —
so mahnt sie stumm,
sonst legt sie ihre
Blätter um!

die Becherprimel möglichst nicht im Haus behalten. Die beiden anderen Arten sind jedoch vollkommen priminfrei und deshalb ungefährlich. Die chinesische Primel ist sehr klein und zierlich und hat leider nur eine sehr kurze Lebensdauer.

Rühr-mich-nicht-an *(Mimosa pudica)*

Die Mimose, auch Sinn- oder Schampflanze genannt, gehört zur Familie der Schmetterlingsblütler und du kannst sie sehr einfach selbst aus Samen heranziehen. Dabei mußt du folgende Dinge beachten: 3 bis 5 Samenkörner legst du in einen Topf mit einer sehr leichten, lockeren Erdmischung und hältst diese Aussaat gleichmäßig warm und feucht. Nach zwei bis drei Wochen gehen die Pflänzchen auf, und wenn sie kräftig genug sind, pikierst du sie in eine lockere, humose Erde (Mistbeeterde mit etwas Sand). Du mußt aber für eine möglichst gleichmäßige Temperatur sorgen. Wenn sich die Jungpflanzen gekräftigt haben, topfe sie ein. Beachte stets, daß die Mimose nur einen kleinen Topf braucht. In zu großen Töpfen versauert die Erde sehr leicht und die Pflanzen gehen ein. Die Mimose ist empfindlich gegen Zugluft und gegen Rauch. In Räumen, in welchen viel geraucht wird, kümmern die Pflanzen und gehen schließlich ein. Die Blüte der Mimose ist unscheinbar. Die Pflanze ist vielmehr durch ihre Eigenart beliebt, bei jeder Berührung sofort erschrocken, alle Blätter umzulegen. Mimosen haben nur eine kurze Lebensdauer und müssen in jedem Frühjahr erneut ausgesät werden. Sie sind für Kinder, Schulen usw. sehr interessant.

Russenwein *(Cissus)*

Der Russenwein ist heute eine außerordentlich beliebte und vielgekaufte Blattpflanze geworden. Dies verdankt er nicht nur seinem guten Aussehen, sondern vor allen Dingen seiner Bescheidenheit. Er gedeiht in normaler Zimmertemperatur genauso gut wie in kühleren Räumen; deshalb findet man ihn häufig in Treppenhäusern und in Korridoren. Er liebt eine kräftige, humose Erde und möchte gern schattig stehen. In allzu sonniger Lage werden die Blätter hell, bekommen vielfach braune Flecken, um schließlich abzufallen. Der Russenwein muß sorgsam gegossen werden, denn ein Zuviel oder ein Zuwenig ist immer schädlich. Du mußt deshalb für gleichmäßige Feuchtigkeit sorgen, der Topf darf jedoch niemals stauender Nässe ausgesetzt sein. Alles Wasser, was im Untersatz oder Übertopf zurückbleibt, muß abgeschüttet werden. Zu trockene und zu warme Luft ist ihm nicht zuträglich. Außerdem sollte er einen nicht zu schattigen Platz bekommen, denn sonst werden die Ranken zu lang und geil. Für den Königswein *(Rhoicissus rhomboidea)* gilt dasselbe.

Ich stimme mit dir
überein,
den Korridor ziert
Russenwein!

Sukkulente Pflanzen

Alle Dickblattgewächse kommen aus warmen, sonnigen Zonen und möchten auch bei uns recht hell und sonnig stehen. Sie sind ideale Zimmerpflanzen, weil sie gegen trockene Zimmerluft vollkommen unempfindlich sind. Sie wachsen sehr gut in normaler Zimmertemperatur, vertragen im Winter jedoch auch Temperaturen von 10 bis 12 Grad, dürfen dann aber nur mäßig gegossen werden. Die Erde muß durchlässig, locker und nährstoffarm sein. Bei starker Düngung verlieren die Pflanzen leicht ihre charakteristischen Merkmale. Alle verschiedenen Arten hier zu beschreiben, würde zu weit führen, es gibt unendlich viele.

Blumen und Blüten
am Fenster,
verscheuchen uns
Sorgengespenster.

Usambaraveilchen *(Saintpaulia ionantha)*

Die Blüten dieser beliebten Zimmerpflanze gleichen denen der Veilchen in etwa und gaben der Pflanze den Namen. Es gehört jedoch in die Familie der Gesneriengewächse, ist also eine Verwandte der Gloxinie. Wie der Name besagt, stammt es aus Ostafrika und stellt die ähnlichen Ansprüche wie die Gloxinie: Schattiger Standort, normale Zimmertemperatur, lockere, humose Erde, gleichmäßige Feuchtigkeit und regelmäßige Düngung. Man kann bei sachgemäßer Pflege lange Zeit Freude an dieser niedlichen Topfpflanze haben und sie auch selbst vermehren. Dazu gehört jedoch eine glückliche Hand. Du schneidest ein Blatt mit einem etwa 1 cm langen Stiel ab und steckst dieses in ein Sand-Torfmull-Gemisch, das du gleichmäßig feucht und warm hältst. Am besten stülpst du ein Glas darüber. Nach etwa 4 Wochen bildet sich am Grund des Blattstiels ein kleines Pflänzchen, das du dann in ein lockeres Erdgemisch pflanzen mußt.

Hier zeig ich zur Belehrung: Sehr leicht ist die Vermehrung!

Zierspargel *(Asparagus)*

Wohl jeder kennt den Zierspargel, den feinfiedrigen *Asparagus plumosus* und den großblättrigen *Asparagus sprengeri*. Beide Arten sind sehr gut im Zimmer zu halten. Sie sind nahe Verwandte unseres Speisespargels und gehören in die Familie der Liliengewächse. *A. sprengeri* ist wesentlich unempfindlicher als die feinfiedrige Art *A. plumosus*. Dieser verlangt eine humose, lockere Erde und eine möglichst gleichbleibende Zimmertemperatur, während *A. sprengeri* auch in kühleren Räumen noch gedeiht und ein lockeres, aber lehmhaltiges Erdgemisch liebt. Im Winter machen die Pflanzen eine gewisse Ruhezeit durch und sollten etwas kühler und trockener gehalten werden. Im Sommer sind außer den regelmäßigen Wassergaben auch wöchentliche Düngungen mit einem guten Blumendünger notwendig. Alte, gelbwerdende Triebe sollte man bis auf den Wurzelstock herausschneiden. Die Pflanzen treiben willig wieder durch.

Zimmertanne *(Araucaria)*

Die Zimmertanne gehört zu den Nadelhölzern und ist eine begehrte Zimmerpflanze. Da sie jedoch verhältnismäßig hohe Ansprüche stellt, findet man in Privathäusern selten einmal wirklich gesunde und schöne Exemplare. Sie will kühl, luftig, gleichmäßig feucht und leicht schattig stehen. Für eine gewisse Luftfeuchtigkeit ist sie besonders dankbar. Man pflanzt sie in lockere, humose Erde. Der Ballen darf jedoch niemals vollkommen austrocknen. Um für einen guten Wasserabzug zu sorgen, füllt man eine Schicht Sand oder Kies auf den Boden des Topfes, bevor die Erdmischung daraufkommt. Düngungen sollte man nur im Sommer mit einem guten Blumendünger vornehmen.

Das ist der große Unterschied, was ihr aus Samen selbst euch zieht, vermehrt die Freude ungemein und wächst gesünder obendrein!

Gerade die Zimmertanne sollte laufend in den warmen Sommerregen gestellt werden, damit der Staub auf den feinen Nadeln abgespült wird und die Pflanze besser atmen kann. Das Umtopfen sollte nur im Frühjahr erfolgen, wobei wir die Ruhperiode vom Oktober bis zum Februar im Auge behalten müssen. Triebe dürfen keinesfalls verletzt werden, da sonst der gleichmäßige Wuchs gestört wird. Gegossen wird in der Ruhezeit des Winters sehr wenig. Wird zuviel gegossen, dann hängen die feinen Ästchen schlaff herunter und die teure Pflanze wird absterben. Ungeziefer habe ich an meinen Zimmertannen wenig feststellen können, es sei denn die Wollaus, die durch andere Zimmerblumen hereingeschleppt wurde.

Araucaria Zimmertanne

Alle Blumenfreunde lieben: Blumenzwiebeln selbst getrieben!

Die Treiberei von Blumenzwiebeln war früher nur den Gärtnern vorbehalten. Mehr und mehr hat es sich jetzt jedoch durchgesetzt, die Zwiebeln selbst in der eigenen Wohnung während des Winters zur Blüte zu bringen. Das ist einmal nicht nur wesentlich billiger, es macht vor allen Dingen sehr viel Freude. Um Erfolg zu haben, sollte man allerdings dabei stets genau nach fachmännischem Ratschlag und sehr gewissenhaft zu Werke gehen. Wenn du deine Blumenzwiebeln bestellst, findest du in jeder Sendung eine genaue Beschreibung, wie die Zwiebeln zu behandeln sind. Ich möchte dir hier nun nochmals genau sagen, was besonders wichtig ist.

Hyazinthen

Die Hyazinthe ist eine der beliebtesten Treibzwiebeln. In vielen Fällen wird sie auf Gläsern im Zimmer getrieben. Die Treiberei in Töpfen ist jedoch einfacher und bringt weniger Ausfälle mit sich, weil diese Art der Anzucht den natürlichen Ansprüchen der Zwiebel mehr entspricht. Die Hyazinthengläser waren früher schmal und hoch, während man heute mehr zu der niedrigen, gedrungeneren Form übergeht, da diese fester stehen. Das Glas wird mit sauberem Wasser bis an die Verengung gefüllt, und die Zwiebel wird in die obere, eigens für sie vorgesehene Schale gelegt.

Hebt der Trieb das Tütchen, dann fort mit diesem Hütchen!

Wichtig ist, daß der Zwiebelboden nicht direkt mit dem Wasser in Berührung kommt, sonst entsteht leicht Fäulnis. Ein kleiner Zwischenraum von etwa 2 mm sollte deshalb bleiben. Sobald du im Herbst deine Blumenzwiebeln bekommst, solltest du sie auf die Gläser setzen und in einen dunklen, kühlen Raum stellen. Nur dann bilden sie Wurzeln. Nach Möglichkeit stelle sie nicht in einen Keller, in welchem Gemüse und Obst gelagert wird. Einmal entsteht dort sehr leicht Fäulnis und zum anderen verbraucht das lagernde Obst und Gemüse sehr viel Sauerstoff, den die Blumenzwiebeln zum Austrieb dringend benötigen. Also, gib ihnen möglichst einen abgeschlossenen Raum, der hin und wieder gelüftet werden kann. Erst wenn das ganze Glas voller Wurzeln ist, darf die Hyazinthe ins kühle Zimmer geholt werden. Das ist frühestens 6 bis 8 Wochen nach dem Aufsetzen der Fall. Den Trieb mußt du aber noch dunkel halten und stülpst deshalb die eigens dafür vorgesehenen Hütchen auf die Gläser. Erst wenn diese vom Trieb gehoben werden, ist es Zeit, sie abzunehmen. Wenn der Keller nicht dunkel genug ist, sollte man dort schon die Hütchen aufsetzen. Wichtig ist, daß du die Treibhyazinthen niemals sofort aus dem kalten Raum in ein warmes Zimmer bringst, sondern erst langsam an die höheren Temperaturen gewöhnst, sonst bleiben die Knospen stecken. Das passiert auch, wenn die Zwiebeln zu früh, also bevor die Wurzeln den Boden des Glases erreicht haben, ins Warme gebracht werden. Während die Hyazinthen dunkel und kühl stehen, solltest du hin und wieder einmal prüfen, ob das Wasser in den Gläsern auch noch klar ist und die Triebe gesund sind. Trübes Wasser muß vorsichtig abgeschüttet und durch neues ersetzt werden. Am besten fügst du ein Stückchen Holzkohle bei. Zwiebeln, die Schimmelbildung zeigen, sollten sofort von den übrigen isoliert werden, damit sie diese nicht infizieren. Du brauchst sie jedoch nicht zu vernichten; mit einer leichten Chinosollösung überbraust, verschwindet der Schimmel sofort, und die Zwiebeln treiben weiter.

Sollen sie am Christfest blühen, mußt du dich schon früh bemühen!

Für die Treiberei in Töpfen gilt im allgemeinen das gleiche. Wichtig ist dabei, daß die Zwiebeln nicht zu tief eingesetzt werden und es ihnen, wenn sie ins Warme gebracht werden, nicht an Feuchtigkeit fehlt. Du solltest sie dann zweimal täglich gießen. Zu Weihnachten kannst du nur eigens dafür präparierte Zwiebeln zur Blüte bringen. Sie sollten so zeitig wie möglich eingepflanzt werden, damit sie Zeit haben, genügend Wurzeln zu bilden. Hyazinthen, die in Töpfen getrieben werden, kannst du zur Wurzelbildung gut im Garten eingraben, wie dies auch bei Tulpen und Krokus gemacht wird. Man hebt zu diesem Zweck eine Grube aus, stellt die Töpfe hinein und umgibt sie mit einer Schicht Sand und füllt später die Erde darauf. Durch die Sandschicht wird später das Herausnehmen sehr erleichtert und man bricht nicht so leicht die Triebspitzen ab, die sich bis zur Herausnahme gebildet haben. Bei Frost solltest du den Einschlag mit Laub oder Torfmull gut abdecken, damit es dir immer möglich bleibt, die Töpfe auszugraben. Blühende Hyazinthen halten sich zwischen dem Doppelfenster oder im kühlen Raum länger als im stark geheizten Zimmer.

Hier siehst du's deutlich wie man's macht, du kannst das auch — das wär gelacht!

Tulpen

Auch Tulpen kannst du im Haus gut treiben. Empfehlenswert sind die frühen, niedrigen Sorten. Sie sehen im Topf am besten aus. Ganz besonders hübsch sind die einfachblühenden und gefüllten, frühen Sorten. Du füllst die Töpfe mit lockerer Gartenerde und pflanzt 3 bis 5 Zwiebeln so ein, daß sie mit der Spitze noch aus der Erde ragen. Dann gießt du sie an und gräbst sie mit den Hyazinthen ein oder stellst sie in einen kühlen, dunklen Keller. Ab Mitte Januar kannst du dann nacheinander die Töpfe ins Haus holen, langsam an höhere Temperaturen gewöhnen und antreiben. Wichtig ist auch bei Tulpen, daß sie gut durchgewurzelt sind, bevor sie angetrieben werden und du sie genauso reichlich gießt wie die Hyazinthen. Wenn Treibblumenzwiebeln einmal trocken werden, bleibt leicht die Knospe stecken. Das gleiche geschieht, wenn sie starken Temperaturschwankungen ausgesetzt werden. Einmal getriebene Zwiebeln solltest du später in den Garten pflanzen. Zum Treiben eignen sie sich nicht mehr, im Garten blühen sie aber noch manches Jahr.

▲ *Tulpen, nach 12 Wochen Ruhe aus der Erde geholt*

Narzissen

Die Treiberei von Narzissen ist weniger bekannt, kann aber auch ohne weiteres in der Wohnung durchgeführt werden. Am einfachsten ist die Treiberei von Weihnachtsnarzissen *(Totus albus)*. Die Zwiebeln werden etwa 8 Wochen vor Weihnachten in eine Schale mit Sand oder Kies eingepflanzt, sehr gut feucht gehalten und gleich ans Fenster gestellt. Die Zwiebeln sollten nur etwa zur Hälfte in dem Sand oder Kies stehen. Erst wenn sich der grüne Trieb zeigt, beginnt die Wurzelbildung. Die Zwiebeln heben sich dann oft leicht aus dem Sand. Man sollte sie dann wieder andrücken und eventuell etwas Sand nachfüllen. Achte jedoch stets darauf, daß ein Gießrand bleibt, damit reichlich gegossen werden kann, denn wenn die Weihnachtsnarzissen öfter trocken werden, trocknen die Knospen ein und entfalten sich nicht. Wenn du die blühenden Töpfe in einen kühleren Raum stellst, kannst du länger Freude an ihnen haben. Die Zwiebeln der Weihnachtsnarzissen sind nicht mehr zu verwenden, wenn sie einmal getrieben worden sind. Du wirfst sie also am besten gleich auf den Komposthaufen.

Seit einiger Zeit gibt es auch eine Treibnarzisse *(Triandrus Tresamble)*, die wie die Hyazinthe getrieben, also auch auf Gläser gesetzt wird. Die

Narzissen blüh'n zur Weihnachtszeit bei dir zu Haus — mit Leichtigkeit!

So gelingt dir einwandfrei auch die Krokus-Treiberei!

Kultur ist die gleiche wie bei Treibhyazinthen. Die Blüten erscheinen jedoch erst, wenn die Blätter voll ausgebildet sind. Andere Narzissensorten können ebenfalls getrieben werden. Sie werden wie Treibtulpen behandelt, eignen sich aber mehr oder weniger nur zum Schnitt und sind daher weniger für die Zimmertreiberei zu empfehlen.

Krokus

Auch Krokus läßt sich gut treiben. Das geschieht genauso wie bei den Tulpen. Für die kleinen Zwiebeln wählt man natürlich kleinere Pflanzschalen und setzt entsprechend viele Zwiebeln hinein. Bei getriebenen Krokussen ist zu beachten, daß sie sehr kühl stehen müssen, sobald die Knospen Farbe zeigen. Sie verblühen sonst innerhalb weniger Stunden. Für Krokusse gibt es auch Spezialtöpfe mit seitlichen Löchern, die ebenfalls als Petersilientöpfe zu verwenden sind.

Maiglöckchen

Blühende Maiglöckchen brauchst du im Winter nicht nur vom Gärtner zu kaufen. Du kannst sie ohne weiteres selbst treiben. Die Kultur ist kinderleicht. Im Herbst besorgst du dir Maiblumen-Eiskeime. Diese Eiskeime sind im Kühlhaus künstlich zurückgehalten worden und beginnen sofort zu treiben, wenn sie warm und feucht gehalten werden. Die langen Wurzeln werden etwas eingekürzt, damit sie in einen normalen Blumentopf passen. Am besten sieht es aus, wenn du etwa 10 Keime in einen mit Sand-Torf-Gemisch gefüllten Topf pflanzt. Damit die Stiele etwas länger werden, solltest du die eingepflanzten Maiglöckchen so lange dunkel halten, bis sich die ersten Glöckchen neigen. Wichtig ist, daß sie sehr reichlich gegossen werden, am besten zweimal täglich. Trockenheit bewirkt, daß sich die Glöckchen nicht entfalten und eintrocknen.

Wichtige Hinweise für die Zimmertreiberei von Blumenzwiebeln

1. Beschaffe dir rechtzeitig gesunde, kräftige Mutterzwiebeln bereits im September—Oktober, die aber spätestens im Oktober in Töpfe oder Schalen gepflanzt sein sollten.

2. Verwende für die Treiberei möglichst gut gereinigte, alte Töpfe! Neue Töpfe kommen 48 Stunden ins Wasser, damit wurzelschädigende Säuren ausgeschieden werden können.

3. Verwende für die Töpfe gute, lockere Gartenerde oder wirklich abgelagerte Komposterde, die du ohne weiteres mit einem Teil Sand vermischen kannst.

4. Von den gepflanzten Knollen oder Zwiebeln soll immer noch eine Spitze aus der Erde herausschauen. (Siehe auch Seite 167 oben rechts).

5. Nach dem Pflanzen wird kräftig angegossen. Danach kommen die Töpfe in den Einschlag im Garten, etwa 20 cm tief.

6. Wer seine Töpfe nicht in den Garten eingraben will, kann diese auch in den dunklen Keller stellen und dort ebenfalls mit Erde oder mit Torfmull in Kisten abdecken.

7. Nach etwa 12 Wochen haben die Zwiebeln sich bewurzelt. Diese werden nun herausgeholt und in einem mäßig warmen Raum weitergetrieben. Es wird regelmäßig gegossen und den Trieben werden Papierhütchen aufgesetzt.

8. Wenn die Triebe ca. 5 cm hoch sind und sich das Papierhäubchen hebt, wenn wir also die Triebknospe sehen, kommt das Häubchen weg.

9. Kühlgestellte Pflanzen blühen länger!

10. Einmal getriebene Knollen eignen sich nicht wieder zur Treiberei. Man kann sie in den Garten pflanzen, wenn man sie nicht wegwerfen will.

Im Mai muß man oft grübeln, wer will uns das verübeln?

Eine ganze Menge Sommerblumen eignen sich zur Balkonkästenbepflanzung, die im Kapitel Zimmerpflanzen bzw. Sommerblumen beschrieben worden sind. So z. B. Fleißiges Lieschen, Lobelien, Ageratum, Salvien, Trichterwinden, Wicken, Kapuzinerkresse u. v. m. In diesem Kapitel möchte ich nur die ausgesprochenen Balkonpflanzen besprechen, wie Begonien, Fuchsien, Geranien, Glockenreben und die „Schwarze Susanne" (*Thunbergia alata*).

Knollenbegonien

Aus der großen Familie der Begoniengewächse werden die Knollenbegonien vorwiegend als Balkonschmuck gepflanzt. In großen Zügen unterscheiden wir da drei Klassen: die großblumige Begonie (*Begonia tuberhybrida*), die vielblumige Miniaturbegonie (*Begonia multiflora*) und die Ampel- oder Hängebegonie (*Begonia tuberhybrida pendula*). Wie gesagt, ist dies nur eine grobe Einteilung, denn es gibt noch einige Zwischenklassen wie z. B. die Leuchtfeuerbegonien (*Begonia bertinii compacta*).

Wie alle Begoniengewächse möchten auch die Knollenbegonien gern leicht schattig stehen. Weniger anspruchsvoll sind in dieser Hinsicht die Miniatur- und Leuchtfeuerbegonien. Die Knollen, die du dir zeitig im Frühjahr besorgen solltest, legst du am besten in Torfmull oder in ein sehr lockeres Erdmisch, und zwar mit der hohlen Seite nach oben. Sie brauchen nur eben mit Erde bedeckt zu sein, werden gut angegossen und warm gestellt. Sowie sich die Triebe zeigen, müssen sie hell, aber nicht zu sonnig gestellt werden, sonst bilden sie lange, geile Triebe. Wenn sich die Blätter in den Kästen berühren — du kannst zum Auslegen natürlich auch Obststiegen oder Fischkisten nehmen —, müssen die Begonien in Töpfe gepflanzt werden. Am besten verwendest du gut abgelagerte Komposterde, die mit reichlich Torfmull und etwas Sand vermischt ist. Den Pflanzen gibst du dann ein helles, aber nicht sonniges Fenster und hältst sie gleichmäßig feucht und warm. Wenn sich die Blätter ausgebildet haben, kannst du hin und wieder schon einmal düngen. Sowie es wärmer wird, müssen die Pflanzen langsam abgehärtet werden, damit sie keinen zu großen Schock bekommen, wenn sie endgültig ins Freie gesetzt werden und plötzliche Temperaturunterschiede auftreten sollten. An warmen Tagen bringt man sie zu diesem Zweck nach draußen, holt sie nachts jedoch wieder ins Haus, denn Begonien sind sehr frostempfindlich.

Gießt jemand oben am Balkon, gibt's manchmal was auf den Ballon! (Also Vorsicht!)

Nach Mitte Mai, wenn keine Nachtfröste mehr zu erwarten sind, können sie endgültig ins Freie gepflanzt werden. Vor allen Dingen die großblumigen Knollenbegonien bilden sehr bald ein dichtes Wurzelgeflecht und üppige Pflanzen. Sie finden in dem kleinen Erdreich deshalb nicht genügend Nahrung vor und müssen regelmäßig mit einem guten Blumendünger gedüngt werden. Meine „Pflanzenfutter" „Hakaphos" oder „Peru-Guano" eignen sich vorzüglich zu diesem Zweck. Aber nicht nur die großblumigen Knollenbegonien, sondern auch die anderen Sorten gedeihen und blühen wesentlich besser, wenn sie regelmäßig gedüngt werden. Im Herbst, wenn der erste Nachtfrost die oberirdischen Pflanzenteile vernichtet hat, nimmst du die Knollen heraus, befreist sie von allen Erd-, Wurzel- und Blattrückständen und lagerst sie den Winter über in einem Kasten kühl, luftig und trocken, aber frostfrei. Wenn du keinen sehr kühlen Keller zur Verfügung hast, solltest du die Knollen in trockenem Torfmull einlagern, dann

Pflanzt du die Knolle falsch herum, nimmt sie das ganz bestimmt recht krumm!

169

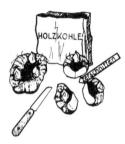

Große Knollen kannst du teilen, Holzkohle hilft die Wunde heilen!

verdunsten sie nicht so viel Wasser und schrumpfen nicht. Sehr groß gewordene Knollen können im Frühjahr vor dem Einpflanzen geteilt werden. Sie werden dann mit einem scharfen Messer in mehrere Teile geschnitten. Dabei mußt du aber beachten, daß jedes Teil mindestens eine Triebknospe aufweist. Die Schnittfläche muß mit Holzkohlenstaub eingepudert werden, damit keine Fäulnis entsteht.

Eine der häufigsten Krankheiten an Knollenbegonien ist der Mehltau. Der graue Belag auf den Blättern wird durch einen Pilz hervorgerufen und ist sehr wirksam mit Schwefelmitteln zu bekämpfen. Das Auftreten dieser Krankheit wird durch naßkaltes Wetter gefördert. Wichtig ist, daß die Bekämpfung sofort nach Feststellung der ersten Anzeichen gründlich durchgeführt und einige Male wiederholt wird. Dabei ist zu beachten, daß auch alle Pflanzenteile von dem Spritz- oder Stäubemittel berührt werden, damit sich die Krankheit nicht von versteckten Stellen aus erneut über die Pflanzen verbreitet. Merke: Eine guternährte und abgehärtete Pflanze ist weitaus weniger anfällig als eine schwache, weiche Pflanze.

Fuchsien

Fuchsia

Eine sehr beliebte und seit langer Zeit bekannte Balkonpflanze ist die Fuchsie. Sie gedeiht am besten in leicht schattigen Lagen und kann auch noch an die Nordseite von Häusern gepflanzt werden. Sie gehört in die Familie der Nachtkerzengewächse und ist eine strauchige Pflanze, die durch Stecklinge vermehrt wird. Das kann fast das ganze Jahr über vorgenommen werden, nur im November/Dezember wachsen sie schlecht an. Am günstigsten zur Vermehrung sind die Frühjahrsmonate. Stecklinge schneidest du von Trieben, die fest und kräftig, aber noch nicht verholzt sind. Einen Millimeter unter der Blattachse schneidest du eine Triebspitze mit einem scharfen Messer ab, steckst sie in ein Gemisch aus Sand und Torfmull und hältst den Steckling ganz gleichmäßig feucht und warm. Am besten stülpst du ein Glas darüber, damit eine stetige Luftfeuchtigkeit gewährleistet ist. Schon sehr bald bilden sich Wurzeln, und die Jungpflanze kann in ein Gemisch von Kompost- und Lauberde mit einem Zusatz von Sand und Torf gepflanzt werden. Es gibt eine sehr große Anzahl Fuchsiensorten, die ich hier nicht einzeln aufführen kann. Ich möchte dir nur die drei verschiedenen Typen nennen: die bekannte, aufrecht wachsende Fuchsie für Balkonkästen, die hängende Form und die Strauchfuchsie *(Fuchsia gracilis)*. Wie schon gesagt, gedeihen alle Arten am besten in schattigen und halbschattigen Lagen. Sie sind im Sommer für regelmäßige Düngungen dankbar.

Die Fuchsie wirkt in Blumenkästen im Schatten immer mit am besten!

Die beiden ersten Arten werden im Herbst ins Haus geholt und kühl, aber nicht vollkommen trocken überwintert. Wichtig ist, daß die Fuchsien in ihrem Winterquartier einen hellen Platz bekommen. Wenn es nicht möglich ist, sie in den Balkonkästen zu überwintern, dann solltest du sie in Töpfe pflanzen. Ende Februar, Anfang März werden sie in neue Erde gesetzt, gestutzt und in einem etwas wärmeren Raum wieder angetrieben. Stutze die aufrecht wachsenden Sorten im Laufe des Frühjahrs wiederholt, damit sie kurz und buschig bleiben. Hängefuchsien läßt man gern mit zwei bis drei Trieben wachsen, damit sie recht lang werden. Die Strauchfuchsie kann in milden Gegenden mit einem Winterschutz im Freien überwintern. Es ist jedoch angebrachter, auch sie ins Haus zu holen. Sie kann sehr kühl stehen, muß aber im Frühjahr stark zurückgeschnitten werden, da sie leicht dazu neigt, lang und sparrig zu werden.

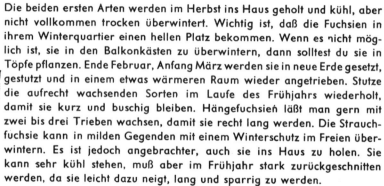

Fuchsien können bei sachgemäßer Pflege ein hohes Lebensalter erreichen. Früher sah man sie in Kübel gepflanzt viel in Schloß- und Parkgärtnereien. Mir sind Pflanzen bekannt, die ein Alter von 40 und mehr Jahren haben.

Geranien

Die Geranie ist wohl eine der unverwüstlichsten Balkonpflanzen. Sie will sehr warm und sonnig stehen. Du brauchst sie weder regelmäßig zu gießen noch zu düngen. Durch ihre behaarten Blätter ist sie in der Lage, wenig Wasser zu verdunsten und kann deshalb mit den ihr zur Verfügung stehenden Vorräten sehr gut haushalten. Empfindlich ist sie gegen zu große Feuchtigkeit, Schatten und hohe Stickstoffgaben. Dann fault sie leicht und blüht nur sehr mangelhaft. In einer kräftigen, durchlässigen Erde und an einem sonnigen, warmen Platz blüht sie jedoch den ganzen Sommer über unermüdlich. Nur in den Frühjahrsmonaten sollte man die Geranien düngen. Im Spätsommer gedüngte Geranien reifen schlecht aus und lassen sich nicht gut überwintern. Geranien werden durch Stecklinge vermehrt, die man am besten im August schneidet und steckt. Kurz unter einer Blattachse schneidest du zu diesem Zweck eine Triebspitze mit einem scharfen Messer ab, entfernst die kleinen Schuppen an den Blattachsen und alle Knospen und steckst sie in ein lockeres Gemisch aus Komposterde, Sand und Torfmull. Der Steckling darf nur sehr flach gesteckt werden, du mußt ihn aber fest andrücken, gut angießen und schattig halten. Bei Geranienstecklingen wird nur die Erde feucht gehalten. Wenn die Blätter häufig übersprüht werden, entsteht leicht Fäulnis. Nur gut durchgewurzelte Jungpflanzen lassen sich überwintern. Man sollte diese kühl und trocken halten.

Die Mutterpflanzen sind auch den Winter über anspruchslos. Sie können ohne weiteres vollkommen trocken stehen. In feuchten, schlecht gelüfteten Kellern faulen sie leicht. Deshalb merke: Geranien werden trocken, luftig, kühl, aber vollkommen frostfrei überwintert. Im zeitigen Frühjahr gibst du den Pflanzen neue, nahrhafte Erde und treibst sie bei etwas höheren Temperaturen und mehr Feuchtigkeit wieder an. Nach dem Durchtrieb solltest du die Pflanzen zurückschneiden, damit sie sich gut verzweigen. Bei Geranien unterscheidet man die aufrecht wachsende (Pelargonium zonale) von der Hängegeranie (Pelargonium peltatum). Die Hängegeranie wird an sich genauso behandelt, sie ist jedoch etwas anspruchsvoller und läßt sich vor allen Dingen nicht so gut überwintern. Am besten besorgst du dir diese Pflanzen jedes Jahr neu.

Du glaubst, du bist nicht drauf geeicht? Hier siehst du's — es ist kinderleicht!

Thunbergia

Die Thunbergie, in vielen Gegenden „Schwarze Susanne" genannt, ist eine sehr beliebte Rankpflanze, die sich heute wieder steigender Beliebtheit erfreut. Botanisch heißt sie *Thunbergia alata* und gehört in die Familie der Bärenklaugewächse. Du kannst sie dir sehr einfach aus Samen selbst heranziehen.

Die Aussaat nimmst du am besten im März in einem Blumentopf oder in einer Saatschale vor, pikierst die Sämlinge möglichst bald und pflanzt sie dann in Töpfe, damit du sie bei Bedarf an einem Stab anbinden kannst, denn die Thunbergie beginnt schon sehr bald zu ranken. Sie eignet sich deshalb besonders gut zur Berankung von Balkongittern, aber auch als Hängepflanze ist sie gut zu verwenden, weil ihre Ranken nicht

Große Freude sie uns schenkt, weil sie so schön nach unten hängt!

Glockenrebe

viel länger als 1 m werden. In voller Sonne gedeiht sie am besten, und wenn du sie zeitig ausgesät hast, beginnt sie bereits im Juni zu blühen. Leider ist diese hübsche Schlingpflanze nur einjährig, du mußt also in jedem Frühjahr erneut eine Aussaat vornehmen. Die Blütezeit und den Wuchs kannst du wesentlich verlängern, wenn du die Pflanzen vom Frühjahr bis in den Sommer hinein regelmäßig mit einem guten Blumendünger düngst, wozu auch „Gärtner Pötschkes Pflanzenfutter" gehört.

Glockenrebe

Auch die Glockenrebe ist eine sehr beliebte Balkonpflanze und wird als Schlingpflanze gern zum Beranken von Balkongittern verwendet. Botanisch heißt sie *Cobaea scandens* und gehört in die Familie der Flammenblumengewächse. Sie ist einjährig und muß jedes Jahr erneut ausgesät werden.

Um einen möglichst frühzeitigen Flor zu erzielen, solltest du die Aussaat schon im März vornehmen. Du legst zu diesem Zweck 2 bis 3 der großen Samenkörner in einen Blumentopf und hältst die Aussaat ganz gleichmäßig feucht und warm. Nach zwei bis drei Wochen keimt der Samen. Die Jungpflanzen bilden schon bald Ranken. Gib ihnen deshalb schon bald eine Rankhilfe. Ab Mitte Mai kann die Glockenrebe im Freien stehen, beachte jedoch, daß die Pflanzen vorher genügend abgehärtet werden müssen. Die Glockenrebe rankt bis zu 5 m hoch und blüht und wächst besonders üppig, wenn sie regelmäßig gedüngt wird. Sie gedeiht im Halbschatten, blüht aber in der vollen Sonne besser.

Hast du am Fenster Glockenreben, mußt du als Halt 'nen Faden geben!

Petunien

Petunien gehören in die Familie der Nachtschattengewächse und sind wohl mit die beliebtesten Balkonpflanzen. Am besten gedeihen sie in der vollen Sonne, müssen dort jedoch reichlich gegossen und gedüngt werden. Sie lieben eine humose, nahrhafte Erde. Petunien sind einjährig und können nur durch Samen vermehrt werden. Die Aussaat ist nicht ganz einfach; am besten besorgt man sich die Pflanzen im Mai vom Gärtner. Mit etwas Geschick kannst du dir deine Petunien jedoch auch selbst aus Samen heranziehen. Dabei ist es wichtig, die Kulturanleitung, die du auf den Rückseiten der Samentüten findest, genau einzuhalten. Der Samen ist außerordentlich fein und recht teuer.

Die Aussaat sollte möglichst schon im März in sorgfältig vorbereitete Saatgefäße vorgenommen werden. Wichtig ist, daß der staubfeine Samen gleichmäßig auf die gut geglättete Erdoberschicht gestreut und nur leicht angedrückt und angegossen wird. Feinsämereien brauchen nicht mit Erde abgedeckt zu werden, du mußt sie aber deshalb besonders vorsichtig und gleichmäßig gießen. Bis der Samen keimt, muß die Aussaat unbedingt schattig stehen und die Sämlinge dürfen nur vorsichtig an das volle Sonnenlicht gewöhnt werden. Sowie du die kleinen Sämlinge fassen kannst, müssen sie pikiert werden, da andernfalls leicht Fäulnis in den Saatgefäßen entsteht. Das Erdgemisch sollte sehr locker und durchlässig sein. Die kräftigen Jungpflanzen setzt du in kleine Töpfe, sehr gut eignen sich zu diesem Zweck Torftöpfchen, und bringst sie erst nach Mitte Mai, wenn keine Nachtfröste mehr zu erwarten sind, ins Freie.

Außer den Hängepetunien gibt es auch kurz und kompakt bleibende Arten, die sich gut zur Beetbepflanzung eignen.

Hab frische Erde stets im Kasten, sonst müssen deine Pflanzen fasten!

Laßt Blumen sprechen

Wir erweisen bei vielen Anlässen lieben Freunden kleine Aufmerksamkeiten durch Blumen. Oftmals bestehen aber Zweifel, was denn zu welchen Anlässen geschenkt werden soll. Hier möchte ich einige Hinweise geben.

Wir beginnen mit **der Geburt:** Ist's ein Junge, dann wählen wir Schnittblumen von ganz besonders zarten Farben, die wir mit einem blauen Band garnieren. Haben wir ein Geschenk, dann binden wir ein paar Blumen mit zarten Farbtönen darauf und nehmen ein blaues Bändchen zur Garnierung. Ist der neue Erdenbürger ein Töchterchen, dann nehmen wir ein rosa Bändchen und wählen ebenfalls die zartesten Farben, deren wir habhaft werden können.

Die Taufe sieht uns mit den gleichen Schnittblumen. Immer ist auf besonders zarte Farben Wert zu legen, je nach Jahreszeit. Die passende Bandfarbe ist zu beachten.

Die Blumen — ein Segen, von Gott, der sie schuf: Die Blumen zu pflegen, welch' schöner Beruf!

Konfirmation oder Kommunion erfordert Schnittblumen und blühende Pflanzen von besonders hellen Farben, die mit einem weißen Band garniert werden, wenn es sich um einen Sohn handelt. Das Töchterchen bekommt eine rosa Garnierung. Geschenke werden auf die gleiche Art geschmückt.

Zur **Verlobung** schenkt der Bräutigam möglichst die Lieblingsblumen der Braut. Beliebt sind Maiblumen, Flieder, Rosen, Nelken usw. Wer dem jungen Brautpaar ein Präsent machen möchte, kann alle Schnittblumen wählen, aber möglichst zarte Farben. Geschenke überreichen wir mit Blumen garniert.

Grüne Hochzeit: Am Polterabend übergibt die Schwester oder Freundin der Braut den Rosen- oder Myrtenkranz mit Schleier. Die Gäste bringen Schnittblumen, je nach Jahreszeit. Geschenke, die mit einigen Blumen garniert sind, haben immer eine persönliche Note. Zur standesamtlichen Trauung wählt man die Lieblingsblumen der Braut, sonst Rosen, Nelken oder Chrysanthemen. Zur kirchlichen Trauung überreicht der Bräutigam den Brautstrauß aus Rosen, Nelken, Lilien usw. mit Myrte garniert. Der Brautführer schenkt seiner Dame einen Handstrauß, möglichst aus solchen Farben bestehend, die zum Kleid passen.

Am Namens- oder Muttertage, ich vieles durch die Blume sage!

Zum **Hochzeitstag** wählt man Blumen je nach Jahreszeit, immer aber versucht man, die Lieblingsfarbe zu beschaffen.

Silberhochzeit: Topfblumen, Schnittblumen oder Arrangements. Ein Silbergegenstand als Geschenk mit Blumen garniert, wird stets Freude bereiten.

Goldene Hochzeit: Ähnlich der Silberhochzeit, ruhige, satte Farben wählen!

Geburtstag, Namens- und Muttertag: Immer die Lieblingsblumen schenken, aber auch darauf achten, daß diese in der Lieblingsfarbe gehalten sind.

Krankenbesuche machen wir mit freundlichen, hellen Farbensträußen, die möglichst wenig duften.

Geschäftsjubiläum: Hier ist ein Arrangement mit der Zahl, in großen, goldenen Lettern verziert, sehr wirksam. Man wählt Blumen und Pflanzen von großer Haltbarkeit und langer Blühdauer.

Einzug: Auch hier schenkt man Topfpflanzen von langer Blühdauer. Recht lange soll sich der Beschenkte an diesen Blumen erfreuen und sich an den Schenker erinnern.

Männertreu für alte Herrn, schenk ich immer wieder gern!

Die **Festtafel** wird reizvoll mit zierlichem Spargelgrün dekoriert. Blumen und Blüten sollen jedoch so angeordnet werden, daß sie keinen der Gäste stören. Sie müssen so liegen, daß sie während der Tafel in der einmal ausgelegten Dekoration verbleiben. Man hüte sich jedoch, die Festtafel durch zu vielen Blumenschmuck zu überlasten. Raumverhältnisse sind zu berücksichtigen. Alle Gäste müssen sich während der Tafel zwanglos sehen können. Es geht nicht an, daß durch massige Vasen das Gegenüber völlig verschwindet. Auch eine einfache Tafel wird durch geschmackvolle Dekoration zu einer Festtafel.

Kleine Hilfsmittel

die nicht nur die festlichen Tage verschönen helfen, sondern ständig zur Zierde und zum Schmuck des Heimes herangezogen werden, gibt es überall für wenig Geld. Ich denke da an schöne Vasen, die je nach der Zimmereinrichtung ausgesucht sein können. Zum Beispiel wird man eine alte Vase gern in ein antikes Zimmer stellen und natürlich eine ganz moderne Vasenform fürs neuzeitlich eingerichtete Heim verwenden.

Da gibt es weiter die verschiedenen Halter, deren Nadeln oder Stifte, ähnlich einer Bürste, nach oben zeigen. Auf diese Stifte werden die Blumen gesteckt, und zwar in der Haltung, wie wir sie wünschen. Diese Stifthalter werden in eine breite Vase gestellt und sind, wenn fertig dekoriert, nicht mehr sichtbar. Sie stehen also im Wasser. Die sogenannten Netzhalter sind ebenfalls sehr praktisch und erfüllen den gleichen Zweck. Nur glaubt mancher Blumenfreund, daß der Netzhalter vernünftiger wäre, weil der Stiel nicht aufgespießt, sondern nur eingesteckt wird, wodurch sich die Blumen länger frisch halten würden. Was ist richtig? Ich habe in der Haltbarkeit keinen Unterschied feststellen können. Wohl wird durch „Gärtner Pötschkes Pflanzenfutter flüssig" oder auch „Hormasan", die Haltbarkeit der Blumen verlängert, wenn man davon eine Kleinigkeit dem Wasser beifügt. Natürlich kann man sich auch mit groben Steinen oder feuchtem Sand behelfen, wenn es einmal gilt, eine besonders wirkungsvolle Schale zu dekorieren. Die Japaner haben in dieser Hinsicht sehr viel Geschick an den Tag gelegt, und die junge Japanerin lernt das künstlerische Blumenstellen bereits in der Schule.

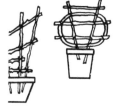

Einige kleine Skizzen am Rand dieses Artikels sollen dir, liebe Blumenfreundin, einige Anregungen geben. Bestimmt wirst du durch solche kunstvoll gestellte Arrangements überall Eindruck erwecken und selbst sehr viel Freude an dieser Art finden. Immer wieder mußt du dabei bedenken, daß die Natur nicht vergewaltigt werden soll. Es muß immer ein schönes, harmonisches Gebilde entstehen, welches die Schönheit der verwendeten Blumen recht lebensnah und natürlich zur Schau stellt. Dabei ist es vollkommen gleich, ob man Astern, Nelken, Rosen oder einen kleinen Frühlingsstrauß steckt. Gerade im Selbsterfundenen kann die ganze Pracht unserer herrlichsten Geschöpfe der Natur in aller Eindringlichkeit gezeigt werden. Freilich — man kann auch abschauen und nachahmen, um zu lernen. Später sollte man aber nach eigenem Gefühl und Instinkt arbeiten.

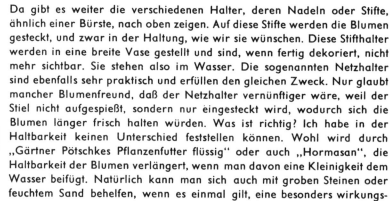

Kein Mensch vermag 1000 Tage glücklich zu sein.

Keine Blume vermag 100 Tage zu blühen.

(Jap. Sprichwort)

Die Rosen im Ziergarten

Der Wunsch des Gartenfreundes ist es, die Königin der Blumen, die Rose, zu besitzen. Sei es als Kletterrose, als Hochstamm, als Buschrose, immer ist sie mit die schönste Zierde des Gartens. Stets wird man sich an ihrer Blütenform und -farbe ergötzen. Regelmäßig werden wir den lieblichen Duft, der eben nur einer Rose eigen ist, mit unseren Riechorganen erschnuppern und bewundern. Der Gartenfreund wird sich immer fertig veredelte Rosen kaufen und einpflanzen, denn Veredeln erfordert eine geschickte Hand, Kenntnis und Übung. Es geschieht durch Okulieren, das unter „Veredeln" (Seite 190) näher beschrieben ist.

Pflanzung der Rosen

Die Rose liebt einen lehmigen Boden. Sie würde auf Sandboden schlecht gedeihen, wenn keine Verbesserung der Erde durch Lehm und Kompost vorgenommen worden ist.

Die **Pflanzzeiten** der Rosen sind Herbst und Frühjahr. Die Ansichten, welche die günstigere Zeit sei, gehen auseinander. Ich stehe auf dem Standpunkt, daß in höheren, rauhen Lagen die Frühjahrspflanzung die günstigere ist. Sonst halte ich die Herbstpflanzung für besser.

Die Rose, wie man sie kauft, hat nur holzartige Wurzeln. Die Nahrungszuführer der Pflanze sind aber die feinen, weißen Faserwurzeln. Um diese neu zu bilden, braucht sie einige Zeit. Im Herbst hat die Pflanze nicht das Bestreben zu treiben, sondern nur vorerst anzuwachsen. Im Frühjahr gepflanzte Rosen wollen Wurzeln machen, aber auch gleichzeitig austreiben. Das ist für viele Pflanzen zu viel, und einem Teil wird es dadurch schwerfallen, anzuwachsen. Im Herbst gepflanzte Rosen hingegen sind größtenteils schon angewachsen und treiben im Frühjahr leichter und stärker aus. Die schwächeren oder noch nicht angewachsenen Rosen werden aber an milden Wintertagen und im Frühjahr schon zeitig neue Wurzeln treiben können.

Fachgerecht geschnitten, wächst sie unbestritten!

In sehr strengen Wintern wird vielleicht auch hin und wieder eine Pflanze erfrieren. Aber auch dagegen kannst du dich schützen. Wenn du die Rosen gekauft hast, so wirf sie erst einige Stunden in ein Wasserfaß oder befeuchte sie mit der Kanne ausgiebig. Das Land, auf das Rosen kommen sollen, wird mit Kompost, nicht mit frischem Mist gedüngt. Es ist falsch, wie ich es so oft beobachtet habe, daß extra ein Loch gegraben und teils mit frischem Stalldünger gefüllt wird. Durch die lockere Lagerung der Erde sitzt diese nicht fest genug an der holzartigen Wurzel. Die Erde trocknet deshalb viel leichter aus und es gibt Ärger durch Ausfälle.

Und nun zur Pflanzung selbst

An den Pflanzstellen werden kleine Löcher von 1 ½ Spatenstichtiefe ausgehoben. Dieser Aushub wird mit ½ Spaten guter Komposterde gemischt. Die Rosen werden aus dem Wasser genommen und bei Herbstpflanzung werden die jungen, nicht ausgereiften Triebe zurückgeschnitten. Der Busch wird nun noch ungefähr 15 bis 20 cm hoch sein. Manche Gartenfreunde schneiden auch gar nicht zurück und geben dadurch dem Frost keine Angriffsstellen frei. Die Wurzeln werden mit einem scharfen Messer etwas gekürzt. Die Schnittfläche muß aber stets nach unten zeigen. Das Schneiden mit der

In Lehmschlamm du die Wurzel steckst, damit sie zügig weiterwächst!

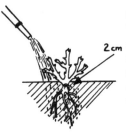

Schere gibt meist Druckstellen an der Rinde, was nicht gut ist. Ehe die Wurzeln in die Erde kommen, werden sie in einen bereitstehenden Eimer mit Lehmschlamm getaucht. Beim Pflanzen wird der Aushub schön um die Wurzeln gepackt und angetreten. Die Veredlungsstelle muß ungefähr zwei Finger tief unter der Oberfläche zu stehen kommen. Das Loch wird aufgefüllt und die Erde nochmals gut angetreten. Ist die Pflanzung fertig, wird jede Pflanzstelle tüchtig durchgegossen. Das Wichtigste ist das

Danach wird tüchtig angegossen und zugehäufelt — unverdrossen.

Anhäufeln der Rosen

Nachdem das Wasser versickert ist, wird so hoch wie möglich angehäufelt. Später, vor Eintritt des Frostes, werden aus der weiteren Umgebung der Pflanzstelle einige Spatenstiche Erde auf jede Rose gebracht, und zwar so hoch, daß von den zurückgeschnittenen Rosen nichts mehr zu sehen ist. Den ganzen Winter über sind es also nur große Erdhügel, die den Standort der Rosen anzeigen. Sobald das Frühjahr ins Land zieht, befreist du die Rosen und schneidest sie, falls dies nicht im Herbst bei der Pflanzung geschehen ist, zurück. 12 bis 15 cm lang läßt man die Triebe und häufelt die Rosen wieder ganz an. Die Erde soll das Holz vor dem Austrocknen durch Luft und Sonne schützen. Im Frühjahr mußt du einmal kontrollieren, ob die Augen unter der angehäufelten Erde treiben. Sind diese ½ cm lang ausgetrieben, werden die Jungpflanzen möglichst an trüben Tagen von der Erde befreit. Noch nicht treibende Rosen werden wieder zugehäufelt und erneut festgetreten, bis auch sie austreiben.

Hast du so alles recht gemacht, dann wächst sie an — das wär gelacht!

Schwächere Rosen schneidet man stärker zurück. Die Frühjahrspflanzung mußt du genau wie die Herbstpflanzung ausführen. Nur schneidest du im Frühjahr gleich beim Pflanzen stark zurück und bettest die Rosen gut ein, damit sie nicht austrocknen können. Genauso werden Kletterrosen gepflanzt. Die hochstämmigen Rosen setzt man ein wenig schräg in die Erde, und zwar nach der Seite, auf der später die Krone in die Erde geschlagen werden kann. Nachdem die Erde festgetreten ist, wird der Stamm vorsichtig zur Erde gebogen und im Kronenbereich ein Loch ausgehoben. Die Krone wird vorsichtig in das Loch gesenkt und mit Erde bedeckt. Der Stamm wird möglichst mit Kunstfolie oder einem Stück vom Jutesack umwickelt, um ihn vor dem Austrocknen zu schützen. Hast du nach einigen Wochen festgestellt, daß die Augen treiben, wird die Krone vorsichtig ausgegraben, aufgerichtet und an einem Stab festgebunden. Wenn sich später die Blätter entwickeln, wird auch die Stammumwicklung entfernt. Bei warmem, trockenem Frühjahrswetter ist reichlich zu wässern!

Überwintern der Rosen

Eine der letzten Arbeiten im Herbst ist das Einwintern der Rosen. Die Buschrose häufelt man sehr hoch mit Erde an, denn das ist das sicherste und beste Deckmittel. Wer Tannengrün hat, kann dieses noch darüber decken.

Manchmal kommt es auch vor, daß unsere Herbstbestellung an Rosen zu spät von der Baumschule eintrifft und die Pflanzung wegen des Frostes nicht mehr vorgenommen werden kann. Hier rate ich, die Rosen in den Keller zu legen und wenn möglich, einzuschlagen. Ist Tauwetter eingetreten, so kann auch während des Winters die Pflanzung — wie oben beschrieben — noch vorgenommen werden. Ich habe immer wieder gesagt: Jeder offene Tag im Winter, an welchem ich mit dem Spaten in die Erde stechen kann, ist ein Pflanztag für Sträucher.

Den alten Rosenhochstamm schütze, am besten mit der Plastikmütze!

Hochstammrosen

werden ganz vorsichtig heruntergebogen. Es hat ganz langsam zu geschehen. Wenn du den Wurzelhals etwas freilegst, wird sich die Rose
leichter biegen lassen und nicht so leicht über der Erde abbrechen. Die
Krone wird, wie bei der Pflanzung, in ein Erdloch gelegt und zugeschüttet.
Ältere Stämme, die sich nicht mehr biegen lassen, werden durch Ölpapier
oder Plastikbeutel geschützt.

Kletterrosen

halten jeden nicht zu strengen Winter ohne Schutz aus. Wer genügend
Deckreisig hat, kann sie natürlich abdecken. Die Veredlungsstelle und die
unteren Triebe werden angehäufelt. Wenn im April keine starken Fröste
mehr zu erwarten sind, werden die Kletterrosen freigemacht.

Kahler Frost
ist hundsgemein,
drum schlage so
den Hochstamm ein.

Schneiden der Rosen

Viele glauben, daß die Rosen im Herbst geschnitten werden müssen. Das
ist falsch! Rosen darfst du nur im Frühjahr schneiden! Wenn du deine
Rosen aus dem Winterbett befreit hast, kannst du sie gleich zurückschneiden. Schneide sie recht kurz! Es darf dir überhaupt nicht leid tun, gesunde
und besonders lange vorjährige Triebe stark zurückzuschneiden. Denn
gerade diese bringen die Buschform und bei den Hochstämmen die
Kronenform vollständig aus dem Geschick. Oft sieht man infolge falschen
Schnittes richtige Hirschgeweihe an den Hochstämmen.

Merke: Alle im Vorjahr gewachsenen Triebe werden etwa auf 3 Augen
zurückgeschnitten, das letzte muß nach außen stehen, damit eine gute Form
entsteht. Dabei wird natürlich die Form etwas im Auge behalten. Je kürzer
geschnitten wird, um so dichter ist später die Belaubung um das alte
Holz herum. Je länger aber das Holz stehenbleibt, um so lockerer,
durchsichtiger und unschöner werden die Kronen. Nach der Blüte werden
die Rosen so. lang geschnitten, daß noch einige Augen bleiben, um eine
zweite Blume zu erzeugen. Bei Kletterrosen werden von dem vorjährigen
Triebe nur die Endspitzen abgeschnitten. Aus den Augen dieser Triebe
entwickeln sich im zweiten Jahre die kurzen Blütentriebe.

Beim Kronenschneiden
merk den Trick,
die runde Form erst
gibt den Schick!

Die immerblühenden Polyantharosen werden im Frühjahr ebenfalls
kurz über der Erde abgeschnitten und dadurch gezwungen, einen recht
tiefen, kompakten Busch zu bilden. Den ganzen Sommer über mußt du
auf die aus der Erde kommenden wilden Triebe achten. Sie nehmen
den Rosen die Kraft und können den Edeltrieb vollständig unterdrücken.
Darum dem Wildtrieb bis zur Wurzel nachgehen und ihn mit scharfem
Messer so tief herausschneiden, daß sich keine Augen mehr an diesen
Stellen bilden können. Der kleinste Stumpf, der stehenbleibt, setzt sofort
neue Augen an, und du wirst die Wildtriebe überhaupt nicht los.

Verwendung der Rose

Auf der Rabatte im Vorgarten wird sie wohl am meisten angepflanzt.
Entlang des Weges sind oft Hochstämme anzutreffen, die mit Blumen
(auch Stauden oder Blumenzwiebeln) unterpflanzt werden. Schön sind
immer wieder Kletterrosen, die entweder als Bogen oder in den verschiedenen Formen vor der Gartentür, als Hecke, am Spalier oder sonstwo
angepflanzt sind. An der hellen Hauswand wirken rote Kletterrosen
besonders schön. Wer sich gar einen breiten Laubengang zum Hause

Das ist fürwahr kein
gutes Bild,
schneid ab den Trieb,
denn er ist wild!

177

Ist gut berankt
das Holzspalier,
dann bleibt es
eine schöne Zier!

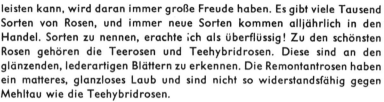

leisten kann, wird daran immer große Freude haben. Es gibt viele Tausend Sorten von Rosen, und immer neue Sorten kommen alljährlich in den Handel. Sorten zu nennen, erachte ich als überflüssig! Zu den schönsten Rosen gehören die Teerosen und Teehybridrosen. Diese sind an den glänzenden, lederartigen Blättern zu erkennen. Die Remontantrosen haben ein matteres, glanzloses Laub und sind nicht so widerstandsfähig gegen Mehltau wie die Teehybridrosen.

Rosenfeinde und Schädlinge

„Viel Freund — viel Feind", sagt ein Sprichwort! Deshalb will ich dir hier die am häufigsten auftretenden Rosenfeinde nennen, mit denen wohl schon jeder Gartenfreund zu tun hatte. Wer hat sich nicht über die Blattläuse geärgert! Immer wieder tritt die Frage auf: Was soll ich nur gegen das Gesindel tun? An geschützten Stellen, bei feuchtwarmer Luft erscheinen sie in Massen. Die Zweigspitzen sitzen dicht voll. Ununterbrochen saugen die Läuse die Nährstoffe in sich auf, die die Pflanze für den eigenen Bedarf so dringend benötigt. Als gut wirkendes Bekämpfungsmittel wendet man am zweckmäßigsten die bekannten Toxaphen-Präparate an, ebenso kann man C-B-Ho-Staub für diesen Zweck anwenden. Die befallenen Blätter werden damit bestäubt.

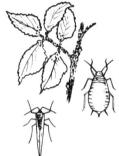

Rosen-Blattläuse
vermehren sich in
kürzester Zeit zu
Millionen!

Rosentriebbohrer

Er ist ein gefährlicher Feind, der dem Rosenfreund viel Ärger bereitet. Die Wespe des Rosentriebbohrers legt Ende April bis Anfang Mai mittels ihres sägeartigen Legebohrers ihre Eier in die Endspitze des Triebes. Die ausschlüpfende Larve, die auch Röhrenwurm genannt wird, bohrt sich im Mark nach unten und frißt das Mark der Triebe. Die Blätter welken und sterben ab. Wenn man es rechtzeitig bemerkt, ist im Gang die Larve noch zu finden. Später verläßt sie seitlich den Trieb und verpuppt sich in der Erde.

Bekämpfung: Die Wespen lassen sich fangen. Frühmorgens spannst du ein Tuch unter die Rose, klopfst die Wespen ab, und die noch starren Biester lassen sich leicht greifen. Die befallenen Triebe werden untersucht, vorhandene Larven vernichtet. Den befallenen Trieb schneidest du bis auf das gesunde Holz zurück. Er wird bald wieder neu austreiben.

Da gibt es auch noch einen anderen Rosentriebbohrer, der aufwärtssteigend bohrt. Er legt seine Eier nicht in die Endtriebe, sondern in die Blattachse der sogenannten Nebenblättchen, in den Blattstiel. Dort entwickeln sich kleine, nach der Oberseite aufgetriebene Pusteln, die also deutlich zu sehen sind. Aus diesen arbeitet sich die Larve später heraus und bohrt sich dann in die Erde, wo sie sich verpuppt.

Bekämpfung: Die an den Blattstielen sich bildenden Pusteln mußt du vernichten. Sind die Pusteln braun geworden, ist die Larve entschlüpft und sitzt schon im Stengel. In diesem Falle müssen die Stengel vernichtet werden. In beiden Fällen ist im Herbst Kalk um die Rosen einzugraben.

Rosenmehltau, echter Mehltau

Überzieht ein dichter, weißer Schimmelbelag die Blätter und Triebe, so hast du es mit dem Rosenmehltau zu tun. Sobald du etwas merkst, mußt du dagegen einschreiten. Sonst ist es mit der Schönheit deiner Rosen vorbei. Ein wirksames Mittel ist nach wie vor immer noch das Bestäuben mit Schwefel. Das mußt du frühmorgens tun, wenn der Tau noch auf

Schaust du
durch die Linse,
siehst du ihr Gegrinse;
du mußt dich dann
bequemen
und bald
was unternehmen!

den Blättern liegt. Spritzen mit Netzschwefel ist eine wirkungsvolle Bekämpfungsart. Bei Kletterrosen die Triebspitzen ausschneiden und verbrennen, da dort der Erreger überwintert. Alles abgefallene Laub und alle ausgeschnittenen Triebe sorgfältig aufsammeln und verbrennen. Es gibt einige besonders anfällige Sorten. Ich empfehle deshalb, nur mehltaufeste Rosen zu wählen.

Rosenrost

Er tritt ebenfalls häufig auf. Wenn die Unterseite der Blätter rotbetupft erscheint und dazwischen schwarze Stellen sind, so hast du es ganz offensichtlich mit dem Rosenrost zu tun. Durch den Rost fallen die Blätter frühzeitig ab. Das muß vermieden werden. Daher die Triebe ganz stark zurückschneiden und verbrennen. Vor der Belaubung im Frühjahr muß mit einprozentiger Kupferkalkbrühe gespritzt werden.

Sei auf der Hut
und sei nicht faul:
Dem Ungeziefer
stopf das Maul!

Die Rosenwurzellaus

An den Wurzeln und am Stammgrund saugen kleine gefräßige Läuse und bewirken mit der Zeit das vollkommene Verwelken und spätere Absterben der Pflanzen. Mit diesem Feind haben wir viel in bevorzugten Rosenanbaugebieten zu tun. Hier hilft nur ein durchdringendes, mehrmaliges Begießen mit einer 0,035%igen Lösung von E 605 forte. Auch ein Begießen mit E 605 Spritzpulver ist von Erfolg.

In der Rosen-Blütezeit
liegt soviel Erhabenheit!

Falscher Mehltau an Rosen

Dem falschen Rosenmehltau kommen wir mit Netzschwefel nicht bei. Das Schadbild ist auch ein anderes als bei dem echten Mehltau. Bemerkst du an deinen Rosen, daß die Blätter oberseits mißfarbig gefleckt sind und die Blattunterseite einen feinen grau-weißen Pilzbelag zeigt, dann hast du es mit dem falschen Mehltau zu tun. Auch an den Trieben zeigt sich dieses Schadbild, es sind eingesenkte Flecke zu sehen; nach und nach sterben Blätter und Triebe ab. Auch hier hilft nur eines. Erstens die jungen kranken Pflanzenteile abschneiden und verbrennen. Zweitens spritzen mit CDK oder Cupravit. Letzteres wird 0,75%ig verspritzt. Diese Arbeit muß mehrmals hintereinander durchgeführt werden, wenn der Erfolg von Dauer sein soll.

Die Rosen-Bürstenhornwespe

Dieser Schädling ist durch reihenförmig angebrachte Einstiche, hervorgerufen durch die Eiablage der Wespe an den jungen Trieben, feststellbar. Die Larven fressen sich lustig an den jungen Blättchen voll. Die Bekämpfung nimmst du im Juni bis Juli vor und zwar mit E 605 forte, welches du 0,015%ig spritzt. Auch kannst du mit E 605 Staub stäuben. Zu diesem Zeitpunkt vernichtest du aber leider nur die ersten Generationen. Gegen Ende August bis September kommt die zweite Generation zum Schlupf. Auch zu diesem Zeitpunkt ist die Bekämpfung erneut durchzuführen.

Rosenzeit —
es ist so weit!

Hängt Nistkästen auf!

Immer daran denken, daß unsere gefiederten Freunde eine Unmenge Schädlinge tagtäglich vernichten! Aus diesem Grunde muß neben unserer chemischen Schädlingsbekämpfung der natürlichen Vernichtung der Gartenschädlinge immer ein aufmerksames Auge gehören.

Der Feind läßt dich
nicht ruh'n,
du mußt schon etwas
tun!

*Bist du erschlafft,
dann trinke Saft!*

Eine besondere wichtige Stellung nimmt das Beerenobst im Hausgarten ein. Ohne Beerenobst ist ein Haus- und Siedlergarten undenkbar. Jede Hausfrau ist auf eine reichliche Ernte von Beerenobst besonders bedacht, denn die Früchte des Beerenobstes gehören zu den ersten, die eingekocht werden können.

Der Stolz jeder tüchtigen Hausfrau ist es, viele Reihen Weckgläser im Keller zu haben oder große Mengen eingefroren zu wissen. Befriedigt schmunzelnd wird ihr Blick immer über die reichlichen Vorräte gehen und ihr den Wert der eigenen Ernte und somit des eigenen Gartens vor Augen führen. Wie vielseitig ist doch die Verwendung des Beerenobstes. Der schöne Pudding mit eigenem Himbeersaft, die kühlende Limonade an heißen Tagen für die Kinder, die Stachelbeeren als Kompott oder zu Torten und Kuchen im Winter, der Wein und Most aus Stachel- und Johannisbeeren, vor allem aber der herrliche Brotaufstrich eigener Herstellung in Form der verschiedensten Marmeladen und Gelees. Wie gerne naschen die eigenen Kinder das gesunde und vitaminreiche Beerenobst, und bis ins Alter hinein werden sie von den herrlichen Beerenfrüchten im elterlichen Garten erzählen und davon träumen.

*Steht am Rand
der Beerenstrauch,
schützt er vor kaltem
Windeshauch!*

Johannisbeeren

Wir wissen wohl alle, daß es weiße, rote und schwarze Johannisbeeren gibt. Die rotfrüchtigen Sorten sind die beliebtesten, während die weißen zur Weinbereitung gern verwendet werden. Schwarze Johannisbeeren geben einen vorzüglichen Likör. Der Saft dieser Beeren ist sehr gesund und gibt mit Wasser vermischt ein durststillendes, vitaminreiches Getränk. Die Pflanzung ist der Lage des Grundstückes entsprechend durchzuführen. In den meisten Fällen werden Johannis- und Stachelbeeren an den Grenzen des Gemüsegartens entlang gepflanzt. Dadurch wird dem Garten Schutz gegen Wind gegeben. Die Beerensträucher werden sich, wenn sie nur in einer Reihe stehen, gesund entwickeln und gute Erträge bringen.

An den Wegen entlang Beerenobst zu pflanzen, möchte ich nicht empfehlen. Denn wenn die Sträucher groß und breit geworden sind, behindern sie die Arbeit im Garten. Man kann nicht gut zu den Beeten gelangen, denn bis in den Weg hinein hängen die Zweige und verengen so den Durchgang. Die Übersicht über die Gemüsekulturen geht meist verloren. Wer nicht an den Grenzen entlang pflanzen will, muß sich, wenn der Garten groß genug ist, zu einem Beerenobstquartier entschließen. Dieses wird am vorteilhaftesten am entlegensten und von dem Wasser am entferntest liegenden Teil des Gartens angelegt. Die jungen Büsche besorgt man sich in der Baumschule und pflanzt sie am besten im zeitigen Herbst.

Bei Frühjahrspflanzung muß sehr zeitig gepflanzt werden, denn die Beerensträucher beginnen frühzeitig auszutreiben. Die Entfernung ist mindestens 1½ m. Oft wird nur 1 m weit gepflanzt. Das erscheint in den ersten Jahren nach der Pflanzung wohl ganz richtig. Aber wenn die Sträucher größer sind und wirkliche Vollernten geben könnten, sieht man sein falsches Handeln ein. Die Äste und Zweige vermoosen, das Ungeziefer hat reichlich Unterschlupf, es gibt Ärger und man möchte oft die ganze Anlage herausreißen. Vor dem Pflanzen schneidest du die Büsche stark zurück. In späteren Jahren hat man nur auf das Auslichten zu achten. Alte knorrige Äste schneidest du heraus und verjüngst dadurch laufend die Büsche. An den einzelnen Trieben wird nichts geschnitten, denn Johannisbeeren tragen am zwei- bis dreijährigen Holze.

*Das Gläschen schmeckt
am Feierabend,
wahrhaftig Herz
und Sinne labend!*

Sorten

Die besten Sorten sind „Rote Holländische", sehr großfrüchtig mit langen Trauben und sehr ertragreich. Eine vorzügliche Sorte für Saft-, Gelee- und Kompottbereitung. Etwas milder ist „Fays Fruchtbare", ebenfalls reichtragend, großfrüchtig und als Tafelfrucht wegen ihres milden Wohlgeschmackes geschätzt. „Weiße Holländische" hat einen mild-säuerlichen Geschmack und wird gern zur Weinbereitung verwendet. „Schwarze langtraubige" und „Goliath" sind zwei großfrüchtige schwarze Johannisbeersorten, deren große, saftreichen Früchte an langen Trauben sitzen. Beide Sorten haben sich überall gut bewährt.

Stachelbeeren

Die Kultur der Stachelbeeren geschieht genauso wie bei den Johannisbeeren. Auch hier ist beim Schneiden nur auf reichliches Auslichten zu achten. Zu starke und lange junge Triebe werden auf ein Drittel ihrer Länge gekürzt. Ganz schwaches Holz schneidest du weg. Tragen die Büsche besonders reich, pflückt man die Hälfte der Früchte schon unreif ab und macht sie ein. Durch das Auspflücken erreichst du eine bessere Ausbildung der restlichen Früchte. Die schönsten und größten Früchte werden an den Hochstämmen erzielt. Wenn auch die Buschform höhere Erträge liefert, sind einige Hochstämme am Wege entlang gepflanzt, des guten Aussehens wegen, empfehlenswert. Der Zugang zu den Beeten kann ungehindert erfolgen.

Steht Ast bei Ast, ganz dicht bei dicht, dann schneid' den Strauch, denn er braucht Licht!

Die Sortenauswahl der Stachelbeeren ist groß. Es gibt grüne, gelbe, weiße und rote Sorten. Die nachstehenden Sorten eignen sich auch für den Tiefkühlschrank zum Einfrieren.

Empfehlenswerte grüne Sorten

„Grüne Riesenbeere", eine große Frucht, zum Grünpflücken sehr geeignet. Der Behang ist ganz besonders reich. Der Strauch wächst kräftig. „Grüne Flaschenbeere", längliche Frucht, dünnschalig, eine gute Einmachfrucht. „Grüne Kugel", grünweiße, kugelrunde Früchte, dünnschalig, ohne Behaarung.

Hier in kurzen Worten, etwas über Sorten!

Weiße Sorten

„Weiße Volltragende", mittelfrühe, große glatte Frucht mit recht dünner Schale. Eine der beliebtesten weißen Sorten. „Weiße Triumph", grünlichweiße Frucht, dünnschalig, saftreich und fruchtbar. Der Strauch ist wüchsig. Eine der älteren, heute noch angebauten Sorten, da robust und wenig anfällig gegen diverse Krankheitserreger.

Gelbe Sorten

„Lauffener Gelbe", eine schon in der Jugend völlig glatte Beere, für Konservierung besonders empfehlenswert. Die reifen Beeren sind groß, dünnschalig und goldgelb, der Geschmack sehr fein, eine vorzügliche Tafelbeere. „Gelbe Triumphbeere", eine Tafel- und Liebhabersorte von ausgezeichnetem Wohlgeschmack, ebenfalls dünnschalig, süß und saftig.

Rote Sorten

„Mauks Früheste Rote", glatte, rote, sehr große Beere mit gutem Behang und bestem Aroma. „Rote Triumphbeere", die bekannteste rote Beere, sehr schmackhaft, saftreich, groß und dunkelrot. Zum Grünpflücken, Rohgenuß und zur Weinbereitung bevorzugte Sorte. Recht ertragreich und robust. Seit 1890 in Deutschland immer noch mit besten Erfolgen angebaut.

Stachelbeeren — wenn sie nicht wären!

*Einjährige
Stachelbeertriebe*
*a) gesund
mit Fruchtknospen*
b) Stachelbeermehltau

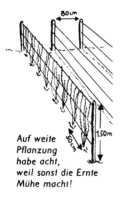

*Vor der Pflanzung
schneid zurück,
das bringt dir bei der
Ernte Glück!*

*Auf weite
Pflanzung
habe acht,
weil sonst die Ernte
Mühe macht!*

*Hältst du die
Brombeer'n nicht
im Zaume,
dann kannst du
ernten nur
im Traume!*

Als Krankheit wäre der **Stachelbeermehltau** zu nennen. Ein grauer, filziger Belag überzieht die Beeren. Sobald du diesen Befall feststellst, schneidest du die befallenen Zweige ab und verbrennst sie. Vorbeugend wirkt eine Spritzung mit Netzschwefel im Frühjahr vor dem Austrieb.

Der **Stachelbeerspanner**, ein gefährlicher Schädling, fliegt im Juli/August und legt seine Eier in kleinen Gruppen an die Unterseite der Blätter zwischen die Rippen. Die nach 2 bis 3 Wochen ausschlüpfenden Räupchen nagen kleine Löcher in die Blätter. Man bekämpft sie mit Rotenol-Staub.

Himbeeren

Himbeeren gehören in den Hausgarten, denn niemand wird diese aromatischen, leider so transportempfindlichen Früchte entbehren wollen. Oft wird zu wenig Wert auf ordentliche Pflege gelegt, wodurch die Anlagen regelrecht verwildern. Die Himbeerruten werden vor der Pflanzung stark (auf 15—20 cm) zurückgeschnitten, damit sie im ersten Jahre keine Früchte bringen können. Alle Kraft soll der nächstjährigen Ernte gehören.

Die Pflanzung geschieht in Reihenabständen von 180 cm, in der Reihe 50 cm. Über den Reihen wird im zweiten Jahre ein Spalier von drei Reihen Drähten, etwa 150 cm hoch, gezogen und die Ruten angebunden. Der Schnitt der Himbeere beschränkt sich im Winter auf das Abschneiden der vorjährigen Fruchtruten, die bereits abgestorben sind. Aber auch gleich nach der Ernte kann man die abgetragenen Ruten entfernen und so den jungen Trieben Platz schaffen. An den neuen Ruten werden die Spitzen ungefähr 20 cm bis auf die stärksten Augen weggenommen. Die schwachen, kurzen Ruten werden ganz weggeschnitten. Zwischen den Reihen wird zum Herbst gegraben und gleichzeitig mit Stallmist oder Kompost gedüngt. Eine Düngung mit 70 g Kali und 50 g Thomasmehl auf den Quadratmeter wird Ertrag und Wuchs erhöhen. Bei Trockenheit ist für gute Bewässerung zu sorgen.

Sorten

Die größte und schönste Himbeere nennt sich „Preußen". Sie ist starkwüchsig, früh und bringt wunderbare Früchte, die zu pflücken Freude macht. „Romy" ist eine neue, immertragende Sorte, die ab Juni laufend große, dunkelrote und wohlschmeckende Beeren liefert. Da sie nur 80 bis 100 cm hoch wächst, braucht sie keine Pfähle oder Spaliere. Beide Sorten habe ich selbst im Tiefkühlschrank mit bestem Erfolg eingefroren.

Brombeeren

Die Brombeermarmelade ist eine der feinsten, darum wird die Hausfrau gerne Brombeeren in ihrem Garten sehen wollen. Ein recht sonniger Standort sagt dieser Beerenart am besten zu. Hast du eine Stelle im Garten, die verdeckt sein soll, oder einen Schuppen, der an der Sonnenseite bekleidet werden soll, dann probiere es einmal mit Brombeeren.

Beim Pflanzen werden die jungen Ruten auf 20 cm zurückgeschnitten. Nachdem angegossen wurde, mußt du, so wie bei den Rosen, die Ruten behäufeln, bis sich Triebe gebildet haben. Dann erst wird die Erde entfernt. Die Sorte „Wilsons frühe" ist besonders winterhart und bringt große, tiefschwarze Früchte. „Theodor Reimers" ist sehr stark wuchernd und rankend. Sie wird deshalb auch gern zur Abgrenzung von Viehweiden und Hecken verwendet. Diese Sorte bringt große, saftreiche Beeren mit gutem Wohlgeschmack.

Kern- und Steinobst

Der sehnlichste Wunsch eines jeden Gartenfreundes geht dahin, recht schöne Obstbäume zu besitzen, um köstliche Früchte, wie Äpfel und Birnen, Kirschen, Pflaumen, Aprikosen und Pfirsiche selbst reichlich ernten zu können. Da möchte man sehr frühe und recht späte Äpfel und Birnen haben, möchte Süß- und Sauerkirschen, auch Hauspflaumen, um selbst Mus zu kochen. Reineclauden, Mirabellen, Quitten und die anderen Obstarten zum Einmachen sollten ebenfalls nicht fehlen. Das alles wird aber für einen Kleingarten zuviel.

Ist das Gärtchen klein, darf's nicht alles sein!

Darum, lieber Gartenfreund, mußt du sehr reiflich überlegen, welcher Platz dir für Obst zur Verfügung steht und wieviel Platz du für die Gemüsekulturen behalten willst. Wenn auch die Obstbäume in den ersten Jahren die Unterkultur nicht allzusehr beeinträchtigen, wird aber später unter den Bäumen kein Gemüse mehr gedeihen. Das ist zu berücksichtigen! Darum mußt du wissen, welchen Raum die verschiedenen Obstbaumformen zum Leben brauchen. Mancher Gartenbesitzer sagt sich bei dem großen Zwischenraum: „Ach, da geht noch gut ein Baum dazwischen, warum soviel Raum verschwenden?" Sehr richtig, anfangs stehen nur junge Bäume da, aber wenn die ersten Bäume groß sind, erkennt man den Fehler. Merke dir aber, daß nach dem Wachstum der Bäume die Gemüsekultur geringer, bei voller Entwicklung der Obstbäume und zu dichter Pflanzung das Gemüse vollständig versagen wird. Das Ideal wäre deshalb, einen Teil des Gartens nur mit Obst zu bepflanzen und den anderen Teil als Gemüsegarten zu belassen. Für einen Apfelhochstamm, für Hoch- und Halbstämme von Birnen, Pflaumen und Kirschen mußt du einen Platz von ca. 80 bis 100 qm freilassen. Ein Apfelbuschbaum benötigt trotzdem noch ca. 40 qm Raum. Ein Buschbaum von Pflaumen und Pfirsichen benötigt ca. 20 bis 30 qm Platz für sich.

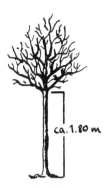

ca. 1.80 m

Hochstamm

Spalierformen werden nur zum Bekleiden von Mauern und Wänden angepflanzt. Ihnen wird je nach Form und Größe die entsprechende Pflanzweite gegeben. Du siehst, lieber Gartenfreund, daß der von den Obstbäumen benötigte Platz recht groß ist und darum später dein ganzer Garten in Obstbäumen ersticken würde, wenn du dir nicht schon vorher den einmal notwendigen Platz errechnet hast. Von den später viel Platz einnehmenden Hochstämmen ist bei einem kleineren Garten abzusehen. Den Zwischenraum würde ich mit weniger langlebigem und früher fruchttragendem Buschobst ausnützen, welches dann, wenn die Hochstämme groß sind, rücksichtslos entfernt wird. Tafelobst gedeiht am besten auf den Formobstbäumen wie Pyramiden und Spalierobst. Auf ganz weite Entfernung kann auch hin und wieder einmal eine Pyramide im Gemüsegarten stehen.

Pollen

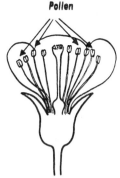

Bei den Süßkirschen, Pflaumen und Äpfeln sind die Befruchtungsverhältnisse ganz besonders heikel. Da gibt es selbstfruchtbare, selbstunfruchtbare und zwischenfruchtbare (auch insterile) Sorten. Die zwischenfruchtbaren Sorten verlangen zur Fruchtbarkeit eine ganz bestimmte Sorte. Steht diese nicht in der Nähe, dann brauchst du dich nicht zu wundern, wenn der schönste und kräftigste Baum niemals Ernten bringt. Die Lützelbacher Frühzwetsche z. B. wird Vollernten nur bringen, wenn „The Czar", „Ontario" oder die „Hauszwetsche" in der Nähe stehen. Die meisten Pflaumensorten, Sauerkirschen sowie Pfirsiche und Aprikosen sind selbstfruchtbar. Besonderer Wert ist jedoch bei Süßkirschen auf die geeigneten Pollenspender zu legen. Bei Neuanlage von Plantagen tut der Obstbauer gut, sich Rat bei alten Fachleuten und Obstwarten zu holen.

An die Sache mit den Pollen wir beim Pflanzen denken sollen, denn hier zeigt sich beispielhaft der Fortschritt heut'ger Wissenschaft!

So wie ich ihn gesetzt hier habe, wird's bestimmt 'ne Prachtausgabe!

Und was kannst du hieraus lernen? Solltest du einen ausgewachsenen, gut entwickelten Baum im Garten haben, der trotz aller angewandten Mittel noch nicht getragen hat, dann untersuche die Umgebung, welche Sorten dort stehen. Nachdem du einwandfrei auch deine Sorte festgestellt hast, kannst du deine Schlüsse ziehen. Du wirst dann wohl oder übel die geeigneten Pollenspender anpflanzen müssen, wenn du nicht dem Baum selbst einen Pollenspender in Form einer anderen Sorte aufpropfen willst.

Gute Baumschulen haben deshalb heute in ihren Katalogen angegeben, ob eine Sorte selbstfruchtbar ist, oder welche Sorten als Pollenspender mitgepflanzt werden müßten. Bitte beachte das, wenn du an das Pflanzen der Obstbäume gehst.

Wenn du dir klar bist, welche Obstarten du anpflanzen willst, mußt du die Sorten wählen. Nie habe ich jemanden zu bestimmten Sorten geraten. Denn gerade Sorten, die in dem einen Ort sehr gut tragen, können schon einige Kilometer weiter schlechte Träger sein. Dies hängt von der örtlichen klimatischen Lage, von den Untergrundverhältnissen, dem Wasserstand und den Pollenspendern ab. Der beste Berater für Sorten ist immer der örtliche Obstbauverein oder ein alter erfahrener Obstanbauer des Ortes oder der Gegend. Oft genügt bei der Ernte ein Blick in Nachbars Garten und eine angeregte Unterhaltung mit ihm über seine erfolgreichen Sorten.

Das Wasser bleibt im Gießrand stehn: Kann direkt zu den Wurzeln gehn!

Ehe zur Pflanzung selbst geschritten wird, mußt du die Baumgruben ausheben. Je größer und tiefer, um so besser für das spätere Wachstum der Bäume. Merke immer: Die oberste Erdschicht wird gesondert gelegt! Diese Erde wird mit Kompost und Torfmull verbessert und kommt beim Pflanzen an die Wurzeln. Jede andere Bodenverbesserung mit reinem Stallmist hat zu unterbleiben. Jetzt werden die Pfähle gesetzt und korrekt ausgerichtet. Die Flucht soll stimmen! Der untere Teil des Pfahles wird durch Ankohlen vor Fäulnis geschützt. Die Bäume sollen sich vor dem Pflanzen einige Stunden mit Wasser vollsaugen und werden erst danach pflanzfertig geschnitten. Merke dir grundsätzlich: Jeder Obstbaum muß beim Pflanzen zurückgeschnitten werden. Beschädigte Wurzeln werden mit der Schnittfläche nach unten glattgeschnitten.

Der Kern- und Steinobstbau im Garten ist von größter Bedeutung für alle Gartenfreunde, und vielerlei Punkte sind vor der Anpflanzung zu beachten, welche gerade der Kleingärtner oft in seiner übergroßen Liebe zur Pflanze übersieht. Er macht daher leicht Fehler, vor denen ich ihn warnen möchte. Der große Hausgarten eines Bauernhofes und der größere Garten eines Siedlers lassen doch eine weitaus großzügigere Planung zu als der Haus-, Schreber- oder Kleingarten. Bedenke das! Du mußt bei der Pflanzung eines Baumes immer den späteren Umfang vor Augen haben, dann wird's richtig!

Wir unterhalten uns über Baumformen

Wir Gärtner machen bekanntlich Unterschiede, und zwar zwischen Beerenobst, Kernobst und Steinobst. In kleinen Gärten sollten niemals Kernobst-Hochstämme angepflanzt werden, es sei denn in Haus- oder Laubennähe und auch hier nur, wenn es die näheren Umstände zulassen. Ich sagte das schon an anderer Stelle.

Der Hochstamm eignet sich am besten zur Bepflanzung von Plantagen, Straßen, Feldrändern, Viehweiden usw. Auch wird er gern für uneingezäunte Grundstücke auf Viehweiden als Schattenspender verwendet. Die

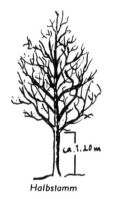

Halbstamm

Ernte ist so weniger dem Diebstahl ausgesetzt, weil die älteren hohen Bäume ohne Leiter nicht zu ernten sind. Die Pflanzweite beträgt immer 10 bis 15 m je nach Sorte.

Der Halbstamm eignet sich schon eher für den kleineren Hausgarten, auch an Böschungen wird er gern gepflanzt. Jedoch ist eine Unterkultur durch die tiefhängenden Äste meist unmöglich. Der Halbstamm will eine Pflanzweite von 6 bis 8 m.

Der Buschbaum wird zu den Zwergobstbäumen gerechnet. Bereits 50 cm über der Erde verzweigen sich die Äste. Eine Unterkultur ist vollkommen ausgeschlossen. Pflanzweite immer 4 bis 6 m.

Der senkrechte Schnurbaum wird nur bei Äpfeln und Birnen gezogen. Er ist auf schwach wachsender Unterlage veredelt, Äpfel auf Paradiesunterlage, Birnen auf Quittenunterlage; zu empfehlen für Wände, Laubengänge usw.

Die **Spindel** kann man als Mittelding zwischen senkrechtem Schnurbaum und Buschbaum bezeichnen. Im allgemeinen wird sie bis 3 m hoch und der Kronendurchmesser beträgt ca. 1 m. Birnen findest du des öfteren in Spindelform.

Waagerechter Schnurbaum. Er ist wegen seines geringen Raumanspruches für Weg- und Beeteinfassungen beliebt. In gepflegtem Zustande ist er tatsächlich eine Zierde für jeden Garten. Pflanzweite 3 bis 4 m.

U-Form. Sie eignet sich gut für Mauern und freistehende Spaliere. Auch diese Form ist frühtragend. Pflanzweite 80 cm.

Einfache. Palmette. Sie kann für alle Kern- und Steinobstarten angewandt werden und eignet sich für Spaliere, Hauswände usw. Wenn die Mauer nicht zu hoch ist, kannst du sie auch waagerecht ziehen. Pflanzweite 2 m.

Verrierpalmette. Sie wird innerhalb 3 Jahren in 2 Etagen gezogen und findet nur bei Äpfeln und Birnen Anwendung. Pflanzweiten: pro Etage rechnet man 1 m. (Also eine dreietagige bekommt 3 m Abstand.)

Schrägkordon. Er wird gern für Mauern und Spaliere verwendet und an Ort und Stelle gezogen. Durch das schräge Heranziehen der Bäume wird erreicht, daß man ohne weiteres bis 4 m lange Äste ziehen kann, ohne daß das Spalier höher als 2 m zu sein braucht.

Buschbaum

U-Form

Verrierpalmette

senkrechter Kordon

waagerechter Kordon

Kronenschnitt bei der Pflanzung

Die Krone besteht aus einem Haupt- oder Mitteltrieb und 4 bis 5 Seitentrieben. Der Haupttrieb wird auf eine Länge von ungefähr 40 cm gekürzt. Die Seitentriebe je nach Stärke auf 20 bis 25 cm. Dabei ist der Schnitt über einem nach außen- und untenstehenden Auge auszuführen. Beachtet man dies nicht, würde der neue Trieb entweder aufrecht nach oben oder innen wachsen. Die Wurzel wird mit einem scharfen Messer nur an den Spitzen etwas zurückgeschnitten. Beschädigte und abgerissene Wurzeln werden frisch angeschnitten. Die Schnittfläche muß immer nach unten zeigen. Zum Pflanzen gehören stets zwei Personen. Die eine hält den Baum in der richtigen Lage, die andere füllt die Erde auf. Dabei wird um die Wurzeln die verbesserte Oberschicht gefüllt. Durch Rütteln des Baumes während des Auffüllens setzt sich die Erde zwischen die Wurzeln. Die Erde ist laufend festzutreten.

In der Jugend richtig schneide, dann wird er mal 'ne Augenweide!

*Das Lockern hat jetzt
wenig Zweck,
beim nächsten Sturm
da knaxt er weg!*

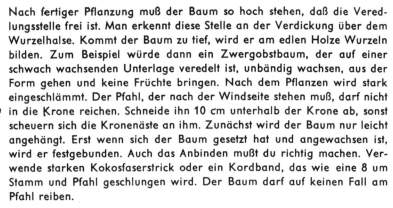

Nach fertiger Pflanzung muß der Baum so hoch stehen, daß die Veredlungsstelle frei ist. Man erkennt diese Stelle an der Verdickung über dem Wurzelhalse. Kommt der Baum zu tief, wird er am edlen Holze Wurzeln bilden. Zum Beispiel würde dann ein Zwergobstbaum, der auf einer schwach wachsenden Unterlage veredelt ist, unbändig wachsen, aus der Form gehen und keine Früchte bringen. Nach dem Pflanzen wird stark eingeschlämmt. Der Pfahl, der nach der Windseite stehen muß, darf nicht in die Krone reichen. Schneide ihn 10 cm unterhalb der Krone ab, sonst scheuern sich die Kronenäste an ihm. Zunächst wird der Baum nur leicht angehängt. Erst wenn sich der Baum gesetzt hat und angewachsen ist, wird er festgebunden. Auch das Anbinden mußt du richtig machen. Verwende starken Kokosfaserstrick oder ein Kordband, das wie eine 8 um Stamm und Pfahl geschlungen wird. Der Baum darf auf keinen Fall am Pfahl reiben.

Eine alte, schöne Sitte ist schon ausgestorben, die wir wieder einführen müßten. Zu Großvaters Zeiten pflanzte man auf dem Lande bei jeder Geburt eines Kindes einen Baum, der mit dem Kinde heranwuchs. War das Kind größer geworden, nahm es der Vater eines Tages bei der Hand und sagte: „Siehe, das ist dein Baum! Er ist genauso alt wie du, er gehört dir, nun pflege ihn!" Mit welchen Augen betrachtet das Kind von dieser Zeit an diesen Baum. Er wird ihm das Sinnbild des Vaterhauses bleiben, sein ganzes Leben lang. Die Verbundenheit mit der Heimaterde ist so für seine Lebensdauer unlösbar hergestellt. Wollen wir nicht diese alte, gute Sitte wieder einführen?

Flachwurzler

Welche Bodenarten werden bevorzugt?

Der Gartenfreund möchte in seinem Garten möglichst alle Obstsorten vertreten haben. Den idealen Boden für alle Obstarten gibt es nicht! Da mußt du es schon in Kauf nehmen, wenn nicht alle Obstbäume in Ertrag und Wuchs deinen Wünschen und Anforderungen gerecht werden. Du mußt nämlich einen Unterschied zwischen sogenannten Flach- und Tiefwurzlern machen und das schon bei der Pflanzung berücksichtigen.

Welche Obstsorten gehören zu den Flach- und welche zu den Tiefwurzlern? Du rechnest zu den Flachwurzlern die Äpfel, Süß- und Sauerkirschen (soweit diese Weichsel- oder Sauerkirschenwildling als Unterlage haben). Auch Pflaumen, Zwetschen, Reineclauden und Mirabellen werden zu den Flachwurzlern gerechnet, obwohl sie in besonders tiefgründigem Boden ihre Wurzeln recht weit in die Erde treiben. Zu den Tiefwurzlern werden Süßkirschen, Birnen und Walnüsse gerechnet (Süßkirschen nur, soweit sie auf die Vogelkirsche veredelt sind).

Tiefwurzler

Welchen Boden verlangt der Apfelbaum?

*Schaust du dir gut den
Boden an,
dann wird der Baum
ein Veteran.*

Er will milden, etwas lehmigen, jedoch durchlässigen Boden unter den Füßen haben, der dazu recht humusreich sein soll. Ist genügend Eigenfeuchtigkeit vorhanden, dann ist dieser Boden ideal. Wo es immer feucht ist, wo sich die Nässe staut oder auf trockenem Sandboden, schwerem, also undurchlässigen Lehm- oder Tonboden, will er nicht recht wachsen. Südhänge sagen ihm wenig zu, wenn sie trocken sind. Die idealen Apfelgegenden sind immer dort, wo viel Luftfeuchtigkeit vorhanden ist, wo sich also in der Nähe viel Wasser befindet (Bodenseegebiet, Holland usw.).

Was verlangt der Birnbaum?

Du weißt jetzt, daß die Birne zu den Tiefwurzlern gehört und kannst dir daher gleich denken, daß sie möglichst tiefgründigen Boden haben will. Der Boden soll natürlich durchlässig und nährstoffreich sein. Böden mit hohem Grundwasserstand nimmt die Birne übel, so auch ausgesprochene Kalkböden. In warmen Lagen findest du die besten Birnbäume.

Was verlangt der Pflaumenbaum?

Pflaumen wünschen den gleichen Boden wie die Birnen, nur kann er etwas mehr Eigenfeuchtigkeit besitzen. Auf trockenen Sandböden, wenn sie noch dazu recht nährstoffarm sind, hast du wenig Freude an ihnen. Kalkhaltiger Boden und warme Lage werden bevorzugt. In kälteren Lagen werden sie auch wachsen, jedoch niemals Rekordernten bringen.

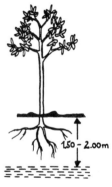

1,50 – 2,00m

GRUNDWASSER

Süßkirsche

Was verlangt die Süßkirsche?

Wenn die Süßkirsche auf Vogelkirsche veredelt ist, dann muß der Boden tiefgründig sein. Warme, sandige Lehmböden und lehmige Sandböden, auch kalkhaltige Böden sind gut geeignet. Du siehst die Süßkirsche viel an Südhängen. Bei sehr hohem Grundwasserstand ist die Anpflanzung jedoch nicht zu empfehlen.

Was verlangt die Sauerkirsche?

Gegenüber ihren Kollegen ist sie recht anspruchslos, d. h. wenn sie auf Weichsel veredelt wurde. Sogar an recht trockenen, sonnigen Hängen wächst sie willig und bringt auch dort noch gute Erträge, weil die Winterfeuchtigkeit voll ausgenutzt wird. Die besten Ernten werden auf lehmigem Sandboden erzielt. Hat dieser Boden genügend Nährstoffe, fühlt sie sich ganz besonders wohl. Ist die Sauerkirsche auf Vogelkirsche veredelt, dann mußt du dich nach den Bodenansprüchen der Süßkirsche richten.

Vor der Pflanzung überlegen, das gibt später reichen Segen!

Was verlangen die Aprikosen?

Warme, windgeschützte Lagen, möglichst in der prallen Sonne, an der Südseite des Gartens oder an Hausmauern, humusreichen Boden und viel Nahrung. Sandige Lehmböden sind ideal. Da schwere Böden immer kalt und naß sind, ist dort der Anbau nicht gut anzuraten. Du gibst den Aprikosen regelmäßig Winterschutz. Dadurch kannst du zu frühes Blühen verhindern. Bei Trockenheit gießt du des öfteren, vornehmlich, wenn starker Fruchtansatz zu beobachten ist. Junge Aprikosenbäume sollen möglichst fest im Boden stehen und keine Baumscheibe haben, das vertragen sie nicht. Ein bekanntes Gärtnerwort für den Aprikosenbau heißt: „Aprikosen setzen am besten an, wenn der Boden hart wie eine Scheunentenne ist!"

Was verlangt der Pfirsich?

Auch der edle Pfirsich wird mit großer Liebe gehegt und gepflegt, teils mit gutem, teils mit weniger gutem Erfolg. Der Pfirsich stammt aus Persien. Er ist sehr frostempfindlich. Im Winter bei 15 bis 20 Grad Kälte leiden sie, und alle angewandte Mühe war vergeblich. Ansonsten sind alle Krankheiten möglichst von ihm fernzuhalten; vor allem Mehltau und Monilia. Kalkmangel und zu starke Jauchedüngung kann er ebenfalls nicht vertragen. Diese übergroße Empfindlichkeit hat viele Gartenfreunde davon

Auch beim Pfirsich meine Bitte: Achte auf die rechten Schnitte!

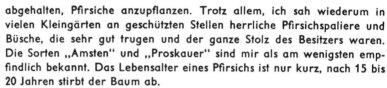

abgehalten, Pfirsiche anzupflanzen. Trotz allem, ich sah wiederum in vielen Kleingärten an geschützten Stellen herrliche Pfirsichspaliere und Büsche, die sehr gut trugen und der ganze Stolz des Besitzers waren. Die Sorten „Amsten" und „Proskauer" sind mir als am wenigsten empfindlich bekannt. Das Lebensalter eines Pfirsichs ist nur kurz, nach 15 bis 20 Jahren stirbt der Baum ab.

Du pflanzt den Pfirsich in guten, nahrhaften Gartenboden, der vorher gekalkt wurde. Gewöhnlich werden einjährige Veredlungen gepflanzt, die man auf 50 cm zurückgeschnitten hat. Während der Blüte bis zur Steinbildung sind regelmäßig Wassergaben bei Trockenheit unbedingt erforderlich.

Lange muß die Walnuß stehen, eh' wir die ersten Nüsse sehen!

Walnuß

Die Walnuß liebt eine warme, geschützte Lage, möglichst in kalkhaltigem Boden. In Süddeutschland treffen wir die Walnuß noch viel an; aber auch an anderen Orten Deutschlands habe ich starke, alte Bäume gesehen, teils sogar in höheren Lagen, wo sie Wind und Wetter trotzten. Walnußbäume sind beliebte Schattenspender, also nicht nur der Nüsse wegen geschätzt und gesucht.

Du mußt immer gleich mehrere Bäume pflanzen, um dadurch den Fruchtansatz zu fördern. Ein Schnitt ist nicht erforderlich, höchstens erfrorene und dürre Äste putzt du aus. Meist wird die Walnuß echt aus Samen gezogen, jedoch findest du in Baumschulen auch veredelte Bäume. Auf breiten Plätzen und Wegen wird sie gern angepflanzt. Erwähnen möchte ich jedoch, daß der Walnußbaum erst nach 8 bis 10 Jahren zu tragen beginnt.

Haselnuß

Die Haselnuß treffen wir vielfach in angelegten Hecken, aber auch wildwachsend an. Sie ist anspruchslos und wächst überall, nur nicht in Moor- und Sumpfgeländen. Um eine recht hohe Fruchtbarkeit zu erzielen, ist es immer notwendig, mehrere Sorten anzupflanzen, damit sie sich gegenseitig Pollen spenden können.

Du kannst die Vermehrung durch Ausläufer oder durch Samen vornehmen. Am besten ist es, wenn du 2- bis 3jährige Büsche hast und sie in einem Abstand von 3 bis 4 m pflanzt. Die Ruten werden zurückgeschnitten, damit sie recht kräftige Triebe von unten her bilden können. Später wird das alte Holz laufend entfernt. Zur Erhöhung der Ernte ist eine wiederholte Düngung erforderlich. Alle 4 Jahre ist es angebracht, Stallmist unterzugraben oder Handelsdünger zu geben. Ein Haselnußstrauch hat im allgemeinen ein durchschnittliches Lebensalter von 50 bis 80 Jahren. Schutthalden, Böschungen, Dämme, Wegeränder usw. sollten mit Haselnußsträuchern bepflanzt werden. Die Verwendung der Haselnuß ist eine recht vielseitige. Die Haselnuß enthält ca. 60% Öl, 17% Eiweiß und 7% Kohlehydrate. Die Hausfrau schätzt die Nüsse beim Backen. Als Würze zu Suppen, Tunken und Salaten wird die geriebene Haselnuß gern verwendet. Und dann wollen wir auch nicht unsere emsigen Bienen vergessen, die im zeitigen Frühjahr eifrig die Kätzchen besuchen. Viele unserer nützlichen Singvögel bauen ihre Nester gern in ältere Hecken.

Die Haselnuß wächst überall, bei dir ist's sicher auch der Fall!

Japanische Quitte

Zu den rosenartigen Pflanzen wird die Quitte gerechnet. Sie eignet sich sehr gut zur Heckenbepflanzung, da sie alljährlich Ernten bringt. Der Strauch wird etwa 2 bis 3 m hoch, hat dunkelgrünes Laub und ist sehr

winterhart. Da die Quitte spät blüht, ist wenig Ausfall durch späte Nachtfröste zu befürchten. Du kannst also alljährlich getrost mit einer Ernte
rechnen. Nach der Blüte schneidest du die Sträucher. Der Fruchtansatz
befindet sich in den Büschen, so daß ohne Schaden geschnitten werden
kann. Die Quitten wachsen in jedem Boden, besonders gut jedoch in
warmer, sonniger Lage und guter Erde.

Die Früchte der Quitte werden gern zu Gelee verwendet, und verschiedene
Marmeladen werden damit besonders aromatisch gemacht. Auch zu
Süßmost verarbeitet, liefert die Quitte ein durststillendes Getränk für
heiße Sommermonate. Eine Quitte sollte daher in jedem größeren Garten
angepflanzt werden.

*Gute Ernten —
unbestritten,
schenken jährlich uns
die Quitten!*

Edelkastanie

„Gegessen habe ich die Dinger schon, aber noch niemals einen Baum
davon gesehen", sagte mir ein Gartenfreund, mit dem ich mich über
Edelkastanien unterhielt. In bevorzugt warmen Gegenden Süddeutsch-
lands findest du sie noch, jedoch auch im Harz, an der Meeresküste;
in der Lausitz und in Mecklenburg habe ich sie des öfteren angetroffen. Sie wird wohl überall fortkommen, denn ich sah sie in Süddeutschland
bis 700 m hoch in den Bergen wachsen und sie fühlte sich dort anscheinend
recht wohl. Die Edelkastanie erfriert im ersten kalten Winter, so heißt es
im Volksmund; doch das trifft nicht immer zu. Wenn du schon die Möglichkeit einer Anpflanzung in Erwägung ziehst, dann beachte bitte folgendes:
Natürlich brauchst du sie nicht gleich auf irgendeine zugige Ecke zu pflanzen,
nein, du suchst ihr schon einen geschützten Standort aus, möglichst an
einem Südhang.

*Schatten spendet —
sie vollendet!*

In das Pflanzloch gibst du etwas gute Erde mit hinein und sie wird sich bald
heimisch fühlen. Es ist ja nur ein Versuch! Ich habe Riesen gesehen, die
über 20 m hoch und über ein halbes Jahrtausend alt waren. Die Vermehrung geschieht durch Samen, wie bei der Walnuß; man kann auch
Wurzelausläufer und Stockausschläge zur Pflanzung verwenden. Im
2. oder 3. Jahre wird dann ausgepflanzt, und zwar auf 20 m Abstand.
Einige Sorten werden immer zusammen gepflanzt, um durch gegenseitige
Pollenspendung die Fruchtbarkeit zu erhöhen.

Schneiden der Obstbäume

Das Schneiden der Obstbäume läßt sich nicht nach der Schablone machen
und ist durch theoretischen Unterricht allein nicht zu erlernen. Trotzdem
will ich das Wichtigste, was man über den Obstbaumschnitt wissen muß,
erklären.

Wenn du dir die ersten Jahre von einem Fachmann die Bäume schneiden
läßt und durch Zusehen und Fragestellen das nötigste Wissen aneignest,
dann kannst du dich selbst an diese interessante Arbeit wagen. Wechsele
aber nie den Fachmann, denn die Methode des zweiten kann schon eine
andere sein, und ungewollt kann das verdorben werden, was der erste auf
lange Sicht begonnen hat. Der Schnitt der Hoch- und Halbstämme hat für
den richtigen Aufbau der Krone zu sorgen. Er ist so auszuführen, daß die
Seitentriebe des jungen Obstbaumes immer wieder weit nach außen führen,
und daß Licht und Luft in die Krone gelangen können. Zweige, die nach
innen wachsen, sind zu entfernen. Bei jedem Zweig, den du abschneidest,
mußt du dir vorstellen können, wie nun der stehengebliebene Teil neu
treiben wird. Du mußt das Bild, wie die Krone vielleicht in 10 Jahren

*Aus jedem Auge
wächst ein Trieb,
bald wachsen mehr,
als dir sind lieb!*

Nach außen jedes Auge zeige! Merk dir das beim Schnitt der Zweige!

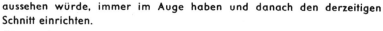

aussehen würde, immer im Auge haben und danach den derzeitigen Schnitt einrichten.

Überdenkst du das nicht, wirst du in späteren Jahren manchen kräftigen Ast abschneiden müssen, der, in der Jugend rechtzeitig beschnitten, den Baum kaum geschwächt hätte. Hat man in den ersten Jahren für die richtige Entwicklung des Seiten- und Mitteltriebes gesorgt, soll man das Schneiden der Endspitzen unterlassen. Durch allzu vieles Schneiden erhältst du nur Besenreisig, aber keine anständige Krone. Darum also an Hochstämmen nicht zu viel schneiden! Nur für gleichmäßige Kronenform sorgen und so schneiden, daß diese nicht zu dicht wird und die Tragäste kräftig bleiben. Bei Formobst-Spalieren ist der Schnitt anders. Hier muß der Baum durch den sachgemäßen Schnitt einmal in der richtigen Form gehalten, anderseits aber durch den Schnitt zum Tragen gezwungen werden.

Nehmen wir eine Form, z. B. die U-Form. Die Form des U muß unbedingt erhalten bleiben. Wenn wir nun nicht schneiden würden, hätten wir bald einen vollkommen wild durcheinandergewachsenen Busch. Daher merke: Bei Formobst ist stets ein Sommer- und Winterschnitt notwendig. Wenn im Sommer die jungen seitlichen Triebe eine Länge von 10 bis 15 cm erreicht haben, mußt du diese kürzen, so daß nur noch 5 bis 6 Blätter stehenbleiben. In der Regel sind die Triebe noch vollständig krautartig, also noch nicht verholzt, so daß du sie mit dem Fingernagel abknipsen kannst. Der stehengebliebene Zweig wird einen neuen Trieb bilden, den du nach dem vierten Blatt wieder kürzen mußt. Durch diesen Schnitt wird erreicht, daß die Form erhalten bleibt. Die Säftezufuhr wird zurückgedämmt, sie kommt stehengebliebenen Knospen und somit den Früchten zugute. Bei dem Winterschnitt wird das Fruchtholz kurz geschnitten.

Cambium

Das nennt der Fachmann Cambium, dir dient es hier zum Studium!

Veredeln

Ehe wir uns mit dem Veredeln selbst beschäftigen, müssen wir erst den Vorgang kennen, wie überhaupt eine Veredlung möglich ist. Wer diesen Vorgang kennt, wird auch mit dem Veredeln Erfolg haben. Wenn du einen im Wachstum befindlichen Zweig quer durchschneidest, wirst du zwischen der dunklen Rinde und dem Holze eine dünne, grünliche oder gelbliche Schicht entdecken. Dies ist die Saftleitung der Pflanze. In ihr pulsiert das Leben. Von der Wurzel aufgenommene Nährstoffe werden in ihr nach oben bis in die Endknospe geleitet. Diese Schicht, vom Fachmann das Cambiumgewebe genannt, ist es, die auch das Verwachsen der Veredlung ermöglicht. Das Cambium des Baumes muß mit dem Cambium des Edelreises in ganz dichte Verbindung kommen. Also ergibt sich, daß die Saftzirkulation des Baumes für das Anwachsen da sein muß, wenn ein Verwachsen stattfinden soll.

Daher werden alle Obstbäume am besten kurz vor dem Safteintritt gepfropft. Die Okulation bei Rosen z. B. gelingt eben auch wieder nur, wenn Saft im Wildling vorhanden ist. Das Edelreis soll treiben. Die Augen können nur treiben, wenn sie ausgereift und stark sind. Daher wird schön ausgereiftes Holz zu Edelreisern verwendet. Auf dieser Erfahrungstatsache baut sich die ganze Veredlungsmethode auf. Wer dies beachtet, hat schon halb gewonnen, alles andere ist nur Handfertigkeit.

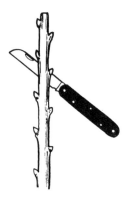

Der Reiserschnitt gelingt dir besser, mit einem scharfen Gartenmesser!

Pfropfen

Oft kommt es vor, daß ein Baum aus irgendeinem Grunde umgepfropft werden soll. Um solch einen Baum zu veredeln, beschafft man sich als erstes die Edelreiser. Gewöhnlich besorgt man sich eine Sorte, die man bei einem Bekannten gesehen hat und deren Vorzüge bezüglich Geschmack, Haltbarkeit und Ertrag man eben genau kennt.

Die Reiser werden im Januar geschnitten, entweder im Freien vollständig in die Erde eingegraben oder im Keller im Sand eingeschlagen. Die erste Bedingung ist, daß der zu veredelnde Baum gesund ist. Im Winter, oder besser noch kurz vor dem Veredeln im Frühjahr, werden die Äste abgeworfen. Dies ist der Fachausdruck für das Absägen der Krone. Ungefähr dort, wo sich der starke Ast in schwächere Äste verteilt, wird abgesägt. Mit einem scharfen Messer schneidet man die Stelle nach. Die Äste werden in einem gleichmäßigen Verhältnis zur Krone abgeworfen, damit sie in einigen Jahren wieder ihre ursprüngliche Form erreichen kann. Je stärker und älter der Baum ist, um so länger werden die Äste gelassen. Nun soll man nicht die ganze Krone auf einmal abwerfen, sondern man läßt noch einige Äste stehen. Diese sollen ziehen, d. h. den Saftauftrieb regulieren. Deshalb werden diese Äste auch Zugäste genannt. Sie werden entweder im nächsten Jahr nachveredelt oder später ganz entfernt. Das Rindenpfropfen ist die üblichste Art und gelingt am besten, wenn der Saft in den Baum getreten ist. Dies wird Ende April oder Anfang Mai sein. Das Edelreis, das nun aus der Erde genommen und gesäubert wurde, wird spachtelförmig schräg geschnitten. Die Schnittfläche soll ungefähr 4 bis 5 cm lang sein. Je länger die Fläche, um so größer die Möglichkeit des Anwachsens und die Sicherheit gegen das Ausbrechen des belaubten und getriebenen Edelreises.

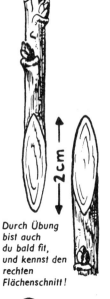

Durch Übung bist auch du bald fit, und kennst den rechten Flächenschnitt!

Merke: Die Schnittfläche muß ganz eben sein, mit einem einzigen glatten, ziehenden Schnitt erreichst du dies. Würde man ein Lineal auf die Schnittfläche legen, darf kein Hohlraum zu sehen sein. Drei Augen lang wird das Reis geschnitten. An dem Ast wird ein Längsschnitt in die Rinde bis aufs Holz in der Länge der Schnittstelle des Reises gemacht. Die Rindenflügel werden ein wenig gelöst und das Edelreis wird eingeschoben, bis es festsitzt. Bei schwächeren Ästen werden zwei, bei stärkeren drei Reiser eingesetzt.

Jetzt wird verbunden. Das Verbinden wird unter der Veredlung begonnen. Der Bastfaden, der durch Anfeuchten geschmeidig, aber nicht naß sein soll, wird gleichmäßig von unten nach oben gewickelt; er darf nicht nach jeder Umwicklung nachgezogen werden (sonst würde er einschneiden), sondern er wird gleichmäßig fest umwickelt. Nachdem das Ende befestigt ist, werden der Verband und die Schnittstellen an Reis und Ast mit Baumwachs verstrichen, weil kein Wasser in die Veredlungsstelle kommen darf. Zuletzt befestigst du über das Ganze einen Weidenbügel, damit die Vögel die Veredlung nicht abbrechen können.

Okulieren

Wie gern veredelt der Siedler und Gartenfreund, vornehmlich Rosen, selbst. Manchmal bringt er sich schöne Wildstämme von Spaziergängen mit. Wenn ihm das Veredeln gelingt, wird er alljährlich mit besonderem Stolz von seinen selbstgezogenen Rosenstämmen sprechen und sich über jede einzelne dieser Rosen besonders freuen. Außer bei Rosen wird das Okulieren auch noch bei verschiedenen Steinobstsorten angewandt. Folgendes ist zum Okulieren nötig:

1. ein haarscharfes Messer
2. eine gut lösende Unterlage

Bieg eine Weide fast zum Kreis, das schützt vor Vögeln unser Reis!

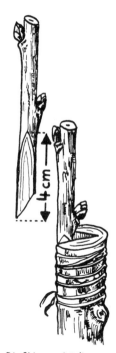

4 cm

Die Skizze zeigt dir klipp und klar, was früher ein Geheimnis war!

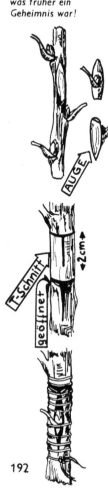

AUGE

T-Schnitt

geöffnet

2 cm

3. gut ausgereifte Augen

4. gut und gerade eingesetzte Augen, die links und rechts unter den Rindenflügeln sitzen

5. ein richtiger, gleichmäßiger Verband

6. Übung.

Die vorgesehenen Wildlinge werden von den Dornen befreit. Der geeignete Zeitpunkt zum Veredeln ist der Juli. Zu dieser Zeit gibt es die schönsten Augen. 14 Tage vor dem Veredeln mußt du deine Wildlinge tüchtig gießen, so daß sie gut im Saft stehen und die Rinde sich dadurch leicht lösen läßt. Ist dies nicht der Fall, ist schon von vornherein alle Mühe umsonst. Darum also die Wildstämme fest einschlämmen. Alle Seitentriebe am Stamm sind schon seit dem Frühjahr glatt abgeschnitten worden. Die obersten Seitentriebe bleiben stehen und werden eine kleine Wildkrone bilden. Jetzt beginnen wir, uns die Edelreiser zu schneiden. Wir nehmen grundsätzlich abgeblühte Rosen, weil nur bei diesen Holz und Augen ausgereift sind. Die Dornen werden durch seitliches Abdrücken entfernt und die Blätter so abgeschnitten, daß nur noch ein Stiel von 1 cm Länge verbleibt. Die links und rechts am Blattstiele sitzenden und das Auge umschließenden Blattstielläppchen ziehen wir mit dem Messer weg, damit das Auge frei liegt.

Nachdem das Edelreis fertig zurechtgemacht ist, suchen wir uns eine glatte, mindestens bleistiftstarke Stelle am Wildling aus und führen den bekannten Schnitt durch. Wir drücken die Messerspitze durch die Rinde bis aufs Holz und führen einen ungefähr 2 cm langen Längsschnitt aus. Am oberen Ende dieses Längsschnittes wird das Messer vorsichtig durch die Rinde gedrückt und ein Querschnitt ausgeführt. Vorsicht ist hier nötig, weil man leicht das Holz mit anschneidet und beim Verbinden der Wildling an dieser Stelle leicht das Holz mit abbrechen kann. Mit der Messerrückseite heben wir vorsichtig die beiden Rindenflügel an. Nun nehmen wir das Edelreis zur Hand, legen es auf den Daumenballen, die Spitze auf uns zu gerichtet und setzen etwa 1 cm unter dem Auge zum Schnitt an. In einem ziehenden Schnitt schneiden wir flach unter dem Auge ein Schildchen heraus. Wird hierbei etwas Holz unter dem Auge mit abgeschnitten, kann es mit eingesetzt werden. Am Stiel wird nun das Schildchen eingeschoben und mit einem breiten Bastfaden verbunden. Das Auge selbst wird in Kreuzverband gelegt, indem der Bastfaden einmal links und rechts zu liegen kommt.

Das Umwickeln muß gleichmäßig fest geschehen. Ein Nachlassen und wieder Festanziehen verschiebt Rinde und Auge und schneidet ein. Die Veredlung wird dann nicht verwachsen. Um schöne Kronen zu erhalten, wird auf der Gegenseite ein zweites Auge eingesetzt. Gegen Sonnenschutz binden wir eine Papierhülle über die Veredlung, die nach acht bis zehn Tagen entfernt wird. Nach 14 Tagen bis drei Wochen wird man beobachten können, daß der Blattstiel sich vom Schildchen löst. Es ist das Zeichen, daß die Veredlung gelungen ist. Später wird der Bastfaden leicht gelöst, damit er nicht einschneidet. Treiben im Frühjahr die Augen, werden sie, wenn sie 5 cm lang sind, auf 2 cm zurückgeschnitten, um eine kurze, kompakte Kronenbildung zu erreichen.

Da das Okulieren eine gewisse Übung und Sicherheit erfordert, kannst du dir diese schneller aneignen, indem du dir irgendwelche ausgewachsenen Triebe von Bäumen und Sträuchern schneidest und daran übst. Auch das Lösen der Rinde kann man in seiner Freizeit üben; denn Übung macht nun mal den Meister.

Die Krankheiten und Schädlinge des Obstes

Krebs

In den Zweigen und Ästen deines Obstbaumes, vor allem bei Äpfeln und Birnen, zeigen sich oftmals in den Astwinkeln offene Wunden und Geschwülste mit mehr oder weniger großen Wundrändern; an jungen Zweigen knotenartige Verdickungen. An den Zweigen sterben die über den kranken Stellen befindlichen Endspitzen ab. Das ist der Krebs, auch „Brand" sagen Fachleute zu dieser Krankheit, weil die Wunde brandig aussieht. Der Erreger ist ein Pilz. Bekämpft wird der Krebs durch Ausschneiden der Stellen bis aufs gesunde Holz. Die Schnittstellen werden gut mit Baumwachs oder Krebstinktur bestrichen. Was kannst du sonst dagegen tun? Nur frostfeste Sorten wählen. Bei schweren und nassen Böden für Abzug des Wassers sorgen. Die meisten Krebsbildungen sind auf Frostverletzungen zurückzuführen.

Der Schaden ist bekannt, als Krebs und auch als Brand!

Frostrisse und Frostplatten

Die Stämme und Äste haben Risse oder Stellen, die verfärbt und etwas eingesunken sind. Dies sind Frostrisse und Frostplatten. Die Risse überstreicht man mit Baumwachs, damit sie wieder überwachsen können. Die Platten werden untersucht, ob sie sich bis ins Holz erstrecken. Ist das Holz gesund, schneidet man die ganze Frostplatte heraus und verschließt die Wunde mit Baumwachs.

Schorfkrankheit

Die Früchte der Äpfel und Birnen zeigen anfangs schwarzgrüne, später dunkelbraune oder schwarze Flecken mit Rissen. Auch die Blätter sind befallen, hauptsächlich die oberen Blattseiten zeigen diese samtigschwarzgrünen Flecken. Das Laub fällt zeitiger ab als bei den anderen gesunden Bäumen.

Schorf an Birnen

Das Laub wird gesammelt und verbrannt. Nicht zum Decken von Rosen, Mieten usw. verwenden. Keine kranken Früchte achtlos auf der Erde liegen lassen. Im Herbst alle Fruchtmumien von den Bäumen entfernen. Im Frühjahr wird mit Kupferkalkpulver gespritzt. Mit zweiprozentiger Lösung vor Beginn des Triebes, zum zweiten Mal nur einprozentig nach der Blüte spritzen. Ein drittes Mal wird 14 Tage bis 3 Wochen später gespritzt. Durch Regen wird die Spritzflüssigkeit abgewaschen. Darum mußt du nach Regenwetter auch zwischendurch spritzen, um die Bekämpfung wirkungsvoll zu gestalten.

Blutlaus

Jeder kennt die an Rissen, Wunden und Astwinkeln sitzenden, mit weißer, flockiger Wolle überzogenen Nester der Blutlaus. Ein ganz gefährlicher Feind, der sich rasch vermehrt! Bis aufs Holz stechen die Läuse mit ihrem Rüssel durch und saugen den Saft der Apfelbäume. Es entstehen an den Saugstellen beulenartige Anschwellungen, die die Rinde zum Platzen bringen, krebsig werden und die Zweige und Äste absterben lassen. Starkbefallene Zweige und Äste werden ausgeschnitten. Die Wunden sind mit scharfem Messer glattzuschneiden. Die Stämme und Rinden werden gut abgekratzt und von Moosen und Flechten gereinigt. Beim ersten Auftreten sofort die Befallstellen mit Solvolan-Blutlaustod auspinseln. Bei starkem Befall empfehle ich, im Sommer mit C-B-Ho-Spritzemulsion 0,5%ig zu spritzen. Im Winter wird mit acht- bis zehnprozentigem Obstbaumkarbolineum gespritzt und die befallenen Stellen gepinselt.

Ich versichere ehrlich: die Blutlaus ist gefährlich!

Obstmade

Durch einen braungrauen Kleinschmetterling wird die Obstmade erzeugt. Dieser legt seine Eier auf Blätter und Früchte. Die weißliche und fleischfarbene Raupe frißt sich bis ins Kerngehäuse durch und läßt sich später an einem Gespinstfaden herab. Sie überwintert unter den Borkenschuppen des Baumes in einem grauweißen Gespinst. Daher mußt du im Winter deine Bäume abkratzen, um eine glatte Rinde zu erhalten. Vom Juli bis Oktober werden Fanggürtel um die Bäume gelegt, um die darunter eingenisteten Larven zu vernichten. Am wirksamsten ist die Spritzung 2 bis 3 Wochen nach der Blüte mit 200 g Parasitol-Emulsion auf 100 l Wasser. Gegen Schorf kann man der Spritzbrühe 300—400 g Netzschwefel und 50 g Kupferspritzmittel zusetzen. Bei empfindlichen Sorten an Stelle von Kupfer und Netzschwefel 200 g Fungo-Pulvit-Spritzpulver nehmen.

Um manches Obst ist's jammerschade, hier frißt's die Apfelwickler-Made!

Moniliafäule

Oft siehst du Früchte am Baum hängen, die teilweise oder vollständig verfault sind und auf der Faulstelle gelbliche, konzentrische Kreise haben. Die Spitzen der Bäume werden dürr und gehen zugrunde. Die faulen Früchte trocknen ein und bleiben den Winter über hängen. Mitunter sind auch nur die Früchte schwarzbraun ohne gelbliche Kreise.

Verbrenne die eingesammelten Früchte. Die dürren Spitzen werden bis ins gesunde Holz zurückgeschnitten. Mit Fungo-Pulvit-Spritzpulver und Parasitol-Emulsion kann der Moniliabefall weitgehendst unterbunden werden.

Moniliafäule (Birne)

Soll man Obstbäume gießen?

Könnten deine Obstbäume reden, dann würdest du wohl an heißen Tagen sehr oft den Ruf vernehmen: „Wir haben Durst!" Hauptsächlich während der Blütezeit und an heißen Sommertagen, wenn der Baum einen großen Fruchtansatz zu versorgen hat. Hörst du dieses heimliche Rufen nicht, dann greift der Baum zur Selbsthilfe! Ein großer Teil des Blütenschmuckes fliegt herunter. So, jetzt hat er vorerst einmal weniger Sorgen. Später, im trockenen Sommer, wirft er ebenfalls rücksichtslos die angesetzten Früchte ab, falls ihm nicht zusätzlich Wasser gereicht wird.

Es ist ja ganz klar, erhöhter Fruchtansatz erfordert erhöhte Nährstoffaufnahme, und erhöhte Nährstoffaufnahme kann nur durch zusätzliche Wassergaben erfolgen, weil doch alle Pflanzen ihre Nahrung nur in aufgelöster Form aus dem Boden zu sich nehmen können.

Der Baum muß also zusätzlich bewässert werden, wenn er stark trägt! Das geht ganz einfach vor sich. Das Wasser wird in die Kronentraufe gegossen. Da ist es natürlich nicht mit zwei Kannen getan. Der Wasserschlauch muß schon angeschlossen werden, um reichlich bewässern zu können. Ganz Unerfahrene gießen das Wasser in die Nähe des Stammes. Auch das ist verkehrt. In der Nähe des Stammes sind ja die starken Pfahlwurzeln, und die nehmen kein Wasser auf. Die Wasseraufnahme besorgen die feinen Haarwurzeln, die außerhalb des Stammes liegen, und dorthin muß das Wasser gelangen.

Möglichst 50 cm tief soll das Wasser dringen! Mache dir einen Vierkantbalken aus Hartholz und versieh ihn mit einer Eisenspitze (siehe Skizze am Rande). Dieses Gerät treibst du an einigen Stellen an der Kronentraufe etwa 50 cm tief in die Erde. Ein Vierkantbalken ist immer besser als ein runder, denn er beschädigt die Wurzeln nicht so stark und treibt die Erde nicht so stark zusammen wie ein runder Pfahl. Diese Löcher läßt man voll Wasser laufen.

Wasser in die Kronentraufen, läßt man aus der Leitung laufen!

Der interessierte Obstfreund wird sich einige Dränageröhren besorgen und diese in die Löcher versenken, um sich so für dauernd eine Obstbaumtränke zu schaffen. In diese Röhren wird, wenn nötig, Wasser gegossen. Auch ein Jaucheguß, im Frühjahr in diese Röhren gebracht, wird die Ernte günstig beeinflussen.

Das Gerät kann ferner zum Setzen von Bohnenstangen und Tomatenpfählen verwendet werden und ist deshalb recht brauchbar. Dadurch bekommen die Bohnenstangen einen festeren Halt.

Von der Blüte bis zur Ernte verdunstet ein Obstbaum unheimlich viel Wasser. Ein 20- bis 30jähriger Baum nimmt an einem heißen Sommertage ohne weiteres seine 100 Liter Wasser auf. Er entnimmt das Wasser dem Untergrund. An heißen Tagen und während der Blütezeit ist deshalb eine zusätzliche Wassergabe anzuraten.

Laub macht taub!
(Gärtner-Sprichwort)

Was muß der Gartenfreund über Befruchtung, Pollenspender usw. wissen? Über dieses hochinteressante Thema ist in den letzten Jahren ungeheuer viel diskutiert worden. Es hat sich hier ein völlig neues Wissensgebiet herausgeschält, welches viel zu umfangreich wäre, wollte sich der Kleingärtner in allen Einzelheiten damit beschäftigen.

Apfel- und Birnensorten sind selbstunfruchtbar. Es wurde beobachtet und festgestellt, daß alle Birnen- und Äpfelsorten dann ihre größte Fruchtbarkeit und normale Fruchtentwicklung haben, wenn andere Sorten als Pollenspender in der Nähe stehen. Da gibt es nun wiederum gute und schlechte Befruchtersorten oder Pollenspender. Durch Bienen- und Insektenbeflug wird dann bei gutem Wetter die Bestäubung durchgeführt. Es wurde herausgefunden, daß jeder fünfte bis sechste Baum ein guter Pollenspender sein muß, wenn eine gute Normalernte zustande kommen soll. Ein guter Baumschulkatalog gibt darüber Auskunft.

Düngung der Obstbäume

Die Obstbäume werden erfahrungsgemäß viel zu wenig gedüngt, viele Jahre lang wird es glatt übersehen oder vergessen, bis eines schönen Tages bei der Ernte der Gartenmann sich fest vornimmt, bei nächster Gelegenheit dem guten Baume einmal ordentlich etwas unter die Füße zu geben, so gewissermaßen als Dank dafür, daß er bisher trotz schlechter Düngergaben noch so gut getragen hat. Wenn du deinen Vorsatz ausführst, will ich es gelten lassen, vergißt du es wieder, muß ich dich abermals daran erinnern, daß du dem Boden doch immer wieder zurückgeben mußt, was du ihm nimmst. Möglichst sogar noch mehr, denn das Mehr kommt dem Boden wiederum zugute, und je größer der Baum, um so größer sein Nahrungsbedarf.

Kronentraufe

Wie sollen wir düngen? Wenn du jedes Jahr im Herbst rund um die Baumscheibe Stallmist legst und diesen im Frühjahr mit untergräbst, hast du schon etwas getan. Bei jungen Bäumen wirkt der Stallmist gleichzeitig als Winterschutz. Hast du Jauche zur Verfügung, dann gib auch davon, jedoch nur bei Regenwetter. Frisch darf die Jauche nicht sein, sondern vergoren. Steinobst und alle jungen Pflanzen vertragen frische Jauche recht schlecht.

Handelsdüngergaben

Da lassen sich eigentlich schlecht genaue Normen festlegen. Ein großer ausgewachsener Baum braucht eben mehr als ein kleiner, frischgesetzter Stammesgenosse. Da mußt du schon etwas Fingerspitzengefühl haben. Die angegebenen Mengen beziehen sich immer pro qm Kronentraufe.

Mit Wasser und mit Dünger sparen, ist verkehrt in jungen Jahren!

Wohin der Baum den Dünger steckt? Hier ist verdeutlicht der Effekt!

a) Stickstoffdüngung. Hast du schwefelsaures Ammoniak oder Kalkstickstoff zur Verfügung, dann bringe davon pro qm 30 bis 50 g um den Baum. Bei hochwertigem Handelsdünger wirst du mit 30 bis 40 g auskommen. Im März bis April streust du ihn aus. Starktreibende Bäume bekommen jedoch keinen Stickstoff.

b) Kali streust du im Februar bis März 30 g pro qm aus und im September bis Oktober nochmals 10 g pro qm. Merke: Kainit sagt deinen Obstbäumen nicht zu! Es enthält zuviel Chlor.

c) Phosphorsäure. Wenn dir Superphosphat oder Thomasmehl zur Verfügung steht, dann streue davon ebenfalls 20 bis 25 g pro qm auf die Baumscheibe. Dem Thomasmehl ist der Vorzug zu geben, da es gleichzeitig ca. 40 bis 50% Kalk enthält. Streuzeit im Herbst oder Februar.

d) Kalk. Alle 3 Jahre solltest du den Obstbäumen Kalk geben, und zwar regelmäßig. Rechne hier etwa 150 g pro qm. Hast du leichten Boden, dann nimm kohlensauren Kalk, auf schwerem Boden ist Ätzkalk anzuraten.

Wie pflege ich meine alten Obstbäume?

Wenn ich die Bäume kratz, tu ich's nicht für die Katz!

Deine älteren Obstbäume mußt du sorgfältig pflegen, wenn sie dir auf lange Zeit gute Ernten bringen sollen. Außer der Stamm- und Kronenpflege mußt du natürlich dafür sorgen, daß die Wurzeln dauernd genügend Nahrung vorfinden. Dazu gehört nun einmal eine regelmäßige Düngung, nicht nur mit Handelsdünger, auch mit Mist oder Gründünger.

Auch ist von großer Wichtigkeit, für unsern Baum das weiße Kleid!

Die Baumscheibe sollte unkrautfrei sein, denn durch sie soll Luft leichter in den Boden dringen. Auch du arbeitest lieber in Hemdsärmeln und freier Brust im Garten und machst es dir leicht. Der Stehkragen würde dich beengen. Eine dicke Rasennarbe ist für den Baum ein enger Stehkragen. Also fort mit ihr! Das Einsetzen von Dränageröhren, senkrecht im Bereiche der Kronentraufe, kann eine künstliche Untergrundbewässerung und Düngung herbeiführen, welche hauptsächlich während der Knospenschwellung und des Fruchtansatzes von großer Wichtigkeit für die spätere Ernte sein kann. Das Abkratzen der bemoosten Rinde ist selbstverständlich. Die entfernte Rinde bitte nicht auf den Komposthaufen werfen, sondern verbrennen.

Im Herbst bekommt der Baum einen Kalkanstrich. Das Ausputzen der Kronen bei älteren Bäumen beschränkt sich nur auf die dürren Äste und solche Triebe, die in die Krone hineinwachsen, sich also reiben und kreuzen würden.

Kleiderhaken brauchst du nicht, am Stamme säge — hier — ganz dicht!

Wenn ein starker Ast abstirbt, dann wird er sofort entfernt. Laß ihn aber nicht als „Kleiderhaken" stehen, wie man es oftmals sieht. Der abgesägte Ast soll glatt mit dem gesunden Holze verlaufen und die Schnittstelle mit Baumwachs verstrichen werden. Bilden sich trotzdem Krebsstellen und sonstige Krankheitsherde, dann werden diese ausgeputzt und mit Baumwachs verstrichen. Du mußt diesen schweren Ast erst etwas von unten her ansägen, damit er nicht splittert. Es kommt auch vor, daß ein alter Obstbaum verjüngt werden muß, wenn er weiterhin erhalten werden soll und noch gute Triebkraft besitzt. Du erkennst einen alten Baum mit guten Trieben daran, daß er noch recht viele sogenannte „Wasserschosser" macht. Wasserschosser sind die jungen Triebe an den alten Ästen, mit denen du ohne weiteres eine völlig neue Krone ziehen kannst. Innerhalb von einigen Jahren hat der alte, verjüngte Baum eine neue Krone gebildet und in vielen Fällen wieder seine große Fruchtbarkeit erlangt.

196

Einige Äste, als sogenannte Zugäste, mußt du stehenlassen, damit der Saft dorthin strömen kann. Diese Zugäste nimmst du dann etwa 2 bis 3 Jahre später weg, nachdem sich die neue Krone bereits zu bilden beginnt. Ich habe schon alte Obstbäume verjüngt, die heute wieder eine fast nicht für möglich gehaltene Fruchtbarkeit entwickelt haben. Ich rate allen Gartenfreunden, die alte, nicht mehr fruchtbare Obstbäume haben, diese einmal zu verjüngen. Steinobst eignet sich jedoch nicht dazu.

Durch den rechten Schnitt wird er wieder fit!

Die Ernte des Obstes

Wann ist der richtige Zeitpunkt zur Ernte? Diese Frage legt sich jeder Gartenfreund vor. Erfahrene Obstkenner wissen, daß man das Obst zum Rohgenuß in der Vollreife erntet, soll es jedoch industriell oder zum Konservieren verwendet werden, muß es sich kurz vor der Vollreife befinden, weil es transportiert werden muß. Beim Steinobst ist die Vollreife leicht an der Färbung und am Geschmack zu erkennen. Beim Kernobst ist die Sache schon etwas schwieriger. Ich behaupte, daß bestimmt 50% der Kernobsternte durch verkehrt gewählten Erntezeitpunkt an Wert und Haltbarkeit verliert, wenn sie nicht dadurch sogar ganz und gar zugrunde geht.

Die frühen Kernobstsorten läßt man meist am Baume voll ausreifen. Hier kann nicht viel falsch gemacht werden. Wenn die ersten gesunden Früchte herunterpurzeln, dann meldet der Baum die Vollreife von selbst an. Du probierst, ob sich die Frucht leicht lösen läßt. Ist es der Fall, dann nimmst du sie ab, und zwar nicht durch unsachgemäßes Abreißen, sondern durch vorsichtiges Pflücken. Du willst ja auch im anderen Jahre noch Ernten nach Hause bringen. Geknickte Äste und Triebe nimmt jeder Baum übel.

Knackt es im Baum, dann ist's zu spät, dann nützt es nichts — das Stützgerät!

Beim Spätobst ist darauf zu achten, daß es nicht zu früh — aber auch nicht zu spät geerntet wird. Zu frühes Pflücken hat bekanntlich schlechte Lagerfähigkeit zur Folge, macht sich immer durch schnelles Welken und Zusammenschrumpfen der gesamten Ernte bemerkbar. Auch hier hast du schnell einige Übung erlangt, indem du eine Pflückprobe machst. Du faßt die Frucht leicht an und biegst sie etwas herum, löst sie sich leicht, dann ist der richtige Termin zum Ernten gekommen. Läßt sie sich nur schwer entfernen, dann wird nach 3 Tagen wieder eine Probe gemacht, bis der Zeitpunkt gekommen ist. Da das Spätobst meist erst im Lager Farbe und Geschmack bekommt, ist vielfach äußerlich nichts von der Reife zu erkennen. Auch hier immer wieder „Vorsicht"! Nach dem Pflücken darf der Platz unter dem Baum nicht aussehen, als ob sich ein paar Kampfhähne ein Stelldichein gegeben hätten. Was habe ich da schon alles gesehen. Bemühe dich also, nach dem Pflücken keine wilde Kampfarena zu hinterlassen, allein schon im Interesse deiner nächsten Ernte.

Noch ein Wort zur Aufbewahrung des Obstes

Der Lagerraum soll möglichst um die 5 Grad C Wärme haben. Werden größere Mengen gehortet, ist es immer gut, wenn der Keller ausgeschwefelt und vorher gekalkt wurde. In Horden oder Kisten bleibt das Obst dann bis zur Vollreife stehen, jedoch immer nur nebeneinander liegend. Alles Obst mit Druckstellen, Würmern oder sonstigen Beschädigungen eignet sich nicht zum Lagern und wird dem Sofortverbrauch zugeführt. Deshalb schon ist es von großer Wichtigkeit, gerade während der Wintermonate, täglich unsere Lagerbestände zu kontrollieren. Ein „fauler Bursche" steckt in kürzester Frist alle seine Nachbarn an.

Was drüber fällt gehört wohl dir, doch bleibst du besser Kavalier!

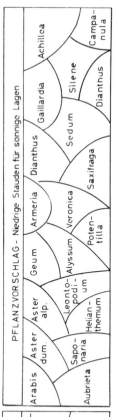

PFLANZVORSCHLAG - Niedrige Stauden für sonnige Lagen

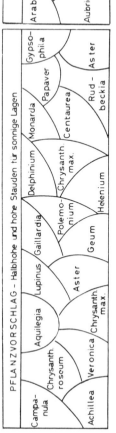

PFLANZVORSCHLAG - Halbhohe und hohe Stauden für sonnige Lagen

Lieber Gartenfreund!

Mit Absicht habe ich in dem nachfolgenden Kapitel die Sommerblumen, Stauden und die Zweijahrsblumen nicht in einzelnen Artikeln getrennt behandelt, sondern dem Alphabet nach. Hierbei mußte ich — diesmal bitte ich um Verzeihung — die botanischen (lateinischen) Namen dominieren lassen, auch wenn sie nach dem überall bekannten deutschen Namen in Klammern ( ) erst an zweiter Stelle marschieren. Die gute Übersichtlichkeit ist dadurch nicht verdorben. Das Sachregister am Schlusse des Gartenbuches bringt beide Namen, sogar mehrere, falls verschiedene deutsche Namen in anderen Gegenden als bekannt vorauszusetzen sind.

Gärtner Pötschke

Was sind winterharte Blütenstauden?

Es sind ausdauernde Gewächse, welche überwiegend als Wurzelstöcke, Rhizome oder Knollen unter Schnee und Eis überwintern und im Frühling mit ihren krautartigen Trieben kraftvoll hervortreiben. Die Lebensdauer ist bei den Stauden unterschiedlich. Viele von ihnen erzielen ein jahrzehntelanges Lebensalter, so daß du viele Jahre Freude an ihnen hast. Es gibt außerdem noch eine Reihe wintergrüne Stauden. In der Hauptsache sind es alpine Polsterpflanzen, deren oberirdische Triebe im Herbst nicht absterben. Wenn auch ein Teil junger Stauden schon reichlich blüht, so richte deine Erwartungen doch nicht auf das Jahr der Anpflanzung. Viele lassen sich Zeit und erst nach einigen Jahren entwickeln sie sich zu voller Schönheit. In Rabatten, Gruppen und Steingärten, auf Trockenmauern, für Grabbepflanzung und Dauereinfassungen, als Solitärpflanzen und zum Blumenschnitt wie auch im Verein mit Gehölzen lassen sich Blütenstauden vielseitig verwenden. Berücksichtige bei der Pflanzung die besonderen Lebensbedingungen der einzelnen Staudenarten. Achte auf die Höhe und Blütezeit, was besonders bei der Anlage von Neuanlagen wichtig ist.

Bei der Pflanzung rate ich dir, die Stauden nicht einzeln, sondern mehrere der gleichen Sorte in Tuffs zu pflanzen, da dann die Farbwirkung eine weit größere ist. Pflanze nicht zu dicht. Bedenke, daß sich die Stauden mit jedem Jahr kräftiger entwickeln und so an Umfang zunehmen. Man rechnet bei hohen bis halbhohen Pflanzen je qm 4—5 Stück, bei Polster- und niedrigen Stauden 8 Stück je qm. Die günstigsten Pflanzzeiten sind die Monate September bis November und von März bis Mai. Wenn du die Pflanzung im späten Herbst vorgenommen hast, so gib eine Tannenreisigdecke als Winterschutz.

Was sind einjährige Sommerblumen?

Als Einjahrsblume bezeichnet man alle Blütenpflanzen, die im Frühjahr ausgesät werden, im Sommer des gleichen Jahres blühen und im Herbst nach den ersten Frösten ihr Leben beenden. Der größte Teil von ihnen ist aus warmen Gebieten wie den Mittelmeerländern, Südafrika, Süd- und Mittelamerika und Asien zu uns gekommen. Ihren heimatlichen Verhältnissen entsprechend verlangen sie einen sonnigen Standort. Der Boden soll möglichst durchlässig und humos sein. Kalte und nasse Böden sagen ihnen nicht zu. Durch die Vielgestalt, den Farbenreichtum wie oft lange Blühdauer, bieten die Einjahrsblumen recht vielseitige Verwendungsmöglichkeiten. Die Anzucht aus Samen ist bis auf wenige Ausnahmen recht einfach, da viele gleich an ihren Standort gesät werden können. Nur feinsamige Arten und solche, die etwas wärmer aufwachsen wollen, bedürfen einer Vorkultur im Mistbeet oder in Saatgefäßen.

Edelschafgarbe, Bertramsgarbe *(Achillea)*

Compositae — Korbblütler. Die Vorfahren der *Achillea* wuchsen an jedem Straßengraben. Züchterfleiß hat aus der gewöhnlichen Schafgarbe eine gartenfähige Staude gemacht, die in gelben, roten und weißen Farbtönen blüht. Sie eignet sich nicht nur als Rabatten- und Gruppenstaude, sondern ist außerdem eine ausgezeichnete Schnitt- und Trockenblume. An den Boden stellt sie keinerlei Ansprüche, möchte jedoch gern warm und sonnig stehen. Die hohen Sorten erreichen eine Höhe von 60 bis 90 cm. Es gibt noch die niedrige *Achillea tomentosa*. Sie eignet sich vorzüglich für den Steingarten und blüht gelb. Alle Arten kannst du durch Stockteilung und durch Samen vermehren. In einer guten Mischung sind alle Sorten enthalten.

Am besten nimmst du die Aussaat im Mai auf ein sorgfältig vorbereitetes Saatbeet vor. Der Samen ist sehr fein und braucht deshalb nur mit einem Hauch feingesiebter Erde abgedeckt zu werden. Wenn du die Aussaat ganz gleichmäßig schattig und feucht hältst, keimt der Samen nach etwa 1 bis 2 Wochen. Sind die Sämlinge kräftig genug, pflanzt du sie auf ein Beet und läßt sie im darauffolgenden Jahr zur Blüte kommen, um die schönsten Farben auszusuchen und auf ein Staudenbeet zu pflanzen.

Ein Bertramsgarben-kranz im Haar, schmückt kleine Mädchen wunderbar!

Eisenhut *(Aconitum napellus)*

Ranunculaceae — Hahnenfußgewächs. Der Eisenhut ist seit Jahrhunderten in unseren Bauerngärten heimisch. Er ist nicht nur eine sehr hübsche, ausdauernde Zierstaude, sondern auch eine Giftpflanze, aus welcher ein Heilmittel gewonnen wird. Achte deshalb darauf, daß Kinder in deinem Garten weder Blätter noch Blüten dieser Staude in den Mund nehmen. *Aconitum* stellt weder an den Boden noch an den Standort große Ansprüche. Es gedeiht in jedem Gartenboden, in der Sonne so gut wie im Schatten und Halbschatten. Da es etwa einen Meter hoch wird und sehr straffe Blütenrispen bildet, eignet es sich zur Pflanzung in Staudenrabatten genauso gut als Einzelpflanze und als Schnittblume.

Die Aussaat muß im Herbst erfolgen, da der Eisenhut ein Frostkeimer ist. Die Keimung ist nicht vor dem Frühjahr zu erwarten. Wenn die Sämlinge kräftig genug sind, werden sie im Abstand von 30 cm auf die für sie vorgesehenen Plätze gepflanzt. Die Blütezeit dauert von Ende Juli bis in den Oktober hinein. Höhe ca. 120 cm.

Eisenhut

Adonisröschen *(Adonis aestivalis)*

Ranunculaceae — Hahnenfußgewächs. Das Adonisröschen stammt von den Mittelmeerküsten und wird bei uns im Volksmund noch Blutströpfchen oder auch Blutsauge genannt. Die blutroten Blüten, die denen der Anemonen ähneln, stehen recht anmutig über dem zarten Laub und leuchten weithin. Diese Sommerblume eignet sich besonders zur Bepflanzung von Hängen, Rabatten und Beeten. Die Wirkung wird gesteigert, wenn du sie mit gelben Farbtönen zusammen pflanzt. Auch als Lückenfüller im Steingarten ist Adonis ohne weiteres zu verwenden. Die Wuchshöhe beträgt 30 cm.

Die Aussaat geschieht ab März/April direkt an Ort und Stelle oder im September/Oktober. Die Keimzeit beträgt ca. 14 Tage. Später werden die

Adonis

199

Leberbalsam

Sämlinge auf mindestens 30 cm Abstand verzogen. Das Adonisröschen wächst in jedem Gartenboden; durchlässiger Lehmboden und etwas Kalk sagen der Pflanze jedoch am besten zu. Die Blütezeit beginnt Anfang Juli und dauert ca. 2 Monate. Bei Herbstaussaat beginnt die Blüte bereits im Mai.

Leberbalsam (Ageratum mexicanum)

Compositae — Korbblütler. Der Leberbalsam, auch Blausternchen genannt, wird immer wieder gern im Garten ausgepflanzt. Es lassen sich mit dieser 15 bis 20 cm hohen Pflanze recht wirkungsvolle Beete anlegen. Auch als Balkonpflanze kennen wir das Blausternchen. Im Freien erfreuen uns vom Juli bis August die reizenden, lichtblauen Blüten. Für Einfassungen, Fensterkästen, Gräber und Steingärten wird die Sorte „Blaue Kappe" gern angepflanzt, da sie nur etwa 15 cm hoch wird und viele kleine Blüten hervorbringt.

Die Aussaat geschieht ab März in ein Frühbeet oder Kistchen im Zimmer. Sobald keine Nachtfröste mehr zu befürchten sind, werden die jungen Pflanzen ausgesetzt, und zwar auf 15 cm Abstand. Die Pflanze verlangt keinen besonderen Standort und wächst in jedem Gartenboden gut. Die Keimzeit beträgt ca. 1 Woche. Der Samen bleibt bis zu 3 Jahren keimfähig. Bei Trockenheit gibst du Wasser, und hin und wieder etwas Pflanzenfutter bekommt dem Blausternchen recht gut.

Der Durst im Sommer, der ist arg, bedenk das, sonst verdorrt das Mark!

Stockrose, Malve (Althaea rosea)

Malvaceae — Malvengewächs. Das Ursprungsland der alten Gartenmalven ist der Orient. Die Charter-Malven sind heute die beliebtesten, die mit Leichtigkeit eine Höhe von 2 bis 3 m erreichen. Sie fühlen sich seit vielen Jahren bei uns recht heimisch und lieben gutgedüngten, lockeren Boden in warmer Lage. Am besten wirken sie, wenn sie in den Hintergrund von Staudenbeeten, an Holzwänden und Mauern gepflanzt werden. An windigen Stellen mußt du sie anbinden. Die Stockrose ist zweijährig und muß deshalb jedes Jahr neu ausgesät werden, wenn du sie immer wieder in schöner Blüte haben willst.

Die Aussaat geschieht ab Mai bis Juni auf ein lockeres Saatbeet, 2 bis 3 Wochen dauert es, bis der Samen keimt. Wenn die Pflanzen kräftig genug sind, werden sie an Ort und Stelle ausgepflanzt. Achte auf einen Abstand von 50 bis 60 cm. Malven, die zu dicht stehen, bekommen leicht Malvenrost, der bei Jungpflanzen mit Fungo-Pulvit-Spritzungen zu bekämpfen ist. Bei älteren Pflanzen ist kaum etwas gegen diese Krankheit zu machen. Im Winter solltest du die Jungpflanzen mit Deckreisig schützen, denn sie sind etwas empfindlich. Im Sommer mußt du stets für ausreichende Feuchtigkeit sorgen.

Steinkraut

Steinkraut (Alyssum maritimum)

Cruciferae — Kreuzblütler. Das niedrige Steinkraut dient uns vornehmlich zur Einfassung von Wegen, Beeten und Gräbern. Vom Juni an blüht es und lockt durch seinen Wohlgeruch unzählige Bienen in den Garten. Da das Steinkraut nur 10 bis 15 cm hoch wird, kann es selbst noch vor halbhohen Blütenpflanzen stehen, ohne an Wirkung zu verlieren. Nach der ersten Blüte kannst du die Pflanzen mit einer Schere zurückschneiden und erzielst so einen zweiten Flor, der bis zum ersten Frost andauert. Als „Lückenbüßer" im Steingarten und an sonstigen kahlen Stellen verwende ich das Pflänzchen immer wieder recht gern.

Die Aussaat erfolgt ab März/April, nicht zu dicht, an Ort und Stelle auf ein lockeres Beet oder auf die vorgesehene Einfassung. Flach säen! Ist die Saat zu dicht aufgegangen, wird verpflanzt. Die Pflanzen lassen sich gut versetzen. Die Keimzeit beträgt etwa 6 Tage, und die Saat bleibt 3 Jahre keimfähig. „Schneeteppich" nennt man die weiße und „Königsteppich" die zartlila Sorte.

Felsensteinkraut, Steinrich *(Alyssum saxatile)*

Cruciferae — Kreuzblütler. Eine heute schon mehr beachtete Staude, die überall an Mauern, Terrassen, auf Geröllflächen und in Steingärten wächst und auch als Einfassung dient. Sie ist eine ausdauernde Polsterpflanze von großem Wert. Im zeitigen Frühjahr beginnt die Blüte. Die silbergrauen Blätter fühlen sich an wie weicher Filz; sie bleiben auch während des Winters zierend. *Alyssum saxatile* ist durch seine weithin leuchtende, goldgelbe Farbe und frühe Blüte sehr ansprechend. Die Wuchshöhe beträgt ca. 25 cm. Die Blütezeit fällt in die Monate April/Mai. Alle *Alyssum*-Arten gehören zu den bescheidensten, recht leicht wachsenden Steingarten- und Polsterpflanzen, die sonnige Lage bevorzugen.

Wer von Stauden was versteht, bepflanzt nach Plan sein Staudenbeet.

Die Aussaat geschieht im April bzw. Mai auf ein Saatbeet. Die Saat geht nach 10 bis 14 Tagen auf. Die Keimfähigkeit bleibt 3 Jahre erhalten. Felsensteinkraut paßt gut zu Aubrieten, blauen Zwergiris und Wermigveilchen. Vorhandene Steine überwächst die Pflanze sehr gern. Das Felsensteinkraut wird von den emsigen Bienen liebend gern beflogen.

Fuchsschwanz *(Amaranthus)*

Amaranthaceae — Fuchsschwanzgewächs. Aus den wärmeren Zonen kam diese Einjahrspflanze zu uns, die schon Großmutter in ihrem Gärtlein sorgsam pflegte. Die langen, hängenden Blütenähren werden gern zu hübschen Sträußen für große Vasen verwendet. Wenn die Blüten rechtzeitig geschnitten werden, lassen sie sich auch trocknen und behalten ihre natürliche Farbe. In hellen Vasen ist der Fuchsschwanz besonders wirkungsvoll. Die Pflanzen werden bis zu 1 m hoch und sind recht anspruchslos. Rasch wachsen sie überall im Garten heran, wenn sie nur genügend Raum und sonnige Lage haben. Du solltest sie stets mit 30 cm Abstand pflanzen. Auch mit Einzelpflanzen lassen sich erstaunlich gute Effekte erzielen. Da es viele verschiedene Fuchsschwanzsorten gibt, tust du gut daran, wenn du dir eine Mischung bestellst, denn darin sind buntblättrige, rotblättrige und andere Abarten enthalten.

Fuchsschwanz

Die Aussaat geschieht ab April/Mai gleich ins freie Land. Die Keimzeit beträgt 2 bis 3 Wochen. Die Blütezeit beginnt ab Ende Juni/Anfang Juli. Auch als Kübelpflanze ist der Fuchsschwanz recht gut zu verwenden.

Langspornige Akelei, Elfenschuh, Adlerblume *(Aquilegia coerulea)*

Ranunculaceae — Hahnenfußgewächs. Unsere Akelei gehört wohl mit zu den reizendsten und schönsten Schnittblumen im Frühjahr. Gegen Ende Mai, wenn erst wenige Blumen ihren Flor zeigen, beginnt die Blütezeit. Und was hat unermüdlicher Gärtnerfleiß alles aus dieser Pflanze gemacht! Heute gibt es ein sehr reichhaltiges Sortiment in verschiedenen Formen und Farben. Jeder Geschmack, selbst der verwöhnteste, kommt auf seine Kosten. Die großen, langgespornten Blumen schaukeln duftig auf ihren Stengeln im Winde. Besonders in Gruppen angepflanzt wird eine wundervolle Wirkung erreicht, obwohl die Pflanzen an ausgewählten

Akelei

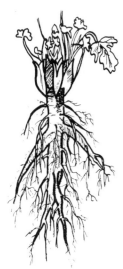

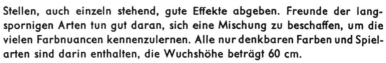

Stellen, auch einzeln stehend, gute Effekte abgeben. Freunde der lang-spornigen Arten tun gut daran, sich eine Mischung zu beschaffen, um die vielen Farbnuancen kennenzulernen. Alle nur denkbaren Farben und Spiel-arten sind darin enthalten, die Wuchshöhe beträgt 60 cm.

Die Aussaat aller Akelei-Arten wird vom April bis Mai auf ein lockeres Saatbeet vorgenommen. Nach etwa 20 bis 30 Tagen geht die Saat auf, wenn sie während der Keimperiode gleichmäßig feucht gehalten wird. Die Saat bleibt 2 Jahre keimfähig. Sind die Sämlinge kräftig entwickelt, werden die Pflanzen an Ort und Stelle ausgesetzt und blühen dann bereits im nächsten Frühjahr. Alle Akelei lieben gutgedüngten Boden, sind aber sonst anspruchslos und blühen noch im Halbschatten. Jahrelang können die Pflanzen stehenbleiben.

Handele nicht übereilt, Akelei bleibt ungeteilt!

Steingarten-Akelei *(Aquilegia bicolor)*

Diese eigene Neuzucht brachte ich erstmalig im Jahre 1958 auf den Markt. Es handelt sich dabei um eine vollkommen neue Akelei-Rasse, deren meist zweifarbige Blüten in dichten Büscheln ca. 30 cm über dem Boden stehen. Die Blühwilligkeit, der kompakte Wuchs und das einmalige Farbenspiel geben dem frühsommerlichen Garten eine ganz besonders farbige Note. Durch diese Neuzucht habe ich die Akelei „steingartenfähig" gemacht. Die Steingarten-Akelei fällt treu aus Samen und ist mit den übrigen Stauden zusammen auszusäen. Ich nannte diese Zwerg-Akelei „Biedermeier".

Löwenmäulchen *(Antirrhinum majus)*

Scrophulariaceae — Rachenblütler. Das Löwenmäulchen hat seine Heimat in Südeuropa und Nordafrika. Es ist eine der beliebtesten und bekann-testen Sommerblumen, die schon seit Großmutters Zeiten in unseren Hausgärten heimisch ist. Die Löwenmäulchen erfreuen sich ihrer sehr großen Beliebtheit nicht nur wegen ihrer reichen Farbenpracht, sondern auch wegen ihrer Anspruchslosigkeit. Sie gedeihen noch in rauheren Lagen, sind vollkommen unempfindlich gegen Trockenheit und sind nicht zimperlich, wenn sie im Frühjahr noch einen leichten Nachtfrost ertragen müssen.

Löwenmaul

Zwei Formen sind es, die für den Hausgarten von besonderer Bedeutung sind. Das Zwerglöwenmäulchen ist mit einer Höhe von 15 bis 20 cm sehr gut als Einfassungspflanze zu verwenden; du kannst es jedoch auch zur Grab-bepflanzung und zum Ausfüllen von Lücken im Steingarten brauchen. In allen Fällen überrascht das Löwenmaul durch seine farbenprächtigen Polster, die es zu bilden vermag. Das halbhohe Löwenmaul ist nicht nur eine haltbare Schnittblume; durch seine Standfestigkeit kannst du es ohne weiteres zur Bepflanzung von Sommerblumenbeeten verwenden. Am besten säst du eine Mischung vieler Farben aus, kannst jedoch auch den Samen in reinen Farben bekommen. Das halbhohe Löwenmaul erreicht eine Höhe von 40 bis 50 cm. Alle Löwenmäulchensorten haben eine lange Blütezeit, die du noch wesentlich verlängern kannst, wenn stets alle verblühten Blütenstände abgeschnitten werden. Die Pflanzen treiben dann immer wieder neue Knospen.

Bei früher Saat in Samenschalen, wird auch die Blüte früher strahlen!

Die Aussaat des Löwenmäulchens kannst du bereits ab März/April an Ort und Stelle vornehmen. Wenn du Wert auf eine sehr zeitige Blüte legst, dann muß der Samen früher ins Frühbeet oder in eine Schale ausgesät werden. Dann sollen die Sämlinge jedoch möglichst pikiert werden, sonst werden sie leicht dünn und geil und wachsen später im Freiland nicht gut an. Wichtig ist in jedem Fall, daß der feine Samen auf ein sorgfältig geglättetes Saatbeet gleichmäßig ausgestreut und nur mit einem Hauch feingesiebter Erde abgedeckt wird. Bei gleichmäßiger Feuchtigkeit und Wärme keimt der Samen in etwa 14 Tagen. Bei einer Freilandaussaat mußt du unter Umständen länger auf die Keimung warten, wenn es an der nötigen Wärme fehlt. Einen frühzeitigen Flor erreichst du durch Herbstaussaat. Die Jungpflanzen überstehen den Winter mit einem leichten Schutz aus Tannenreisig ohne weiteres. Wenn sich die Pflanzen genügend gekräftigt haben, werden sie im Abstand von etwa 20 cm auf den für sie bestimmten Platz gesetzt. Wer die Beete im Herbst mit Reisig abdeckt, hat im zweiten Jahr noch einmal seine Freude an einer Blüte.

Vergißmeinnicht

Ochsenzunge, Kaukasusvergißmeinnicht, Stauden-Vergißmeinnicht *(Anchusa myosotidiflora, Brunnera)*

Boraginaceae — Boretschgewächse. Das Stauden-Vergißmeinnicht, auch Ochsenzunge genannt, ist eine etwa 40 cm hohe Staude, die du ganz besonders gut mit Achillea, Iris und Mohn zusammen pflanzen kannst. Sie blüht von April bis Juni, liebt einen frischen Boden und gedeiht am besten im Halbschatten. Aber auch in voller Sonne wächst sie noch. Die *Anchusa* ist vollkommen winterhart. Du kannst sie durch Samen vermehren.

Die Aussaat mußt du im April/Mai vornehmen, und zwar auf ein sorgfältig vorbereitetes Saatbeet im Freiland. Bei gleichmäßiger Feuchtigkeit keimt der Samen, je nach Witterung, nach 2 bis 3 Wochen. Wenn die Pflanzen kräftig genug sind, werden sie an Ort und Stelle gepflanzt. Eine nahe Verwandte der *Anchusa myos.* ist die *Anchusa italica*. Sie blüht von Juni bis August und erreicht eine Höhe von annähernd 1,50 m. Sie ist allerdings nur zweijährig, die Aussaat macht jedoch keinerlei Mühe. Du nimmst sie am besten im April/Mai gleich im Freiland vor.

*Für Bienen
ein gefund'nes Fressen,
sind Blüten
uns rer Gänsekressen!*

Gänsekresse, Alpengänsekraut *(Arabis alpina)*

Cruciferae — Kreuzblütler. In der Gänsekresse besitzen wir eine wohlriechende Steingartenpflanze von hohem Wert. Diese kleine, etwa 25 cm hohe Polsterpflanze blüht vom März bis Mai ununterbrochen, eignet sich auch zu Schnittzwecken und wird von den Bienen fleißig beflogen. Die Büsche ergeben ein gutes Polster, welches niemals an Wirkung verliert. Wir verwenden *Arabis* für breite Einfassungen, Beete, Trockenmauern, Böschungen, Mauerritzen und Hänge. Sie wächst in jedem Gartenboden, besonders gut jedoch, wenn sie genügend mit Kalk versorgt wird.

Die Aussaat geschieht im April/Mai auf ein Saatbeet. Nach 2 Wochen geht die Saat auf. Der Samen bleibt 2 Jahre keimfähig. Wenn die Pflanzen kräftig geworden sind, werden sie in etwa 10 bis 15 cm Abstand ausgepflanzt. Ansonsten verlangt die Pflanze wenig Pflege, möchte aber doch in sonniger Lage stehen.

Arabis alpina

Grasnelke *(Armeria maritima)*

Plumbaginaceae — Bleiwurzgewächs. Die in Europa beheimatete ca. 15 bis 20 cm hohe Grasnelke mit ihren schmalen, grasähnlichen Blättern ist eine gute Einfassungs- und Steingartenpflanze. Die Pflanzen lieben sandigen Boden in sonniger Lage und möchten mehrere Jahre am Orte verbleiben, wollen also möglichst ungestört leben. Dann bilden sie kleine feste Polster.

Grasnelke

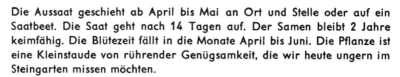

Die Aussaat geschieht ab April bis Mai an Ort und Stelle oder auf ein Saatbeet. Die Saat geht nach 14 Tagen auf. Der Samen bleibt 2 Jahre keimfähig. Die Blütezeit fällt in die Monate April bis Juni. Die Pflanze ist eine Kleinstaude von rührender Genügsamkeit, die wir heute ungern im Steingarten missen möchten.

Staudenaster (Aster)

Sind Wurzelstöcke
groß und hart,
teile sie auf diese Art.

Compositae — Korbblütler. Die ausdauernden Staudenastern sind eine überaus reichblühende und vielgestaltige Familie, deren Blütezeit vom Frühjahr bis zum späten Herbst reicht. Daher ihre recht vielseitige Verwendung, denn du findest sie in Gruppen, Steingärten, als Einfassungen, auf Rabatten und Grabstätten, je nach Art und Sorte.

Alle Staudenastern schenken uns ganz ausgezeichnete und haltbare Schnittblumen. Sie lieben recht sonnige Lage, sind aber ansonsten vollkommen anspruchslos. Wer die verschiedensten sommerblühenden Staudenastern kennenlernen will, der säe eine Mischung halbhoher Sorten aus. In dieser Mischung sind weiße, rosa, violette und blaue Farbtöne enthalten, deren Wuchshöhe 30 bis 60 cm beträgt. In einer hohen, spätblühenden Mischung sind Sorten enthalten, die bis zum Frost zu blühen vermögen und etwa 70 bis 100 cm hoch wachsen. Auch darin sind weiße, rosa, violette und blaue Farben zu finden. Alle diese Astern sind ungemein winterhart und zieren jahrelang ihren Standort. Nicht vergessen möchte ich an dieser Stelle die niedrige Himalaja-Aster „Wartburgstern" mit ihren großen, lavendelblauen Blumen, die auf sehr festen Stielen stehen und deshalb auch als Schnittblumen sehr geschätzt werden. Für Rabatten und Gruppenbepflanzung überaus empfehlenswert, da sie nur 40 bis 50 cm hoch wird und den Garten in der blumenarmen Zeit vom Mai bis Juni ziert. Zur gleichen Zeit blüht eine Neuzüchtung von mir, eine nahe Verwandte der Himalaja-Aster, die Aster subcoeruleus „Leuchtenburg". Mit ihren weithin leuchtend blauen Blütensternen übertrifft sie die Sorte Wartburgstern bei weitem. Sie ist nur durch Teilung zu vermehren.

Staudenaster

Aus der großen Gruppe der Staudenastern ist die Aster alpinus besonders zu nennen. Wie ihr Name schon sagt, kommt sie aus den Alpen, liebt einen sonnigen Standort und eignet sich wegen ihres niedrigen Wuchses von nur 20 cm Höhe sehr gut für den Steingarten.

Prachtspiere (Astilbe)

Saxaifragaceae — Steinbrechgewächs. Die Astilben stammen aus Japan sind jedoch schon seit vielen Jahren in unseren Gärten heimisch. Sie sind zu einer wertvollen Gartenstaude geworden, die vor allem in halbschattiger Lage gedeiht. Die graziösen Blütenrispen sind beliebte Schnittblumen. Die Prachtspiere wirkt auch als Rabatten- und Gruppenstaude ausgezeichnet. Sie liebt einen humosen, frischen Boden. Astilben-Sorten können nicht aus Samen vermehrt werden. Du besorgst dir deshalb einige Pflanzen guter Sorten in einem Fachgeschäft und vermehrst diese nach Jahren durch Stockteilung.

Blaukissen (Aubrieta hybrida)

Bei etwas Wasser,
etwas Schatten,
wird die Wuchskraft
kaum ermatten!

Cruciferae — Kreuzblütler. Das Blaukissen ist eine gesuchte, immergrüne und ausdauernde Polsterpflanze von ca. 15 cm Wuchshöhe. Die unzähligen blauen Blüten, deren Flor in die Monate April/Mai fällt, sind einem einzigen blauen Kissen gleich. Daher der im Volksmunde bekanntgewordene Name

204

„Blaukissen". Es ist in Griechenland und Kleinasien zu Hause. Bei uns wächst es anspruchslos und liebt sonnige bis halbsonnige Lage. Außer den bekannten blauen Blüten sind noch rötliche Farbtöne hinzugekommen. Blaukissen eignet sich besonders gut für Einfassungen, Steingärten, Mauerritzen usw. Besonders wertvoll ist es wegen seiner blaugrünen, silberflaumigen Belaubung und der vollkommenen Winterhärte.

Die Aussaat wird im April bis Mai in Kistchen, Töpfe oder Schalen vorgenommen. Ab Ende Mai kann sie jedoch auch auf ein ganz besonders locker zurechtgemachtes Saatbeet erfolgen. Die feine Saat wird nur leicht angedrückt und bis zur Keimung gleichmäßig feucht und schattig gehalten. Nach 2 Wochen geht die Saat auf. Der Samen bleibt 2 bis 3 Jahre keimfähig. Wenn die jungen Pflanzen kräftig genug sind, werden sie an Ort und Stelle ausgesetzt.

*Hängend
in der Mauerritze,
blüht sie auch
bei größter Hitze!*

Gänseblümchen, Maßliebchen, Tausendschönchen, Marienblümchen *(Bellis perennis)*

Compositae — Korbblütler. Das Tausendschönchen ist eine altbekannte und liebenswerte Pflanze, die unseren Vorfahren schon viel Freude bereitete. Mit besonderer Liebe und Sorgfalt wurde sie frühzeitig in Kultur genommen. Vom einfachen, natürlichen Wiesen-Gänseblümchen bis zum prächtig gefüllten, schönfarbigen Tausendschönchen war es ein weiter, schwerer Weg. Heute sehen wir die Pflanzen auf Rabatten, als Einfassungen, auf Teppichbeeten, in Steingärten und überall, wo sonst noch ein freies Plätzchen vorhanden ist. Die Blütezeit fällt in die Monate März bis Juni. Die Pflanze wird ca. 15 cm hoch und läßt sich willig teilen, so daß jederzeit eine Pflanzung, möglichst mit viel Erde am Wurzelballen, vorgenommen werden kann. Am besten aber geschieht die Teilung kurz nach der Blüte. Mit einer Mischung, die aus vielen verschiedenen Sorten zusammengestellt ist, wird jeder anspruchsvolle Gartenfreund gut bedient sein. Die gefüllten *Bellis*blüten gleichen heute der Form von Astern und sitzen auf dicken, starken Stielen, so daß sie sich auch nett zu kleinen Sträußen binden lassen. Als Topfpflanze können sie ebenfalls herangezogen werden.

Tausendschönchen

Die Aussaat geschieht ab Mai bis Juni auf ein lockeres Saatbeet recht flach und dünn. Das Beet muß schattig und gleichmäßig feucht gehalten werden. Nach 1 bis 2 Wochen geht die Saat auf. Die Keimfähigkeit bleibt 2 Jahre erhalten. Sobald die Pflanzen kräftig geworden sind, werden sie im Herbst an die vorgesehenen Stellen gepflanzt. Da die Pflanzen vollkommen winterhart sind und nur 15 cm hoch werden, eignen sie sich gut zur Grabbepflanzung. Wer sich auf eine bestimmte Farbe festlegen will, der vermehre die Pflanzen durch Teilung. Wer im März bis April ins Frühbeet aussäen kann, hat schon zum Herbst blühende Pflanzen zur Verfügung.

Ringelrose, Ringelblume, Goldblume *(Calendula officinalis fl. pl.)*

Compositae — Korbblütler. Schon im alten Rom und in den gepflegten Klostergärten des Mittelalters, aber auch in unseren Bauerngärten, wurde diese uralte Blume gezogen, deren Heimat in den Mittelmeerländern zu suchen ist. Die Ringelblume ist sehr robust und unempfindlich, sogar bei schlechtem Wetter können wir noch Sträuße schneiden, die sich bis zu 14 Tagen in der Vase frisch halten. Die Calendulafarben reichen vom Kanariengelb bis zum Orangerot. Die Ringelblumenblüten sind ein altbekanntes Heilkraut, das schon von Paracelsus erkannt und angewandt wurde. Der eigenartige Geruch der Blume, die ihr im Volksmunde den

Ringelblume

Namen „Stinkblume" einbrachte, ist auf den reichen Gehalt an ätherischem Öl (Calendulin) zurückzuführen. Durch Züchtung und Auslese ist der Geruch heute schon weitgehend gedämpft.

Hier sieht man's deutlich was ich tue: Astern schau ich — voller Ruhe!

Die Aussaat kann vom April bis Mai vorgenommen werden, und zwar direkt ins freie Land, Keimzeit ca. 10 Tage. Auch Herbstaussaaten kommen in günstigen Lagen gut durch den Winter. An den Boden stellt die Pflanze wenig Ansprüche, wächst aber in kalkhaltigem Boden am besten. Die Pflänzchen lassen sich leicht versetzen. Wuchshöhe 60 cm. Vor Sträuchergruppen, in der Sommerblumenrabatte und als Lückenfüller verwende ich sie immer wieder gern.

Astern *(Callistephus sinensis)*

Compositae — Korbblütler. Im Jahre 1732 brachte der Jesuitenmissionar d'Incarville die ersten „Chinasterne" mit nach Europa. Es waren einfache, farbige Scheibenblüten mit gelber Mitte. Erfurter Züchter haben sich speziell dieser Pflanze angenommen und sie zu höchster Kulturform entwickelt. Heute gibt es ungezählte Asternsorten und viele Asternarten. Alle sind sie schön zur Zierde im Garten und dankbar als schmückende Straußblumen für Zimmer und Heim. Die Aster ist uns in all den vielen Jahren überaus stark ans Herz gewachsen. Es ist die Gartenblume geworden, die ohne große Kenntnisse und besondere Kultur leicht heranzuziehen ist. Die Aster eignet sich für Beete, Rabatten, Grabstätten, Einfassungen, Töpfe und Balkonkästen. Ganz besonders ist sie wegen ihrer langen Haltbarkeit als Schnittblume geschätzt.

Auf locker'm Beete und in Reihen, dann wird die Aussaat wohl gedeihen!

Die Aussaat der Astern erfolgt entweder ab Februar/März ins Frühbeet bzw. in Schalen, die ans Fenster gestellt werden, oder ab April/Mai an Ort und Stelle auf ein recht gut vorbereitetes und lockeres Saatbeet. Natürlich werden wir die Astern grundsätzlich in Reihen aussäen, damit das Unkraut schon während der Keimperiode bekämpft werden kann, denn die Saat liegt etwa 14 bis 20 Tage in der Erde, ehe sie aufgeht. Wichtig ist, in dieser Zeit für ganz gleichmäßige Feuchtigkeit und Wärme zu sorgen. Die Saat ist von einem zuverlässigen Lieferanten zu beziehen, da nur frischer Samen aufläuft, denn im zweiten Jahre keimt lediglich ein ganz geringer Prozentsatz. Sind die Pflanzen kräftig genug, werden sie je nach Sorte in den entsprechenden Abständen auf die vorgesehenen Beete oder Rabatten gepflanzt. Während der Wachstumsperiode tut ihnen ein Dungguß bei Regenwetter sehr gut und fördert die schnellere Entwicklung. Verblühte Stengel sind abzuschneiden. Dadurch werden die Pflanzen angeregt, immer wieder neue Triebe und Blüten anzusetzen.

Der gefährlichste Feind der Astern ist die Welkekrankheit. Trotz der Züchtung widerstandsfähiger Sorten tritt sie doch noch hin und wieder auf, besonders in kleineren Gärten, wo Astern jährlich auf die gleichen Beete gepflanzt werden. Merke deshalb: auch im Blumengarten mußt du einen regelmäßigen Fruchtwechsel einhalten. Das Saatgut sollte außerdem vor der Aussaat gebeizt werden.

Zwergastern

Die niedrige **Zwerg-Chrysanthemum-Aster** zeichnet sich durch gedrungenen Bau und gleichmäßige Wuchshöhe von ca. 30 cm aus. Deshalb dient sie besonders zur Grab- und Rabattenbepflanzung, als Einfassung oder Lückenbüßer im Steingarten, desgleichen wird sie in Töpfe und Balkonkästen gepflanzt. Pflanzweite 15 cm. Für Kirchendekorationen sät man sie in rein weißen Farben aus.

Die **Herzogin Aster** ist eine der besten Sorten, deren Verwendbarkeit als Schnittblume bis zu 3 Wochen unsere Beachtung und besondere Zuneigung in den letzten Jahren gefunden hat. Obwohl diese Klasse noch sehr jung ist, hat sie schon viele Liebhaber gefunden. Die Herzogin Aster ist von aufrechtem Wuchs mit 5 bis 8 Blütenstielen und dicht gefüllten Blumen von 10 bis 12 cm ⌀ in Form einer großblumigen Chrysantheme. Sie erfreut uns mit ihrer Blüte von Mitte August bis Mitte September. Als vollkommen welkeresistente Asternart erblüht sie in den Farben Dunkelblau, Karmesin, Rosa, Zartrosa und Gelb. Die Wuchshöhe beträgt 60 bis 80 cm und gedeiht am besten in der vollen Sonne.

Ein selbstgezog'ner Asternstrauß, wirkt natürlich — sieht gut aus!

Die **großblumige Rosenaster** „Leuchtfeuer" ist eine intensiv rot leuchtende Sorte, die sich zum Schnitt gut eignet. Die Wuchshöhe beträgt 60 cm, die Pflanzweite 20 cm. Sie hat eine lange Blütedauer von Juli bis August.

Die langgefiederten, großblumigen **Straußenfeder-Astern** gehören mit zu den edelsten Asternarten. Die Reichblütigkeit dieser Rasse und die schönen langstieligen Blumen werden für alle Zwecke sehr geschätzt. Die Blüten erreichen oft einen Durchmesser von 10 cm. Die Wuchshöhe beträgt 65 bis 70 cm. Eine farbenfrohe Prachtmischung schenkt uns die schönsten bunten Sträuße. Pflanzweite 25 cm.

Die **Amerikanische Buschaster** ist eine spätblühende Aster mit langstieligen, großen und dichtgefüllten Blumen, deren Wuchshöhe 80 cm beträgt. Die Pflanzen sind kerngesund, und heute rechnet man diese Aster zu den begehrtesten spätblühenden Blumen für Beet und Schnitt, da sie bis zum Frosteinbruch in Blüte steht. Die amerikanische Buschaster wird mit 25 cm Abstand gepflanzt.

Straußenfeder-Aster

Die **Amerikanische Schönheitsaster** wird etwa 90 cm hoch. Die großen, edlen, dichtgefüllten Blüten sitzen auf etwa 60 bis 70 cm langen, starken Stielen. Sie haben einen hohen Wert als Schnittblumen. Ab September bis zum Frosteintritt ununterbrochen blühend, gehört sie zu den spätblühenden Astern. Vor Frosteintritt herausgenommene Pflanzen (die mit möglichst viel Erdballen versehen sein sollen), in Töpfe gepflanzt, bringen uns noch lange blühende Asternpflanzen in Zimmern, Veranden usw. Wir säen am besten eine farbenreiche Prachtmischung aus. Pflanzweite 25 cm.

Die **Prinzeßaster** ist von einmaliger Schönheit. Sie gehört heute zu den besten Schnittastern überhaupt und wird ca. 70 cm hoch, hat eine bemerkenswert lange Vasenhaltbarkeit, einen straffen Stiel und eine auffallend große, dichtgefüllte Blüte. Pflanzweite 25 cm.

Die **Liliputaster** imponiert durch ihre schönen, kleinen, pomponartigen Blumen, die durch große Vasenhaltbarkeit und lange Blütendauer ausgezeichnet sind. Die buschigen Pflanzen lassen sich leicht mit Erdballen in Töpfe, Balkonkästen, auf Grabstätten usw. verpflanzen. Wuchshöhe 40 bis 45 cm. Pflanzweite 15 cm.

Amerikanische Buschaster

Chinaaster

Campanula carpatica

Campanula latifolia

Trotz aller hochgezüchteten Asternsorten und -schönheiten hat sich vor allen Dingen in den letzten Jahren wieder die **Original Chinaaster** durchgesetzt, nach deren margaretenartigen Sternblumen heute erneut gefragt wird. Eine ausgezeichnete Vasenblume von bunter Lustigkeit. Diese Art gehört zu den spätblühenden Astern. Ihre Wuchshöhe beträgt 60 cm. Für bunte Sommersträuße wählt man am besten eine farbenfrohe Mischung. Pflanzweite 20 cm.

Glockenblume *(Campanula)*

Campanulaceae — Glockenblumengewächs. Im Staudenbeet sowie im Steingarten dürfen die ausdauernden Glockenblumenarten nicht fehlen. Sie sind in Europa beheimatet und außerordentlich anspruchslos. Die Waldglockenblume *(Campanula latifolia macrantha)* wird 80 bis 100 cm hoch und ist eine ausgezeichnete Schnitt- und Rabattenstaude. Sie blüht von Juni bis Juli in einem tiefen Blauviolett.

Die Felsenglockenblume *(Campanula carpatica)* wird 25 bis 30 cm hoch und eignet sich infolgedessen vorzüglich für den Steingarten. Sie blüht von Juli bis August in einem leuchtenden Blau.

Die Aussaat der Staudenglockenblumen solltest du vom Mai bis Juli auf ein sorgfältig vorbereitetes Saatbeet vornehmen. Der Samen keimt nach etwa zwei Wochen. Voraussetzung ist jedoch, daß die Aussaat schattig und gleichmäßig feucht gehalten wird. Wenn die Pflanzen kräftig genug sind, werden sie an die für sie bestimmten Plätze gesetzt. Beachte dabei, daß alle Glockenblumenarten außerordentlich wüchsig sind und Platz genug bekommen. Sie unterdrücken sonst sehr bald niedrige und schwachwüchsigere Arten.

Glockenblume, Marienglockenblume *(Campanula medium)*

Campanulaceae — Glockenblumengewächs. Eine altbekannte Bauerngartenpflanze von großer Beliebtheit, die etwa 80 cm hoch wird und zu den Halbstauden gehört. Die Pflanzen lieben gutgedüngten, lockeren Gartenboden und werden zweijährig kultiviert. Die Büsche wachsen pyramidenartig aufrecht und tragen in reicher Fülle die glockenähnlichen großen Blüten in weißen, rosa und blauen Farbtönen. Eine sehr dankbare Schnitt- und Gruppenpflanze, die ich gern als Füller in der Staudenrabatte verwende. Die Aussaat nimmst du am besten zwischen Mai und Juni auf ein gut vorbereitetes Saatbeet vor. Nach 12 Tagen läuft die Saat auf. Sobald die Pflanzen kräftig geworden sind, werden sie auf 30 cm Abstand ausgepflanzt, möglichst in sonniger Lage. Eine Düngung während der Wachstumsperiode mit verdünnter Jauche fördert die rasche Entwicklung ungemein. Im Winter solltest du einen leichten Schutz, am besten Tannenreisig, geben.

Federbusch, Brandschopf *(Celosia argentea)*

Amaranthaceae — Fuchsschwanzgewächs. Helle Bewunderung erwecken die Blüten des Federbusches durch ihren Atlasglanz und die vielen reinen Farben. Der federartige Rispenaufbau der Blüte ist einmalig unter unseren Gartenpflanzen. Die Blütensträuße halten sich sehr lange, und es ist sogar möglich, sie zu dauerhaften Trockensträußen zu verwenden. Der Federbusch besitzt viele ehrliche und begeisterte Anhänger, weil er Abwechslung unter die Gartenblumen bringt, denn die glänzenden, leuchtenden Farben vom reinen Gelb bis zum Blutrot sind prachtvoll. Den Namen erhielt die *Celosia* aus dem Griechischen (kelos = flammend), daher Brandschopf.

Die Aussaat wird ab März ins Frühbeet oder in Töpfe im Zimmer vorgenommen. Die Keimzeit beträgt ca. 20 Tage. Schon die jungen Pflanzen wollen viel Luft, Licht und Sonne haben und sind gegen Nässe äußerst empfindlich! Also vorsichtig und nur bei Bedarf gießen. An trüben Tagen, möglichst nach einem Regen, werden die jungen Pflanzen mit viel Wurzelballen auf 30 cm Abstand ausgesetzt. Zwischen Begonien und Salvien steht der Federschopf besonders attraktiv.

Ein solches Blumenbeet entzückt — und jedermann ist voll beglückt!

Flockenblume, Kornblume *(Centaurea imperialis)*

Compositae — Korbblütler. Aus der bei uns überall bekannten Kornblume hat der Gärtner im Verlaufe von vielen Jahren eine herrliche, großblumige Schnittblume gemacht, deren Anspruchslosigkeit sprichwörtlich ist. Deswegen ist sie eine gute Gartenpflanze geworden, denn Versager gibt es bei dieser robusten Pflanze kaum. Eine Mischung von vielen Sorten und Farben kann der Gartenfreund für wenig Geld kaufen und damit gute Wirkung erzielen. Den Namen erhielt die Blume durch den Zentaur Chion, der die Pflanze nach der Sage zur Heilung von Wunden verwendet haben soll. Der Volksmund gab ihr den Namen Hungerblume, Sichelblume, Kaiserblume oder Roggenblume. Die Kornblumen wachsen am besten auf lockerem, nicht zu feuchtem Boden in sonniger Lage.

Die Aussaat erfolgt ab März an Ort und Stelle. Die Keimzeit beträgt 2 bis 4 Wochen. Zu dicht aufgegangene Saat ist zu verziehen. Die Wuchshöhe liegt zwischen 60 und 70 cm. In klimatisch günstigen Lagen kommt auch eine Herbstaussaat (im August), mit etwas Reisig als Winterschutz, gut durch die kalte Jahreszeit. Diese Bestände blühen im nächsten Jahr sehr früh.

Centaurea imperialis

Flockenblume, Kornblume *(Centaurea)*

Compositae — Korbblütler. Die Stauden-Flockenblumen sind Schwestern der einjährigen *Centaurea* und sollten in keinem Garten fehlen. Sie sind anspruchslos und wachsen in jedem Gartenboden. Die gelbe Flockenblume, *Centaurea macrocephala*, eignet sich als Schnittblume genauso gut wie als Rabattenpflanze. Sie stammt aus Armenien, blüht von Juli bis August und trägt ihre leuchtendgelben Blüten auf 80 cm hohen, straffen Stielen. Die Berg- oder Alpenflockenblume *(Centaurea montana)* wird nicht so hoch, etwa 40 bis 60 cm, blüht blau, und zwar schon von Mai bis Juni. Beide Arten werden sehr gern von Bienen beflogen. Sie sind sehr einfach aus Samen zu vermehren.

Die Aussaat nimmst du am besten im Frühjahr (März/April) in ein Frühbeet oder in eine Saatschale im Zimmer vor. Allerdings kannst du später auch gleich ins freie Land säen, wenn sich der Boden genügend erwärmt hat. Wenn die Sämlinge kräftig genug sind, pflanzt du sie im Abstand von 30 bis 40 cm an die für sie vorgesehenen Plätze.

Centaurea macrocephala

Hornkraut *(Cerastium tomentosum)*

Caryophyllaceae — Nelkengewächs. Das Hornkraut ist wohl mit die unverwüstlichste und anspruchloseste Steingartenstaude, die wir kennen. Sie wuchert enorm stark und bedeckt schon nach kurzer Zeit kahle Hänge, Trockenmauern usw. Da sie ein außerordentlich festes Wurzelgeflecht bildet, ist sie ganz besonders dazu geeignet, steile Hänge zu befestigen und unschöne Geröll- und Trümmerhalden zu überwuchern. Das Hornkraut schmückt nicht nur durch seine zierlichen, zahlreichen weißen Blüten,

Hornkraut

Nelke

sondern auch nach der Blütezeit durch ein sehr hübsches, weißfilziges Laub. Es erreicht nur eine Höhe von 20 cm. Du kannst es gleich an Ort und Stelle aussäen; besser ist es jedoch, du nimmst die Aussaat mit anderen Staudenaussaaten auf ein sorgfältig vorbereitetes Saatbeet im April/Mai vor. Der Samen keimt nach etwa 2 Wochen. Wenn die Sämlinge kräftig genug sind, kannst du sie an Ort und Stelle setzen.

Chabaudnelke

Die Chabaudnelke ist eine Verbesserung der bekannten Margarethennelke. Die Blüten dieser Nelkenrasse zeichnen sich durch vollkommene Schönheit aus. Sie sind gut gefüllt, und der Farbenreichtum ist schier unerschöpflich. Es befinden sich heute gut durchgezüchtete Farben im Handel, die 100%ig ideale Schnittblumen von ungewöhnlicher Pracht liefern. Die Wuchshöhe beträgt 40 bis 50 cm. Chabaud-Nelkensamen ist sehr teuer. Die Samengewinnung geschieht ausschließlich unter Glas. Samenzucht im Freien ist in unseren Breiten nicht möglich. Besonders große Blumen werden erzielt, wenn man die Seitenknospen entfernt und nur die Hauptknospen stehen läßt.

Die Aussaat der Chabaudnelke wird im zeitigen Frühjahr (Februar/März) unter Glas vorgenommen. Auch Zimmeraussaat in Schalen, Töpfen und Kistchen ist möglich. Achtet bitte schon bei der Aussaat auf etwa 3 cm Abstand pro Samenkorn. Nach dem Aufgehen werden die Sämlinge pikiert und später, wenn sie kräftig geworden sind, ausgepflanzt. Bei gutem Wetter kommen die Pflanzen zur Abhärtung in die warme Frühlingssonne. Alle Nelken lieben guten, humusreichen Gartenboden. Es ist ratsam, der Erde etwas Torfmull unterzumischen. Die Chabaudnelken blühen bereits 5 Monate nach der Aussaat. Der Flor hält dann bis zum Frost an. Es ist auch möglich, blühende Pflanzen mit einem großen Wurzelballen in Töpfe einzupflanzen. Das herrliche Farbenspiel dieser edlen Nelkenrasse hat sich in kurzer Zeit viele Freunde erworben.

Goldlack *(Cheiranthus)*

Durch den guten Goldlack-Duft, riecht angenehm die Zimmerluft!

Cruciferae — Kreuzblütler. Schon seit dem Mittelalter ist der Goldlack in unseren Gärten heimisch und erfreut uns auch heute noch durch seine samtigen Farben und seinen außerordentlichen Wohlgeruch. Goldlack wird zweijährig kultiviert.

Du nimmst die Aussaat zwischen Mai und Juni vor, und zwar gleich ins Freiland. Je nach Witterung keimt der Samen nach etwa 20 bis 30 Tagen, wenn du die Aussaat gleichmäßig schattig und feucht hältst. Sowie die Pflanzen kräftig genug geworden sind, werden sie im Abstand von 20 cm auf die für sie vorgesehenen Plätze gepflanzt. In strengen Wintern ist ein leichter Winterschutz angebracht. Am besten verwendest du dazu locker aufgelegtes Tannenreisig. Da Goldlack für Hasen und Kaninchen ein besonderer Leckerbissen zu sein scheint, solltest du ihn vor diesen Nagern schützen.

Zu den verschiedenen Sorten möchte ich dir folgende Hinweise geben. Der einfache Goldlack *(Cheiranthus cheiri)* wird etwa 50 cm hoch, bringt nur einfache Blüten hervor, duftet aber intensiv und ist deshalb immer noch eine beliebte Gartenblume.

Der gefüllte Goldlack *(Cheiranthus cheiri fl. pl.)* erreicht auch etwa eine Höhe von 50 cm. Der Samen ist jedoch wesentlich teurer, und du solltest deshalb die Pflanzen besonders sorgsam behandeln. Ich möchte dir sogar raten, im Herbst einige Pflanzen in einen Blumentopf zu setzen und in

Goldlack

einem kühlen, luftigen Raum zu überwintern. Schon im zeitigen Frühjahr kannst du dich dann an dem Duft und den farbenprächtigen Blüten erfreuen.

Der niedrige Goldlack *(Cheiranthus allionii)* wird nur etwa 30 cm hoch und eignet sich infolgedessen ausgezeichnet für Steingärten. Die Kultur ist die gleiche wie bei den beiden erstgenannten Sorten. Der orangegelbe, niedrige Goldlack wird sehr gern mit roten Tulpen zusammen gepflanzt.

Sternblume, Wucherblume, Sommermargerite *(Chrysanthemum carinatum)*

Sternblume

Compositae — Korbblütler. Ihren Namen erhielt diese sehr beachtenswerte Schnittblume durch die griechischen Worte chrysos = Gold und anthemon = Blume. Um das Jahr 1800 kam sie aus Marokko zu uns herüber und wird seither gern kultiviert. Viele verschiedene Sorten finden wir heute in den Samenkatalogen angeboten, worunter sich auch gefüllte Arten befinden. Das Chrysanthemum ist keine zimperliche Gewächshauspflanze, sondern eine echte, anspruchslose Gartenblume mit großer Blühwilligkeit und lange haltbaren Straußblumen geworden. Durch die interessanten Spielarten sind neue Farbreize in den Garten gekommen. Da gibt es Blumen mit dunklen Blütenscheiben, goldgelben Rändern und solche mit karmesinroten Streifen in der Mitte. Alle sind sie recht nett und lustig anzuschauen. Die Blütezeit dauert vom Juli bis Oktober, ist also lange anhaltend. Die Wuchshöhe beträgt etwa 50 bis 60 cm.

Die Sternblume kann ab April ins Freie gesät werden. Der Samen keimt, je nach Witterung, nach etwa einer Woche, wenn die Aussaat gleichmäßig feucht gehalten wird. Zu dicht aufgegangene Pflanzen können ohne weiteres verzogen und verpflanzt werden. Das Saatgut bleibt 3 bis 4 Jahre keimfähig.

Margerite, Wucherblume *(Chrysanthemum leucanthemum max.)*

Compositae — Korbblütler. In Massen liefert diese beliebte Staude alljährlich die schönen reinweißen Margeriten. Die großen, makellosen Blütenscheiben sitzen auf straffen, langen Stielen, wodurch der Strauß ein gutes Aussehen bekommt. Die lange Haltbarkeit der Schnittblumen in der Vase macht uns die Pflanze so wertvoll, denn bis zu 14 Tagen bleiben sie frisch. Die Pflanze wird etwa 70 cm hoch und ist als Staude vollkommen winterhart.

Staudenteilung mit dem Messer. Zuvor leicht anschneiden, dann auseinanderreißen!

Die Anzucht ist ganz einfach. Mitte Mai bis Juni wird der Samen auf ein Saatbeet ausgesät, welches gleichmäßig feucht zu halten ist. Die Keimzeit beträgt ca. 12 bis 14 Tage. Sind die Jungpflanzen kräftig genug, werden sie an die vorgesehenen Stellen ausgepflanzt. Auch im Rasen, als Einzelpflanzen, wirken sie recht gut. Eine von mir gezüchtete Zwergform „Silberprinzeßchen" von ca. 30 cm Wuchshöhe macht die Margerite nunmehr auch steingartenfähig. Die größte bisher überhaupt gezüchtete Margerite „Harry Pötschke" stammt ebenfalls aus meinem Zuchtgarten und bringt Blütenscheiben von 16 cm Durchmesser auf sehr festen, bleistiftstarken Stielen hervor. Als Jungpflanze ist sie aus einer guten Staudengärtnerei zu beschaffen, da sie nur vegetativ (durch Stecklinge) vermehrt wird. Als gefüllte Art möchte ich die großblumige Sorte „Wirral Supreme" noch erwähnen, die auch nur durch Teilung oder Stecklinge vermehrt werden kann. Sie zeichnet sich durch eine lange Haltbarkeit in der Vase und einen kräftigen, straffen Stiel aus.

Riesenmargerite „Harry Pötschke"

Bunte Margerite

Die Edelweißmargerite ist gefüllt, allerdings kleinblumiger, aber außerordentlich frühblühend. Sie sollte in keinem Garten fehlen. Auch diese Arten sind nur durch Teilung oder durch Stecklinge zu vermehren.

Bunte Margerite, Pyrethrum, Mutterkraut, Bertramskraut
(Chrysanthemum roseum)

Compositae — Korbblütler. Die farbigen Margeriten sind überall bekannt und sehr beliebt. Es gibt einfache, halbgefüllte und gefüllte Arten in weißen, rosa und roten Farbtönen. Diese alljährlich wiederkehrende Pflanze blüht vom Frühjahr an bis fast in den Sommer hinein, wenn sie reichlich geschnitten wird. Ihre Wuchshöhe beträgt 50 cm. Die Sträuße sind lange in der Vase haltbar. Zweckmäßig ist es, nach 2 bis 3 Jahren die Stauden zu teilen und so nur die besten Farben zu behalten und zu vermehren. Genauso wird mit den gefüllten Sorten verfahren, denn nur ein kleiner Prozentsatz des Samens vom gefüllten Pyrethrum ergibt wieder gefüllte Pflanzen. Wer sich nur gefüllte Sorten wünscht, muß nach den Katalogen der einschlägigen Firmen Pflanzen bestellen. Für den Steingarten sind die niedrigen Sorten zu verwenden.

Die Aussaat geschieht im April/Mai auf ein lockeres Saatbeet, ganz flach in Reihen. Nach etwa 10 bis 14 Tagen geht die Saat auf, wenn sie gleichmäßig feucht und schattig gehalten wird. Nachdem die jungen Sämlinge stark genug geworden sind, werden sie an die dafür vorgesehenen Stellen gepflanzt. In rauhen Lagen rate ich zu etwas Winterschutz.

Noch nach dem Frost blühn Chrysanthemen, die Blühkraft ist fast nicht zu zähmen!

Chrysanthemum, Winteraster *(Chrysanthemum indicum)*

Compositae — Korbblütler. Die Chrysantheme ist eine uralte Kulturpflanze, die bereits um 500 v. Chr. erwähnt wird. In China und Japan stand und steht die Blume heute noch in hohem Ansehen. Das Wappen Japans trägt eine Chrysantheme, der Chrysanthemen-Orden ist eine hohe japanische Auszeichnung. Um das Jahr 1790 kamen die ersten Pflanzen nach Europa. Seit dieser Zeit ist diese einmalig schöne Pflanze bei uns in intensive Kultur genommen worden, so daß heute viele tausend Sorten davon existieren. Der Anzucht großblumiger Sorten widmen sich Spezialgärtnereien, die darin Leistungen vollbracht haben, die heute den Züchtungen aus dem Fernen Osten ebenbürtig sind. Das Chrysanthemum in unserem Garten wächst überall willig und erfreut uns durch reichlichen Blütenflor, der auch nach dem ersten Frost nicht aufhört.

Man besorgt sich ausgesuchte Pflanzen aus Gärtnereien oder Spezialzuchten, wo sie durch Stecklinge vermehrt werden. Im Herbst herausgenommene Pflanzen, die in Töpfe gesetzt werden, blühen noch sehr lange weiter, wenn sie kühl, luftig und hell stehen. Aber auch eine Anzucht aus Samen ist möglich. Man sät den Samen im Frühjahr (März/April) ins Mistbeet oder in Schalen im Zimmer. Später werden die kräftigen Pflanzen an Ort und Stelle ausgepflanzt. Bereits nach 4 bis 5 Monaten blühen die Sämlinge in vielen Farben. Die Blüten sind einfach, halbgefüllt oder gefüllt, die Wuchshöhe beträgt 50 bis 60 cm. Die Anzucht der großblumigen Chrysanthemen sollte man dem Fachmann überlassen, da nicht nur Fachkenntnisse, sondern auch die entsprechenden Kulturräume notwendig sind. Nur bestimmte Sorten eignen sich dazu. Im Januar vermehrt, beanspruchen sie bis zur Blüte viel Pflege, und nur ganz spezielle Kulturmaßnahmen veranlassen sie, die großen Blüten zu bilden.

Riesenblüte! — Einzelstiel! Für den Laien wird's zuviel!

Elfenbeinknöpfchen, Mutterkraut, Kronenwucherblume
(Chrysanthemum parthenium)

Compositae — Korbblütler. Das Elfenbeinknöpfchen sieht der Kamille sehr ähnlich und eignet sich ausgezeichnet als Einfassungspflanze oder zum Ausfüllen von Lücken im Steingarten. Aber auch als Gruppen- und Beetpflanze findet es Verwendung. Zwei Sorten sind im Handel, und zwar die weiße Art „Schneeball" und die gelbe Sorte „Goldball". Schon im April kannst du sie ins Freiland säen. Nach etwa 3 Wochen keimen sie. Wenn sich die Pflänzchen genügend gekräftigt haben, mußt du sie im Abstand von 10 cm an die für sie vorgesehenen Plätze pflanzen. An den Boden stellen sie kaum Ansprüche, sie möchten aber gern in der vollen Sonne stehen.

Elfenbeinknöpfchen

Kreuzblume, Rutenröschen, Sommerfuchsie *(Clarkia elegans plena)*

Oenotheraceae — Nachtkerzengewächs. Die Clarkia heißt bei uns Kreuzblume, und immer wieder entzücken uns die herrlichen Blütenrispen, die an die Zweige eines blühenden Mandelbäumchens erinnern. Schon durch die frohen, brillanten Farbtöne fällt sie dem Beschauer ins Auge. Etwa 20 verschiedene Farbnuancen sind mir bei den Clarkien bekannt. Die Blüten sind röschenartig geformt. Die Pflanze selbst wird etwa 50 bis 60 cm hoch, und die Blütezeit fällt in die Monate Juni bis September, je nach Aussaat.

Die Aussaat geschieht im März/April in Reihen gleich an Ort und Stelle. Die Saat geht nach etwa 10 bis 15 Tagen auf, die Keimkraft bleibt 3 Jahre erhalten. Zu empfehlen ist auch die Herbstaussaat, denn die jungen Pflanzen kommen meist mit etwas Deckreisig ganz gut durch den Winter. Sobald die Saat im Frühjahr aufgegangen ist, wird verzogen. Willig lassen sich die herausgezogenen Pflanzen weiter kultivieren, also auch verpflanzen. Die Kreuzblume ist bezüglich des Bodens recht anspruchslos, sie wächst in jedem Gartenboden und liebt sonnige Lagen. Die Bienen suchen die Blüten gern auf.

Kreuzblume

Spinnenpflanze *(Cleome spinosa gigantea)*

Capparidaceae — Kaperngewächs. Die Spinnenpflanze gehört eigentlich zu den altmodischen Pflanzen, denn zur Jahrhundertwende fand man sie in jedem Garten. Lange Zeit war sie dann verschollen; aber in den letzten Jahren erfreut sie sich wieder wachsender Beliebtheit. Ihr Wuchs ist strauchig, und sie erreicht mühelos eine Höhe von ca. 1 m. Den ganzen Sommer erfreut sie durch ihre rosa Blüten, bis sie durch die ersten Fröste zerstört werden. Die Spinnenpflanze ist eine sehr hübsche Gruppen-, Rabatten- und Beetpflanze. Sie wird im März ins Frühbeet oder in ein Kästchen im Haus ausgesät. Nach etwa 2 Wochen geht der Samen auf. Damit die Jungpflanzen nicht lang und geil werden, müssen sie pikiert und langsam abgehärtet werden. Nach Mitte Mai kannst du sie mit 40 cm Abstand auf die vorgesehenen Plätze pflanzen.

Glockenrebe, Krallenwinde *(Cobaea scandens)*

Polemoniaceae — Flammenblumengewächs. Der Name sagt es schon: „Glocke und Rebe" — also eine Schlingpflanze. Die großen blauen Glocken sind allen Gartenfreunden und Balkonbesitzern ans Herz gewachsen. 3 bis 5 m rankt dieser Schlinger hoch und hilft uns, sonnige Balkons schattig zu machen oder Lauben, Pergolen, Gänge, Zäune, Spaliere, Mauern usw. zu begrünen.

Spinnenpflanze

Glockenrebe

Die Aussaat geschieht möglichst schon im März. Jeweils 2 bis 3 Körner werden in einen Blumentopf gesteckt, der mit guter Gartenerde gefüllt wurde. Die Saat wird gleichmäßig feucht gehalten. Nach 14 bis 16 Tagen läuft sie auf. Es ist sehr wichtig, das Saatgut bei einem zuverlässigen Fachmann zu kaufen, da die Keimfähigkeit nur 1 Jahr erhalten bleibt. Wenn die Pflanzen etwas größer geworden sind, werden sie ab Mai an die vorgesehenen Stellen (Balkon, Fenster usw.) im Abstand von 50 cm gepflanzt. Dort werden Fäden gezogen, an denen die Glockenrebe hochwachsen kann. Auch im Halbschatten ist die Glockenrebe noch brauchbar.

Niedrige Winde *(Convolvulus tricolor)*

Convolvulaceae — Windengewächs. In der dreifarbig-bunten niedrigen Winde besitzen wir eine unermüdlich blühende Einfassungspflanze von großem Wert. Die Blüten sind wundervoll gezeichnet und gefärbt. Tagsüber öffnen sie sich, während sie sich nachts schließen. Ununterbrochen — vom Juli bis zum September — dauert der Flor an. Auch für Balkonkästen eine reizende, anspruchslose Pflanze!

Niedrige Winde

Die Aussaat wird direkt ins freie Land oder gleich in den Balkonkasten vorgenommen, alle 25 cm werden 2 Samenkörner 1 cm tief in den lockeren Boden gesteckt. Das kann ab März/April geschehen. Die Saat geht nach etwa 2 Wochen auf. Die Keimfähigkeit des Samens bleibt 3 bis 4 Jahre erhalten. Die Wuchshöhe beträgt 25 cm. Ich rate jedem Gartenfreund zur Aussaat einer Prachtmischung, weil in dieser Zusammenstellung alle schönen, wirkungsvollen Farben enthalten sind. Bereits 4 Monate nach der Aussaat stehen die Pflanzen in voller Blüte.

Mädchenauge, Schöngesicht *(Coreopsis grandiflora)*

Compositae — Korbblütler. Aus den USA ist diese schöne Schnitt- und Rabattenstaude zu uns gekommen, deren Blüten alle in gelblichen Farbtönen erscheinen. Die Blütezeit fällt in die Monate Juni bis September. Die Wuchshöhe beträgt 80 bis 90 cm. Die Pflanzen sind winterhart.

Die Aussaat geschieht April/Juni auf ein Saatbeet ins Freie. Der Samen geht nach 12 bis 14 Tagen auf und bleibt 2 Jahre keimfähig. Die jungen Pflanzen werden später pikiert, und wenn sie kräftig genug sind, an Ort und Stelle auf 30 cm Abstand ausgesetzt. Meine Züchtung „Sterntaler" wird nur 50 bis 60 cm hoch und zeichnet sich durch einen kompakten Wuchs aus. Die goldgelben Strahlenblüten sind in der Mitte durch einen rotbraunen Kranz geziert. Meine Züchtungen „Goldfink" und „Rotkehlchen" werden nur 25 bis 30 cm hoch und eignen sich somit glänzend für Steingärten, Einfassungen und niedrige Gruppenpflanzung. „Goldfink" blüht goldgelb, „Rotkehlchen" goldgelb mit roten Tupfen in der Blütenmitte.

Reizend sind die kleinen Kerle, jeder einzeln eine Perle!

Schöngesicht *(Coreopsis tinctoria)*

Compositae — Korbblütler. Das Mädchenauge, auch Schöngesicht genannt, ist die einjährige Schwester der Stauden-*Coreopsis*. Sie ist eine ganz entzückende, anspruchslose Sommerblume für Einfassungen, Gruppen und Steingärten. Wenn du die verblühten Blumen laufend entfernst, erfreut sie dich den ganzen Sommer hindurch durch ihr unermüdliches Blühen.

Im April kannst du sie gleich an Ort und Stelle säen. Der Samen keimt nach etwa 2 Wochen. Wenn die Pflänzchen zu dicht aufgehen, solltest du sie auslichten. Die herausgenommenen Sämlinge kannst du ohne weiteres

Schöngesicht

verpflanzen. Das Schöngesicht blüht in gelben, rotbraunen und getigerten Farbtönen. Du kannst mit dieser Sommerblume sehr gut Lücken in deinem Steingarten ausfüllen.

Schmuckkörbchen *(Cosmos bipinnatus)*

Compositae — Korbblütler. Aus dem tropischen Amerika ist das Schmuckkörbchen zu uns gekommen. Diese überaus schöne Vasenblume wird etwa 80 bis 150 cm hoch. Über dem spargelähnlichen, zarten Kraut stehen die Blüten, die an eine einfache Dahlie erinnern. Wir schätzen das Schmuckkörbchen erst richtig im Herbst, denn dann kommen seine wertvollen Schnittblumen voll zur Geltung. An den Boden stellt es sehr wenig Ansprüche, ja, es soll sogar auf magerem Boden stehen, damit es nicht allzusehr ins Kraut wächst. Für Halbschatten ist die Pflanze besonders geeignet, sie blüht dort meist besser als in praller Sonne.

Schmuckkörbchen

Die Aussaat wird gegen Ende März/Anfang April sofort ins Freiland vorgenommen. Später werden die Pflanzen in 30 bis 40 cm Abstand ausgepflanzt. Da die Wuchshöhe in bestem Gartenboden oft 1,50 m beträgt, ist es gut, wenn wir das Schmuckkörbchen im Verein mit anderen höheren Blumen in den Hintergrund plazieren. Die Saat geht nach 6 Tagen auf und bleibt 3 Jahre keimfähig. Eifriger Schnitt erbringt auch eifriges Blühen.

Sommervergißmeinnicht *(Cynoglossum amabile)*

Boraginaceae — Boretschgewächs. Das Sommervergißmeinnicht ist eine 40 cm hohe Sommerblume, die ganz besonders bescheiden ist und gerade zu der Zeit blüht, in welcher unser Garten kaum blaue Blüten aufzuweisen hat. Du kannst mit ihr nicht nur Lücken im Steingarten und in Staudenrabatten ausfüllen, sie ist auch eine hübsche Schnittblume. Am besten gedeiht sie in einem kalkhaltigen, nährstoffreichen Boden in sonniger Lage.

Im Sommer fehlt dem Garten Blau, beobacht's mal — es stimmt genau!

Schon im April kannst du sie an Ort und Stelle aussäen. Nach etwa 2 bis 3 Wochen, je nach Witterung, gehen die ersten Pflänzchen auf. Durch einen kleinen Trick kannst du erreichen, daß das Sommervergißmeinnicht ein zweites Mal blüht. Nach der Hauptblüte schneidest du die Pflanzen etwa um die Hälfte herunter. Dann treiben sie von unten wieder durch und bringen einen zweiten Flor.

Zwergdahlie *(Dahlia variabilis)*

Compositae — Korbblütler. Die einfachen Zwergdahlien sind spielend leicht aus Samen heranzuziehen, und die vielen verschiedenen Farben vermögen jedem Beet oder der Rabatte eine ganz besonders farbenfrohe Note zu verleihen. Da sie nur 50 cm hoch wird, finden wir für sie die verschiedensten Anpflanzungsmöglichkeiten. Auf Rabatten, Beeten und für niedrige Gruppen, sogar in den Balkonkästen sind sie verwendbar.

Merke, daß auch Dahliensaat, blüht im Garten in der Tat!

Die Aussaat kann ab März in ein Mistbeet oder ab Ende April direkt auf ein Saatbeet ins Freie vorgenommen werden. Die Keimdauer beträgt 14 Tage. Sobald die Pflanzen stärker geworden und keine Nachtfröste mehr zu erwarten sind, setzen wir sie auf die vorgesehenen Plätze aus. Der Pflanzabstand sollte aber mindestens 40 cm betragen, da sich nach und nach sehr kräftige Pflanzen entwickeln. Die Blütezeit dauert vom Juli bis zum ersten Frost an. Die Knollen, die sich während des Sommers gebildet haben, können im Herbst dem Boden entnommen und frostfrei überwintert werden. Auf jeden Fall sind die Aussaaten und die Jungpflanzen vor Frost zu schützen.

Hyazinthen-Rittersporn

Einjähr. Rittersporn, Hyazinthen-Rittersporn *(Delphinium consolida)*

Ranunculaceae — Hahnenfußgewächs. Mit Recht zählen wir den Rittersporn zu den schönsten Sommerblumen. Die langen, farbenprächtigen Blütenrispen ähneln einer Hyazinthe, daher auch der treffende Name „Hyazinthen-Rittersporn". Sie sind lange haltbar und deshalb als Vasenblumen sehr begehrt. Der Gartenrittersporn kommt in der Schweiz wild vor. Er ist bei uns schon seit mehr als dreihundert Jahren bekannt. Die etwa 50 cm hohe Pflanze mit ihren verschiedenen Farbtönen ist anspruchslos und leicht zu kultivieren.

Im allgemeinen ist die Herbstaussaat zu empfehlen, da die jungen Pflanzen sehr gut, meist ohne Schutz, über den Winter kommen. Dadurch wird ein viel früherer Flor erreicht. Sie kann aber auch im Februar/März gleich an Ort und Stelle mit einem Reihenabstand von 20 cm vorgenommen werden. Die Keimzeit beträgt 20 bis 30 Tage. Zu dicht aufgegangene Saat muß ausgedünnt werden. Die Pflanzen lassen sich auch versetzen. Die Blütezeit dauert, je nach Aussaatzeit, vom Juni bis August an.

Rittersporn *(Delphinium cultorum)*

Ranunculaceae — Hahnenfußgewächs. Die alten Griechen glaubten, in der Knospe des Rittersporns die Form eines Delphins zu erkennen. Daher der Name *Delphinium*. Weithin leuchten die großen, wuchtigen Blütenkolben dieser völlig winterharten Stauden, die mit ihrer Wuchshöhe von 1,50 bis 2 m zu den Riesen im Garten gehören. Im Hintergrund von Felsspalten, an Mauern, Zäunen, Steinwänden, in Staudenrabatten und als Einzelpflanze sehen wir sie immer wieder. Vor dunkellaubigen Gehölzgruppen nimmt sich der Rittersporn ganz besonders gut aus. Die Einzelpflanze braucht jedoch etwas Halt, da sie sonst der Wind umwirft. Die Blütezeit fällt in die Monate Juni bis August. Die vollerblühten Blumen sind in der Vase besonders prächtig und wirkungsvoll. Rittersporn wächst in allen Gartenböden. Noch im Halbschatten gedeiht er recht befriedigend. 5 bis 8 Jahre kann er am gleichen Orte stehenbleiben. Alljährlich ist im Herbst den Pflanzen etwas Mist und Jauche zusätzlich zu geben. Werden die Pflanzen gleich nach dem Abblühen zurückgeschnitten und mit einer Düngergabe versehen, blühen viele im Herbst des gleichen Jahres nochmals.

Die Aussaat geschieht ab April/Mai auf ein lockeres Saatbeet. Später werden die Pflanzen auf die vorbereiteten Beete ausgesetzt. Die Saat liegt 12 bis 14 Tage, ehe sie aufgeht. Der Samen bleibt 2 Jahre keimfähig.

Im Garten steht der Rittersporn im Hintergrunde — niemals vorn!

Bartnelke, Karthäuser-Nelke *(Dianthus barbatus)*

Caryophyllaceae — Nelkengewächs. In der Bartnelke besitzen wir eine einfach und gefüllt blühende Straußblume von geradezu sprichwörtlicher Haltbarkeit. Zudem blüht sie in unserem Garten zu einer Zeit, in der es wenig andere Blumen gibt. Auch im Halbschatten blüht sie noch durchaus zufriedenstellend. Der wunderbare Nelkenduft macht die Straußblume besonders anziehend. Die Pflanze wird etwa 60 cm hoch und stellt wenig Ansprüche. Obwohl die Bartnelke Staudencharakter besitzt, sät man sie alljährlich neu aus, da sie nur im zweiten Jahr nach der Aussaat besonders schön blüht.

Die Aussaat erfolgt vom Mai bis Juni auf ein lockeres Saatbeet. Nach 1 bis 2 Wochen geht die Saat auf. Der Samen bleibt 3 Jahre keimfähig. Sind die Jungpflanzen kräftig genug, werden sie in 20 bis 25 cm Abstand

Bartnelke

ausgesetzt. Bis zum Winter entwickeln sie sich noch recht gut und kommen ohne Schutz durch. Am schönsten wirkt immer wieder eine Mischung, zusammengestellt aus vielen verschiedenen Sorten. Für Steingärten verwenden wir heute die ca. 20 bis 25 cm hoch wachsende Zwergform „Indianerteppich", die in schöner, bunter Mischung angeboten wird.

Gartennelke *(Dianthus caryophyllus)*

Caryophyllaceae — Nelkengewächs. Diese Gartennelke wird in zweijähriger Kultur herangezogen und ist wegen ihrer Winterbeständigkeit sehr beliebt. Die größten Feinde aller Nelken sind Wühlmäuse und Kaninchen. Gegen sie ist mit chemischen Mitteln und Ködern vorzugehen, gegen Hasen und Kaninchen ist auf sichere Umzäunung zu achten. Es ist schon vorgekommen, daß ganze Nelkenbeete in einer Nacht radikal von Hasen abgefressen wurden. Die Durchschnittshöhe der Gartennelken ist 50 bis 60 cm. Das Sortiment enthält ein reiches Farbenspiel.

In meines Gartens Blütezeit pfeif ich auf Fürstenherrlichkeit!

Die Aussaat der Gartennelken geschieht im Mai/Juni auf ein sorgfältig vorbereitetes Saatbeet in Reihen. Die Saat ist bis zum Aufgang schattig und feucht zu halten. Später werden die Sämlinge in gute, nährstoffreiche Gartenerde ausgesetzt, und zwar im Abstand von 25 cm. Gartennelken überwintern gut im Freien.

Sommernelke *(Dianthus chinensis)*

Caryophyllaceae — Nelkengewächs. Die Sommernelke ist im Gegensatz zu ihren Schwestern hur einjährig und wird bereits im Frühjahr, am besten Ende März, ins Frühbeet oder in Töpfe und Schalen im Haus ausgesät. Der Samen keimt nach etwa 10 Tagen, wenn du die Aussaat gleichmäßig warm und feucht hältst. Durch diese frühe Aussaat erzielst du eine wesentlich frühere Blüte und vor allen Dingen einen längeren Flor. Wenn es dir jedoch an Zeit und Gelegenheit fehlt, kannst du die Aussaat der Sommernelke noch im Mai auf ein Saatbeet im Freiland vornehmen. Die Blüte ist dann freilich wesentlich später zu erwarten.

Sommernelke

Die kräftigen Jungpflanzen solltest du im Abstand von etwa 20 cm auf die für sie vorgesehenen Plätze pflanzen. Die Sommernelke erreicht eine Höhe von 30 cm und ist deshalb durchaus geeignet, noch in den Steingarten gepflanzt zu werden. Ebenso kann sie genauso gut zur Beetbepflanzung verwendet werden. Als Schnittblumen sind ihre in den schönsten Farben sich zeigenden Blüten ganz besonders geschätzt. Sie sind teils einfach, teils gefüllt. Die einfachen Blüten wirken durch ihre geschlitzten und gewellten Blütenblätter sehr hübsch.

Heidenelke, Blutstropfennelke *(Dianthus deltoides)*

Caryophyllaceae — Nelkengewächs. Die Heidenelke ist eine entzückende Staudennelke, die sich ganz besonders gut für den Steingarten eignet. Sie bildet ein dichtes Polster und erreicht nur eine Höhe von 15 cm. Die Blütezeit währt von Juni bis August. An den Boden stellt die Heidenelke keine Ansprüche. Sie möchte nicht zu feucht und vor allen Dingen sehr sonnig stehen. Du kannst sie selbst durch Samen vermehren.

Die Aussaat wird im März im Frühbeet vorgenommen. Ab Mai kann die Aussaat auch im Freiland erfolgen. Der Samen keimt nach etwa 10 bis 14 Tagen. Wenn die Pflänzchen kräftig genug geworden sind, kannst du sie auf die für sie vorgesehenen Plätze pflanzen.

Ins Frühbeet ab März, ins Freiland ab Mai.

Federnelke

Tränendes Herz

Fingerhut

Federnelke *(Dianthus plumarius)*

Caryophyllaceae — Nelkengewächs. Die Federnelken sind schöne Schnittblumen mit angenehmem Wohlgeruch. Die Pflanze ist vollkommen winterhart und bildet mit der Zeit dichte Polster. Sie ist in Europa und Asien zu Hause, wächst daher bei uns sehr willig. Die größten Feinde auch dieser Nelken sind die Mäuse und Hasen. Die Federnelke eignet sich gleich gut zur Rabattenpflanzung wie zum Schnitt. Die Wuchshöhe beträgt ca. 35 cm, deshalb ist sie für Steingärten ganz besonders geeignet. Immer wieder wird sie als Einfassungspflanze gern benutzt.

Die Aussaat geschieht entweder im April unter Glas ins Mistbeet, in Töpfe bzw. Schalen oder ab Mai auf ein lockeres Saatbeet ins Freie. Die Saat geht nach etwa 8 bis 10 Tagen auf und bleibt 2 bis 3 Jahre keimfähig. Später werden die Sämlinge auf 25 cm Abstand ausgepflanzt. Die blaugrünen Polster behalten während des Winters ihre zierende Wirkung.

Tränendes Herz *(Dicentra spectabilis)*

Papaveraceae — Mohngewächs. Diese alteingesessene Gartenpflanze ist ebenso unter dem Namen „Marienherz", „Flammendes Herz" und „Fliegendes Herz" bekannt. Auch „Frauenherz" und „Leutnantsherz" sind noch teilweise im Volksmunde geläufig. Diese etwa 1 m hohe Staude blüht in den Monaten April bis Juni. Mit den Jahren nimmt die Pflanze einen ansehnlichen Umfang an. Das mußt du bei der Ortswahl berücksichtigen und außerdem, daß sie am besten im leichten Schatten gedeiht. Sie ist für Vollschatten noch zu verwenden. Aus Japan kam diese einzigartige Blume zu uns. Die beste Vermehrung geschieht durch die Teilung der Wurzelstöcke. Auch können die Seitensprosse, die abgetrennt werden, als Stecklinge dienen. Nach der Blüte wird das vergilbte Laub abgeschnitten. Eine Vermehrung durch Samen ist weniger zu empfehlen. Man besorgt sich eine oder mehrere Pflanzen beim Gärtner oder im Versandhandel.

Fingerhut *(Digitalis purpurea)*

Scrophulariaceae — Rachenblütler. Schön, aber giftig! Wir schätzen den Fingerhut trotzdem als zierende Schnitt- und Vasenblume und nicht zuletzt als imposante Gartenpflanze. Die gloxinienartigen Blütenkelche mit ihren weißen, roten, purpurnen Farbtönen und der interessanten Punktierung im Innern sind ganz besonders hübsch anzuschauen. Im Hintergrund des Steinbeetes, vor Gehölzpartien und als Gruppenpflanze wird der Fingerhut gern angepflanzt. Im Halbschatten wächst er besonders gut. Die Wuchshöhe beträgt bis 1,20 m. Im Mai/Juni wird der feine Samen auf ein Saatbeet gestreut. Die Saat geht nach 10 bis 14 Tagen auf und bleibt 3 Jahre keimfähig. Sind die Sämlinge kräftig genug, werden sie an Ort und Stelle ausgepflanzt. Im Winter ist etwas Deckreisig als Schutz anzuraten.

Afrikanische Goldblume *(Dimorphotheca aurantiaca)*

Compositae — Korbblütler. Die Afrikanische Goldblume ist vielen Gartenliebhabern noch nicht bekannt. Sie verdient es jedoch tatsächlich, daß du es einmal mit einer Aussaat versuchst. Sie ist sehr bescheiden in ihren Ansprüchen. So kann sie Ende April/Anfang Mai direkt an Ort und Stelle ausgesät werden. Je nach Witterung geht der Samen nach etwa 2 Wochen auf, wenn du die Aussaat gleichmäßig feucht hältst. Geht der Samen sehr dicht auf, solltest du die Jungpflanzen auf etwa 20 cm verziehen. Die herausgenommenen Pflanzen sind ohne weiteres zu verpflanzen. Da

Afrik. Goldblume

die Afrikanische Goldblume nur 20 cm hoch wird, kannst du mit ihr gut Lücken im Steingarten ausfüllen und sie als Beet- und Einfassungspflanze verwenden. Als Schnittblume zeichnet sie sich durch eine lange Haltbarkeit aus.

Frühlingsmargerite, Gemswurz *(Doronicum caucasicum)*

Compositae — Korbblütler. Die gelbe Frühlingsmargerite ist eine außerordentlich robuste und winterharte Staude. Sie erreicht nur eine Höhe von 30 bis 40 cm und ist deshalb eine vorzügliche Steingartenpflanze. Da sie ihre Blüten bereits im April auf straffen Stielen hervorbringt, ist sie eine beliebte Schnittblume. Ihre gelbe Farbe kommt besonders zusammen mit roten Tulpen sehr gut zur Wirkung. Sie gedeiht sowohl im Halbschatten als auch in voller Sonne und nimmt mit jedem guten Gartenboden vorlieb. Einige Jahre solltest du eine Pflanze immer ungestört wachsen lassen. Wenn sie zu üppig wird, kannst du sie ohne weiteres durch Teilung vermehren. Aus Samen läßt sie sich ebenfalls ziehen.

Gemswurz

Die Aussaat solltest du mit anderen Stauden im April/Mai auf ein Saatbeet vornehmen. Der Samen keimt nach 12 bis 15 Tagen. Wenn die Sämlinge kräftig genug geworden sind, pflanzt du sie auf die für sie bestimmten Plätze mit einem Abstand von etwa 25 cm.

Schneeheide *(Erica carnea)*

Ericaceae — Heidekrautgewächs. Die Schneeheide kommt aus den Alpen. Wie ihr Name bereits erkennen läßt, blüht sie schon im Januar, häufig unter einer dichten Schneedecke in Weiß, Rosa und Rot. Da ihre Blütezeit bis in den Frühling hinein andauert, ist sie eine wertvolle, frühe Bienenfutterpflanze.

An den Boden stellt die Schneeheide weniger Ansprüche als die übrigen Familienmitglieder der Heidekrautgewächse, die nur in sauren Böden gedeihen. Die Schneeheide wächst in jedem Gartenboden, er kann sogar kalkhaltig sein. Da sie sehr niedrig bleibt, sie erreicht nur eine Höhe von etwa 10 bis 20 cm, eignet sie sich ausgezeichnet für Steingärten, Trockenmauern und Heidegärten.

Die Schneeheide wird nur durch Stecklinge und Teilung vermehrt. Du mußt dir deshalb die Pflanzen in einem guten Fachgeschäft besorgen, wenn du dich an dieser hübschen Steingartenstaude erfreuen willst.

Schneeheide

Berufskraut, Frühaster *(Erigeron)*

Compositae — Korbblütler. Die Frühaster ist eine etwa 60 cm hohe, winterharte Staude, die sich als Rabattenpflanze genauso gut eignet wie als Schnittblume. Früher war sie nur in blauen Farbtönen bekannt. Durch langjährige Zuchtarbeit ist es mir jedoch gelungen, rosa und rote Farben herauszuzüchten. Diese Neuzüchtungen zeichnen sich außerdem noch durch einen straffen, kräftigen und gesunden Wuchs aus. Erigeron wächst in jedem Gartenboden, am besten in der vollen Sonne. Es gedeiht jedoch auch in leichtem Halbschatten noch.

Du kannst diese hübsche Staude mit Leichtigkeit selbst aus Samen heranziehen. Seit kurzem sogar auch die rosa Sorten, die bislang nur vegetativ zu vermehren waren. Die Aussaat nimmst du am besten von April bis Mai auf ein Saatbeet vor. Wenn du sie schattig und gleichmäßig feucht hältst, geht der Samen nach etwa 2 bis 3 Wochen auf. Sind die Pflanzen kräftig genug, pflanzt du sie an Ort und Stelle im Abstand von 30 cm. Viele

Frühaster

Kugeldistel

Eremurus deck mit Torfmull zu, dann läßt die Kälte sie in Ruh!

Kleopatranadel

Edeldistel

Sorten können jedoch nur durch Teilung oder Stecklinge vermehrt werden, und du mußt dir schon einige Pflanzen in einem guten Fachgeschäft besorgen, wenn diese hübsche Frühaster in deinem Garten nicht fehlen soll. Die Blütezeit dauert von Juni bis August. Du kannst sie wesentlich verlängern, wenn du nach der ersten Blüte die Pflanzen zurückschneidest. Dann treiben sie von unten erneut durch und bringen einen zweiten Flor.

Kugeldistel *(Echinops ritro)*

Compositae — Korbblütler. Die Kugeldistel ist eine ausgesprochene Steppenpflanze und verlangt deshalb einen lockeren, durchlässigen Boden und vor allen Dingen einen vollsonnigen Standort. Da sie mit den Jahren zu einer stattlichen Pflanze heranwächst, solltest du sie möglichst allein pflanzen oder vor Gehölzgruppen. Sie wirkt nicht nur durch ihre stacheligen, tiefblauen Blüten, sondern auch durch ihr hübsches, graugrünes Laub. Die Blüten stehen auf straffen Stielen und sind vor allen Dingen als Trockenblumen gut zu verwenden. Damit die schöne, stahlblaue Farbe erhalten bleibt, mußt du sie schneiden, wenn die Blüten beginnen, sich blau zu färben. Die Kugeldistel erreicht eine stattliche Höhe von etwa 1,20 m und ist außerordentlich winterhart.

Sie ist sehr einfach aus Samen zu vermehren. Ab April/Mai kannst du die Aussaat auf ein Saatbeet vornehmen. Bei gleichmäßiger Feuchtigkeit keimt der Samen nach etwa 2 Wochen. Wenn die Sämlinge kräftig genug geworden sind, pflanzt du sie auf die für sie vorgesehenen Plätze. Achte dabei jedoch darauf, daß sie viel Platz zur Verfügung haben.

Kleopatranadel *(Eremurus robustus)*

Liliaceae — Liliengewächs. Die Kleopatranadel ist erst seit Ende des letzten Jahrhunderts bei uns bekannt, erfreut sich aber inzwischen einer außerordentlichen Beliebtheit. Sie ist eine ausgesprochene Solitärstaude und erreicht eine Höhe von annähernd 2,50 m, wenn sie günstige Bodenverhältnisse vorfindet. In einem nahrhaften, durchlässigen Boden und vollsonniger Lage gedeiht sie am besten. Zwar ist sie winterhart, du solltest ihr jedoch für den Winter einen leichten Schutz durch eine Laub-, Reisig- oder Torfmulldecke gewähren. In rauheren Lagen sollte sie einen geschützten Platz bekommen. Sehr empfindlich ist sie gegen stauende Nässe. Sorge deshalb stets für einen lockeren, durchlässigen Boden.

Die Aussaat der Kleopatranadel ist nicht ganz einfach. Der Samen keimt nur, wenn die Aussaat dem Frost ausgesetzt wird. Am besten nimmst du sie deshalb im Herbst in einem Kästchen vor und setzt dieses dann ins Freie. Erst im Frühjahr ist mit einer Keimung zu rechnen. Wenn die Sämlinge kräftig genug sind, pflanzt du sie an die für sie bestimmten Stellen im Garten.

Einfacher ist es, wenn du dir im Fachgeschäft eine Pflanze besorgst. Bei der Pflanzung mußt du darauf achten, daß der Setzling 15 cm tief in den Boden kommt.

Silberdistel, Edeldistel *(Eryngium)*

Umbelliferae — Doldenblütler. Silber- und Edeldisteln lieben einen vollsonnigen Standort, einen lockeren, durchlässigen Boden und sind sehr empfindlich gegen stauende Nässe. Sie werden 70 bis 80 cm hoch, und du kannst sie gut als Einzelpflanze verwenden. In der Staudenrabatte erzielst du mit ihnen eine ausgezeichnete Wirkung. Die auf straffen Stielen stehenden Blüten eignen sich vorzüglich als Trockenblumen.

Die Silberdistel *Eryngium giganteum* ist leider nur zweijährig und kommt selten im dritten Jahr noch einmal zum Vorschein.

Die Edeldistel *Eryngium planum* blüht blau und ist eine echte winterharte Staude, an welcher du viele Jahre Freude haben kannst.

Die Anzucht ist bei beiden Arten gleich. Am besten säst du sie im Herbst in Saatkisten und setzt die Aussaaten dem Frost aus. Erst im Frühjahr ist mit dem Aufgang zu rechnen. Wenn die Pflanzen kräftig genug sind, pflanzt du sie auf die für sie vorgesehenen Plätze.

Goldmohn, Schlafmützchen *(Eschscholtzia californica)*

Papaveraceae — Mohngewächs. Weil sich die Blüten des Goldmohnes am Abend schließen, gab der Volksmund der Blume den Namen „Schlafmützchen". In diesem Zustand sehen die Blüten kleinen Rosenknöspchen ähnlich. Am anderen Morgen leuchten sie dann wieder wie reines Gold und erfreuen Mensch und Bienen. Die anspruchslose Gartenblume wird wegen ihrer reinen Farben und langen Blütezeit, die vom Mai bis Oktober dauern kann, sehr geschätzt. Den Namen *Eschscholtzia* erhielt die Blume zu Ehren des Zoologen Eschscholtz, der in Dorpat beheimatet war. Die Pflanze eignet sich für viele Zwecke. Sie kann in Gruppen, auf Rabatten, Trockenmauern oder Einfassungen stehen, überall wird sie gute Farbeffekte hervorzaubern. Die Anzucht ist kinderleicht, weshalb sie sich gut für Kinderbeete eignet.

Goldmohn

Ab März/April kann die Saat auf ein lockeres Beet an Ort und Stelle gestreut werden. Herbstaussaat ist ebenfalls möglich, dadurch wird eine frühere Blüte erreicht. Der Samen geht schon nach knapp einer Woche auf. Er behält 3 Jahre seine Keimfähigkeit. Bezüglich des Bodens ist der Goldmohn anspruchslos. Pflanzweite in der Reihe ca. 20 cm.

Goldwolfsmilch *(Euphorbia polychroma)*

Euphorbiaceae — Wolfsmilchgewächs. Die Goldwolfsmilch ist mit ihren leuchtend gelben Blüten eine vorzügliche Steingartenpflanze. Sie blüht von April bis Mai und erreicht eine Höhe von etwa 40 cm. Einzeln gepflanzt bildet sie hübsche, kugelige Büsche, die auch nach der Blüte noch sehr zierend im Steingarten, auf Trockenmauern und im Staudenbeet wirken. Die Goldwolfsmilch möchte sehr sonnig stehen und braucht nur wenig Wasser. Gegen stauende Nässe ist sie empfindlich. Sie eignet sich deshalb für Südhänge und Böschungen besonders gut.

Goldwolfsmilch

Die Goldwolfsmilch ist ein Frostkeimer und muß deshalb im Herbst ausgesät werden. Vor dem Frühjahr ist nicht mit der Keimung zu rechnen. Nimm die Aussaat recht dünn vor, damit sich die Sämlinge im Saatbeet gut entwickeln können. Wenn sie kräftig genug sind, werden sie an die für sie vorgesehenen Plätze gepflanzt.

Blauschwingel *(Festuca glauca)*

Gramineae — Süßgräser. Der Blauschwingel gehört zu den Ziergräsern. Er ist jedoch wegen seines besonders niedrigen Wuchses von nur 15 bis 20 cm eine ausgesprochene Steingartenpflanze. Er wächst in jedem Gartenboden, möchte aber vor allen Dingen in der vollen Sonne stehen. *Festuca glauca* ist sehr leicht aus Samen zu ziehen. Die Aussaat erfolgt im April/Mai auf ein Saatbeet. Der Samen braucht etwa 2 bis 3 Wochen, bis er keimt.

Blauschwingel

*Wenn ihre Blüte
voll erstrahlt,
glaubt man,
sie seien handgemalt!*

Da Pflanzen, die aus Samen vermehrt sind, nicht alle gleichmäßig blau-grünes Laub aufweisen, möchte ich dir raten, die schönsten Pflanzen auszuwählen und dann später durch Teilung zu vermehren.

Malerblume, Kokardenblume (*Gaillardia pulchella*)

Compositae — Korbblütler. In dieser einjährigen, gefüllten Malerblumenart besitzen wir eine der dankbarsten und schönsten Gartenblumen. Vom Juli bis Herbst erfreuen sie uns durch reiches Blühen. Die Sträuße und Buketts der Malerblume sind lange haltbar. Auf Beete oder in Gruppen gepflanzt, überall wird eine gute Wirkung erzielt. Die Pflanzen sind gesund und widerstandsfähig, also recht für den Garten geeignet. Auch Trockenheit schadet ihnen nichts, so daß sie meist in regenlosen Sommern die einzigen Blumen sind, die noch Sträuße schenken. Diese einjährige Malerblume wird nur etwa 50 cm hoch. Der Gartenfreund tut gut, sich von dieser Malerblumenart eine Portion Samen in Mischung zu besorgen, denn erst dadurch wird er mit den vielen Farbunterschieden und lobenswerten Eigenschaften näher bekannt.

Die Aussaat erfolgt ab April an Ort und Stelle oder auf ein Saatbeet. Auf durchlässigem, sandigem Boden wachsen sie am besten. Pflanzweite 25 cm. Die Saat geht nach etwa 12 bis 14 Tagen auf. Sie bleibt ca. 2 Jahre keimfähig.

Kokardenblume, Malerblume (*Gaillardia aristata*)

*Kokardenblume
Gaillardia aristata*

Compositae — Korbblütler. Neben der einjährigen Malerblume gibt es die überall gut angeschriebene Staude, die etwa 70 bis 80 cm hoch wird und bei uns als winterhart gilt.

Die langgestielten Margaretenblumen schenken uns ausgezeichnete Vasensträuße von fast vierzehntägiger Haltbarkeit. Der Blütengrund ist wollig-braun, die Mitte rötlich, um nach den Enden der Scheibenblüten gelblich zu werden. Wegen dieser bunten Farbzusammenstellung wird sie im Volksmund auch „Papageienblume" genannt. Die Blütezeit beginnt ab Juni und hält bis zum Frost an.

Die Aussaat geschieht ab April/Mai auf ein lockeres Saatbeet möglichst recht dünn. Die Saat läuft nach 12 bis 14 Tagen auf. Sind die Jungpflanzen kräftig genug entwickelt, werden sie an die vorgesehenen Stellen ausgepflanzt. Etwas Deckreisig im Winter ist in kalten Lagen angebracht.

Gaillardia „Kobold" ist eine niedrige Malerblume, wird nur etwa 30 cm hoch und bildet breite, halbkugelige Büsche, die mit den bekannten zweifarbigen Blüten dicht besät sind. Eine ganz vorzügliche Einfassungs- und Steingartenpflanze von großem Reiz. Auch sie zeichnet sich wie ihre große Schwester durch Anspruchslosigkeit und reiches Blühen aus. Die Blütezeit dauert von Juni bis Frosteintritt. Diese unermüdlich blühende Zwergform schenkt uns laufend zierende Vasensträuße und bleibt trotzdem eine schöne, farbenfreudige Schmuckstaude.

Enzian (*Gentiana*)

*Mein Interesse stets
erwecken
gut bepflanzte
Mauerecken!*

Gentianaceae — Enziangewächs. Der Enzian ist aus den Bergen zu uns herabgestiegen, und durch fleißige Zuchtarbeit hat er sich in unseren Gärten akklimatisiert. Vergiß jedoch niemals seine Herkunft!

Er liebt einen freien, sonnigen Standort und einen lehmhaltigen, aber lockeren, frischen Gartenboden, der reichlich Kalk enthält. Zwar gedeiht er auch noch im Halbschatten, zeigt sich dann aber nicht so intensiv blau, wie wir es von ihm erwarten.

Gentiana acaulis dinarica ist außerordentlich niedrig, er wird nicht höher als 10 cm, weist aber sehr große, tiefblaue Blüten auf.

Gentiana dahurica blüht vom Juli bis in den September hinein. Er ist wüchsiger und anspruchsloser als die *Gentiana-acaulis*-Arten.

Gentiana septemfida lagodechiana ist der wüchsigste und unempfindlichste Gartenenzian überhaupt. Er blüht von Juli bis September hell-enzianblau und stellt keine besonderen Ansprüche an Standort und Bodenverhältnisse.

Alle Enziansorten sind Frostkeimer. Du mußt deshalb die Aussaat im Herbst vornehmen. Vor dem Frühjahr ist nicht mit der Keimung zu rechnen. Da der Samen außerordentlich fein ist, säst du am besten in ein Kistchen oder in eine Saatschale. Du pikierst die zarten Sämlinge erst auf ein gut vorbereitetes Beet und pflanzt sie erst dann auf die vorgesehenen Plätze, wenn die Pflanzen kräftig genug sind.

Enzian

Nelkenwurz *(Geum coccineum)*

Rosaceae — Rosengewächs. Die Nelkenwurz mit ihren tiefroten und orangefarbenen Blüten sollte in keinem Staudenbeet fehlen, da sie einmal für eine gute Farbwirkung sorgt und zum anderen eine sehr lange Blütezeit aufweist. Vom Mai bis in den August blühen die etwa 60 cm hohen Pflanzen.

Geum liebt die volle Sonne, gedeiht jedoch auch noch im Halbschatten, wenn ihr ein lockerer, humoser Gartenboden zur Verfügung steht. Sie ist außerordentlich winterhart und übersteht die strengsten Fröste ohne Schutz.

Du kannst sie sehr einfach durch Samen selbst vermehren. Die Aussaat geschieht am besten im April/Mai auf ein gut vorbereitetes Saatbeet. Nach etwa 2 Wochen keimt der Samen. Wenn die Pflanzen kräftig genug sind, kannst du sie im Abstand von etwa 25 cm auf die vorgesehenen Plätze pflanzen.

Manch Pflänzchen fremd aus fernen Zonen soll nun in deinem Garten wohnen.

Sommerazalea, Atlasblume *(Godetia)*

Oenotheraceae — Nachtkerzengewächs. Auch unter dem Namen „Morgenglanz" ist die Sommerazalea bekannt. Da die Blüten der Azalea ähneln, hat sich der Name Sommerazalea überall eingebürgert. Es gibt wunderschöne Farben davon, die von solcher Köstlichkeit sind, daß du dich sicher entschließt, diese Pflanze in deinem Garten heranzuziehen, zumal sie wenig Ansprüche an den Boden und Standort stellt und überall freudig heranwächst.

Sie wird 40 cm hoch und eignet sich ganz vortrefflich für Beete, Rabatten, Einfassungen und vor allen Dingen zum Schnitt. Als Lückenbüßer im sommerlichen Steingarten ist sie nicht zu verachten. Eine ausgezeichnete Tischdekorationsblume bei Festlichkeiten im Sommer. Obgleich die Blüten außerordentlich zart wirken, halten sie sich länger als 8 Tage in der Vase.

Die Kultur ist einfach. Die Saat wird ab April auf ein lockeres Beet gleich an Ort und Stelle ausgesät. Zu dicht aufgegangene Bestände sind zu verziehen. Auch Herbstaussaat ist möglich. Dadurch wird früherer Flor erreicht. Keimzeit ca. 14 Tage, Samenhaltbarkeit ca. 2 Jahre. Die Pflanze liebt sonnige Lage, gedeiht jedoch auch noch im Halbschatten.

Nelkenwurz

Sommerazalea

Durch Schleierkraut erst sieht der Strauß, gelockert und schön duftig aus!

Einjähr. Schleierkraut, Gipskraut *(Gypsophila elegans)*

Caryophyllaceae — Nelkengewächs. Das einjährige Schleierkraut eignet sich vorzüglich für Schnitt- und Bindereizwecke. Es wird immer wieder gern angebaut. Die Pflanze wird 45 cm hoch und muß möglichst frei stehen, darf also nicht mit Nebenpflanzen in Berührung kommen, da sie sich stark und weit verzweigt. Die kleinen Blütchen, mit denen die Zweige dicht übersät sind, geben der Pflanze, aus einiger Entfernung betrachtet, ein feines, schleierartiges Aussehen. Die Blüten sind in weißen, rosa und roten Farbtönen anzutreffen.

Die lockeren, zarten Blütenstände verschönern jeden Sommerblumenstrauß, der dadurch zart und duftig wird. Die Blütezeit fällt in die Monate Juli/August. Normalerweise genügt eine Portion Samen in einer Mischung.

Die Aussaat wird ab März/April vorgenommen, und zwar gleich an Ort und Stelle. Nach 2 bis 3 Wochen geht die Saat auf, der Samen bleibt 2 Jahre keimfähig.

Schleierkraut, Gipskraut *(Gypsophila paniculata)*

Schleierkraut

Caryophyllaceae — Nelkengewächs. Unendlich viele kleine Blütchen sitzen an einer einzigen Pflanze, so daß der Busch aus einiger Entfernung wie ein durchsichtiger Schleier ausschaut. Einige Pflanzen gehören in jeden Garten.

Bevorzugt wird diese etwa 1 m hohe buschartige Pflanze wegen der zierenden Wirkung des frischen und getrockneten Krautes zu Bindereizzwecken. Das Kraut wird während der Blüte geschnitten, schattig getrocknet und je nach Bedarf verwendet. Das Schleierkraut ist eine ausgesprochene Steppenpflanze, liebt also sandigen Boden.

Die Aussaat wird ab Mai/Juni auf ein Saatbeet vorgenommen. Keimzeit: 2 bis 3 Wochen. Später werden die Sämlinge in 60 cm Abstand voneinander ausgepflanzt. Die Pflanze ist sehr winterhart. Wer schneller zu kräftigen Pflanzen kommen will, kauft sich einige fleischige Wurzeln, die in den einschlägigen Katalogen angeboten werden.

Sonnenbraut *(Helenium autumnale)*

Uns allen ist recht gut vertraut, Helenium — die Sonnenbraut!

Compositae — Korbblütler. Die Sonnenbraut ist mit ihren kräftig gelben, roten, samtbraunen und bronzefarbenen Blüten ein ausgesprochener Hochsommerblüher. Sie ist eine außerordentlich robuste, vollkommen winterharte Staude, die in keiner Staudenrabatte fehlen sollte.

Sie erreicht eine Höhe von 1 bis 1,20 m, und du solltest sie deshalb mehr in den Hintergrund deiner Staudenbeete setzen. Aber auch als Gruppenpflanze wirkt sie ausgezeichnet. Die Blüten stehen auf straffen Stielen und zeichnen sich nicht nur durch ihr hübsches Farbenspiel, sondern außerdem durch eine sehr gute Vasenhaltbarkeit aus. Die Blütezeit währt vom Juli bis in den späten Herbst hinein.

Du kannst die Sonnenbraut ohne Schwierigkeit selbst aus Samen ziehen. Besorge dir zu diesem Zweck am besten eine Samenmischung verschiedener Farben. Eine Portion Samen reicht vollkommen aus, denn er ist sehr fein. Die Aussaat nimmst du am besten auf ein Saatbeet im April/Mai vor. Nach etwa 1 bis 2 Wochen, je nach Witterung, keimt der Samen. Wenn die Jungpflanzen kräftig genug sind, pflanzt du sie an die für sie bestimmten Plätze.

224

Sonnenröschen *(Helianthemum mutabile)*

Cistaceae — Cistrosengewächs. Das Sonnenröschen, auch Blutströpfchen genannt, ist eine ausgezeichnete Steingartenstaude. Sie wird nur etwa 25 cm hoch und blüht von Juni/Juli in einem hübschen Farbenspiel von Weiß bis Rot. Die schon sehr bald verholzenden Triebe kannst du unbesorgt zurückschneiden, wenn dir die Pflanze im Steingarten zu üppig wird. Sie gedeiht am besten in voller Sonne, stellt keine großen Ansprüche an den Boden und ist deshalb sehr gut für Felspartien, Trockenmauern und Einfassungen zu verwenden.

Die Aussaat solltest du im April/Mai auf ein gut vorbereitetes Saatbeet vornehmen. Bei gleichmäßiger Feuchtigkeit keimt der Samen nach etwa 2 Wochen. Wenn die Sämlinge kräftig genug geworden sind, pflanzt du sie an die für sie vorgesehenen Plätze.

Die gefüllt blühenden Sonnenröschen *Helianthemum* „Gelbe Perle" und „Rubin" sind nicht durch Samen zu vermehren. Du solltest dir von diesen beiden Sorten unbedingt einige Pflanzen in einem guten Fachgeschäft besorgen, denn mit seinen kugelrunden, leuchtend gelben und roten Blüten sind sie eine ganz besondere Zierde für den Steingarten.

Sonnenröschen

Sonnenblume, Sonnenrose *(Helianthus annuus)*

Compositae — Korbblütler. Überall bekannt sind die Sonnenrosen mit ihren großen gelben Blütenscheiben. Weniger bekannt waren früher die roten Sorten, die etwas Abwechslung in den Garten bringen. Zum Verdecken von Komposthaufen, unansehnlichen Gartenecken usw. sät der Gartenfreund zweckmäßig Sonnenblumen aus. Aus Nordamerika stammt diese wuchtige, bis 5 m hohe Riesenpflanze, die zugleich auch als Zier-, Futter- und Ölpflanze dient. Kaninchen und anderes Vieh fressen die ganze Pflanze mit Stumpf und Stiel auf. Als Schnittblume kommt die Sonnenrose weniger in Betracht; doch lassen sich bei Saaldekorationen, zu Erntefesten oder Kleingärtner-Ausstellungen recht wirkungsvolle Effekte mit den Riesenblumen erzielen. Zu diesem Zweck werden die Pflanzen oft gleich im Kübel ausgesät, der mit bester Komposterde gefüllt sein muß und laufend zu gießen ist.

Um zu verdecken, schlechte Ecken, mußt du Sonnenrosen stecken.

Die Aussaat geschieht ab April in lockere, gut gedüngte Gartenerde oder schon ab Februar/März in Töpfe. Jede Pflanze bekommt 60 cm Abstand zur nächsten. Riesenpflanzen werden erzielt, wenn fleißig gegossen, reichlich gejaucht und gedüngt wird. Die Kerne sind ein beliebtes Hühner- und Singvogelfutter während des Winters. Die Kinder kauen die ölhaltigen Körner sehr gern.

Strohblume, Sonnengold *(Helichrysum bracteatum)*

Compositae — Korbblütler. Aus Südafrika und Australien kamen die Strohblumen zu uns. Da sich die geschnittenen Blütenstengel als Trockenblumen unglaublich lange halten, sind sie ein begehrter und natürlicher Zimmerschmuck. Sie verlieren niemals ihre Farbe, wirken also deshalb ungekünstelt. In bunten Vasen, die ruhig altmodisch sein können, gefallen sie mir am besten. Für Buketts, auf Gräbern, für die Kranzbinderei usw. werden die Strohblumen stets gern verwendet. Die Anzucht ist leicht.

Die Aussaat erfolgt ab April/Mai auf ein lockeres Saatbeet oder gleich an Ort und Stelle. Später werden die Pflanzen auf 20 × 20 cm Abstand ausgepflanzt bzw. verzogen. Die Wuchshöhe beträgt 60 bis 70 cm. Sie wachsen leicht in jedem Gartenboden, der nur nicht zu feucht sein

Strohblumen

Schon auf Omas Vertiko grüßten Blumen mich aus Stroh!

darf. Sobald sich die ersten Blütenblätter zu öffnen beginnen, werden die Stiele geschnitten und zum Trocknen, mit dem Kopf nach unten, schattig aufgehängt. Wenn dieser Zeitpunkt verpaßt wurde, dann wird die Blütenmitte schwarz. Das sieht nicht gut aus und macht die Blume wertlos. Die Saat geht nach etwa 5 bis 7 Tagen auf und sie bleibt ca. 2 Jahre keimfähig.

Sonnenauge *(Heliopsis)*

Compositae — Korbblütler. Das Sonnenauge sollte als ausgesprochener Massen- und Herbstblüher in keinem Garten fehlen. Es erreicht eine Höhe von etwa einem Meter, trägt seine zahlreichen Blüten jedoch auf sehr standfesten, straffen Stielen, so daß weder Wind noch Regen ihm etwas anhaben kann. Als Schnittblume ist es wegen seiner guten Haltbarkeit besonders beliebt. Ein Herbststrauß wird durch das leuchtende Gelb des Sonnenauges erst richtig belebt. Es blüht vom Juli bis in den Herbst hinein.

Die Aussaat nimmst du am besten im April/Mai auf ein gut vorbereitetes Saatbeet vor. Bei gleichmäßiger Feuchtigkeit keimt der Samen nach etwa 2 Wochen. Wenn die Jungpflanzen kräftig genug sind, kannst du sie auf die für sie bestimmten Plätze pflanzen. Sie gedeihen am besten in voller Sonne, nehmen mit jedem Gartenboden vorlieb, brauchen aber viel Platz, da sie sich schon sehr bald zu stattlichen Stauden entwickeln. Pflanze sie deshalb im Abstand von etwa 30 bis 40 cm zu ihren Nachbarn aus.

Sonnenauge

Sonnenwende *(Heliotropium peruvianum)*

Boraginaceae — Boretschgewächs. Die Sonnenwende ist nicht nur wegen ihrer tiefblauen, großen Blütendolden beliebt, sondern vor allen Dingen wegen des starken Duftes, der ihr entströmt. Wie ihr Name schon sagt, stammt sie aus Peru und ist etwas empfindlicher und anspruchsvoller als die meisten Sommerblumen. Gib ihr deshalb einen sonnigen, warmen und etwas geschützten Platz in deinem Garten. Sie dankt es dir bestimmt! Die Blütezeit kannst du wesentlich verlängern, wenn du stets sorgfältig die verblühten Blumen herausschneidest.

Die Aussaat kannst du im März im Frühbeet oder in Töpfen oder Schalen im Haus vornehmen. Bei gleichmäßiger Feuchtigkeit und Wärme keimt der Samen nach etwa 2 Wochen. Wenn du die zarten Sämlinge pikierst, kannst du nach Mitte Mai besonders kräftige Pflanzen auf deine Beete setzen, die schon sehr bald die ersten Blüten bringen.

Sonnenwende

Sonnenflügel *(Helipterum roseum)*

Compositae — Korbblütler. Diese Sonnenflügelart gehört zu den Immortellen. Sie wird zu Trockensträußen und in der Binderei gern verwendet. Die Pflanze wird etwa 30 bis 50 cm hoch und blüht bereits 10 Wochen nach der Aussaat. Die reizenden Strahlenblüten gleichen kleinen Blumenkörbchen. Alle diese Immortellen müssen geschnitten werden, sobald sich der erste Blütenkranz öffnet. Nach dem Schnitt werden die Stiele gebündelt und an einen luftigen Ort mit den Köpfen nach unten zum Trocknen aufgehängt. Die Pflanze ist kalkliebend und bevorzugt leichten Boden, der trotzdem in guter Dungkraft stehen soll.

Die Aussaat geschieht ab April auf ein lockeres Saatbeet. Die Saat geht bereits nach ca. 14 Tagen auf. Sobald die Pflanzen kräftig geworden sind, werden sie auf 20 cm Abstand ausgepflanzt. Bei Aussaat an Ort und Stelle ist darauf zu achten, daß sie genügend Platz haben. Gegebenenfalls ist auf 20 cm Abstand pro Pflanze zu verziehen. Das Saatgut bleibt ca. 3 Jahre keimfähig.

Heut' ist wohl allgemein bekannt, auch Blumen brauchen gutes Land.

Christrose *(Helleborus niger)*

Ranunculaceae — Ranunkelgewächs. Die Christrose ist wohl jedem Gartenfreund bekannt und erfreut sich schon seit vielen Jahren einer außerordentlichen Beliebtheit. Leider gelingt es nicht jedem, sie in seinem Garten zur Blüte zu bringen. Bedenke deshalb bei der Pflanzung, daß die Christrose aus den europäischen Kalkalpen stammt und einen kräftigen, frischen, humushaltigen Lehmboden verlangt. Sie gedeiht am besten im leichten Schatten, unter Ziersträuchern oder Gehölzgruppen. Wenn du dir von einem Gartennachbarn oder aus einem guten Fachgeschäft eine Pflanze besorgt hast, pflanze sie sorgfältig ein und laß sie dann ungestört wachsen. Schon im zweiten Jahr nach der Pflanzung erfreut sie dich zu Weihnachten unter Schnee und Eis mit ihren ersten Blüten. Im allgemeinen sind nur die weißen Christrosen bekannt. Es gibt aber auch rotblühende Sorten.

Wenn du die Christrosen aus Samen selbst vermehren willst, mußt du die Aussaat im Herbst vornehmen, denn Christrosen sind Frostkeimer. Erst im Frühjahr geht der Samen dann auf. Da er im Laufe des Winters leicht von Mäusen gefressen wird, mußt du das Aussaatgefäß gut vor diesen Schädlingen schützen.

Christrose

Blüht nichts im Garten weit und breit, Christrosen blühen — auch wenn's schneit!

Taglilie *(Hemerocallis)*

Liliaceae — Liliengewächs. Seit vielen Jahren ist uns die Taglilie bekannt, sie hat bis jetzt in unseren Gärten ein ziemliches Schattendasein geführt. In den letzten Jahren ist an dieser leider viel zu wenig beachteten Pflanze züchterisch stark gearbeitet worden und die neuen, farbenprächtigen und großblumigen Sorten sollten in keinem Garten mehr fehlen. Sie ist eine vollkommen winterharte, robuste Staude, die besonders gut an feuchten Stellen unserer Gärten, aber möglichst in voller Sonne gedeiht. Selbst im Halbschatten wächst sie noch recht gut, blüht dann aber nicht ganz so üppig wie in voller Sonne. Wie der Name schon sagt, blüht die Einzelblüte stets nur einen Tag. Da jeder Blütenstengel zahlreiche Knospen trägt, ist die Blütezeit der Taglilie recht lang.

Die Tagliliensorten sind nur vegetativ zu vermehren. Besorge dir deshalb einige Pflanzen wertvoller Sorten in einem guten Fachgeschäft. Wenn du sie einige Jahre ungestört wachsen läßt, bilden sich stattliche Büsche. Nach etwa 5 Jahren kannst du die Pflanzen herausnehmen und teilen.

Taglilie

Nachtviole *(Hesperis matronalis)*

Cruciferae — Kreuzblütler. Die Nachtviole ist dir sicher schon aus Großmutters Garten bekannt. Sie ist darum beileibe noch nicht altmodisch. Ich finde, sie darf in keinem bunten Blumenstrauß fehlen. Ihre levkojenähnlichen Blüten strömen an warmen Sommerabenden einen starken Duft aus. Die Nachtviole erreicht eine Höhe von etwa 1 m und sollte deshalb in den Hintergrund der Sommerblumenbeete gepflanzt werden. An den Boden stellt sie keinerlei Ansprüche. Sie gedeiht in voller Sonne genauso gut wie im Halbschatten und übersteht nicht selten zwei oder drei Winter.

Die Aussaat nimmst du am besten im Mai/Juni auf ein sorgfältig vorbereitetes Saatbeet vor und pflanzt die Sämlinge, wenn sie kräftig genug geworden sind, an die für sie bestimmten Plätze. Du kannst sie aber auch gleich an den Standort aussäen.

Der gute Duft der Nachtviolen, lockt Bienen an — zum Honig holen!

Purpurglöckchen *(Heuchera sanguinea)*

Saxifragaceae — Steinbrechgewächs. Die *Heuchera* ist mit ihren zierlichen, purpurroten Blütenglöckchen, die an 40 cm hohen, straffen Stielen hängen, eine beliebte und wertvolle, vollkommen winterharte Steingartenstaude. Sie blüht von Mai bis August und du kannst sie gut als Einfassungspflanze verwenden. Sie gedeiht sogar im Halbschatten noch. Die zarten Blütenrispen kannst du gut als Schnittblume verwenden.

Die Aussaat erfolgt am besten im April/Mai auf ein sorgfältig vorbereitetes Saatbeet oder in einer Saatschale. Der Samen ist sehr fein und darf deshalb nur mit einem Hauch feingesiebter Erde abgedeckt werden. Bei gleichmäßiger Feuchtigkeit und Wärme keimt er nach etwa 2 bis 3 Wochen. Wenn die Jungpflanzen kräftig genug sind, pflanzt du sie im Abstand von etwa 25 cm an die für sie vorgesehenen Plätze.

Purpurglöckchen

Herzlilie *(Hosta coerulea)*

Liliaceae — Liliengewächs. Die Herzlilie ist eine winterharte Staude, die vor allen Dingen wegen ihres hübsch gezeichneten Laubes sehr beliebt ist. Aber auch ihre hellblauen Blüten sind sehr nett. Sie blüht von Juni bis Juli. Da sie einen feuchten Standort liebt, kannst du sie gut an Teichrändern, um Wasserbecken und an schattigen Stellen im Steingarten pflanzen. Sie erreicht eine Höhe von ca. 40 cm und liebt einen feuchten, nahrhaften Boden.

Wenn du sie durch Samen vermehren willst, mußt du die Aussaat im Herbst vornehmen, aber erst im Frühjahr ist mit der Keimung zu rechnen. Kräftige Pflanzen kannst du durch Stockteilung vermehren.

Herzlilie

Japanischer Hopfen *(Humulus japonicus)*

Moraceae — Maulbeergewächs. Der Humulus ist der „Klettermaxe" unter den Schlingpflanzen. Er wächst zusehends und ist in der Lage, in äußerst kurzer Zeit Lauben, Spaliere, Veranden, Holzstapel, Wände usw. zu beranken und vollkommen in Grün einzuhüllen. Seine Klettereigenschaft bringt es spielend auf 4, ja sogar 6 und 7 m, wenn der geeignete Boden vorhanden ist. Gegen Trockenheit und Halbschatten ist die Pflanze vollkommen unempfindlich. Die Blüte des Hopfens ist unscheinbar, dafür hat er aber das deckende grüne Laub. Wer die Abwechslung liebt, der sät den *Humulus japonicus fol. variegatus*, dessen Laub weißbunt aussieht.

Bei dieser Pflanze bitte merke: Im Ranken liegt des Hopfens Stärke.

Die Aussaat des Hopfens wird am besten ab Februar in Töpfe vorgenommen. Die Saat keimt etwas langsam und liegt ca. 3 bis 4 Wochen in der Erde, ehe sie aufgeht. Gerade aus diesem Grunde ist eine frühzeitige Aussaat in Töpfen anzuraten. Bei Freilandaussaat kann ab März/April direkt an die zu berankenden Stellen gesät werden, und zwar legt man alle 10 cm 1 Samenkorn. Auch Herbstaussaat ist möglich.

Schleifenblume *(Iberis umbellata nana)*

Cruciferae — Kreuzblütler. Die einjährige Schleifenblume erreicht eine Höhe von etwa 25 cm. Sie ist deshalb vorzüglich als Einfassungs-, Steingarten- und Untergrundpflanze geeignet. Alle Schleifenblumen sind außerdem noch gute kleine Schnittblumen, die uns reizende, duftige Sträuße schenken. Die Blütezeit fällt in die Monate Juni/Juli und kann sehr verlängert werden, wenn du die Pflanzen nach der Blüte zurückschneidest. Aus Südeuropa kommt diese Blumenart zu uns, die auch zu Bindereizwecken wertvoll ist. Es sind anspruchslose Pflanzen, die überall schnell

Schleifenblume
Iberis umbellata

heranwachsen. Wer nicht nur weiße Blüten wünscht, der bestellt eine Mischung verschiedener Farben, denn von dieser Art gibt es fleischfarbige, rosa, violette und lilafarbige Töne.

Die Aussaat wird so zeitig wie möglich, im Februar/März, im Mistbeet oder Kistchen vorgenommen. Um frühzeitigen Flor zu erreichen, ist auch Herbstaussaat möglich. In diesem Falle wird im Oktober an Ort und Stelle ausgesät. Natürlich ist ab April eine Freilandaussaat an Ort und Stelle möglich. Später werden die Pflanzen auf 20 cm Abstand verzogen. Die Saat keimt in 2 bis 3 Wochen und bleibt etwa 4 Jahre keimfähig.

Schleifenblume, Schneekissen (Iberis sempervirens)

Cruciferae — Kreuzblütler. Für den Steingarten ist die mehrjährige Schleifenblume eine unverwüstliche Pflanze, deren schneeweiße Blüten gern zum Schnitt gebraucht werden. Die *Iberis* wird auch noch die „immergrüne Schleifenblume" genannt. Sie verlangt sonnigen Stand und wächst am besten in lehmigem, kalkhaltigem Gartenboden. Die Vermehrung kann durch Stecklinge oder Samen erfolgen. Die Wuchshöhe beträgt 30 cm. Die Pflanze verträgt ohne weiteres einen Schnitt mit der Gartenschere.

Die Aussaat erfolgt im April/Mai auf ein lockeres Saatbeet. Der Samen wird nur flach ausgesät und leicht angedrückt. Nach 12 bis 14 Tagen läuft die Saat auf, wenn sie gleichmäßig feucht gehalten wird. Sind die Pflanzen kräftig genug, werden sie an Ort und Stelle ausgesetzt. Besonders zu empfehlen für Steingärten, Felsfugen, Trockenmauern, zwischen Gesteinsgruppen und als Wegeinfassung.

Du mußt die Welt mit Maleraugen sehn, da wirst du ganz mein Gartenglück versteh'n!

Balsamine (Impatiens balsamina fl. pl.)

Balsaminaceae — Springkrautgewächs. Unsere alte, gute Rosenbalsamine ist auch heute noch eine volkstümliche Bauernblume geblieben. Hauptsächlich ältere Gartenfreunde erfreuen sich immer wieder an ihr und wollen sie nicht missen. Die Pflanze wächst üppig und blüht besonders schön, wenn sie im Halbschatten steht. Kindern kann man mit einer Portion Samen eine Riesenfreude bereiten, denn die Anzucht ist kinderleicht.

Die Aussaat wird ab März ins Frühbeet oder in Kästen bzw. Töpfe vorgenommen. Die Keimzeit beträgt ca. 12 bis 14 Tage. Die vorsichtig abgehärteten Pflanzen darfst du erst ins Freie bringen, wenn keine Nachtfröste mehr zu erwarten sind. Der Boden sollte gedüngt und locker sein. Wenn bei Regenwetter einige Jauchegüsse auf das Beet kommen, wachsen die Pflanzen um so freudiger. Die Wuchshöhe beträgt bis zu 70 cm. Während der Wachstumsperiode liebt die Pflanze viel Feuchtigkeit. Auch für Balkonkästen, Kübel oder Topfkultur geeignet. Die Blüten sitzen bei den Balsaminen merkwürdigerweise in den Blattwinkeln und erscheinen in vielen zarten Farben. Das macht die Pflanze ganz besonders reizvoll.

Balsamine

Freilandgloxinie (Incarvillea grandiflora)

Bignoniaceae — Trompetenblumengewächs. Die Freiland- oder Staudengloxinie ähnelt mit ihren rosa, etwa 25 cm hoch wachsenden Blüten der Topfgloxinie. Im Steingarten, an Terrassen und auf Rabatten wird sie immer wieder die Blicke auf sich lenken. Sie blüht von Mai bis Juli. Zwar ist sie winterhart, du solltest ihr jedoch, besonders in schneelosen Wintern, etwas Schutz durch locker aufgelegtes Tannenreisig gewähren. Ihre

Freilandgloxinie

Alant

Bei Trockenheit laß
Wasser sprühen,
die Blume dankt's
durch reiches Blühen!

rübenartigen, knolligen Wurzeln kannst du im Herbst oder Frühjahr einpflanzen. Bedenke jedoch, daß die Freilandgloxinie sich im Herbst restlos in den Boden zurückzieht. Deshalb solltest du ihren Platz stets gut kennzeichnen, damit sie im Frühjahr nicht beim Hacken und Graben beschädigt wird.

Die Staudengloxinie kannst du auch gut durch eine Aussaat vermehren. Am besten erfolgt diese von März bis Mai ins Frühbeet oder in ein Saatgefäß im Haus. Bei gleichmäßiger Wärme und Feuchtigkeit keimt der Samen nach 12 bis 15 Tagen. Nachdem du die Sämlinge einmal pikiert und anschließend gut abgehärtet hast, pflanzt du sie an die für sie vorgesehenen Plätze.

Alant (Inula)

Compositae — Korbblütler. Der Alant stammt aus Südeuropa, ist winterhart, wird 30 cm hoch und bildet einen kugeligen Busch mit vielen, reingelben Blütenscheiben. Er eignet sich darum gut für den Steingarten. Seine Blütezeit ist von Juni bis Juli und er nimmt mit jedem Gartenboden vorlieb. Der Königsalant, Inula royleana, wird ca. 60 bis 70 cm hoch, stammt aus dem Himalajagebiet und blüht von Juli bis August. Seine beinahe handtellergroßen Blüten trägt er auf straffen Stielen und ist eine vorzügliche Schnittblume.

Du kannst den Alant sehr gut durch Aussaat vermehren. Ab März bis Mai wird die Aussaat in das Frühbeet oder auf ein sorgfältig vorbereitetes Saatbeet ins Freiland vorgenommen. Je nach Temperatur keimt der Samen nach 12 bis 16 Tagen, wenn du die Aussaat ganz gleichmäßig feucht hältst. Sobald du die kräftig gewordenen Jungpflanzen an ihren Platz setzt, achte darauf, daß die Inula royleana eine stattliche Staude wird und genügend Platz bekommt.

Trichterwinde (Ipomoea)

Convolvulaceae — Windengewächs. Die rankende Trichterwinde ist ein üppiger, in vielen Farben blühender Schlinger, mit welchem du sehr schnell Zäune, Spaliere, Wände usw. beranken kannst. Du mußt ihr nur durch Fäden oder Drähte eine kleine Rankhilfe gewähren. Bei guten Bodenverhältnissen, reichlicher Feuchtigkeit und sonnigem Standort erreicht sie Höhen von annähernd 4 m. Wenn du sie in den Balkonkasten pflanzt, sorge dafür, daß der Kasten tief genug ist und ihr ein ausreichend großes Erdreich zur Verfügung steht. Außerdem verlangt sie reichlich Feuchtigkeit und regelmäßige Düngungen mit einem guten Blumendünger.

Ende April steckst du am besten gleich mehrere Samenkörner in einen Blumentopf und hältst diesen gleichmäßig feucht und warm. Nach 2 bis 3 Wochen keimt der Samen. Härte die Pflanzen vorsichtig ab und pflanze sie erst nach Mitte Mai ins Freiland, denn Frost verträgt die Trichterwinde nicht.

Trichterwinde

Schwertlilie

Schwertlilie (Iris germanica)

Iridaceae — Irisgewächs. Die deutsche Schwertlilie ist schon seit Jahrhunderten in unseren Bauerngärten heimisch. Sie liebt einen vollsonnigen Standort und einen lockeren, durchlässigen Boden. Du kannst sie viele Jahre ungestört wachsen lassen, um so prächtiger entwickelt sie sich. Durch Teilung ist sie sehr einfach zu vermehren. Da besonders in den letzten Jahren an der Iris züchterisch stark gearbeitet worden ist, möchte ich raten, dir einmal von den neueren Sorten einige Wurzeln beim Gärtner zu besorgen. Du wirst über das reiche Farbenspiel überrascht sein. Alle Sorten blühen von Mai bis Juni. Höhe 50 bis 80 cm.

Die hohe, deutsche Iris hat eine kleine Schwester, die *Iris pumila*, die sich ganz vorzüglich für Steingärten eignet. Sie blüht von April bis Mai und erreicht eine Höhe von nur 30 cm.

Fackellilie *(Kniphofia uvaria)*

Liliaceae — Liliengewächs. Die Fackellilie ist eine stattliche, winterharte Staude, die du gut als Einzelpflanze in deinem Garten verwenden kannst. Sie wird etwa 1 m hoch und blüht von Juni bis September. Ihre orange-roten Blütenfackeln sind gut als Schnittblumen zu verwenden. Sie gedeiht am besten in etwas geschützter, sonniger Lage und verlangt einen lockeren, durchlässigen Gartenboden. Im Herbst solltest du sie mit etwas Laub oder Reisig abdecken, da sie strenge Kahlfröste sonst nicht übersteht. Gegen stauende Nässe ist sie sehr empfindlich.

Fackellilie

Die Aussaat nimmst du am besten im Mai in Töpfen vor. Bei gleichmäßiger Wärme und Feuchtigkeit keimt der Samen nach etwa 4 Wochen. Wenn die Sämlinge kräftig genug sind, pflanzt du sie an die für sie vorgesehenen Plätze.

Sommerzypresse, Brennender Busch *(Kochia trichophylla)*

Chenopodiaceae — Gänsefußgewächs. Die Sommerzypressen bieten unserem Auge immer wieder einen schönen Anblick. Wie von Gärtner-hand kunstvoll geschnitten, so heben sich die lichtgrünen Pflanzen von ihrer Umwelt ab. Längs der Gartenwege, als Einfassungen usw. in Abständen von 1 m gepflanzt, nehmen sie sich sehr dekorativ aus. Auch in Kübeln ist die Pflanze leicht heranzuziehen, um sie so an Treppenauf-gängen, Terrassen usw. aufzustellen. Die Wirkung der Pflanze als niedrige Hecke ist nicht zu vergessen. Ohne weiteres verträgt sie einen Schnitt. Ich sah im Zentrum von Cattolica (Italien) eine Riesenanlage, welche die Stiefelform der Apenninen-Halbinsel darstellte, und die Wahrzeichen der wichtigsten Städte fein beschnitten und kunstvoll in sich trug. Ein einmaliges, gärtnerisches Meisterwerk, welches seinesgleichen suchte. Im Herbst wird das Laub feuerrot und sieht einem brennenden Busch ähnlich. Die Pflanze ist anspruchslos, liebt aber sonnige Lage. Die Anzucht ist kinder-leicht.

So macht ihr euch ein rundes Beet, es geht ganz leicht, wie ihr hier seht.

Auf ein lockeres Saatbeet wird der feine Samen im April recht dünn und flach ausgesät und später vereinzelt. Wer früher auspflanzen will, sät schon im März in kleine Kistchen. Später werden immer 2 oder 3 Pflanzen zusammen ausgesetzt. Die Wuchshöhe beträgt ca. 1 m, die Saat geht nach 14 Tagen auf.

Wohlriechende Wicke, Duftedelwicke *(Lathyrus odoratus)*

Leguminosae — Schmetterlingsblütler. Aus Süditalien und Sizilien ist diese prachtvolle einjährige Rankpflanze zu uns gekommen, deren mannig-faltige Farben uns immer wieder faszinieren. Der feine köstliche Duft durchdringt bald das ganze Zimmer, wenn ein Sträußchen davon in der Vase steht. Wegen ihrer Rankfähigkeit bis zu 2 m Höhe besitzen wir in der Wicke eine ausgezeichnete Pflanze für Zäune, Lauben, Bäume und sogar für Balkonkästen. Der Farbenreichtum und der zarte Duft sowie die Eignung als Schnittblume sind es, die der Duftwicke zu großer

Sommerzypresse

Bis zwei Meter ranken Wicken: Blumen kannst du reichlich pflücken.

Beliebtheit verhelfen. Was Wunder, daß sich viele Züchter dieser liebenswerten Pflanze zugewendet haben? Hunderte von Sorten gibt es heute. Bei eifrigem Schnitt dauert die Blütezeit vom Juni bis zum September. Es ist unbedingt darauf zu achten, daß keine Blüte zur Samenschote wird, da dann die Blühwilligkeit sofort nachläßt. Mit einer sorgsam zusammengestellten Mischung von Duftwicken wird auch der verwöhnte Gartenfreund zufrieden sein. Eine neuere Wickenart, die sich für Einfassungen, Beete, Rabatten und natürlich für Balkonkästen eignet, ist die Zwergwicke „Kleiner Liebling". Sie wird nur 20 bis 25 cm hoch, rankt nicht, duftet und hat sich in kurzer Zeit überall gute Freunde erworben.

Die Edelwicke wächst in jedem guten Gartenboden. Sie liebt sonnige, freie Lage und, wie alle Schmetterlingsblütler (Stickstoffsammler), kein frisch mit Mist gedüngtes Land. Die Wickenwurzeln dringen, genau wie die der Erbse, tief in das Erdreich ein.

Ab März/April wird der Samen an Ort und Stelle auf ein lockeres Beet gesät, und zwar alle 5 bis 10 cm 2 Körner, etwa 5 cm tief. 10 g enthalten ca. 180 Körner und reichen für 10 lfd. Meter. Sobald sich die ersten Ranken zeigen, wird angereisert. Bei Regenwetter fördert ein leichter Dung rasches Wachstum. Wicken sollten niemals mehrere Jahre hintereinander auf das gleiche Beet kommen. Dadurch läßt nämlich die Blühwilligkeit nach und die Stiele bleiben kurz. Schnecken sind die größten Feinde der jungen Wickenpflanzen. Daher „Schneckentod" auslegen. Bei großer Trockenheit ist es ratsam, mit Wasser nicht zu sparen. Hat das Wachstum eines Triebes nachgelassen und sind keine Blüten mehr daran, so ist dieser Trieb bis zum Ansatz zurückzuschneiden. Auch Kalkmangel ist oft die Ursache von schlechtem Wachstum der Duftwicken in unseren Gärten.

Duftedelwicke

Ausdauernde Wicke *(Lathyrus latifolius)*

Leguminosae — Schmetterlingsblütler. Neben der einjährigen Wicke gibt es eine unempfindliche, ausdauernde Art, die an Ort und Stelle jahrelang stehen kann. Die Blütezeit dauert vom Juni bis zum Oktober. Die Pflanze eignet sich zur Dauerberankung von Zäunen und Lauben. Leider duftet diese Wickenart nicht, trotzdem sind die weißen, rosa und roten Blumen gut für Sträuße und Bindereizwecke zu gebrauchen. Die Wuchshöhe beträgt je nach Bodenverhältnissen bis 2 m. Sie wächst in sonniger Lage, jedoch auch noch im Halbschatten recht gut. Wie alle Schmetterlingsblütler will sie nicht auf frisch mit Mist gedüngtem Boden stehen.

Die Aussaat geschieht ab April/Mai gleich an Ort und Stelle. Die Saat liegt etwa 2 bis 3 Wochen, bevor sie aufgeht. Der Samen bleibt 3 bis 4 Jahre keimfähig.

Ausdauernde Wicke

Echtes Alpen-Edelweiß *(Leontopodium alpinum)*

Compositae — Korbblütler. Alle Gartenfreunde wissen heute, daß diese begehrte und interessante Steingartenpflanze leicht aus Samen heranzuziehen ist. Viele Menschenleben sind Opfer dieses alpinen Wahrzeichens geworden, welches jeder Bergsteiger besitzen wollte. Unzählige Lieder und Sagen zeugen davon. Heute steht das wild vorkommende Edelweiß unter Naturschutz, da es fast ausgerottet wurde. Helfen wir also mit, diese Pflanze vermehrt heranzuziehen, um ihr Aussterben zu verhindern. Die Blütezeit dieser 10 bis 15 cm hohen Pflanze fällt in die Monate Juni bis September. Am besten wachsen die Pflanzen auf kalkhaltigem, ungedüngtem, also magerem Boden.

Ist der Boden mager, bleibt es kein Versager!

Die Aussaat geschieht ab März/April in Schalen oder Töpfe. Die Keimzeit beträgt 3 bis 4 Wochen. Später werden die kleinen Pflänzchen in größere Behälter umgesetzt (pikiert). Im Herbst kommen sie ins Alpinum, den Steingarten oder an sonstige vorgesehene Plätze, möglichst in vollkommen sonnige Lage.

Edelweiß

Prachtscharte *(Liatris spicata)*

Compositae — Korbblütler. Die Prachtscharte ist nicht nur eine sehr hübsche, winterharte Blütenstaude, sie überrascht immer wieder durch ihr interessantes Verhalten.

Die etwa 80 cm hoch werdenden Blütenrispen erblühen nicht wie fast alle übrigen Pflanzen von unten nach oben, sondern umgekehrt von oben nach unten. Die purpurvioletten Blüten sind außerdem ausgezeichnete Schnittblumen. Die Blütezeit dauert von Juli bis August.

Du kannst die Prachtscharte sehr einfach selbst aus Samen heranziehen. Am besten säst du sie mit allen übrigen Stauden im April/Mai auf ein sorgfältig vorbereitetes Saatbeet. Bei gleichmäßiger Feuchtigkeit keimt der Samen nach etwa 14 bis 16 Tagen. Wenn die Sämlinge kräftig genug geworden sind, pflanzt du sie auf die für sie vorgesehenen Plätze.

Prachtscharte

Staudenlein *(Linum perenne)*

Linaceae — Flachsgewächs. Der Staudenlein wird etwa 50 cm hoch, stellt keinerlei Ansprüche an den Boden, gedeiht am besten in der vollen Sonne, und du kannst ihn sowohl ins Staudenbeet als auch in den Steingarten pflanzen. Nur gegen stauende Nässe ist er sehr empfindlich. Seine hübschen, blauen Blüten haben zwar nur eine kurze Lebensdauer, da sie jedoch laufend durch zahlreiche Knospen abgelöst werden, dauert die Blütezeit des Leins doch von Mai bis Juli.

Die Aussaat kann von März bis Mai direkt ins Freiland erfolgen. Je nach Witterung keimt der Samen nach 12 bis 16 Tagen, wenn du das Beet ganz gleichmäßig feucht hältst.

Staudenlein

Strandflieder *(Limonium sinuatum)*

Plumbaginaceae — Bleiwurzgewächs. Auch unter dem Namen Meerlavendel, Sandnelke ist die Statice bekannt. Auf Steppen und am Meeresstrand ist sie teils wild anzutreffen, besonders viel sieht man sie auf den Kanarischen Inseln. Die Blüten haben als Dauersträuße und für die Binderei großen Wert, da sie über lange Zeit hinweg ihre Dekorationswirkung behalten. Die Wuchshöhe der Sorten ist verschieden, sie beträgt 50 bis 90 cm. Die Blütezeit dauert vom Juli bis September an. Die Zweige werden geschnitten und im Schatten getrocknet. Im dunklen, aber luftigen Raum getrocknet, behält die Statice ihre natürliche Farbe besonders lange. Die Zweige sollen bei den einjährigen Sorten nicht alle mit einem Male abgeschnitten werden, sondern nach und nach und erst dann, wenn sie bis zur Spitze aufgeblüht sind.

Die Aussaat wird im März in ein Mistbeet oder in Schalen vorgenommen. Freilandaussaat kann jedoch erst gegen Ende April/Anfang Mai erfolgen. Später werden die Pflanzen ausgesetzt. Ein Dungguß ist dem Wachstum dienlich. Statice geht nach 2 bis 3 Wochen auf. Der Samen bleibt 2 Jahre keimfähig.

Strandflieder

Männertreu

Teppichspleiße, Spaltglöckchen, Männertreue *(Lobelia erinus)*

Campanulaceae — Glockenblumengewächs. Ein kleines, bescheidenes Pflänzchen, welches sich für Töpfe, Balkonkästen, Teppichbeete und Rabatten ganz vorzüglich eignet, da es nur 15 cm hoch wird. Charakteristisch für die Lobelie ist der üppige blaue Blütenflor, der außerordentlich lange anhält. Die Anzucht bedarf schon etwas Aufmerksamkeit, da die Saat sehr feinkörnig ist.

Im Februar/März wird der feine Samen ins Mistbeet oder in Kästchen im Zimmer ausgesät. Er wird aber nur obenauf gesät, leicht angedrückt und ist gleichmäßig feucht zu halten. Nach etwa 10 bis 15 Tagen geht die Saat auf. Sobald die Pflanzen greifbar sind, werden sie büschelweise in größere Behälter umgepflanzt, um sie später im Mai auszusetzen. Auf magerem Boden wachsen sie besonders gut und behalten dort besser ihre niedrige Form. Zurückgeschnittene Pflanzen blühen zum Herbst nochmals. Auch lassen sich mit der Lobelia recht gut leere Stellen im Steingarten ausfüllen, da die Pflanzen, mit etwas Erdballen, sich auch noch zur Blütezeit bestens versetzen lassen.

Lupine

Lupine, Wolfsbohne *(Lupinus)*

Leguminosae — Schmetterlingsblütler. Die einjährige Sommerlupine ist sehr anspruchslos und eignet sich gleich gut für Gruppen, Rabatten und zum Schnitt. Durch die lange Blütezeit und die interessanten Farben wirkt jedes damit bepflanzte Gartenbeet sommerlich-freundlich. Wuchshöhe 30 bis 60 cm. Die Sommerlupine wächst wie ihre mehrjährige Schwester *(Lupinus polyphyllus)* in jedem Gartenboden, am besten jedoch auf kalkarmem Lande. Die Sträuße von geschnittenen Sommerlupinen halten sich länger als die der Staudenlupinen. Die niedrigen Sorten eignen sich vortrefflich als Einfassung. Die Blütezeit fällt in die Monate Juli bis Oktober. Die Aussaat beginnt März/April gleich an Ort und Stelle. Später werden die Pflanzen auf ca. 15 cm Abstand vereinzelt. Ein Verpflanzen vertragen die Sommerlupinen jedoch nicht, deshalb solltest du sie gleich an die vorgesehenen Stellen säen. Die Keimzeit beträgt 2 bis 3 Wochen, die Keimfähigkeit des Samens 4 bis 5 Jahre. Wichtig ist bei den einjährigen Sommerlupinen noch, daß die Pflanzen laufend geschnitten werden, denn nur dadurch allein ist eine lange Blütezeit gewährleistet.

Schneidest du Lupinen viel, freut dich lang ihr Farbenspiel!

Ausdauernde Wolfsbohne *(Lupinus polyphyllus)*

Leguminosae — Schmetterlingsblütler. Jahrelange Gärtnerarbeit hat das Stauden-Lupinen-Sortiment mit wirkungsvollen Farben ausgestattet. Staunend stehen wir heute vor den faszinierenden Lupinenpflanzen, die unser Auge mit ihrer Farbenpracht immer wieder anziehen. Gesund und robust treiben die Pflanzen alljährlich erneut aus und erreichen eine Höhe von ca. 1 m. Wenn die Blüten eifrig geschnitten werden, so kann die Blütezeit mit Leichtigkeit vom Juni bis zum Herbst ausgedehnt werden. Es gibt viele schöne Sorten in reinen, durchgezüchteten Farben. Eine Mischung wird jedoch in den meisten Fällen genügen, den Liebhaber zu befriedigen. So ist die Mischung „Abendglut" ganz besonders hervorzuheben.

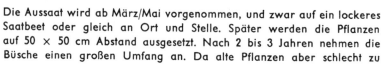

Die Aussaat wird ab März/Mai vorgenommen, und zwar auf ein lockeres Saatbeet oder gleich an Ort und Stelle. Später werden die Pflanzen auf 50 × 50 cm Abstand ausgesetzt. Nach 2 bis 3 Jahren nehmen die Büsche einen großen Umfang an. Da alte Pflanzen aber schlecht zu versetzen sind, sät man deshalb besser neu aus. Keimzeit 2 bis 3 Wochen, Samenhaltbarkeit 4 bis 5 Jahre. Als Stickstoffsammler vertragen sich die Lupinen mit allen Nachbarn sehr kameradschaftlich. Sie stehen gut in der Sonne, aber auch mit Halbschatten nehmen sie vorlieb.

Lichtnelke, Brennende Liebe *(Lychnis chalcedonica)*

Caryophyllaceae — Nelkengewächs. Die Lichtnelken sind etwa 80 cm hohe Stauden, die überall ohne große Ansprüche heranwachsen. Die glutroten Sorten sind besonders geschätzt, weil sie leuchtende Farbe in den Garten bringen. Die Blumen eignen sich sehr gut zum Schnitt und gehören in jeden bunten Sommerstrauß. Besonders schön wirkt die Lichtnelke, wenn sie in Gemeinschaft mit dunkelblauem Rittersporn oder weißen Margeriten im Garten steht. Die Blütezeit fällt in die Monate Juni/August.

Brennende Liebe

Die Aussaat erfolgt im April/Mai auf ein lockeres Saatbeet. Nach 12 bis 14 Tagen geht die Saat auf. Der Samen bleibt 2 Jahre keimfähig. Die Pflänzchen werden später pikiert; wenn die Aussaat recht dünn vorgenommen wurde, können sie auch gleich an Ort und Stelle bleiben.

Jupiterblume *(Lychnis flos jovis)*

Caryophyllaceae — Nelkengewächs. Die Jupiterblume stammt aus Südeuropa, du solltest ihr deshalb in deinem Garten ein sonniges Plätzchen reservieren. Sie liebt einen lockeren, durchlässigen Boden. Die leuchtenden, karminrosa Blüten·stehen auf 40 cm hohen Stielen. Die Blütezeit ist im Juni/Juli. Die Jupiterblume ist eine ausgezeichnete Gruppen- und Rabattenpflanze und eine hübsche, haltbare Schnittblume.

Die Aussaat nimmst du am besten von März bis April in ein Saatkistchen oder in das Frühbeet vor'. Nach etwa 2 Wochen keimt der Samen. Wenn die Pflanzen kräftig genug sind, setzt du sie auf die für sie vorgesehenen Plätze.

Jupiterblume

Trichtermalve, Sommermalve *(Malope trifida)*

Malveceae — Malvengewächs. Aus Nordamerika kam die Sommermalve zu uns, deren weiße, rosa und rote Farbtöne weithin leuchten. Die großen Blüten sitzen in den Blattwinkeln, wie das bei allen Malven der Fall ist. Diese hübsche Sommerblume eignet sich ausgezeichnet zum Schnitt. Die rasch wachsende Pflanze wird 1 m hoch und liebt durchlässigen, gedüngten Boden in sonniger Lage.

Die Aussaat sollte ab April in lockeren Boden, möglichst recht dünn und flach geschehen. Ich lege immer alle 40 cm 3 oder 4 Samenkörner flach in den Boden. Die Saat ist gleichmäßig feucht zu halten. Nach 8 bis 14 Tagen läuft der Samen auf. 3 bis 4 Jahre bleibt die Keimfähigkeit erhalten. In etwas leichter, sandiger Erde wachsen sie besonders rasch heran. Gut geeignet für Beete, Gruppen, als Hintergrund und zur Verdeckung unansehnlicher Zäune und Komposthaufen.

Gibt's was zu verdecken ? Trichtermalven stecken!

Levkoje *(Matthiola incana)*

Cruciferae — Kreuzblütler. Den Namen erhielt die aus den Mittelmeerländern stammende Levkoje nach dem berühmten Arzt Karls des V. P. A. Matthiolus. Wegen des ungewöhnlich guten Duftes und der langen Blütezeit wird die Levkoje überall so hoch geschätzt. Deshalb wird sie auch vielfach als Topfpflanze gezogen.

Levkoje

Der Gärtner unterscheidet 3 Haupttypen: a) die Sommerlevkojen, b) die Herbstlevkojen, c) die Winterlevkojen. Die Herbst- und Winterlevkojen werden zweijährig kultiviert. Für den Gartenfreund haben jedoch nur die Sommerlevkojen Bedeutung, und zwar die gefüllt blühenden. Da letztere keinen Samen ansetzen, so ist stets mit 30 bis 40% einfach blühenden Pflanzen zu rechnen, die aus den Beeten zu entfernen sind. Wenn wir auf 10 bis 15 cm Abstand pflanzen, werden die Lücken im Beet nicht allzusehr auffallen, nachdem wir die einfachen Pflanzen herausgezogen haben.

Die Aussaat geschieht ab Februar/März ins warme Mistbeet oder in Kästen im Zimmer. Keimzeit 14 bis 16 Tage. Gegossen wird nur, wenn die Erde trocken ist, da Levkojensämlinge sehr leicht der Schwarzbeinigkeit zum Opfer fallen. Du solltest deshalb die Aussaaterde möglichst mit den geeigneten Mitteln desinfizieren. Später werden die Pflanzen in nicht frisch gedüngtes Land in sonnige Lage ausgesetzt.

Goldbartonie (Mentzelia lindleyi)

Loasaceae — Bartoniengewächs. Die Goldbartonie stammt aus Kalifornien und ist eine außerordentlich bescheidene, aber hübsche Sommerblume. Sie nimmt mit dem dürftigsten Boden vorlieb, nur sehr feucht darf er nicht sein. Am besten gedeiht sie in der vollen Sonne.

Die Blütezeit dauert von Juli bis August. Die zahlreichen, goldgelben Blüten mit ihren langen Staubfäden stehen auf straffen, etwa 50 bis 70 cm hohen Stielen und schließen sich jeden Abend.

Die Kultur ist sehr einfach. Im April/Mai kannst du sie gleich an Ort und Stelle aussäen. Ein Verpflanzen verträgt sie nicht.

Bartonien sä' an Ort und Stelle, Verpflanzung geht ihr auf die „Pelle"!

Kardinalsblume, Gauklerblume, Maskenblume (Mimulus luteus tigrinus)

Scrophulariaceae — Rachenblütler. Diese jetzt bei uns seltener gewordene Gartenblume wurde früher sehr viel kultiviert. Heute gibt es davon hauptsächlich rote Farbtöne, daneben schöne gelbe sowie getigerte und gefleckte löwenmaulähnliche Blüten. Die Pflanze erreicht eine Höhe von ca. 30 cm. Niedrige Sorten, wie zum Beispiel die gelbblühende *Mimulus moschatus*, auch Moschuspflanze genannt, werden jedoch nur etwa 15 cm hoch und eignen sich deshalb gut zur Topfkultur und zur Einfassung. Die Gauklerblume verlangt lockere, humusreiche Erde und während der Trockenheit genügend Wasser. Die Blütezeit ist nur kurz, kann aber durch eifrigen Schnitt sehr verlängert werden. Nach der ersten Blüte ist eine Jauchedüngung bei trübem Wetter ratsam und für die weitere Entwicklung recht vorteilhaft.

Die Aussaat geschieht im zeitigen Frühjahr, möglichst unter Glas. Die jungen Pflanzen sind nach dem Aufgang zu pikieren und langsam an die Luft zu gewöhnen. Mitte Mai wird ausgepflanzt. Freilandaussaaten sind jedoch ab April ohne weiteres möglich. Keimzeit ca. 8 Tage. Haltbarkeit des Samens 3 bis 4 Jahre.

Wunderblume, Mitternachtsblume (Mirabilis jalapa)

Nyctaginaceae — Trompetenblumengewächs. Aus Südamerika ist diese 60 bis 70 cm hohe Blume zu uns gekommen, die sich uns als krautiger Busch mit vielen trompetenähnlichen Blüten präsentiert. In dem Sortiment gibt es viele herrliche Farben. Weiß, weiß mit rot, gelb, gelb mit rot, rosa, lila, karmesin und auch dreifarbige Blüten sind darin enthalten. Der

Gauklerblume

236

Gartenfreund wird sich jedoch eine Mischung kaufen und hat damit alle diese Varianten gleich beisammen. Die Blütezeit der Wunderblume fällt in die Monate Juli bis Oktober. Die zierende Wirkung der Pflanze im Garten und im Strauß wird von Kennern geschätzt. Interessant ist es, daß sich die Blüten der Wunderblume von abends 18 bis morgens 8 Uhr öffnen, während sie bei Sonnenschein geschlossen bleiben. Nur bei trübem Wetter und an sonnenlosen Tagen sind sie auch tagsüber geöffnet.

Der köstliche Geruch der *Mirabilis longioflra*, der am Abend den geöffneten Blüten entströmt, gehört im Fernen Osten zu den begehrtesten Düften. Bei hellem Mondschein lockt die Wunderblume unzählige Nachtfalter durch ihren Duft an, weshalb ich sie gern in die Nähe des Ruheplatzes pflanze. Die Aussaat erfolgt Ende April direkt ins freie Land. Samenaufgang nach 8 Tagen, Samenhaltbarkeit 3 Jahre.

Wunderblume

Indianernessel *(Monarda didyma)*

Labiatae — Lippenblütler. Die Indianernessel, auch Bienenbalsam genannt, ist eine etwa 1 m hohe, außerordentlich winterharte, interessante Staude. Sie blüht von Juni bis August in Rosa und Rot. Die duftenden Blüten stehen in drei bis vier Etagen kranzartig um den Stengel. Sie ist eine ausgesprochene Bienenfutterpflanze und sollte allein deshalb in keinem Staudenbeet fehlen. An den Boden stellt sie keine besonderen Ansprüche, und sie gedeiht sowohl in der Sonne als auch im Halbschatten und Schatten. In schattigen Lagen ist sie empfindlich gegen Nässe. Am besten entwickelt sie sich, wenn du sie ungestört einige Jahre wachsen läßt.

Die Kultur ist nicht schwer, und du kannst dir diese hübsche Staude ohne weiteres selbst aus Samen heranziehen. Die Aussaat erfolgt am besten im April/Mai auf ein sorgfältig vorbereitetes Saatbeet. Je nach Witterung braucht der Samen 14 bis 16 Tage zur Keimung. Wenn die Pflanzen kräftig genug sind, pflanzt du sie im Abstand von etwa 35 cm an die für sie vorgesehenen Plätze.

Im Garten finde ich und du, immerzu — Glück und Ruh'!

Vergißmeinnicht *(Myosotis alpestris)*

Boraginaceae — Boretschgewächs. Fast über den ganzen Erdball ist das zweijährig zu kultivierende Vergißmeinnicht verbreitet. Ein Teppichbeet, mit tiefblauen Vergißmeinnicht bepflanzt, ist im Mai ein einziges Blütenmeer. Für Einfassungen, Rabatten, unter Rosen und Tulpen sehe ich es immer wieder gern. Nicht zu vergessen ist die gute Wirkung als Balkonpflanze. Die Büsche wachsen pyramidenartig aufrecht und tragen in reicher Fülle die kleinen Blüten meist schon ab Anfang Mai. Die Wuchshöhe beträgt ca. 20 cm. Oft sät sich auch der abfallende Samen von selbst wieder aus, so daß Gartenfreunde vielfach diese Sämlinge zur Neubepflanzung verwenden. Das gibt jedoch nur kniehohe, unansehnliche Pflanzen. Besser ist es, sich alljährlich frischen, durchgezüchteten Samen zu beschaffen, damit die Freude ungetrübt ist. Auf allzu trockenem Boden ist für reichliche Bewässerung Sorge zu tragen. Als Lückenbüßer im Steingarten ist es gut zu verwenden, wächst und blüht sogar noch im Halbschatten durchaus zufriedenstellend. Als Schnittblume verwendet, müssen die Blätter sorgfältig abgestreift werden, da sie sonst leicht faulen.

Die Aussaat nimmst du im Mai/Juni auf ein sorgfältig vorbereitetes Saatbeet vor. Bei gleichmäßiger Feuchtigkeit keimt der Samen nach 2 bis 3 Wochen. Wenn die Pflanzen kräftig genug sind, pflanze sie im Abstand von 15 cm auf den ihnen zugedachten Platz. Im Winter solltest du die Vergißmeinnicht durch locker aufgelegtes Tannenreisig schützen.

Indianernessel

Vergißmeinnicht

Elfenspiegel

Elfenspiegel, Puppenmäulchen, Nixenauge *(Nemesia strumosa grandiflora)*

Scrophulariaceae — Rachenblütler. Dieses aus Südafrika stammende kleine Pflänzlein hat sich in den letzten Jahren gut eingebürgert. Die Natur hat diese Pflanze mit ganz besonderer Liebe ausgestattet, denn sie vollbrachte hier, was Farbenspiel und graziöse Schönheit anbelangt, geradezu ein Meisterstück. Alle Farben sind vertreten. Es stehen Tausende der kleinen bunten Blütchen auf einem einzigen Beet. Bis zum Herbst blüht sie willig und dankbar. Für Blumenrasen, Einfassungen, Gräber, Teppichbeete und Rabatten gibt es nichts Schöneres als dieses Farbwunder in vielfältiger Buntheit. Auch zum Schnitt und zu herrlichen Biedermeiersträußen bestens geeignet. Die abgeschnittenen Pflanzen treiben erneut aus und blühen ein zweites Mal im Spätsommer bis zum Herbst.

Die Aussaat wird im März ins warme Mistbeet oder ab März/April gleich an Ort und Stelle vorgenommen. Zu dicht stehende Pflanzen sind herauszuziehen und an anderer Stelle wieder einzupflanzen. Da die Saat 3 bis 4 Wochen keimt, ist es zweckmäßig, Radieschensamen unterzumischen, um durch rechtzeitiges Erkennen das Unkraut bekämpfen zu können. *Nemesia* wächst in jedem Gartenboden.

Liebeshainblume

Hainliebe, Blaue Liebeshainblume, Hainfreund, Hainröschen *(Nemophila insignis)*

Hydrophyllaceae — Wasserblattgewächs. Aus Kalifornien stammt die himmelblaue Hainblume, die mit ihren feingliedrigen Blättern und ausgebreiteten Blüten sehr gut für Rabatten geeignet ist, weil sie nur 15 bis 20 cm hoch wird. Unter Rosengruppen und Gehölzpartien nimmt sie sich recht gut aus. Schnell bedeckt sie überall den Boden. Die Blütezeit dauert vom Sommer bis zum Herbst an. Ehe die Pflanzen sich zu verzweigen beginnen, müssen diese auf 15 cm Abstand vereinzelt werden. Die Hainblume liebt sandigen Boden in absonniger Lage, wächst aber auch in der vollen Sonne noch recht willig.

Die Aussaat geschieht ab März/April gleich an Ort und Stelle. Herbstaussaaten, im August/September ausgesät, kommen ganz gut über den Winter, wenn sie eine Reisigdecke als Schutz erhalten. Die Keimzeit beträgt ca. 2 Wochen. Die Saat bleibt 3 bis 4 Jahre keimfähig. Diese anspruchslose Pflanze verdient unsere erneute Beachtung. Sie liebt aber keine allzugroße Bodenfeuchtigkeit.

Jungfer im Grünen

Jungfer im Grünen, Schwarzkümmel *(Nigella damascena fl. pl.)*

Ranunculaceae — Hahnenfußgewächs. Viele andere Namen fand der Volksmund für diese einzigschöne, schmückende Sommerblume. So z. B. „Gretl im Busch", „Braut im Haar", „Gretl in der Hecke". Sehr gern wird diese alte Bauernpflanze heute noch angebaut, zumal sie wenig empfindlich ist, robust heranwächst und auch regnerisches Sommerwetter gut vertragen kann. Die 50 bis 60 cm hohe Pflanze bringt himmelblaue Blumen (aber auch helle Farbtöne), mit einem Kranz von feinsten, haarförmigen Blättern umgeben, hervor. Was Wunder, wenn der Volksmund solche reizende Namen prägte.

Am schönsten sind immer wieder die himmelblauen Sorten, deren Aussaat ab März bis Mai ohne weiteres ins Freiland erfolgen kann. Auch Herbstaussaaten sind möglich. Die Pflanze liefert schmückendes Blütenmaterial für Beete und Zimmer. Die Blütezeit beginnt im Juni und dauert bis zum

September an. Die Saat liegt 8 bis 10 Tage in der Erde, bevor sie aufgeht. Die Haltbarkeit des Samens beträgt ca. 3 Jahre.

Nachtkerze *(Oenothera missouriensis)*

Oenotheraceae — Nachtkerzengewächs. Die Nachtkerze ist eine etwa 30 cm hoch werdende, winterharte Staude, die sich vorzüglich für den Steingarten eignet. Sie widersteht jeder Trockenheit, und du kannst sie deshalb unbesorgt auf Trockenmauern und an Böschungen pflanzen. Ihre auffallend großen, gelben Blütenteller schmücken die Pflanze vom Juni bis in den September hinein. Wenn du die verblühten Blumen regelmäßig entfernst, verlängert sich die Blütezeit wesentlich. In vollsonniger Lage gedeiht die Nachtkerze am besten.

Nachtkerze

Du kannst sie sehr gut selbst aus Samen vermehren. Ab April/Mai ist die Aussaat auf ein sorgfältig vorbereitetes Saatbeet vorzunehmen. Bei gleichmäßiger Feuchtigkeit keimt der Samen, je nach Witterung, nach 16 bis 20 Tagen. Wenn die Jungpflanzen kräftig genug geworden sind, kannst du sie an die für sie vorgesehenen Plätze pflanzen.

Pfingstrose *(Paeonia chinensis)*

Ranunculaceae — Hahnenfußgewächs. Die Pfingstrose ist seit Jahrhunderten in unseren Gärten bekannt und beliebt, und man kann sie durchaus als eine alte Bauernblume bezeichnen. Sie sollte heute in keinem Garten fehlen, denn sie blüht nicht nur besonders schön und auffallend, sondern vor allen Dingen zu einer Zeit, in welcher in unserem Garten der Frühjahrsflor vorüber ist und die Sommerblumen noch nicht blühen. Die Pfingstrose stellt gar keine großen Ansprüche. Wichtig ist, daß du sie möglichst ungestört viele Jahre am gleichen Ort wachsen läßt. Die Staude wird dann üppig und erreicht eine Höhe von fast einem Meter. Außerdem werden die Blüten von Jahr zu Jahr größer und schöner. In voller Sonne und einem tiefgründigen, lockeren Boden gedeiht sie am besten. Sie nimmt jedoch auch noch mit einem halbschattigen Standort vorlieb. Nach der Blüte ist sie für einen kräftigen Dungguß sehr dankbar. Die Pfingstrose ist eine sehr beliebte Schnittblume, die aber unbedingt knospig geschnitten werden muß.

Pfingstrose

Im Herbst oder Frühjahr solltest du dir einige Wurzeln besorgen. Achte bei der Pflanzung darauf, daß sie nicht zu tief in die Erde kommen, sonst wartest du vergeblich auf die Blüten. Die Triebknospen sollten mit der Erdoberfläche abschließen. Wie schon gesagt, mußt du dich zwei bis drei Jahre gedulden, bis die Pfingstrose zu ihrer vollen Entwicklung gelangt. Dann erfreut sie dich jedoch viele Jahre hindurch mit ihren großen, wohlriechenden und farbenprächtigen Blüten.

Mohn, Zwergmohn, Islandmohn *(Papaver nudicaule)*

Papaveraceae — Mohngewächs. Diese Mohnart ist unter dem Namen Islandmohn bekannt, dessen nacktstenglige Blüten sich sehr schön zu Sträußen eignen. Für den Steingarten wird dieser etwa 40 cm hohe Mohn gern verwendet, zumal die zarten Farbtöne unübertroffen sind und von fast keiner anderen Blume erreicht werden. Alle Mohnblumen sind in der Knospe zu schneiden, denn sie verblühen sonst viel zu schnell. Das ist leider ein Nachteil dieser sonst so schönen Pflanzen. Am besten macht es der interessierte Blumenfreund, wenn er sich eine gute Mischung vieler Islandmohn-Sorten beschafft, denn erst dann kann er die vielen Farbnuancen bewundern und sich restlos daran ergötzen.

Blumen bleiben länger schmucker mit einem Stückchen Würfelzucker!

Die Aussaat geschieht im Mai/Juni direkt an Ort und Stelle, möglichst ganz dünn und flach in Reihen. Die Keimzeit beträgt etwa 12 bis 14 Tage. Bei der Verpflanzung müssen wir 25 cm Abstand geben und für reichliches Wasser zum Anwachsen sorgen. Ich verwende den Islandmohn gern zwischen Vergißmeinnicht oder Stiefmütterchen, als Lückenfüller im Steingarten und auf Trockenmauern. Im Halbschatten ist er noch recht brauchbar. Vom Mai bis August dauert dann im folgenden Jahre die Blütezeit.

Türkischer Riesenmohn, orientalischer Mohn *(Papaver orientale)*

Papaveraceae — Mohngewächs. Die borstig behaarten Blütenstiele des Türkenmohnes tragen große, scharlachfarbige Riesenblüten mit schwarzen Herzen, die oft bis zu 15 cm Durchmesser erreichen. Die Wuchshöhe dieser überaus wirkungsvollen Prachtpflanze beträgt ca. 1 m. Außer den bekannten roten Farben gibt es heute Farbtöne in Orangescharlach. Die Blütezeit fällt in die Monate Juni bis August. Alle Mohnarten sind anspruchslos und wachsen in jedem Gartenboden. Besonders gut entwickeln sie sich jedoch, wenn sie auf etwas kalkhaltigem Boden stehen. Mit den Jahren wachsen die Pflanzen zu recht stattlichen Stauden heran, was sehr wichtig für die Platzwahl ist. Nach der Blüte werden die Stengel zurückgeschnitten. Diese Mohnart ist sehr winterhart.

Die Aussaat erfolgt im April/Mai ins Mistbeet auf ein zubereitetes Saatbeet im Freien. Die Keimzeit beträgt etwa 1 bis 2 Wochen. Eine Samenmischung, zusammengestellt aus vielen Sorten des Türkenmohnes, wird jeden Liebhaber zufriedenstellen.

Islandmohn

Japanischer Seidenmohn, Gartenmohn, Klatschmohn *(Papaver rhoeas)*

Papaveraceae — Mohngewächs. Der Garten- oder Schlafmohn ist wie sein Verwandter, der Feldmohn, aus dem Orient zu uns gekommen. Die weithin schillernde Farbenpracht des Mohnes ist es, die uns immer wieder veranlaßt, Mohn als Schnitt- und Zierblume auszusäen. Die leider nur kurze Blütezeit müssen wir eben mit in Kauf nehmen, dafür berauschen wir uns an dem einmaligen Farbenspiel der seidigen Blüten. Die gefüllten Gartenmohnarien, deren Blüten einem Federball ähneln, haben sich sehr viele Liebhaber erworben.

Türkischer Riesenmohn

Kenner säen diesen einjährigen Mohn erst im Mai aus, wodurch die Blüte in den Monat September fällt, um dadurch in dieser Zeit neue Farbeffekte bis in den Herbst hinein im Garten zu haben. Eine Mischung vieler Sorten und Farben wird auch den verwöhntesten Gartenfreund befriedigen. Geschnitten wird jeder Mohnstengel in der Knospe, sobald die Blüte aufzuplatzen beginnt. Dadurch wird die Haltbarkeit und Freude an den schönen Blumen etwas verlängert.

Ein frohes Wort am Gartenzaune schafft auch beim Nachbarn gute Laune!

Die Aussaat des Mohnes wird in der Regel ab März/April direkt ins freie Land vorgenommen, nachdem das Beet besonders gut gelockert und zurechtgemacht wurde. Die Saat, die sehr feinkörnig ist (etwa 2000 Körner = 1 g), wird ganz flach gesät und nur leicht angedrückt. Nicht an windigen Tagen aussäen! Wer erst im Herbst blühenden Mohn wünscht, sät im Mai aus. Die Reihenweite sollte 20 bis 25 cm betragen. Wo die Saat zu dicht aufgegangen ist, wird sie ausgelichtet. Ein Versetzen der herausgezogenen Pflanzen ist nicht möglich. Die Pflanzen wachsen sehr schwer wieder an. Der Gartenmohn stellt keine großen Ansprüche an den Boden, liebt aber sonnige Lage. Die Keimdauer des Mohnsamens beträgt 8 bis 14 Tage.

Die Saat bleibt 2 bis 3 Jahre keimfähig. Alle verblühten Stiele sind möglichst sofort abzuschneiden, da die in Samen gegangenen und reif gewordenen Kapseln sonst durch Ausstreuen des Samens das Land verunkrauten können. Herbstaussaat ist bei leichtem Winterschutz durchaus möglich.

Gefüllter Prachtmohn *(Papaver somniferum fl. pl.)*

Papaveraceae — Mohngewächs. Der einjährige gefüllte Schlafmohn zeichnet sich durch seine riesigen, gefüllten Blumen mit geschlitzten Blütenblättern aus. Wie alle Mohnarten verfügt der gefüllte Prachtmohn über keine sehr lange Vasenhaltbarkeit. Du solltest ihn deshalb für Sträuße sehr knospig schneiden.

Gefüllter Prachtmohn

Die Aussaat nimmst du am besten von März/April an auf ein sorgfältig vorbereitetes Beet vor, auf welchem der Mohn den Sommer über stehenbleiben kann; denn auch diese Mohnart verträgt ein Verpflanzen nicht. Der Samen braucht, je nach Witterung, etwa 2 bis 3 Wochen zur Keimung. Wichtig ist jedoch, daß du die Aussaat ganz gleichmäßig feucht hältst.

Bartfaden *(Pentstemon barbatus)*

Scrophulariaceae — Rachenblütler. Leider ist der Bartfaden vielen Gartenfreunden noch nicht bekannt, und er hat es wirklich verdient, wesentlich mehr beachtet zu werden. An etwa 40—60 cm hohen, aufrecht wachsenden Blütenstielen erscheinen volle Rispen mit rosa, roten und violetten Blüten. Der Bartfaden blüht von Juni bis August und sollte in keiner Staudenrabatte fehlen. Er liebt einen lockeren, humosen und frischen Boden und gedeiht am besten in der vollen Sonne.

Die Aussaat nimmst du im April/Mai auf ein sorgfältig vorbereitetes Saatbeet vor. Nach etwa 2 Wochen keimt der Samen, wenn du die Aussaat gleichmäßig feucht hältst. Sowie die Sämlinge kräftig genug geworden sind, pflanzt du sie auf die für sie vorgesehenen Plätze.

Bartfaden

Bienenfreund *(Phacelia tanacetifolia)*

Hydrophyllaceae — Wasserblattgewächs. Wie der Name erkennen läßt, ist der Bienenfreund eine ausgesprochene Bienenfutterpflanze. Man hat ihr auch den Namen Büschelschön gegeben. Es ist eine einjährige Sommerblume und sollte eigentlich in keinem Garten fehlen. Mit seiner Höhe von etwa 90 cm ist *Phacelia* am besten im Hintergrund des Sommerblumenbeetes aufgehoben. Die Blüten sind leuchtend blau.

Die Aussaat kannst du bereits von März ab gleich an Ort und Stelle vornehmen. Der Samen braucht etwa drei Wochen zur Keimung. An den Boden stellt der Bienenfreund wenig Ansprüche. In sonniger, windgeschützter Lage gedeiht er am besten.

Bienenfreund

Sommerphlox *(Phlox drummondii)*

Polemoniaceae — Flammenblumengewächs. Der Sommerphlox erreicht nur eine Höhe von etwa 30 cm und ist deshalb sehr gut als Einfassungs- und Beetpflanze zu verwenden. Aber auch Lücken in deinem Steingarten können mit dieser farbenprächtigen Sommerblume ausgefüllt werden. Die Anzucht ist recht einfach. Wenn du ein Frühbeet hast, nimm dort die Aussaat im März vor. Du kannst jedoch auch in Töpfe säen und diese im Haus vor ein Fenster stellen. Nach etwa 3 Wochen keimt der Samen, wenn du die Aussaat gleichmäßig warm und feucht hältst. Die gut abgehärteten und kräftigen Pflanzen setze nach Mitte Mai dann auf die für sie bestimmten Plätze. Als Balkonschmuck sind sie gut zu verwenden.

Sommerphlox

Ab April kannst du eine Aussaat gleich an Ort und Stelle vornehmen. Der Sommerphlox gedeiht in jedem Gartenboden, am besten in voller Sonne. Bei Trockenheit solltest du reichlich gießen, sonst entwickeln sich die Pflanzen nur spärlich.

Staudenphlox, Flammenblume *(Phlox paniculata)*

Polemoniaceae — Flammenblumengewächs. Viele schöne, prachtvolle Farben gibt es vom Staudenphlox. Je nach Sorte wird eine Wuchshöhe von 80 cm bis zu 1 m erreicht. Der bezaubernde Duft macht die Staude noch wertvoller. Phlox wächst in jedem gut durchlässigen, also nicht zu nassem Gartenboden. Die Vermehrung geschieht in der Hauptsache durch Stockteilung. Eine Anzucht aus Samen ist möglich. Jedoch ist in diesem Falle zu berücksichtigen, daß die Saat als Frostkeimer, im Herbst eingesät, erst im Frühjahr aufgeht. Aus diesem Grunde ist es ratsam, in Töpfe auszusäen. Die Töpfe bleiben nun während des ganzen Winters draußen im Freien stehen, damit die Saat ordentlich durchfriert. Im kommenden Frühjahr läuft der Samen dann bestimmt auf. Nachdem sich die Sämlinge entwickelt haben, werden sie an die vorgesehenen Stellen ausgesetzt. Gesunde Pflanzen können ein Jahrzehnt und länger am gleichen Ort stehenbleiben. In den Katalogen werden im Frühjahr und Herbst Pflanzen aus Stockteilung in Farben angeboten, die natürlich der Selbstaussaat vorzuziehen sind. Phlox nehme ich gern in die Staudenrabatte, in Gruppen und vor Gehölzen, wenn vollsonnige Lage vorhanden ist.

Für den Steingarten eignet sich der polsterbildende Steingartenphlox, *Phlox subulata*, sehr gut. Er erreicht nur eine Höhe von 10 bis 15 cm, blüht von Mai bis Juni und gedeiht am besten in vollsonniger Lage und einem lockeren, durchlässigen Boden. Dieser Phlox wird fast ausschließlich vegetativ vermehrt. Du kannst dir ebenso eine Samenmischung besorgen und die Aussaat im Herbst vornehmen. Auch dieser Phlox ist ein Frostkeimer und keimt deshalb erst im Frühjahr.

Japanische Lampionpflanze, Judenkirsche *(Physalis franchetii)*

Solanaceae — Nachtschattengewächs. Die etwa 100 cm hohe Lampionpflanze, auch Chinesische Laternenblume genannt, ist eine gern gesehene Gartenpflanze, die vor allem den Kindern sehr viel Freude macht. Die orangeroten Samenträger, die fast Hühnereigröße erreichen, sehen aus wie kleine leuchtende Lampions. Die trockenen Sträuße, die sich sehr lange halten und recht dekorativ wirken, sind eine begehrte Zierde. Die Pflanze ist anspruchslos und wächst in jedem Gartenboden. Sie kann durch Samen oder durch Ausläufer vermehrt werden. Besonders sagt ihr kalkhaltiger Boden zu, und sie wächst sogar auf steinigen Böden, wenn nur die Lage recht sonnig ist. Für Halbschatten ist sie noch geeignet.

Die Aussaat wird im April/Mai vorgenommen, und zwar an Ort und Stelle oder auf ein Saatbeet. Die Saat ist gleichmäßig feucht zu halten und geht nach ca. 2 bis 3 Wochen auf. Der Samen ist 2 bis 3 Jahre keimfähig. Da die Pflanze außerordentlich stark wuchert, ist es ratsam, niemals in der Gartenmitte auszusäen oder anzupflanzen.

Ballonblume *(Platycodon grandiflora)*

Campanulaceae — Glockenblumengewächs. Die Ballonblume erreicht eine Höhe von etwa 70 cm und blüht in einem leuchtenden Blau von Juni bis September. Sie ist außerordentlich winterhart und anspruchslos. Jeder gute Gartenboden ist ihr recht und sie gedeiht am besten in der vollen Sonne. Mit einer halbschattigen Lage nimmt sie noch vorlieb. Die auf festen Stielen stehenden Blumen sind sehr beliebte Schnittblumen.

Staudenphlox

Ich teil' den Phlox nach ein paar Jahren und bin damit ganz gut gefahren!

Japanische Lampionpflanze

Falls er alle knallt, biet dem Jungen Halt!

Die Aussaat erfolgt am besten im April/Mai auf ein lockeres Saatbeet. Nach etwa 2 bis 3 Wochen keimt der Samen. Wenn die Sämlinge kräftig genug sind, werden sie an die für sie vorgesehenen Plätze gepflanzt.

Du kannst dir aber auch im Frühjahr die knolligen Wurzeln in einem Fachgeschäft kaufen. Diese Pflanzen blühen meist noch im gleichen Jahr und bilden schon bald kräftige, üppige Stauden.

Portulak-Röschen

Portulak-Röschen *(Portulaca grandiflora)*

Portulacaceae — Portulakgewächs. Ein bißchen altmodisch ist ja das kleine, aus Chile stammende Portulak-Röschen. Es ist ein etwa 15 cm hoch werdendes, fleischiges Pflänzchen mit seidenglänzend roten, weißen, gelben und auch gestreiften Blüten. Eine ausgesprochene Sonnenpflanze, die ihre Blüten nur öffnet, wenn die Sonne am Himmel lacht. Aus diesem Grunde sollte sie auch nur in sonniger Lage stehen. Die Pflanze ist trefflich geeignet für Beete, Rabatten, Einfassungen, Fugen, Steingärten, Hänge und vor allen Dingen in den Balkon- und Fensterkästen. In magerem Boden blüht das Portulak-Röschen am besten, oft schon 10 Wochen nach der Aussaat. Es gibt einfache und gefüllt blühende Sorten.

Eine gut bepflanzte Mauer ist voll Schönheit auf die Dauer.

Die Aussaat kann sehr zeitig (März) ins warme Mistbeet oder in Kisten erfolgen. Ab Ende April, Anfang Mai ist eine Freilandaussaat möglich. Später werden die Pflanzen auf ca. 10 cm Abstand ausgesetzt. Die Saat geht nach etwa 2 bis 3 Wochen auf, der Samen ist 2 bis 3 Jahre keimfähig.

Fingerkraut *(Potentilla nepalensis)*

Rosaceae — Rosengewächs. Das Fingerkraut ist eine robuste, hübsche, winterharte Steingartenstaude, die von Juni bis August ihre karminfarbenen Blüten hervorbringt. Sie wird nur etwa 40 cm hoch und eignet sich deshalb zur Bepflanzung von Trockenmauern, Steingärten, Rabatten und Böschungen. An den Boden stellt es keine großen Ansprüche, nur gegen stauende Nässe ist es empfindlich.

Die Aussaat erfolgt von März bis Mai in ein Saatgefäß oder ins Frühbeet. Nach etwa 2 Wochen keimt der Samen. Du solltest dann die Pflanzen langsam abhärten und, wenn sie kräftig genug geworden sind, ins Freiland an die für sie bestimmten Plätze setzen.

Fingerkraut

Primeln *(Primula)*

Primulaceae — Primelgewächs. Wohl mit zu den ältesten Kulturpflanzen zählen die Primeln, die schon vor vielen hundert Jahren als Himmelsschlüssel in den Bauerngärten kultiviert wurden. Heute ist uns eine Vielzahl von Arten bekannt, die in keinem Garten fehlen sollten. Sie alle sind in ihren Ansprüchen sehr ähnlich, gedeihen in sonnigen Lagen sowohl als auch im leichten bis vollen Schatten und lieben einen kräftigen, humosen, nahrhaften Gartenboden.

Die Aussaat der meisten Sorten erfolgt im April/Mai auf ein Saatbeet. Bei gleichmäßiger Wärme und Feuchtigkeit keimt der Samen nach etwa 2 bis 3 Wochen. Wenn die Pflänzchen kräftig genug geworden sind, pflanzt du sie an die für sie vorgesehenen Plätze. Da die meisten Primelarten nur Höhen zwischen 15 und 30 cm erzielen, sind sie für den Steingarten besonders gut geeignet. Besonders erwähnen möchte ich folgende Sorten:

Primula auricula (pubescens), die Gartenaurikel. Sie ist dir sicher schon aus Großmutters Garten bekannt. Gern wird sie für Einfassungen, Steingärten und Rabatten verwendet. Sie besticht durch ihr überraschendes Farbenspiel von Gelb über Rot bis zu einem tiefen Schwarzrot.

Primula auricula

Primula elatior

Die Kugelprimel, *Primula denticulata*, ist ganz besonders frühblühend und bringt auf etwa 20 cm hohen Stielen kugelrunde Blütenbüschel in Weiß, Blau, Violettblau und Rot hervor.

Die Garten- oder Straußprimel, *Primula elatior*, ist wohl die farbenfreudigste Primelart, deren Blüten wegen ihrer kräftigen, langen Stiele gern als Schnittblumen verwandt werden.

Primula florindae, gelbe Riesenprimel mit duftenden, goldgelben Blütenglocken. Sie eignet sich besonders für frische Böden in halbschattiger Lage. Die Etagenprimel, *Primula japonica*, ist eine der schönsten Sommerprimeln. Sie gedeiht im tiefsten Schatten und ist sehr ausdauernd.

Reseda, Resette *(Reseda odorata)*

Resedaceae — Resedagewächs. Aus Ägypten stammt diese kleine, volkstümliche Duftpflanze. Ein kleiner Resedastrauß verbreitet in jedem Zimmer einen angenehmen Duft. Meist wird die Reseda als Einfassung angepflanzt; oft sieht man sie aber auch auf Beeten. Die geschnittenen Stengel halten sich ganz gut in der Vase. Es ist streng darauf zu achten, daß die Blätter so weit abgestreift werden, daß sie nicht ins Wasser hineinreichen, da diese bereits nach einigen Tagen zu faulen beginnen und so den Duft herabsetzen. Die Pflanze wird etwa 30 cm hoch. Die gefüllte Reseda „Machet" hat sich überall durchgesetzt und wird jetzt vornehmlich angebaut.

Wie herrlich duftet die Resede als Einfassung der Gartenbeete.

Die Aussaat geschieht ab Mitte April an Ort und Stelle auf ein lockeres, gut vorbereitetes Beet, dünn und recht flach in Reihen von 20 cm Abstand. Die Saat geht nach 12 bis 14 Tagen auf. Der Samen bleibt 3 bis 4 Jahre keimfähig. Gut gedüngter Gartenboden und ein sonniger Platz sagen den Pflanzen am besten zu. Für einen Dungguß vor der Blüte sind sie sehr dankbar.

Rizinus, Wunderbaum *(Ricinus communis zanzibarensis)*

Euphorbiaceae — Wolfsmilchgewächs. Der Wunderbaum, auch „*Palma Christi*" genannt, stammt aus Sansibar und entwickelt sich bei entsprechender Pflege zu einer großen, dekorativen Blattpflanze von 4 bis 5 m Höhe. Die dicken Samenkörner legst du im Februar/März einzeln in Blumentöpfe und hältst die Aussaat gleichmäßig feucht und warm. Nach etwa 2 Wochen keimt der Samen dann. Achte darauf, daß die Pflanzen bis Mitte Mai hell stehen und langsam abgehärtet werden, denn geile, weiche Pflanzen überstehen das Auspflanzen schlecht. Wenn du für reichliche Feuchtigkeit und regelmäßige Düngung sorgst, wächst der Wunderbaum sehr schnell, und seine großen Blätter werden in deinem Garten viel Bewunderung auslösen. Der Wunderbaum verträgt keinen Frost, deshalb ist er bei uns hier nur einjährig und muß jedes Jahr erneut ausgesät werden.

Rizinus, man glaubt es kaum, wächst zu einem Riesenbaum!

Goldball, Sonnenhut *(Rudbeckia bicolor)*

Compositae — Korbblütler. Obwohl die meisten Sonnenhutarten zu den Stauden gehören, werden verschiedene Sorten einjährig kultiviert, so die *Rudbeckia bicolor*. Der Sonnenhut ist wegen seiner hübschen Strahlenblüten und der guten Haltbarkeit als Schnittblume sehr begehrt. Auf Rabatten und in Gruppen findet man ihn wirkungsvoll stehen. Vom Juli bis zum Herbst dauert die Blüte der den Sonnenrosen ähnelnden Blumen. Als Straußblume ist die Pflanze besonders wertvoll und sehr geschätzt. Die Wuchshöhe der *Rudbeckia* „Herbstwald", die ihren Namen wegen der schönen, herbstlich warmen Töne erhielt, beträgt ca. 75 cm.

Die Aussaat geschieht ab März in Schalen oder ins Frühbeet. Gegen Ende April kann eine Freilandaussaat vorgenommen werden. Die Saat geht nach ca. 3 Wochen auf. Es ist darauf zu achten, daß man Saatgut nur von zuverlässigen Firmen bezieht, denn bereits nach einem Jahr Lagerung verliert es die Keimfähigkeit.

Sonnenhut *(Rudbeckia speciosa)*

Compositae — Korbblütler. Von dieser dankbaren Schnittblume, die uns durch ihre hübschen Strahlenblüten erfreut, gibt es außer der einjährig zu kultivierenden Art die immer wiederkehrende Staude. Im Hintergrund des Steingartens, auf Staudenrabatten, an Gebüschrändern oder am Wasser finden wir sie oft wirkungsvoll angepflanzt. Die Blüten, die einer kleinen Sonnenrose ähneln, jedoch eine halbkugelförmige Wölbung in der Mitte haben, sind mit zu den haltbarsten Schnittblumen zu rechnen, die wir aus unserem Garten schneiden können. Die gewölbte Mitte, die einem kleinen Hut gleicht, gab der Pflanze die Bezeichnung „Sonnenhut". Die Pflanze ist in vielen Arten in Nordamerika und Mexiko zu Hause. Außer den bekannten, etwa 60 cm hohen Stauden gibt es aber noch höher wachsende und gefüllte Sorten.

Sonnenhut

Stauden vor dem Pflanzen zurückschneiden.

Roter Sonnenhut *(Rudbeckia purpurea)*

Diese ausdauernde Rudbeckia-Art wird etwa 1 m hoch und blüht vom Juli bis September. Sie ist als Einzelpflanze und als Schnittblume von großem Reiz. Die ansehnlichen Blüten mit brauner Mitte nehmen sich in einer Vase sehr vornehm aus. Der Laie wird die Blumen für kleine rote Sonnenrosen halten. Die Vermehrung geschieht entweder durch Samen oder durch Stockteilung. Alle Rudbeckien nehmen mit jedem guten Gartenboden vorlieb, wenn er nicht zu trocken ist und sonnige Lage aufweist.

Die Aussaat erfolgt wie bei allen Stauden ab April/Mai auf ein lockeres Saatbeet. Nach etwa 14 bis 20 Tagen geht die Saat auf. Der Samen bleibt nur 1 Jahr keimfähig, deshalb mußt du auf zuverlässiges Saatgut Wert legen. Sobald die Sämlinge kräftig genug sind, was meist im Herbst der Fall sein wird, werden diese ausgepflanzt. Gerne sehe ich sie immer wieder zwischen Lilien, Phlox, Schleierkraut und anderen, etwa gleich hoch wachsenden Stauden stehen.

Kaiser-Salpiglossis, Trompetenzunge, Brokatblume
(Salpiglossis sinuata)

Solanaceae — Nachtschattengewächs. Die phantasievollen Farben der sogenannten „Kaiser-Salpiglossis" oder Trompetenzunge ergötzen immer wieder den Beschauer und Gartenfreund. Die einzigartigen Farbschattierungen haben dazu geführt, daß diese Pflanze uns heute häufiger in den Gärten begegnet. Da gibt es goldgerandete, weiße, gelbe, rote oder schwarzbraune Blüten in herrlichstem Farbenspiel. Die Blütezeit dauert vom Juni bis September. Als Schnittblumen sind sie gut haltbar. Die Kultur ist einfach.

Trompetenzunge

Der Samen wird ab März in Schalen oder in Mistbeetkästen gesät. Ab April ist auch Freilandaussaat möglich, die auf ein lockeres Beet erfolgen soll. Der Samen braucht 14 Tage zum Keimen und ist 3 bis 4 Jahre haltbar. Die jungen Pflanzen lassen sich leicht versetzen und wachsen willig an. Die etwa 80 cm hohe Trompetenzunge liebt einen warmen, sonnigen Standort und kann ziemlich eng (auf 20 cm) gepflanzt werden. Gegen allzuviel Nässe sind die Pflanzen empfindlich.

Hab' ich was Rechtes ausprobiert, wird es für dich gleich aufnotiert!

Salbei *(Salvia splendens)*

Labiatae — Lippenblütler. Wie ein teuerrotes Meer leuchtet weithin sichtbar die Fläche eines Beetes mit blühendem Prachtsalbei. Es ist die ausgesprochene Pflanze für Gruppen, Beete, Rabatten und Töpfe. Der Blütenflor dauert vom Juni bis Oktober, ohne auszusetzen. Die Sorte „Feuerball" wird ca. 40 cm hoch, hat breite, lange Blütenrispen und aufrechten Wuchs. Die Belaubung ist saftgrün. Dieser Sorte ist weiter eine gleichmäßige Wuchshöhe und frühes Blühen nachzusagen. Sie ist somit als beste Sorte für Schaugruppen anzusprechen.

Die Aussaat ist im Februar/März ins Mistbeet oder in Schalen vorzunehmen. Die Saat geht nach ca. 15 Tagen auf und hält sich zwei Jahre keimfähig. Sobald die Pflanzen greifbar sind, werden sie in größere Behälter umgepflanzt. Ganz allmählich werden sie abgehärtet und an die Außentemperatur gewöhnt. Ab Mitte Mai kommen sie auf die vorgesehenen Beete.

Salbei

Mexikanische Goldrandblume *(Sanvitalia procumbens)*

Compositae — Korbblütler. Die Mexikanische Goldrandblume stammt, wie ihr Name erkennen läßt, aus Mexiko und wird nur 10 bis 12 cm hoch. Ihr Aussehen ist das einer kriechenden Miniatursonnenblume. Sie ist eine ausgezeichnete Einfassungspflanze, mit welcher du gut Lücken in deinem Steingarten ausfüllen kannst. Die Blütezeit dauert vom Juni bis in den Herbst.

Die Aussaat nimmst du am besten in ein Frühbeet vor. Wenn du dazu keine Möglichkeit hast, kann die Sanvitalie ab April gleich ins Freiland ausgesät werden. Sie blüht dann allerdings etwas später. Nach zwei Wochen keimt sie, wenn die Aussaat gleichmäßig feucht gehalten wird. Später pflanzt du sie in Abständen von 15 cm auf die für sie vorgesehenen Plätze.

Mex. Goldrandblume

Seifenkraut *(Saponaria ocymoides)*

Caryophyllaceae — Nelkengewächs. Das Seifenkraut ist ein rosa blühendes, kriechendes, immergrünes Alpengewächs, welches sich besonders für Steingärten, Rabatten, Trockenmauern und Felspartien eignet. Es stellt so gut wie keine Ansprüche an Boden und Standort, nur stauende Nässe verabscheut es. In sonniger Lage und kalkhaltigen Böden gedeiht es am besten. Es erreicht eine Höhe von etwa 30 cm und blüht von Juni bis Juli.

Die Aussaat erfolgt mit allen übrigen Stauden im April/Mai auf ein sorgfältig vorbereitetes Saatbeet. Nach etwa 2 bis 3 Wochen, je nach Witterung, keimt das Seifenkraut und kann, wenn die Sämlinge kräftig genug sind, gleich an Ort und Stelle gepflanzt werden.

Seifenkraut

Steinbrech *(Saxifraga)*

Saxifragaceae — Steinbrechgewächs. Der Steinbrech gehört mit zu den bekanntesten und beliebtesten Polsterpflanzen unseres Steingartens. Er bildet feste, saftgrüne Polster, die auch nach der Blüte noch außerordentlich zierend wirken. Er wird nur etwa 20 cm hoch und sollte in keinem Steingarten fehlen. Auch für Felspartien, Trockenmauern und Einfassungen eignet er sich gut. In voller Sonne gedeiht er am besten, im Halbschatten wächst er noch sehr gut. Wenn du ihn selbst durch eine Aussaat vermehren willst, dann besorgst du dir eine Samenmischung verschiedener Sorten.

Die Aussaat erfolgt von März bis Mai in Saatkistchen oder Schalen. Sie muß sehr sorgfältig vorgenommen werden, da der Samen außerordentlich fein ist. Bei gleichmäßiger Wärme und Feuchtigkeit geht der Samen nach etwa 2 bis 3 Wochen auf. Wenn die Pflänzchen kräftig genug sind, kannst du sie gleich an die für sie vorgesehenen Plätze pflanzen.

Steinbrech

Trauerblume, Nadelkissen *(Scabiosa atropurpurea fl. pl.)*

Dipsacaceae — Kardengewächs. Die Purpurscabiose führt den deutschen Namen „Trauerblume" ganz zu unrecht. Die Farben der Pflanze sind so lebhaft, daß sie tatsächlich einen klangvolleren Namen verdiente. Die feinen, einem kleinen Nadelkissen ähnelnden Blüten sind recht nett und interessant anzuschauen. Die Pflanze wird etwa 60 cm hoch und blüht vom Juli bis zum Frost ununterbrochen. Viel wertvolles Straußmaterial ist während dieser langen Blühperiode zu schneiden. Es gibt niedrigere Sorten, die nur 45 cm hoch werden. Für Steingartenfreunde wurde sogar eine nur 20 cm hohe Art herausgezüchtet, deren buschige Pflanzen wirklich reizend anzusehen sind. Die Scabiosen lieben lockeren, kalkhaltigen Boden und sonnige Lage.

Kalk ist für das Nadelkissen nach wie vor ein Leckerbissen!

Die Aussaat kann ab März/April in das Mistbeet vorgenommen werden oder gegen Ende April/Anfang Mai direkt an Ort und Stelle. Die Saat geht nach 20 Tagen auf. Die Keimfähigkeit bleibt 2 bis 3 Jahre erhalten. Später werden die Pflanzen auf 30 cm vereinzelt oder ausgepflanzt. Scabiosen setzt du zweckmäßig zwischen halbhohe Sommerblumen, auf Rabatten und vor Gehölzgruppen.

Staudenscabiose *(Scabiosa caucasica)*

Dipsacaceae — Kardengewächs. Die Staudenscabiose stammt, wie der Name schon sagt, aus dem Kaukasus. Sie ist außerordentlich winterhart und deshalb eine wertvolle Staude, die in keiner Staudenrabatte fehlen dürfte. Sie erreicht eine Höhe von etwa 60 cm und ist eine haltbare und hübsche Schnittblume. Die Blüten stehen auf straffen Stielen und sind in weißen und hellblauen Farbtönen anzutreffen. Sie blüht von Juni bis in den September hinein, wenn du die verblühten Blumen stets sorgfältig herausschneidest und so die Pflanzen zu neuem Knospenaustrieb anregst. Ein guter Gartenboden und ein sonniger Standort sorgen für ein gutes Gedeihen dieser hübschen Staude.

Staudenscabiose

Die Aussaat wird im April/Mai auf ein sorgfältig vorbereitetes Saatbeet vorgenommen. Schon nach etwa zwei Wochen ist der Keimprozeß vollendet. Wenn die Sämlinge kräftig genug sind, pflanzt du sie an den für sie vorgesehenen Platz.

Spaltblume *(Schizanthus wisetonensis)*

Solanaceae — Nachtschattengewächs. Wie viele unserer Gartenblumen, kommt auch die Spaltblume aus Südamerika. Die kleinen, in vielen Farben blühenden Blütchen kommen am besten zur Geltung, wenn sie auf einem geschlossenen Beet beieinander stehen. Die Spaltblume wird nur etwa 40 cm hoch und eignet sich deshalb sehr gut zur Bepflanzung bunter Sommerblumenbeete, Rabatten und Lücken im Steingarten. Als Schnittblumen kannst du diese hübsche Sommerblume gut verwenden, denn die Blüten halten sich gut 10 Tage in der Vase.

Die Aussaat soll im April auf ein Saatbeet im Freiland erfolgen. Nach etwa 3 Wochen keimt der Samen. Wenn die Sämlinge kräftig genug sind, pflanzt du sie im Abstand von etwa 20 cm auf die für sie vorgesehenen Plätze.

Mauerpfeffer *(Sedum)*

Crassulaceae — Dickblattgewächs. Der Mauerpfeffer ist wohl die anspruchloseste Steingartenpflanze. Sie gedeiht noch in jeder Fuge und Mauerspalte und kann lange Zeit ohne jede Feuchtigkeit auskommen. Für Steingärten, Trockenmauern, Felsspalten, Plattenwege und Treppen eignet sich der

Spaltblume

Mauerpfeffer

Hauswurz

Präriemalve

Goldrute

Mauerpfeffer ganz besonders gut. Im kargen Boden zeigt er besonders schöne Blattfärbungen. Er wird 10 bis 25 cm hoch. Wenn du ihn aus Samen vermehren willst, besorge dir eine Samenmischung verschiedener Sorten.

Die Aussaat nimmst du am besten im April/Mai in ein Saatkistchen vor, weil der Samen außerordentlich fein ist. Nach etwa 2 Wochen geht der Samen auf, wenn du die Aussaat gleichmäßig warm und feucht gehalten hast. Haben sich die kleinen Pflanzen gut entwickelt, kannst du sie auf die ihnen bestimmten Stellen im Steingarten pflanzen.

Hauswurz *(Sempervivum)*

Crassulaceae — Dickblattgewächs. Die Hauswurz ist hier bei uns beheimatet und in jeder Beziehung unverwüstlich. Fast ohne Nahrung und Wasser vermag sie noch zu wachsen und sogar zu blühen. Auf trockenen Mauern, auf Dächern, in Mauerspalten, auf Felsen usw. ist sie anzutreffen. In der letzten Zeit sind sehr hübsche Varianten herausgezüchtet worden, die wundervolle Blattfärbungen zeigen. Für die trockensten und nährstoffärmsten Ecken deines Gartens ist die Hauswurz, auch Steinrose, Donnerwurz und Drachenwurz genannt, gerade angebracht. Du kannst sie durch die sich zahlreich ausbildenden Ausläufer vermehren. Wenn du dir aber eine Samenmischung vieler Sorten besorgst und diese aussäst, kannst du dir später aus den vielen Sämlingspflanzen die farbenfreudigsten aussuchen.

Die Aussaat erfolgt von März bis Mai in sorgfältig vorbereitete Saatgefäße, denn der Samen ist sehr fein. Bei gleichmäßiger Wärme und Feuchtigkeit keimt er nach 2 bis 3 Wochen. Sobald die Pflänzchen kräftig genug sind, pflanzt du sie auf die vorgesehenen Plätze.

Präriemalve *(Sidalcea hybrida)*

Malvaceae — Malvengewächs. Die Präriemalve ist eine rosa blühende, etwa 80 cm hoch werdende, hübsche Staude, die sich gut für Gruppen, Rabatten und bunte Beete eignet. Sie liebt einen durchlässigen, sandigen Gartenboden und möchte gern in voller Sonne stehen. Frühe Aussaaten solltest du ins Frühbeet vornehmen, während du ab Mai im Freiland auf ein Saatbeet aussäen kannst. Nach etwa 2 Wochen keimt der Samen. Wenn die Jungpflanzen kräftig genug geworden sind, pflanzt du sie auf die für sie vorgesehenen Plätze.

Goldrute *(Solidago)*

Compositae — Korbblütler. Die Goldrute oder auch Goldraute ist eine sehr beliebte und robuste Staude, die in keinem Staudenbeet fehlen sollte. Vor allen Dingen, seit die Züchtung niedrigere und nicht so stark wuchernde Sorten hervorgebracht hat. So haben wir jetzt in der Sorte „Golden Mosa" eine sehr edle Goldrute, deren etwa 80 cm hoch werdenden, straffen Blütenstengel mit ihren leuchtend gelben Blütenrispen sich ausgezeichnet als Schnittblumen eignen. In keinem Herbst- und Sommerstrauß sollte die Goldrute fehlen. Durch regelmäßigen Schnitt kannst du die Blütezeit von Juli bis Oktober ausdehnen. Die Goldrute wächst in jedem Gartenboden, in der Sonne wie im Halbschatten. Die Sorte „Golden Mosa" ist nur durch Teilung zu vermehren, während du aus Samen eine gute Mischung verschiedener Sorten heranziehen kannst.

Die Aussaat nimmst du am besten von April bis Mai auf ein sorgfältig vorbereitetes Saatbeet vor. Wenn die Sämlinge kräftig genug geworden sind, pflanzt du sie auf die für sie vorgesehenen Stellen. Bedenke dabei aber stets, daß die Goldrute schon bald üppige Stauden bildet. Gib ihr also genügend Platz, so daß sie später keine schwächeren Stauden verdrängen kann.

Studentenblume, Samtblume *(Tagetes erecta plena)*

Compositae — Korbblütler. Den Namen Totenblume erhielt diese altbekannte Bauerngartenblume, da sie als einzige in der Lage ist, zum Totenfest frische Blumen zu Bindereizwecken und für Grabvasen zur Verfügung zu stellen. Den Namen *Tagetes* bekam sie dem etruskischen Gotte Tages zu Ehren. Aus dem tropischen Amerika ist die Pflanze zu uns gekommen. Dort wachsen etwa 20 verschiedene Tagetesarten wild. Schon um das Jahr 1600 herum wurde sie bei uns eingeführt und seitdem eifrig kultiviert. Die Mühe, die sich der Gärtner mit dieser Pflanze gegeben hat, beweist das umfangreiche Sortiment, denn ungezählte Sorten werden heute in den Gärtnerkatalogen angeboten. Die Blätter der Tagetespflanzen hatten bisher einen eigenartigen scharfen Geruch, der jedoch durch intensive Zucht und Auslese heute bei den hohen Sorten fast gänzlich beseitigt worden ist. Die Blumen der etwa 80 cm hohen Arten stehen straff und aufrecht auf starken Stielen. Aus diesem Grunde werden sie gern zu Sträußen geschnitten. Die Tagetesfarben sind in gelben, orange oder bräunlichen Tönen gehalten und erfreuen uns mit ihrer Blüte ab Juli.

Studentenblume

Die Aussaat erfolgt ab April/Mai auf ein Saatbeet. Die Keimdauer beträgt 10 bis 15 Tage. Die Jungpflanzen werden später auf 20 cm Entfernung ausgepflanzt.

Niedrige Samtblume „Ehrenkreuz" *(Tagetes patula nana)*

Diese nur 20 cm hohe Pflanze eignet sich ganz ausgezeichnet für Einfassungen, zur Bepflanzung von Rabatten, Beeten usw. Die niedrigen, gleichmäßig hohen Büsche sind mit gelbbraunen Blüten dicht übersät. Mit Erdballen lassen sich alle Tagetespflanzen leicht versetzen. Dadurch kann man abgeblühte Rabatten schnell wieder blühend gestalten. „Liliput Sunkist" heißt die beliebte, leuchtend goldgelbe Sorte, die ebenfalls nur 20 cm hoch wird. Wer jedoch Wert auf Mahagonifarben mit Gelb legt, der sät die Sorte „Brownie" aus, die nur 15 cm Höhe erreicht. Die niedrigen Tagetes vertragen eine Verpflanzung auch während der Blütezeit recht gut, wenn das mit Erdballen geschieht. Sie sind somit ein willkommener Lückenbüßer für leere Beete, Steingärten, Fensterkästen usw. Die Kultur der Tagetes ist einfach.

Niedrige Samtblume

Ab April/Mai kann auf ein lockeres, gut zurechtgemachtes Saatbeet ausgesät werden. Die Saat geht nach ca. 10 bis 15 Tagen auf und bleibt 3 bis 4 Jahre keimfähig. Wer frühzeitig Pflanzen haben will, sät ins Mistbeet aus oder in Töpfe und Schalen. Später werden dann die Pflanzen pikiert, um sie, wenn sie kräftig sind, auszusetzen. Bezüglich des Bodens sind die Pflanzen anspruchslos. Sie wachsen in jedem Boden und sind selbst gegen anhaltende Trockenheit unempfindlich, wobei sogar das Laub dunkelgrün bleibt. Ein Dungguß bei Regenwetter fördert das Wachstum ungemein.

Trollblume, Goldranunkel *(Trollius hybridus)*

Ranunculaceae — Hahnenfußgewächs. Die Trollblume oder Goldranunkel ist bei uns heimisch und durch Züchterfleiß zu ihrer heutigen Schönheit herangezogen worden. Sie ist eine außerordentlich winterharte, robuste, etwa 60 cm hohe Staude, die von April bis Mai blüht. Wenn du die verblühten Blumen sorgfältig zurückschneidest, kannst du einen zweiten Flor erwarten. Die leuchtend gelben Blüten wirken besonders gut in Stauden-

Im Garten lernst du viel, meistens noch im Spiel!

rabatten, Gruppen und vor Gehölzen. Die Goldranunkel liebt einen frischen, guten Gartenboden und gedeiht in der Sonne genauso gut wie im Halbschatten. Du kannst sie durch Stockteilung vermehren; eine Aussaat wird dir gelingen, wenn du beachtest, daß die Trollblume zu den Frostkeimern gehört.

Die Aussaat nimmst du deshalb im Herbst vor. Mit einer Keimung ist vor dem Frühjahr nicht zu rechnen. Sobald die Sämlinge später kräftig genug sind, pflanzt du sie im Abstand von etwa 20 bis 25 cm an den für sie bestimmten Platz.

Trollius

Kapuzinerkresse *(Tropaeolum)*

Tropaeolaceae — Kapuzinerkressengewächs. Aus Kolumbien kam die Kapuzinerkresse zu uns, die im Volksmund auch noch „Kanarienvögelchen" oder „Kapern" genannt wird. Da die Kapuzinerkresse im Halbschatten recht gut wächst, ist sie auch an solchen Stellen voll erblüht anzutreffen. Die niedrige, nichtrankende Kapuzinerkresse *Tropaeolum nanum* wird etwa 30 cm hoch und eignet sich zur Topfkultur, für Beete, Balkonkästen und Einfassungen ganz ausgezeichnet. Das dunkelgrüne, saftige Laub paßt prachtvoll zu den gelben und rötlichen Farbtönen. Die Blüten eignen sich für reizende kleine Sträußchen, die wegen ihres frischen Duftes sehr gern zur Tischdekoration verwendet werden. Bis zu 8 Tagen bleiben die Sträuße in der Vase haltbar. Wer die Kapuzinerkresse im Winter blühend haben möchte, der steckt im August/September einige Samenkörner in Töpfe.

Kapuzinerkresse

Die rankende Kapuzinerkresse *Tropaeolum majus* ist eine vielgeschätzte Gartenzierpflanze, deren stark verzweigte Stengel bis zu 2 m Länge erreichen können. Die Pflanzen eignen sich daher bestens für Spaliere, Terrassen, Mauern, Wände, Balkone usw. Alle Kressenarten wachsen im Halbschatten und Schatten noch recht gut. Die Blumen der gefüllten Kapuzinerkresse *Tropaeolum majus plenum* sind besonders gut zum Schnitt geeignet, weil sie langstielig sind. Deswegen kannst du sie besser für die Vase verwenden als die niedrigen Sorten.

Man steckt den Kressesamen ab Ende April/Mai an Ort und Stelle alle 10 cm ein Korn oder in Töpfe, die danach gleichmäßig feucht zu halten sind. Die Saat geht nach 2 bis 3 Wochen auf. Der Samen bleibt 3 bis 4 Jahre keimfähig. Die Pflanzen wachsen rasch heran und überwuchern bei kriechendem Wachstum auf dem Boden einfach alles. Wer aufrechten Wuchs wünscht, muß die Ranken von Zeit zu Zeit anbinden. Das ist neben regelmäßigem Gießen die einzige Pflege, die die Pflanze braucht.

Niedrige Kapuzinerkresse

Riesenkönigskerze *(Verbascum pannosum)*

Scrophulariaceae — Rachenblütler. Die Königskerze ist eine uralte Kulturpflanze, die bereits von den alten Griechen kultiviert wurde. Sie erreicht ohne Schwierigkeiten die stattliche Höhe von etwa 2 m. Du solltest sie deshalb stets in den Hintergrund deiner Staudenbeete pflanzen. Als Einzelpflanze auf einer Rasenfläche wirkt sie ausgezeichnet. Von Juli bis August bringt sie ihre leuchtend gelben Blüten hervor. Sie liebt es, in der vollen Sonne zu stehen. Der Boden sollte möglichst leicht, durchlässig und sandig sein. Stauende Nässe verträgt die Königskerze absolut nicht.

Die Aussaat nimmst du mit den übrigen Staudenaussaaten im April/Mai auf ein gut vorbereitetes Saatbeet vor. Der Samen keimt nach 2 bis 3 Wochen. Wenn die Sämlinge kräftig genug sind, pflanzt du sie auf die für sie vorgesehenen Plätze. Beachte dabei aber, daß es sich um Stauden handelt, die viel Platz brauchen. Ein Abstand von 30 bis 40 cm zur nächsten Pflanze ist deshalb unbedingt notwendig.

Königskerze

Eisenkraut *(Verbena hybrida)*

Verbenaceae — Eisenkrautgewächs. Das Garteneisenkraut wird seines niedrigen Wuchses, der überaus langen Blütezeit und des großen Farbenspiels wegen gern für Rabatten, Beete usw. verwendet. Es ist eine wirklich dankbare Gruppen- und Einfassungspflanze. Das Garteneisenkraut ist eigentlich keine Schnittblume, obwohl die Sträuße sehr haltbar sind, einen angenehmen Duft ausströmen und sich in der Vase ganz nett ausnehmen. Die Farben sind weiß, primelgelb, rosa, karmin, rot und violett. Die Wuchshöhe beträgt je nach Sorte ca. 25 cm.

Eisenkraut

Die Aussaat erfolgt im März ins Mistbeet, in Kästen oder Schalen. Die Saat braucht 8 bis 14 Tage zum Auflaufen, wenn sie gleichmäßig warm und feucht gehalten wird. Sie bleibt 3 Jahre keimfähig. Mitte Mai werden die Pflanzen an die vorgesehenen Plätze gebracht, wo sie sich schnell entwickeln. Sie lieben sonnige Lage und nahrhaften Gartenboden. Gute Verzweigung der Pflanzen wird durch Entspitzen erreicht, gleichzeitig verlängern wir damit die Blütezeit.

Ehrenpreis *(Veronica)*

Scrophulariaceae — Rachenblütler. Die *Veronica* finden wir in unseren Gärten in vielen Variationen. Die teppichbildende, weißblühende *Veronica repens* stammt aus den Mittelmeerländern und ist gut als Rasenersatz zu verwenden. Die höher werdende *Veronica incana* stammt aus Osteuropa und Sibirien und ist auch sehr winterhart. *Veronica spicata* erreicht eine Höhe von etwa 50 cm und ist mit ihren tiefblauen Blüten eine ausgezeichnete Schnittblume. Die polsterbildende Art ist für Steingärten, Trockenmauern und Felspartien sehr gut zu verwenden, während die höheren Arten gut in Rabatten und Gruppen stehen. Sie alle lieben trockene Böden und sonnige Lagen. Du kannst sie ohne weiteres selbst aus Samen vermehren.

Die Aussaat nimmst du am besten im Frühbeet oder in Aussaatschalen vor. Dies kann von März bis Mai geschehen. Nach etwa 2 Wochen keimt der Samen, wenn du die Aussaaten gleichmäßig warm und feucht hältst. Da *Veronica* sehr zart keimt, solltest du die Sämlinge einmal pikieren, bevor sie an den für sie bestimmten Platz gepflanzt werden.

Ehrenpreis

Immergrün *(Vinca minor)*

Apocynaceae — Hundsgiftgewächs. Die Heimat des Immergrüns ist Europa. Es ist eine außerordentlich robuste, winterharte, immergrüne Staude, die nur eine Höhe von 10 bis 15 cm erreicht. Sie eignet sich deshalb vorzüglich zur Einfassung von Wegen, Gräbern, Beeten und in schattigen Lagen, denn das Immergrün wächst am besten im Schatten. Es dient als Bodenbedeckungspflanze unter Ziersträuchern und ist als Rasenersatz in schattigen Lagen gut zu gebrauchen. Es ziert jedoch nicht nur durch das hübsche, glänzende, immergrüne Laub, sondern blüht von April bis Juni. Die lavendelblauen Blüten setzen keinen Samen an, du kannst die Pflanzen deshalb nur durch Teilung vermehren.

Die einjährige Immergrünart *Vinca rosea* ist durch Samen zu vermehren. Sie blüht von August bis Oktober in einem hellen Rosa. Du kannst sie als Topfpflanze ziehen, aber auch ab Juni ins Freiland pflanzen. Sie gedeiht am besten im Halbschatten. Die Aussaat nimmst du ab Februar in Töpfen oder Schalen vor. Bei gleichmäßiger Wärme und Feuchtigkeit keimt der Samen nach etwa 2 Wochen. Du solltest die Sämlinge einmal pikieren, damit sie sich bis Anfang Juni genügend kräftigen können.

Immergrün

Hornveilchen

Hornveilchen *(Viola cornuta)*

Violaceae — Veilchengewächs. Das Hornveilchen wird etwa 15 bis 20 cm hoch und ist von großem Wert für Einfassungen, Beete, Felsengärten usw. Vor allen Dingen im Steingarten und im Alpinum lassen sich damit reizende Effekte erzielen. Neben den bekannten blauen Blüten gibt es weiße und solche, die dunkelmahagoni mit gelb blühen, wie z. B. die Sorte „Naseweis". Die Blüten gleichen einem kleinen Stiefmütterchen, zu dessen Verwandtschaft das Hornveilchen ja gehört. In klimatisch günstigen Lagen kommen die Hornveilchen stets gut und ohne Schutz durch den Winter. Hingegen ist in höheren Lagen eine leichte Reisigdecke als Schutz schon im Herbst aufzulegen. Die Blütezeit dauert vom Frühjahr bis zum Herbst.

Die Aussaat erfolgt von April bis Juni ins Frühbeet oder in Saatgefäße. Bei gleichmäßiger Wärme und Feuchtigkeit keimt der Samen nach etwa 2 Wochen. Wenn die Jungpflanzen kräftig genug sind, pflanzt du sie in Abständen von 20 cm auf die für sie vorgesehenen Plätze.

Wohlriechende Veilchen *(Viola odorata)*

Violaceae — Veilchengewächs. Neben den Hornveilchen darf das wohlriechende Veilchen in keinem Garten fehlen. Es gedeiht am besten im Halbschatten, unter Gehölz- und Baumgruppen. Zweimal im Jahr erfreut uns das Veilchen mit seinen wohlriechenden Blüten. Schon im März kannst du die ersten Sträußchen pflücken. Im September bringt diese bescheidene Pflanze einen zweiten Flor.

Herrlich in der
Frühlingsluft
ist und bleibt der
Veilchenduft.

Die Wuchshöhe dieses bekannten Pflänzchens beträgt etwa 10 cm. Wir kennen neben den blauen Sorten noch solche in Weiß und Rosa. Die Aussaat sämtlicher Veilchenarten nehmen wir am besten im Herbst vor, und zwar möglichst in Töpfe oder kleine Kistchen. Veilchen sind Frostkeimer. Der Samen keimt sehr lange und geht erst im darauffolgenden Frühjahr auf. Es ist wichtig, daß die Aussaaten bei Trockenheit Wasser bekommen. Den Winter über bleiben sie im Freien, damit sie dem Frost ausgesetzt werden. Sobald die Pflanzen kräftig sind, werden sie an die entsprechenden Stellen ausgepflanzt.

Stiefmütterchen *(Viola wittrockiana tricolor maxima)*

Violaceae — Veilchengewächs. Über das Stiefmütterchen brauche ich dir sicher nicht viel zu erzählen. Jedem von euch ist es in seinen mannigfaltigen Erscheinungsformen bekannt.

Die Aussaat der Stiefmütterchen wird ab Juli/August auf ein lockeres Saatbeet vorgenommen, welches vorher gut zurechtgemacht wurde. Es werden flache Reihen gezogen, in welche die Saat recht dünn ausgestreut wird. Ganz leicht wird Erde darüber gestreut oder gesiebt, anschließend wird vorsichtig überbraust. Während der Keimperiode ist die Aussaat gleichmäßig feucht zu halten. Nach etwa 14 bis 20 Tagen erblicken die jungen Pflänzchen das Licht der Welt. Sobald die Pflanzen kräftig genug geworden sind, setzen wir sie an die für sie bestimmten Stellen in 15 bis 20 cm Abstand. Sonnige Lage und lockerer, gut gedüngter Boden sagt den Pflanzen am besten zu. Wer für den Sommer Stiefmütterchen blühend haben will, kann natürlich ohne weiteres im Frühjahr aussäen. Die verpflanzten Setzlinge wachsen schneller an, wenn man möglichst viel Muttererde an den Wurzeln läßt. Auch im Halbschatten blühen Stiefmütterchen durchaus zufriedenstellend.

Eisstiefmütterchen
sind in der Blume etwas
kleiner.

Eisstiefmütterchen sind die frühesten Sorten. Kaum ist die Schneeschmelze vorüber, da erfreuen uns schon die ersten Stiefmütterchen, die
winterblühenden *Hiemalis*-Sorten. Wir kennen heute Stiefmütterchen in
allen nur denkbaren Farben und Schattierungen. Ungezählte Sorten
werden in den Fachsamenkatalogen geführt. In jahrzehntelanger Züchter-
arbeit ist viel geleistet worden. Oft weiß der Gartenfreund nichts mit
den Einzelfarben oder Sorten anzufangen und bestellt sich deshalb Samen
in Mischung. Da hat er Gelegenheit, sich die gewünschten Farben während
der Blüte herauszusuchen und einzeln anzupflanzen. Die Eisstiefmütterchen
blühen bei zeitiger Aussaat bereits im Herbst und dann sofort nach der
Schneeschmelze wieder. Sie sind also tatsächlich die frühestblühenden
Stiefmütterchen überhaupt, zwar kleinblumiger, aber außerordentlich
reichblühend.

Hast du
Stiefmütterchen gesät,
dann blüht's auch
auf dem Gartenbeet.

Riesenblumige Stiefmütterchen werden auch heute noch gerne angebaut. Hier stehen die „Schweizer Riesen" an erster Stelle, die mit ihren oft
handtellergroßen Blüten und interessantem Farbenspiel den Siegeslauf
um die ganze Welt angetreten haben. Zwar blühen die riesenblumigen
Stiefmütterchen etwas später als die Eisstiefmütterchen; dafür aber erfreuen
sie uns durch ihre einzigartige Schönheit, Farbenpracht und Größe. Wenn
man von Pflanzengesichtern sprechen kann, dann findest du wohl bei den
Stiefmütterchen tatsächlich liebe Gesichter, die uns freundlich und lachend
anschauen. Du findest hochmütige, elegante, freundliche und auch
traurige Gesichter darunter. Aber trotzdem sind sie uns alle lieb, und wir
können uns einen Garten ohne diese Pflanze kaum noch vorstellen.

Die einfarbigen Sorten sind ein gern gesehener Grabschmuck. Vorwiegend
werden zu diesem Zweck schwarzblaue, blaue oder weiße Farben verwendet. Durch Zusammenpflanzen der verschiedensten Farben werden
auf Rabatten, Teppichbeeten usw. sehr gute Effekte erzielt. Das Zusammenpflanzen kann während der Blüte ohne weiteres erfolgen, wenn wir an den
Pflanzen etwas Erdballen lassen.

Riesenblumige
Stiefmütterchen

Palmlilie *(Yucca filamentosa)*

Liliaceae — Liliengewächs. Die Palmlilie stammt aus Nordamerika und ist
mit ihrem stattlichen Wuchs und einer Höhe von etwa 1,50 m eine ausgesprochene Solitärstaude. Die lanzenartigen, immergrünen Blätter
stehen in einer Rosette um den sich im Juni/Juli bildenden Blütenschaft. An
diesem erscheinen in Rispen große, cremeweiße Blütenglocken von
einmaliger Schönheit.

Die Palmlilie liebt einen sonnigen, geschützten Standort und einen lockeren,
warmen und trockenen Gartenboden. In rauhem Klima solltest du ihr
einen leichten Winterschutz durch locker aufgelegtes Tannenreisig
gewähren. Wenn du sie im Sommer regelmäßig mit Pflanzenfutter düngst,
wird sie dich Jahr für Jahr mit ihren wundervollen Blüten erfreuen. Die
Palmlilie wird allgemein nicht durch Samen vermehrt. Du mußt dir deshalb
im Herbst oder Frühjahr beim Gärtner eine kräftige Jungpflanze besorgen.

Zinnien *(Zinnia elegans fl. pl.)*

Compositae — Korbblütler. Hielten alle unsere Sommerblumen einen
Schönheitswettbewerb ab, so würden sicherlich die Zinnien mit am besten
abschneiden. Die Wiege der heutigen Riesenzinnien hat in Texas, Arizona
und Mexiko gestanden. Daher ist die große Wärmebedürftigkeit der
Pflanze zu erklären. Die steife, fast unnahbare Haltung der Zinnie gibt
dem Strauß eine ganz besonders anmutige Note. Den Namen erhielt diese
schöne Blume nach dem bekannten Medizinprofessor Joh. Gottfried Zinn..

Palmlilie

Zinnie

Heute kennen wir Zinnien als Liliputaner von 20 cm Höhe und als Riesen von einem Meter Wuchshöhe. Die Blüte der Riesenzinnien ähnelt der von Dahlien. Daher auch der Name „dahlienblütige Zinnien". Blüten mit einem Durchmesser von 15 cm sind bei den riesenblumigen Zinnien keine Seltenheit. Die einfachblühenden Zinnien sind von ganz besonderer Grazie. Der zierliche Kranz in der Mitte macht diese Blüten reizvoll und ähnelt dem der Scabiosen. Daher der Name „scabiosenblütige Zinnien".

Die Liliput-Zinnien werden nur 20 bis 30 cm hoch und zeichnen sich durch gleichmäßigen, niedrigen Wuchs aus. Sie sind deswegen als Einfassung sehr gefragt. Die Verwendung ist vielseitig, deshalb ist sie auch im Steingarten als Lückenfüller anzutreffen. Die kleinen Blumen sind dicht gefüllt und eignen sich gleichzeitig zum Schnitt. Der Zinnienfreund wird sich eine bunte Mischung von Liliput-Zinnien bestellen, in welcher die Farben Weiß, Rosa, Lachsrosa, Rot, Orange und Lila enthalten sind. Die Mischung „Perserteppich" trägt durch ihre ansprechenden Farben ihren Namen durchaus mit Recht und wird nur 30 bis 40 cm hoch.

Alle geschnittenen Zinnien halten sich bis zu 14 Tagen in der Vase. Die monatelang anhaltende Blühfreudigkeit auf den Beeten macht diese Gartenblume besonders wertvoll. Zinniensamen von guter Beschaffenheit und durchgezüchteten Sorten ist nicht gerade billig! Das vergessen mitunter Gartenfreunde, die sich eine billige Mischung kaufen und dann nach etwaigem Mißerfolg nichts mehr von der Zinnienkultur wissen wollen.

Warmer Boden, reichlich Sonne, ist für Zinnien eitel Wonne!

Die Aussaat wird im März/April unter Glas vorgenommen, bei Freilandaussaat erst ab Ende April. In diesem Falle kommt die Saat auf ein lockeres Beet. Wenn die Aussaat gleichmäßig warm und feucht gehalten wird, keimt der Samen nach 8 bis 10 Tagen. Sobald die Pflanzen kräftig genug geworden sind, werden sie in 30 bis 40 cm Abstand auf die vorbereiteten Beete gesetzt. Bei den Liliput-Zinnien kommen wir jedoch mit etwa 20 cm Abstand aus. Sie lieben nahrhaften, lockeren Boden in sonniger Lage. Bis die Zinnien richtig herangewachsen sind, müssen die Pflanzen oft gegossen werden. Später überstehen sie eintretende Trockenheit recht gut. Während des Wachstums ist ein Dungguß bei Regenwetter anzuraten. Verpflanzt werden die Zinnien möglichst nur bei Regenwetter, da sie bei trockener Witterung meist „schlapp" machen. Die Samenhaltbarkeit beträgt 3 Jahre.

Japanischer Blumenrasen; Sommerblumen, gemischt

Sollen Blumen sprießen, mußt du schon mal gießen!

Im Laufe von vielen Jahrzehnten hat es sich eingebürgert, daß der Gartenfreund eine Spezialmischung vieler Sommer- oder Einjahrsblumen verlangt. Es werden da effektvolle Blumen gewünscht, die in ununterbrochener Dauer während des ganzen Sommers auf einem Beet blühen sollen. Eine Sommerblumenart soll die andere in der Blüte ablösen. Gewöhnlich ist der Gartenfreund aber nach der abgeschlossenen Blütezeit schwer enttäuscht, und es hat sich die Meinung gebildet, daß fast nur Unkraut aufgegangen wäre. Der Grund dieses Mißerfolges ist meist beim Gartenfreund selbst zu suchen. Bei Sommerblumenmischungen ist immer darauf zu achten, daß der Samen stets in Reihen ausgesät wird. Am sichersten ist eine Zwischen- oder Markiersaat mit Salat oder Radieschen. Dadurch ist es möglich, das betreffende Beet schon frühzeitig zu hacken und zwischen den Reihen zu jäten. Bei Breitsaat ist es unmöglich, das Unkraut rechtzeitig zu bekämpfen. Es dauert nicht lange, dann haben die stark wachsenden Unkräuter die Oberhand gewonnen, und der Gartenfreund hat das Nachsehen.

Die Kultur der Blumenzwiebeln und Knollen

Nachfolgend möchte ich die wichtigsten und schönsten Zwiebel- und Knollengewächse beschreiben. Sie alle sind in der Lage, den Garten mit ihrer herrlichen Farbenpracht und ihren verschiedenartig geformten Blüten reizvoll zu verschönern. Der größte Teil liefert uns darüber hinaus beste Schnittblumen für das Zimmer.

Die Kultur der einzelnen Zwiebelgewächse ist recht einfach, so daß jeder Gartenfreund vollen Erfolg damit erzielen kann. Ob es sich um Blumenzwiebeln handelt, die im Herbst oder im Frühjahr gepflanzt werden, ob die Knollen herausgeholt werden müssen, um sie frostfrei zu überwintern, ob sie im Boden bleiben, weil sie winterhart sind, dies alles möchte ich euch im folgenden Kapitel beschreiben.

Mit Blumenzwiebeln, Blumenknollen, da schöpft ein jeder aus dem vollen!

Abessinische Gladiole *(Acidanthera murielae)*

Iridaceae — Irisgewächs. Die Abessinische Gladiole, auch Sterngladiole genannt, ist erst seit wenigen Jahren hier bekannt. Sie sollte aber in keinem Garten mehr fehlen. Auf einem etwa 1 m hoch werdenden Stiel bringt sie ab August fünf oder sechs weiße Blüten mit einem dunkelbraunen Herz. Die Behandlung ist ähnlich wie die der Gladiolen. Die Zwiebeln steckst du Anfang Mai an einen sonnigen, etwas geschützten Platz in deinem Garten. Die Blütenstiele sind nicht sehr fest und fallen in windigen Lagen leicht um. Nach der Blüte, im Herbst, nimmst du die Zwiebeln aus der Erde und überwinterst sie in einem frostfreien, gut zu lüftenden Raum. Die Zwiebeln kannst du in jedem Fachgeschäft bekommen. Sie werden in den Frühjahrskatalogen angeboten.

Abessinische Gladiole

Gartenanemone *(Anemone)*

Ranunculaceae — Hahnenfußgewächs. Die ursprüngliche Heimat der Anemone sind die Balkanländer. Sie ist mit dem bei uns heimischen Buschwindröschen verwandt. Die Wuchshöhe der Gartenanemonen beträgt 20 bis 25 cm, und du kannst sie deshalb gut in deinen Steingarten, auf Beete und Rabatten pflanzen. Sie sind vollkommen anspruchslos und gedeihen in jedem Gartenboden, am besten in halbschattiger Lage. Die weißen, roten, blauen und auch zweifarbigen Blüten erfreuen in den Monaten März bis Juli das Auge. Im Herbst oder Frühjahr steckst du die harten Knollen der Anemonen etwa 5 cm tief in die Erde. Bei einer Herbstpflanzung ist es angebracht, die Pflanzstelle mit einer Schicht Torfmull abzudecken. Am besten setzt du stets mehrere Pflanzen auf einen Fleck, du erzielst so eine bessere Wirkung. Anemonen sind winterhart, und du solltest sie möglichst einige Jahre ungestört wachsen lassen.

Durch reiches Blühen uns belohnen immer wieder Anemonen!

Blumenschirm *(Allium)*

Liliaceae — Liliengewächs. Der Blumenschirm belebt den Garten von April bis Juli mit seinen zahlreichen Farbnuancen. Die verschiedenen Sorten erreichen Höhen, die zwischen 20 und 150 cm liegen, sie sind also außerordentlich vielseitig zu verwenden. Die Zwiebeln werden im Herbst etwa 10 bis 15 cm tief in den Erdboden gesteckt, und dann solltest du sie möglichst ungestört einige Jahre wachsen lassen. Der Blumenschirm ist sehr anspruchslos und gedeiht in jedem humushaltigen Gartenboden, am besten in vollsonniger Lage. Als Schnittblumen sind die auf festen Stielen stehenden Blütenbälle sehr beliebt.

Blumenschirm

255

Frühlingssternblume *(Brodiaea uniflora)*

Liliaceae — Liliengewächs. Diese etwa 10 bis 15 cm hoch werdenden weißen und blauen Blumen blühen von März bis Mai. Sie lieben einen sonnigen Platz und nehmen mit jedem Gartenboden vorlieb. Die Zwiebelchen werden im Herbst etwa 5 bis 8 cm tief in die Erde gesteckt und durch locker aufgelegtes Tannenreisig vor strengen Frösten geschützt. Sie eignen sich besonders gut für Rabatten, Steingärten und Einfassungen.

Frühlingssternblume

Präriekerze *(Camassia esculenta)*

Liliaceae — Liliengewächs. Die Präriekerze stammt aus Nordamerika und ist vollkommen unempfindlich gegen Trockenheit. Ihre in Weiß bis Purpurviolett blühenden Blütenbüschel werden 30 bis 40 cm hoch und erscheinen im Mai/Juni. Die Präriekerze eignet sich vorzüglich zur Pflanzung in Steingärten an sonnigen, trockenen Stellen. Die Zwiebeln werden im Herbst etwa 10 bis 15 cm tief in die Erde gesteckt und in den folgenden Jahren möglichst nicht gestört. Du kannst dann lange Zeit Freude an dieser hübschen Blume haben.

Präriekerze

Indisches Blumenrohr *(Canna indica)*

Cannaceae — Blumenrohrgewächs. Seit vielen Jahren ist das Indische Blumenrohr bei uns bekannt. Früher sah man es vorwiegend in Anlagen und Parks ausgepflanzt. Erst in den letzten Jahren haben sich die großblumigen, nicht so hoch werdenden neuen Züchtungen durchgesetzt, und so ist das Indische Blumenrohr unbedingt gartenfähig geworden. Die Pflanzen werden 60 bis 120 cm hoch und blühen in gelben, orange und roten Farbtönen. Das Indische Blumenrohr schmückt allein schon durch seine dekorativen grün- oder rotlaubigen Blätter und ist eine ausgezeichnete Solitärpflanze. Aber auch in Gruppen und auf Rabatten erzielst du sehr gute Wirkungen mit dieser hübschen Pflanze. Die Blütezeit währt von Juni bis zum Frost.

Wie der Name schon sagt, stammt das Blumenrohr aus Indien und stellt einige Ansprüche. Einmal möchte es geschützt und warm stehen, zum anderen braucht es einen lockeren, humosen, nährstoffreichen Boden. Im Laufe des Sommers ist es für wiederholte Dunggüsse sehr dankbar. Eine sehr frühzeitige Blüte erzielst du, wenn du dir zeitig im Frühjahr vom Gärtner einige Rhizome besorgst und diese in einem großen Blumentopf oder im Frühbeet schon antreibst, damit du bereits nach Mitte Mai kräftige Pflanzen ins Freiland setzen kannst. Achte aber darauf, daß die Pflanzen gut abgehärtet sind, bevor du sie ins Freiland setzt, sonst erleiden sie leicht einen heftigen Schock. Es dauert lange, bis sie sich wieder erholen. Im Herbst, wenn das Laub durch die ersten Fröste zerstört ist, gräbst du die Wurzeln aus, klopfst aber nicht alle Erde ab, sondern lagerst sie mit einem Erdballen ein, sonst trocknen die Wurzeln zu leicht aus. Der Lagerraum muß kühl, luftig, aber unbedingt frostfrei sein. Alle Blätter mußt du im Herbst sorgfältig entfernen, denn sonst tritt leicht Fäulnis auf. Sehr große Wurzelstöcke kannst du im Frühjahr vor der Pflanzung ohne weiteres teilen.

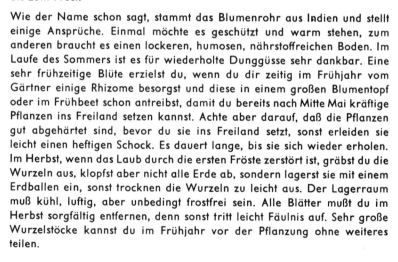

Schneeglanz *(Chionodoxa luciliae)*

Liliaceae — Liliengewächs. Der Schneeglanz stammt aus den Bergen Kleinasiens und erreicht nur eine Höhe von 10 bis 12 cm. Es ist ein ganz

Indisches Blumenrohr

reizendes Blümchen, welches nicht in deinem Steingarten fehlen dürfte, da es seine strahlend blauen Blüten schon gleich nach der Schneeschmelze hervorbringt. Die kleinen Zwiebelchen pflanzt du im Herbst in Gruppen unter Gehölze, in den Steingarten und auf Rabatten. Wenn du sie ungestört wachsen läßt, vermehren sie sich sehr rasch. Sie fühlen sich besonders wohl in Gesellschaft von Schneeglöckchen, Scilla, Krokus und Schneeheide.

Schneeglanz

Gartenmaiglöckchen *(Convallaria majalis)*

Liliaceae — Liliengewächs. Es gibt wohl niemanden, dem das Maiglöckchen nicht bekannt ist. Es ist in unseren Breiten beheimatet, du findest es vorwiegend im Schatten lichter Buchenwälder wild wachsend. Deshalb solltest du ihm auch in deinem Garten einen schattigen Platz unter Bäumen und Sträuchern geben. Die Pflanzkeime werden etwa 10 cm tief in die Erde gelegt. Maiglöckchen sind außerordentlich winterhart, und sie wollen möglichst ungestört am gleichen Fleck wachsen.

Die Treiberei der Maiglöckchen habe ich auf Seite 168 bereits beschrieben.

Krokus *(Crocus vernus)*

Iridaceae — Irisgewächs. Seit Jahrhunderten ist der Krokus bereits als Gartenblume und Frühlingsbote bekannt. Die kleinen Zwiebelchen werden im Herbst in Gruppen von wenigstens fünf Stück gleicher Farbe etwa 10 cm tief gepflanzt. Du kannst sie auf deinem Rasen verteilen, in den Steingarten oder unter Gehölzgruppen pflanzen. Nirgends verfehlen sie ihre Wirkung. Sie sind in den Farben Weiß, Gelb, Blau und gestreift vertreten. Es gibt ausgesprochen großblumige Sorten; aber auch die kleinen, zierlichen Wildkrokusse setzen sich in letzter Zeit mehr und mehr durch. Sie blühen noch vor den Gartenkrokussen.

Gartenmaiglöckchen

Es gibt auch im Herbst blühende Krokussorten. Diese müssen aber möglichst im Juli schon in die Erde, wenn sie im gleichen Jahre blühen sollen (siehe Seite 266). Die Treiberei von Krokuszwiebeln habe ich auf Seite 168 bereits beschrieben.

Steingartenalpenveilchen *(Cyclamen)*

Primulaceae — Primelgewächs. Das Freilandalpenveilchen setzt sich erst in letzter Zeit mehr und mehr durch. Es gibt verschiedene Arten, die sich zur Freilandkultur eignen. So das *Cyclamen europaeum*, welches in den deutschen und österreichischen Alpen heimisch ist. Es ist winterhart und blüht im August, oftmals erst im zweiten Jahr nach der Pflanzung. Ältere Knollen sind in der Lage, 50 und mehr Blüten hervorzubringen. Ganz besonders hübsch ist das Frühlingsalpenveilchen, *Cyclamen coum*, welches bereits im Februar/März seine rosa Blüten hervorbringt. Es ist vollkommen winterhart wie das Steingartenalpenveilchen *Cyclamen neapolitanum*, welches aus Südeuropa stammt und im Herbst blüht.

Soll's im Frühling reichlich blühen, mußt du dich im Herbst bemühen.

Dieses Alpenveilchen treibt erst spät seine Blätter, und du solltest deshalb im Herbst die Pflanzstelle sehr gut bezeichnen, damit die Knolle im Frühjahr beim Hacken und Graben nicht verletzt wird. Alle Alpenveilchenknollen werden im Herbst etwa 5 cm tief eingepflanzt. Gib ihnen einen leicht schattigen Platz und sorge für humose, kalkhaltige Erde. Im Winter sind sie für einen leichten Schutz in Form einer Laub- oder Torfmulldecke dankbar. Wuchshöhe 10 cm.

Alpenveilchen

Schmuckdahlie

Kaktusdahlie

Pompondahlie

Im März,
oft schon im Februar,
blüht der
Winterling sogar!

Forellenlilie

Dahlie *(Dahlia variabilis)*

Compositae — Korbblütler. Seit Anfang des letzten Jahrhunderts ist die Dahlie in Europa heimisch, und sie ist zu einer der beliebtesten Gartenblumen geworden. Viele schöne und wertvolle Sorten sind inzwischen gezüchtet worden. Die Dahlie hat sich bei uns sehr gut eingelebt und stellt außerordentlich bescheidene Ansprüche. Sie nimmt mit jedem Boden vorlieb, gedeiht jedoch in einem gut gedüngten, humosen Gartenboden am besten. Da sie sehr frostempfindlich ist, solltest du sie nicht vor Ende April/Anfang Mai in die Erde bringen, sonst kann es passieren, daß der erste Austrieb noch erfriert. Zu lang gewordene Triebe werden gekürzt. Je nach Sorte mußt du die Knollen 50 cm bis 1 m weit auseinander pflanzen. Sie müssen so tief in den Boden kommen, daß der Stengelansatz noch mit Erde bedeckt ist. Lasse von jeder Pflanze nur 3 oder 4 Triebe wachsen, die weniger kräftigen werden abgeschnitten. Der Austrieb muß vor Schneckenfraß geschützt werden. Bei hohen Sorten wird es im Laufe des Sommers häufig notwendig, die Stauden anzubinden.

Im Herbst, nachdem die ersten Nachtfröste das Laub zerstört haben, gräbst du die Knollen aus und läßt sie auf dem Beet in der Sonne oder in einer luftigen Laube gut abtrocknen. Anschließend putzt du sie, d. h., du befreist sie von allen Blatt- und Erdrückständen und legst sie sorgfältig in Kisten nebeneinander. In einem kühlen, luftigen, aber unbedingt frostfreien Raum kannst du sie am besten den Winter über lagern. In wärmeren Räumen ist es ratsam, die Knollen mit Torfmull abzudecken, damit sie nicht zu sehr eintrocknen.

Winterling *(Eranthis hiemalis)*

Ranunculaceae — Hahnenfußgewächs. Der Winterling stammt aus Südeuropa und ist ein unverwüstlicher Geselle. Seine dottergelben Blüten gucken nicht selten unter der Schneedecke hervor. Er ist der erste Frühlingsbote in unserem Garten. Da er nur 5 cm hoch wird, pflanzt du ihn am besten in Gruppen in deinen Steingarten, unter Gehölze oder auf eine Rabatte. Die festen Wurzelknöllchen werden im Herbst nur flach in die Erde gesteckt, und dann solltest du sie ungestört wachsen lassen. Sie vermehren sich sehr schnell, und du hast schon nach wenigen Jahren eine große Familie dieser lustigen, vorwitzigen kleinen Gesellschaft in deinem Garten, deren Laub noch lange nach der Blüte zierend wirkt.

Forellenlilie *(Erythronium dens-canis)*

Liliaceae — Liliengewächs. Die Forellenlilie ist in Südeuropa beheimatet und auch noch unter dem Namen Hundszahn oder Zahnlilie bekannt. Ihren marmorierten Blättern hat sie den wesentlich hübscheren Namen „Forellenlilie" zu verdanken. Die zartrosa Blüten werden nur 10 cm hoch und erscheinen im März/April. Die kleinen Zwiebeln werden im Herbst etwa 5 bis 8 cm tief in die Erde gesteckt, und dann solltest du sie ungestört wachsen lassen. Wegen ihres niedrigen Wuchses eignen sie sich besonders zur Pflanzung in Steingärten, unter Gehölzgruppen und auf Rabatten.

Paradies-Freesien *(Freesia)*

Iridaceae — Irisgewächs. Die Freesien stammen aus Südafrika und wurden noch vor wenigen Jahren nur im Gewächshaus kultiviert. Durch Züchtung und eine spätere Spezialbehandlung sind sie nun auch gartenfähig geworden. Sie erreichen eine Höhe von etwa 30 cm und sind mit ihrem wundervollen

Farbenspiel und Duft beliebte Schnittblumen. Im Steingarten und auf Rabatten sind sie sehr wirkungsvoll. Allerdings stellen Freesien schon einige Ansprüche. So solltest du ihnen nur einen warmen und geschützten Platz in deinem Garten geben. Vorm Pflanzen sind sie nicht im Keller, sondern in der warmen Küche aufzubewahren. Erst wenn sich der Boden im Frühjahr schon erwärmt hat, kannst du sie etwa 5 cm tief in die Erde stecken. Der Boden sollte locker, warm und humushaltig sein. Je nach Witterung blüht die Freesie im Juli oder August.

Freesien

Kaiserkrone (Fritillaria)

Liliaceae — Liliengewächs. Seit dem sechzehnten Jahrhundert ist die Kaiserkrone *Fritillaria imperialis* bereits in unseren Gärten heimisch, und sicher ist sie auch dir aus Großmutters Garten bekannt. Ihre Urheimat ist das Himalajagebiet. Über Persien gelangte sie zu uns nach Europa. Die Kaiserkrone ist vollkommen winterhart und gedeiht am besten in einem in alter Kultur stehenden Gartenboden. Auf keinen Fall darf dieser frisch gedüngt sein, das verträgt die Zwiebel absolut nicht und fault leicht. Sie erreicht eine Höhe von 80 cm, und schon im April erfreut sie durch ihre leuchtend roten Blüten, die zu einem Kranz angeordnet unter einer Blätterkrone erscheinen. Auch gelbe Sorten gibt es. Die Zwiebeln werden im Herbst etwa 25 cm tief in die Erde gepflanzt. Du solltest sie möglichst ungestört viele Jahre am gleichen Platz wachsen lassen. Man sagt ihnen nach, daß sie Mäuse aus dem Garten vertreiben.

Die **Schachbrettblume** (*Fritillaria meleagris*) wird nur 15 bis 20 cm hoch und eignet sich deshalb vor allen Dingen für den Steingarten und Rabatten. Am besten pflanzt du sie 5 bis 7 cm tief in kleinen Gruppen zusammen. Die interessanten Blüten zeigen eine Karomusterung, daher auch der Name Schachbrettblume. Pflanzzeit: Herbst; Blütezeit: April.

Kaiserkrone

Schneeglöckchen (Galanthus nivalis)

Amaryllidaceae — Amaryllisgewächs. Wer kennt wohl nicht das Schneeglöckchen? Da es vom Kaukasus bis zu den Alpen in großen Flächen wild wächst, hat es sich hier bei uns in Mitteleuropa sehr gut eingelebt, und es fühlt sich in unseren Gärten durchaus heimisch. Wenn du im Herbst einige Zwiebelchen pflanzt, kannst du dich schon nach wenigen Jahren über eine große Fläche Schneeglöckchen freuen, wenn du sie ungestört wachsen läßt. Die Blüten kommen häufig unter dem Schnee hervor, und Kinder glauben, daß sie mit ihren kleinen weißen Glöckchen den Frühling einläuten.

Auch das großblumige Schneeglöckchen *Galanthus Elwesii* gedeiht in unseren Gärten gut. Pflanze es mit 10 cm Abstand in Trupps aus.

Nah verwandt mit ihnen ist der Märzbecher *Leucojum vernum*. Er wird wie die Schneeglöckchenzwiebeln im Herbst gepflanzt und nimmt mit jedem Gartenboden vorlieb. Im Steingarten, unter Gehölzen und in Rasenflächen sind Schneeglöckchen und Märzbecher am besten aufgehoben.

Selbst der Schneemann kommt dahinter, Schneeglöckchen blüh'n — aus ist der Winter.

Kaphyazinthe (Galtonia candicans)

Liliaceae — Liliengewächs. Die Kaphyazinthe stammt aus Südafrika, und da ihre Blüten denen der Gartenhyazinthe ähneln, wird sie auch Sommer- oder Riesenhyazinthe genannt. Sie erreicht eine Höhe von etwa einem Meter und blüht von Juli bis Oktober. Am wirkungsvollsten pflanzt du die Zwiebeln in Gruppen von 3 bis 5 Stück zusammen. Sie verlangen einen

Kaphyazinthe

Abstand von etwa 20 cm von Zwiebel zu Zwiebel und sollten 10 bis 15 cm tief gesteckt werden. Zwar überstehen in milden Jahren die Zwiebeln mit einer Laubdecke versehen den Winter im Freien; aber besser ist es schon, du holst sie im Herbst mit ins Haus und lagerst sie wie deine Gladiolen. Die Kaphyazinthe gedeiht in jedem lockeren Gartenboden und verträgt die volle Sonne genauso gut wie leicht schattige Lagen. Die Zwiebeln werden im Frühjahr in den Katalogen angeboten. Du kannst sie jedoch auch selbst aussäen. Die Aussaat erfolgt im April/Mai auf ein Saatbeet. Eine Blüte ist dann jedoch erst im zweiten Jahr nach der Aussaat zu erwarten.

Gladiole *(Gladiolus gandavensis)*

Iridaceae — Irisgewächs. Als Schnitt- und auch als Gartenblume ist uns die Gladiole seit vielen Jahren bekannt. Sie erfreut sich einer ganz besonders großen Beliebtheit, einmal wegen ihrer wundervollen Farben, zum anderen wegen ihrer hübschen, großen Blüten, ihrer langen Haltbarkeit und nicht zuletzt wegen ihres aufrechten und festen Wuchses. Züchterfleiß hat eine Menge wertvoller Sorten hervorgebracht, die teilweise eine Höhe bis zu 1,50 m erreichen. Wenn du die Gladiole als Schnittblume verwenden willst, schneide sie, wenn sich die ersten Blüten zu öffnen beginnen. In der Vase blühen die Knospen noch alle auf, und du kannst die Gladiole so bis zu 2 Wochen in der Vase halten.

Für Gladiolen eitel Wonne ist der Stand in praller Sonne!

Im Frühjahr besorgst du dir Knollen in einem guten Fachgeschäft und pflanzt sie im April/Mai im Abstand von 15 bis 20 cm etwa 10 cm tief ein. In leichtem Boden solltest du die Knollen tiefer stecken, während in schweren Böden eine Pflanztiefe von 8 cm ausreicht. Um möglichst große Blüten zu erzielen, solltest du den Gladiolen nach dem Austrieb eine Düngergabe verabfolgen. Damit sich die Knollen auch für das kommende Jahr wieder kräftigen können, darfst du beim Schnitt nicht alle Blätter mit entfernen, sondern mußt stets 2 oder 3 Blätter an der Knolle belassen. Im Herbst, nach den ersten Frösten, nimmst du die Zwiebeln aus der Erde, läßt sie auf dem Beet oder in einer luftigen Laube gut abtrocknen. Anschließend werden sie geputzt, d. h. von allen Erd-, Wurzel- und Blattrückständen befreit und in Kisten gelegt. In einem frostfreien, luftigen Raum sollten sie überwintern. Die kleinen Brutzwiebeln trennst du ab, sie können im Frühjahr ausgepflanzt werden und ergeben im dritten Jahr blühfähige Zwiebeln.

Hyazinthe *(Hyazinthus orientalis)*

Liliaceae — Liliengewächs. Von alters her wird die Hyazinthe bereits in Asien kultiviert. Im sechzehnten Jahrhundert ist sie über die Türkei nach Europa gekommen. Seitdem hat sie viele Freunde gewonnen, sei es als Frühlingsblume im Garten, sei es als Vorbote des Frühlings im Topf bzw. Glas im Haus getrieben. Die Treiberei der Hyazinthe habe ich bereits auf Seite 166 beschrieben.

Vor dem Hause, der Terrasse, ist die Hyazinthe Klasse!

Für die Pflanzung im Garten kannst du die etwas kleineren Zwiebeln verwenden. Sie werden im Herbst etwa 15 bis 20 cm tief gepflanzt, am besten stets in Gruppen. So erzielst du die schönste Wirkung. Die Gartenhyazinthen werden etwa 25 cm hoch und blühen, je nach Witterung, im März/April. Sie nehmen mit jedem Gartenboden vorlieb, sind nur gegen stauende Nässe sehr empfindlich. Nach der Pflanzung solltest du auf die Beete eine Schicht Torfmull bringen, damit vorwitzige Triebspitzen, die bei warmem Wetter oft schon im Herbst erscheinen, durch spätere Fröste nicht braun werden. Alle zwei Jahre solltest du die Zwiebeln nach der

Blüte, wenn das Laub abgestorben ist, aus der Erde nehmen, den Sommer über kühl und trocken lagern und im September wieder einpflanzen.

Merke: Blumenzwiebeln dürfen nicht jedes Jahr auf die gleichen Beete gepflanzt werden. Der Boden wird dann zwiebelmüde. Die Folgen sind mangelhafte Blüte, Krüppelwuchs und Farbveränderungen.

Schönhäutchen (Hymenocallis calathina)

Amaryllidaceae — Amaryllisgewächs. Das Schönhäutchen ist aus Südamerika zu uns gekommen und erfreut sich von Jahr zu Jahr steigender Beliebtheit. Die zarten, weißen, bizarr geformten Blüten gleichen Orchideenblüten und entwickeln einen feinen Duft. Das Schönhäutchen kannst du im Topf, ähnlich wie eine Amaryllis, kultivieren; aber auch im Garten kommt es zur Blüte. Du mußt ihm einen warmen, sonnigen Platz im Garten geben und darfst die Zwiebel erst im Mai, wenn sich der Boden gut erwärmt hat, einpflanzen. Schon im Juli wird es dann seine etwa 40 cm hohen Blüten hervorbringen. An einem Stiel erscheinen oft bis zu sechs Einzelblüten. Die Zwiebeln müssen im Herbst aus der Erde genommen und wie Gladiolen überwintert werden.

Lieg' ich im Garten auf dem Bauch, ist um mich rum nur Schall und Rauch!

Schönhäutchen

Schwertlilie (Iris)

Iridaceae — Irisgewächs. Die Staudeniris habe ich bereits auf Seite 230 beschrieben. Jetzt möchte ich mich mit den Zwiebel-Iris-Sorten befassen. Die Hauptvertreterinnen dieser Klasse sind *Iris hollandica*, eine etwa 40 bis 50 cm hoch werdende Schnittblume von hohem Wert. Die Zwiebeln werden im Herbst etwa 10 cm tief in die Erde gesteckt. Im Mai/Juni erscheinen die blauen, weißen und gelben Blüten. Auch im Staudenbeet und zwischen niedrigen Sträuchern steht die *Iris hollandica* sehr gut. Nur in feuchten Lagen brauchst du die Zwiebeln im Sommer aus der Erde zu nehmen. In lockerer, durchlässiger Erde können sie einige Jahre an Ort und Stelle verbleiben.

Die gelbe Zwergiris, *Iris Danfordiae*, wird nur 15 cm hoch und eignet sich deshalb vorzüglich für den Steingarten. Sie wird im Herbst gepflanzt und blüht im Februar/März.

Holländische Iris

Die blaue Zwergiris, *Iris reticulata*, wird auch nur 15 cm hoch, blüht im Februar/März und eignet sich sehr gut für Steingärten, Rabatten und Einfassungen.

Klebschwertel (Ixia hybrida)

Iridaceae — Irisgewächs. Dieses hübsche Zwiebelgewächs stammt aus Südafrika und ist wegen seiner sehr lange haltbaren, in vielen Farben blühenden Blumen eine wertvolle Schnittblume. Die drahtigen Stiele erreichen eine Höhe von etwa 40 cm. Die Blütezeit dauert von Mai bis Juni. Die kleinen Zwiebeln pflanzt du im Herbst etwa 10 cm tief und deckst die Pflanzstelle mit Laub oder Torfmull ab. Ansonsten stellt die *Ixia* keinerlei Ansprüche und wächst in jedem Gartenboden.

Lilie (Lilium)

Liliaceae — Liliengewächs. Wohl eine der ältesten Gartenblumen ist die Lilie in ihren verschiedenen Variationen. Schon im Altertum war sie bekannt und als Tempelschmuck beliebt. Viele Sagen und Legenden ranken sich um die Lilie, und sie sollte heute in keinem Garten mehr

Klebschwertel

Die ganze Familie erfreut sich der Lilie!

Muscaris sind sehr anspruchslos und blühen lange — grandios!

Trompeten-Narzisse

Die Siebensachen zum Frühlingserwachen

fehlen. Zahlreiche Sorten werden Jahr für Jahr in den Katalogen angeboten, die, bis auf wenige Ausnahmen, die gleichen Ansprüche stellen.

So lieben Lilien einen freien, sonnigen Platz, aber einen beschatteten, frischen und lockeren Boden. Du solltest sie deshalb in Gesellschaft von kriechenden und Polsterstauden pflanzen, damit dem Boden die nötige Frische erhalten bleibt. Fast alle Liliensorten blühen im Sommer und werden, mit Ausnahme der Madonnenlilie, im Frühjahr gepflanzt. Die Zwiebeln müssen 20 bis 25 cm tief in die Erde kommen, wieder mit Ausnahme der Madonnenlilie, die flach gepflanzt werden soll. Vor stauender Nässe fürchten sich alle Lilien ganz besonders. Deshalb rate ich dir, hebe das Pflanzloch etwas tiefer aus und fülle eine Schicht Sand oder Kies ein, auf welche du die Zwiebeln setzt. Dann brauchst du nicht zu befürchten, daß sie faulen. Fast alle Lilien sind vollkommen winterhart und fallen im Laufe des Winters weniger dem Frost als dem Mäusefraß zum Opfer. Die fleischigen Zwiebeln sind für dieses Ungeziefer eine ausgesprochene Delikatesse. Du mußt sie deshalb vor ihm besonders schützen.

Durch Züchtungen und Neueinführungen aus fernen Ländern stehen uns jetzt eine Vielzahl verschiedener Liliensorten zur Verfügung, die hier nicht alle beschrieben werden können. In Fachkatalogen wird jedes Frühjahr ein umfangreiches Sortiment angeboten, und auch du solltest es einmal mit einigen neueren und unbekannten Sorten versuchen.

Wenn du Lilien aus Samen selbst heranziehen willst, so besorge dir eine Portion Samen der *Lilium regale*. Bei einer Aussaat im April/Mai blühen die Sämlinge bereits im folgenden Jahr.

Traubenhyazinthe *(Muscari botryoides)*

Liliaceae — Liliengewächs. Die Traubenhyazinthe stammt aus Kleinasien und fühlt sich schon seit vielen Jahren bei uns heimisch. Sie blüht von April bis Mai und steht im Steingarten, auf Rabatten und unter Gehölzen, besonders gern in Gesellschaft von Schneeglöckchen, Alpenkresse und Scilla. Wuchshöhe etwa 15 cm. Die kleinen Zwiebeln werden im Herbst etwa 5 bis 7 cm tief gesteckt und stellen keinerlei Ansprüche an Standort und Bodenverhältnisse. Du solltest sie möglichst ungestört wachsen lassen, dann vermehren sie sich sehr rasch.

Narzisse *(Narcissus)*

Amaryllidaceae — Amaryllisgewächs. Die Narzissen stammen aus den Mittelmeerländern; aber auch in den Alpen treffen wir sie wild an. Schon als Wildpflanze gibt es bei der Narzisse unendlich viele verschiedene Typen. Durch Züchtungen und Kreuzungen sind im Laufe der Jahre noch zahlreiche Sorten entstanden, so daß schon bis zu 10 000 verschiedene Arten gezählt wurden. Die Farbskala reicht vom reinen Weiß bis zum tiefen Gelborange. Die Wuchshöhe reicht von 10 bis 70 cm. Auch die Blütenform ist sehr unterschiedlich. Die einzelnen Sorten hier zu beschreiben, würde zu weit führen. In den einschlägigen Katalogen kannst du dich jeden Herbst wieder über das große Angebot wertvoller Sorten orientieren.

Die Narzissenzwiebeln solltest du im Herbst je nach Größe etwa 15 bis 20 cm tief stecken. Die niedrigen Zwergnarzissen pflanzt du am besten in Gruppen in den Steingarten, auf Rabatten und unter Gehölzen. Höhere Sorten nehmen sich in Rasenflächen, auf Rabatten und unter Ziersträuchern sehr gut aus. Narzissen können vier bis fünf Jahre an Ort und Stelle wachsen. Meist haben sich dichte Büschel gebildet, und du nimmst sie dann aus der Erde und teilst die Pflanzen. Da Wühlmäuse nicht an die Zwiebeln der Narzissen gehen, brauchst du sie vor diesem Ungeziefer nicht zu schützen. Für Narzissen gilt das gleiche wie für alle übrigen Blumenzwiebeln auch, du darfst sie nicht immer wieder auf die gleichen Beete pflanzen. Der Boden wird sonst zwiebelmüde und es treten leicht Krankheiten auf.

Über die Treiberei von Narzissen habe ich bereits auf Seite 167 berichtet.

Milchstern, Sternenschweif *(Ornithogalum)*

Liliaceae — Liliengewächs. Bei Ornithogalum unterscheiden wir zwei Arten. Der Milchstern, *Ornithogalum umbellatum*, ist winterhart, und du kannst die Zwiebeln im Herbst etwa 10 cm tief in die Erde stecken. Etwas Winterschutz ist bei dieser aus Asien und Afrika stammenden Blumenzwiebel angebracht. Schon im April erscheinen die hübschen, weißgrünen Blütensterne, die auch als „Stern von Bethlehem" bekannt sind. Der Milchstern zieht einen lockeren, trockenen Boden vor und steht gut im Steingarten unter Gehölzen und auf Rabatten.

Sternenschweif

Ausgezeichnete Schnittblumen von sehr langer Haltbarkeit liefert der Sternenschweif, *Ornithogalum thyrsoides*. Er stammt aus Südafrika, ist aber nicht winterfest und wird deshalb erst im Frühjahr gesteckt. Am besten steht er an sonniger Stelle im Steingarten oder auf Rabatten. Seine festen Blütenstiele erreichen eine Höhe von etwa 50 cm. Die Blütezeit fällt in die Monate Juli bis September. Nach der Blüte stirbt das Laub ab, und du mußt die Zwiebeln aus der Erde nehmen. Überwintert werden sie wie die Gladiolen.

Glücksklee *(Oxalis)*

Oxalidaceae — Sauerkleegewächs. Es gibt eine Menge Glückskleearten, von denen bei uns *Oxalis deppei* mit seinen fleischigen, eßbaren Wurzeln gern kultiviert wird und als Glücksbringer bekannt ist. Du kannst die Knöllchen im Topf am Fenster, aber auch im Freiland ausplanzen. Die etwa 30 cm hoch werdenden Pflanzen eignen sich gut für Einfassungen und Steingärten. Sie wachsen in jedem Gartenboden; beachte aber, daß sie nicht winterhart sind. Im Herbst mußt du sie aus der Erde nehmen und wie Gladiolen überwintern. Die kleinen Knöllchen werden im Frühjahr etwa 4 bis 5 cm tief gesteckt.

Wenn man mal kein Glück mehr hat, pflückt man sich ein Glückskleeblatt!

Das gleiche gilt für die Knöllchen des Zottelfädigen Sauerklees, *Oxalis lasiandra*. Dieser wird nur 15 cm hoch und eignet sich noch besser für Einfassungen, Wegränder und Steingärten.

Tuberose *(Polyanthes tuberosa)*

Amaryllidaceae — Amaryllisgewächs. Die stark duftende Tuberose ist eigentlich eine sehr altmodische Pflanze; aber du siehst sie heute auch wieder mehr und mehr in den Gärten. Sie stammt aus Mexiko und wird in den Mittelmeerländern besonders viel angebaut. Sie dient dort als Schnittblume und vor allen Dingen zur Herstellung wertvoller Parfüms. Hierzulande ist sie nur als Gartenblume zu verwenden, da ihr starker Duft im geschlossenen Raum kaum zu ertragen ist. Im Garten solltest du ihr einen sehr sonnigen und warmen Platz geben. Der Boden muß locker und durchlässig sein. Im April pflanzt du die Knollen etwa 15 cm tief in die Erde mit einem Abstand von 30 cm von Pflanze zu Pflanze. Erst im Spätsommer erscheinen die hübschen, auf etwa 80 cm hohen Stielen stehenden Blumen.

Tuberose

Puschkinie *(Puschkinia libanotica)*

Liliaceae — Liliengewächs. Die nur etwa 15 cm hoch werdende, reizende kleine Pflanze sollte in keinem Steingarten oder Frühlingsblumenbeet mehr fehlen. Sie stammt aus Vorderasien und blüht bei uns von April bis Mai. Im Herbst steckst du die Zwiebelchen etwa 10 cm tief, am besten in Gruppen in den Steingarten oder unter Ziersträucher. Die Puschkinie möchte gern etwas feucht stehen und gedeiht auch im Halbschatten. Die weißen, gestreiften und blauen Blüten wirken dort besonders gut.

Ranunkel *(Ranunculus asiaticus)*

Ranunculaceae — Hahnenfußgewächs. Aus Persien ist die Ranunkel zu uns gekommen. Sie wird nur 25 cm hoch und eignet sich deshalb besonders gut zur Bepflanzung von Rabatten und Steingärten. Sie ist eine nahe Verwandte der Anemone, aber etwas empfindlicher. Die knolligen, harten Wurzeln steckst du im Frühjahr nur etwa 5 cm tief in die Erde, und zwar mit den Spitzen nach unten. Wenn der Boden nicht feucht genug ist, kannst du die Wurzeln einen Tag vor der Pflanzung in Wasser einquellen, dann treiben sie schneller aus. Im Juni/Juli erscheinen die farbenfrohen Blüten, die sehr gut als Schnittblumen zu verwenden sind.

Ranunkel

Blausternchen *(Scilla sibirica)*

Liliaceae — Liliengewächs. Schon der Name verrät, daß diese unglaublich winterharte, so zart wirkende, reizende Blume aus Sibirien stammt. Sie gehört zu den ersten Frühlingsboten und sollte in keinem Garten fehlen. Im Herbst steckst du die kleinen Zwiebeln in Gruppen etwa 10 cm tief in die Erde. Schon im März erscheinen die zierlichen, blauen Blüten, die auch nach strengen Nachtfrösten unbeschadet weiterblühen. Sie werden nur etwa 15 cm hoch und stehen gut unter Gehölzgruppen, auf Rabatten und in Steingärten.

Die großblumige *Scilla campanulata* wird zur gleichen Zeit gepflanzt, blüht aber erst im April/Mai. Sie blüht in Weiß, Rosa und Blau und erreicht eine Höhe von etwa 30 cm, ist deshalb für Frühlingssträuße gut zu verwenden.

Schön ist's, wenn durch den letzten Schnee ich meine Freunde wiederseh'!

Dreifarbenblume *(Sparaxis tricolor)*

Iridaceae — Irisgewächs. Die Dreifarbenblume stammt aus Südafrika, ist bei uns aber winterhart und wird bereits im Herbst gepflanzt. Die Knöllchen steckst du etwa 10 cm tief in die Erde, solltest sie aber mit einem Winterschutz in Form einer Laub-, Torfmull- oder Reisigdecke versehen. Die 20 cm hohen, farbenfrohen Blüten erscheinen im Juni und sind als Schnittblumen wegen ihrer langen Haltbarkeit besonders beliebt. Die Dreifarbenblume bevorzugt einen sonnigen Standort und gedeiht in jedem Gartenboden.

Garten-Montbretie *(Tritonia aurea)*

Iridaceae — Schwertliliengewächs. Aus Südafrika ist die Montbretie zu uns gekommen, vor vielen Jahren schon, denn du kennst sie sicher aus Großmutters Garten. Sie wird etwa 60 cm hoch und trägt graziöse Blütenrispen in Gelb bis Dunkelorange. Mit jedem Gartenboden nimmt sie vorlieb und gedeiht in voller Sonne genauso gut wie im Halbschatten. Gern wird sie als Einfassung gepflanzt; in der Staudenrabatte kannst du ausgezeichnete Wirkungen mit ihr erzielen.

Dreifarbenblume

Im Frühjahr werden die Zwiebeln 8 bis 10 cm tief gesteckt. Die Blüte erscheint im Juli und hält bis in den Herbst hinein an. In milden Jahren überstehen die Zwiebeln den Winter im Freien. Besser ist es jedoch, du holst sie im Herbst mit den Gladiolen ins Haus und überwinterst sie wie diese.

Montbretien

Pfauenlilie *(Tigrida pavonia)*

Iridaceae — Irisgewächs. Die Pfauenlilie kommt aus Mittelamerika, und du solltest ihr deshalb in deinem Garten einen warmen, sonnigen Platz geben. Die hübsch getigerten Blüten stehen auf 40 cm hohen Stielen, erreichen einen Durchmesser von beinahe 15 cm und wirken in ihrer bizarren Form wie Orchideen. Die Zwiebeln werden im April etwa 10 cm tief und mit einem Abstand von 15 cm gepflanzt. Im Juli/August beginnt die Pfauenlilie zu blühen. Nach der Blüte stirbt das Laub ab. Du mußt dann die Zwiebeln aus der Erde nehmen und den Winter über wie die Gladiolen lagern. Dann kannst du viele Jahre Freude an ihnen haben.

Pfauenlilie

Tulpe *(Tulipa gesneriana)*

Liliaceae — Liliengewächs. Im Vorderen Orient und in Persien ist die Tulpe bereits seit mehr als tausend Jahren bekannt und beliebt. Im sechzehnten Jahrhundert hielt sie ihren Einzug bei uns in Europa und darf heute in keinem Garten mehr fehlen. Durch intensive Züchtung und Kreuzung der zahlreichen Wildsorten verfügen wir jetzt über ein umfangreiches Sortiment der verschiedensten Sorten. Diese hier einzeln zu beschreiben, würde zu weit führen. In den Herbstkatalogen der Versandgärtnereien kannst du dir Jahr für Jahr neue, schöne Sorten aussuchen. Ich möchte dir nur die verschiedenen Klassen nennen, die vorwiegend angeboten werden.

Da sind die **einfachen, frühen Tulpen,** die etwa 25 cm hoch werden und sehr früh blühen. Du kannst sie gut zur Pflanzung auf Gräbern und Rabatten und ausgezeichnet zum Schnitt verwenden. Es gibt darunter sehr wohlriechende Arten.

Die **gefüllten, frühen Tulpen** sind auch außerordentlich frühblühend, werden etwa 30 cm hoch und eignen sich vorzüglich zur Grabbepflanzung, für Beete, Rabatten und zum Schnitt.

Die **Darwin-Tulpen** sind ausgesprochene Schnitt-Tulpen, die eine Höhe von 60 bis 75 cm erreichen. Sie blühen nach den beiden erstgenannten Sorten in einem zauberhaften Farbenspiel.

Noch langstieliger sind die **Breeder-Tulpen.** Sie sind als ausgesprochen spätblühend anzusprechen.

Die **Triumph-Tulpen** blühen zur gleichen Zeit wie die Darwin-Tulpen, werden aber nicht ganz so hoch und sind deshalb auch zur Beetbepflanzung noch sehr gut zu verwenden.

Lilienblütige Tulpen sind durch ihre hübsche Blütenform beliebt, ebenso die **Papageien-Tulpen,** die durch ihre bizarren Blütenformen auffallen.

Außer den genannten Klassen gibt es noch eine große Menge botanischer Tulpen, die sich vorwiegend für den Steingarten eignen, und kein Liebhaber sollte versäumen, sich von diesen Sorten einige zu besorgen.

Tulpenzwiebeln sollten nur im Herbst, je nach Sorte 10 cm tief gepflanzt werden. Sie überwintern ohne jeden Schutz, ich empfehle jedoch immer gern, auf die Pflanzstellen eine Schicht Torfmull auszubreiten. Vorwitzige

*Wenn ich vor meinen Tulpen steh,
im Geist ich Hollands Felder seh!*

265

Beim Tulpenpflanzen
überlege:
Was pflanz' ich links —
was rechts vom Wege ?

Tulpen, die schon im Herbst aus der Erde gucken, bekommen dann nicht so leicht die häßlichen, braunen Spitzen. Außerdem kann die Herbstsonne nicht direkt auf den Boden einwirken und die Zwiebeln zu verfrühtem Austrieb verlocken. Merke auch bei Tulpen: Niemals viele Jahre nacheinander auf das gleiche Beet bringen. Bodenmüdigkeit und Krankheiten führen dann leicht zu hohen Verlusten.

Ein bis zwei Jahre kannst du die Zwiebeln an Ort und Stelle stehenlassen. Dann mußt du sie aber, wenn das Laub abgestorben ist, aus der Erde nehmen, den Sommer über kühl und trocken aufheben und im Herbst erneut einpflanzen.

Zephirblume *(Zephyranthes rosea)*

Amaryllidaceae — Amaryllisgewächs. Die Zephirblume ist erst seit wenigen Jahren hier bei uns bekannt. Sie wird mit ihren krokusähnlichen Blüten gern im Topf kultiviert. Im Garten solltest du ihr einen geschützten, warmen und sonnigen Platz geben, denn sie kommt aus den warmen Zonen Amerikas. Mit einer Wuchshöhe von nur 25 cm eignet sie sich vorzüglich für deinen Steingarten. Die Zwiebelchen werden im Frühjahr, wenn sich der Boden genügend erwärmt hat, flach in den Boden gesteckt, möglichst in Gruppen von 10 bis 12 Pflanzen. Im August erscheinen dann die hübschen, rosa Blüten. Der Boden sollte locker und durchlässig sein. Im Herbst mußt du die Zwiebeln aus der Erde nehmen und wie Gladiolen überwintern.

Zephirblume

Die Herbstzeitlose

In vielen Gegenden Deutschlands treffen wir im Herbst auf feuchten Wiesen ungezählte Mengen blühender Herbstzeitlosen an. Sie sind praktisch der letzte Schmuck des scheidenden Jahres. Vom August bis tief in den Herbst hinein können wir die verschiedensten Arten von ihnen ebenfalls blühend im Garten haben. Nur müssen diese Herbstblüher bereits im Juli in die Erde. Wir pflanzen sie dann gern in Gruppen in den Steingarten, zwischen Polsterstauden und Gräsern. Sie lieben alle die volle Sonne und durchlässigen Boden, der etwas kalkhaltig sein sollte. Die klobigen Knollen werden je nach Größe 10 bis 20 cm tief in die Erde gepflanzt. Wir müssen aber auf genügend Abstand gegenüber den Nachbarpflanzen achten, damit diese unsere Herbstzeitlosen nicht ersticken und erdrücken. Ein Teil von ihnen eignet sich auch als Trockenblüher für das Fensterbrett, so zum Beispiel die *Colchicum autumnale*-Arten. Nach der Trockenblüte sind sie jedoch in den Garten auszupflanzen, damit sie im nächsten Jahre an Ort und Stelle erneut blühen können. In kälteren Lagen ist etwas Winterschutz anzuraten. Besonders schön ist die *Colchicum autumnale plenum*, deren gefüllte, lilarosa Blüten einen prachtvollen Farbenklex im herbstlichen Garten darstellen.

Herbstzeitlose

Der Streifen-Krokus

erblüht im November bis Dezember, also recht spät. Deshalb nennt man ihn auch „winterblühenden Krokus". Er blüht hellviolettblau und hat graubraune Streifen. Den „asiatischen Herbstkrokus" gibt es in vielen Sorten und verschiedenen Farben. Er blüht bereits im September und ist auch sehr einfach in Töpfen zu kultivieren.

Die Sternbergia lutea

auch als „Gewitterblume" bekannt, erfreut uns ebenfalls ab September mit ihrem reinen Hellgelb.

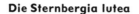

Streifen-Krokus

Das Kind im Garten

Der Garten ist der erweiterte Wohnraum. Unsere Kinder sollen sich dort nach Herzenslust tummeln können und in frischer Luft aufwachsen. Schon früh sollte aber jeder Gartenfreund in seinen Kindern den Gedanken zum Garten wecken. Das braucht aber nicht durch immerwährendes Zurechtweisen zu geschehen, sondern wir geben den Kindern gleich eine Spielecke im Garten und, wenn sie etwas größer geworden sind, auch ein eigenes Beet, welches sie selbst bearbeiten, behacken, bepflanzen und natürlich auch abernten können. Haben wir Beeren im Garten, dann „vermachen" wir ihnen einen eigenen Strauch, für den sie selbst die Verantwortung übernehmen sollen. So können wir beobachten, wie aus Spiel Ernst wird und mit welcher Sorgfalt die Kleinen ihren Pflanzenschützling in ihre Obhut nehmen. Ihr eigenes Beet stecken wir durch Pfähle oder durch ein kleines Zäunchen ab, damit das Kind wirklich den Eindruck eines „eigenen Gartens" hat.

Führ früh zum Garten hin das Kind, dann ist es später gleichgesinnt!

Man gibt ihnen Ratschläge über Düngen, Graben usw. Auch über die Bepflanzung klärt man sie auf. Immer wieder werden sich die Kinder für Radieschen, Zierkürbisse, Erdbeeren, Möhren oder Blumen entscheiden. Lassen wir ihren Plänen freien Lauf, auch wenn sie mit den hochtrabendsten Ideen kommen.

Das Säen sollen größere Kinder auch selbst besorgen. Man gebe ihnen Pflanzen, die sie ebenfalls selbst pflegen können, zeige ihnen Unkraut, das entfernt werden muß, und unterweise sie im richtigen Führen der Hacke, des Spatens usw. Man gebe ihnen einige Sonnenblumenkerne, die ihnen besonderen Spaß bereiten, wenn „ihre" Sonnenblume die größte von allen anderen wird. Das Kind sollte, wenn möglich, auch eine eigene Laube haben. Auch dem kann entsprochen werden. Wir stecken ein paar Bohnenstangen so in die Erde, daß sie eine Art Laube ergeben. Dann werden Stangenbohnen gesteckt, möglichst die Feuerbohnen, die schnell die Laube dicht machen und dem Kinde das Gefühl der eigenen Laube schenken. Wer eine etwas stabilere errichten will, wähle zur Bepflanzung wilden Wein oder Knöterich. Das Blätterdach gibt dem Kinde einen schattigen Aufenthalt und Spielplatz, wo es ungestört den Tag mit seinen Spielkameraden verbringen kann. Es ist natürlich, daß das Kind sein eigenes Handwerkszeug bekommt, welches es selbst pflegen muß. Gerade hier kann das größere Kind zu Sorgfalt und Ordnungsliebe erzogen werden. Zu Hause sollte es auch seinen eigenen Blumentopf zur Pflege erhalten, vor allem Mädchen sollte man frühzeitig an Blumenpflege im Heim gewöhnen. Jungen kann man eine große Freude bereiten, indem man ihnen einen sogenannten „Japangarten" schenkt, den man mit kleinen Kakteen bepflanzt. Einen größeren Behälter kann man leicht beschaffen. Eine japanische Figur und ein kleines gebasteltes Haus machen einen solchen Japangarten besonders reizvoll. Die Kakteen wollen im Winter keine überheizten Räume. 5 bis 12 Grad C Wärme sind richtig.

Kinder helfen gern im Garten, nur darf man nicht zuviel erwarten!

Wenn Blumen schön am Blühen sind, freut sich mit Mutti auch das Kind!

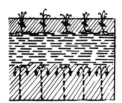

*Schlecht gelockert:
Bodenfeuchtigkeit kann
nicht nach oben!*

Die Zierde eines jeden Gartens ist und bleibt eine saftig grüne, glatte, kurzgeschnittene Rasenfläche. Sie ist der grüne Teppich vor dem Hause. Leider findet man selten eine wirklich gut aussehende, gesunde Rasenfläche. Dies ist weniger auf mangelnde Pflege, als auf eine ungenügende, unsachgemäße Vorbereitung des Landes zurückzuführen.

Bedenke stets, daß Rasenflächen Daueranlagen sind. Du kannst den Boden nicht, wie bei allen anderen Kulturen, lockern und mit Humus verbessern. Die Durchlüftung des Bodens ist schlecht, weil das dichte Wurzelgeflecht der Gräser kaum eine Bodenbearbeitung zuläßt. Dadurch besteht bei älteren Anlagen leicht die Gefahr, daß der Boden versauert, sich Moose ansiedeln und die Gräser nach und nach verschwinden.

In diesem Kapitel möchte ich nun beschreiben, was du wissen mußt, um stets eine gesunde und gepflegte Rasenfläche in deinem Garten zu erhalten.

Die Vorbereitung des Bodens

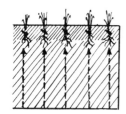

*Gut gelockert:
Bodenfeuchtigkeit kann
bis zur Pflanze dringen!*

Wie ich oben schon sagte, ist die gründliche und sachgemäße Vorbereitung des Bodens vor der Raseneinsaat von ausschlaggebender Bedeutung für die spätere Entwicklung. Wichtig ist, daß du dem Boden reichlich Humus zuführst und das Erdreich frei von Unkrautwurzeln und Samen ist.

Auf die vorgesehene Fläche solltest du im Herbst gut verrotteten Stalldung bringen und diesen möglichst sofort untergraben. Wie gesagt, gut verrottet muß der Dung sein, frischer Mist ist nicht angebracht. Niemals darfst du den Dung längere Zeit auf Haufen liegen lassen, sonst entstehen durch die ausgewaschenen Nährstoffe später im Rasen die häßlichen Geilstellen. Der Dung wird gleichmäßig verteilt und dann untergegraben. Wenn du keinen Stalldung beschaffen kannst, mußt du dir reichlich Torfmull besorgen und diesen in den Boden einarbeiten.

Daß der Boden sehr gründlich und tief gelockert werden muß, brauche ich sicher nicht besonders zu erwähnen. Dabei mußt du jede Unkrautwurzel sorgfältig aufsammeln, besonders auf Queckenwurzeln mußt du achten. Auch eine Vorratsdüngung in Form von Thomasmehl und Kali kannst du gleich nach dem Umgraben oder im Laufe des Winters geben. Man rechnet für 100 qm etwa 10 kg Thomasmehl und 5 bis 6 kg 40%iges Kali.

Im Laufe des Winters setzt sich der Boden, so daß du im Frühjahr die Fläche gut einebnen kannst, denn es ist besonders wichtig, daß das Land vollkommen eben ist. Jede Vertiefung sieht später nicht gut aus und auf den erhöhten Stellen entsteht leicht Trockenheit. Der Samen wird dort schlecht keimen und auch später sehen solche Stellen leicht gelb aus. Das Mähen einer unebenen Rasenfläche ist mühsam und lästig.

*Darauf geb ich mein
Ehrenwort,
barfuß — der beste
Rasensport!*

Mit dem Karst arbeitest du im Frühjahr die Fläche sorgsam durch, zerkleinerst alle Klumpen, entfernst alle Steine und harkst anschließend mit einem Rechen glatt. Wenn du gut abgelagerte Komposterde zur Verfügung hast, solltest du sie im Frühjahr in die oberste Bodenschicht einarbeiten.

Da für eine Rasenfläche häufig Erde angefahren wird, die meistens sehr viel Unkrautsamen enthält, empfehle ich stets, die glattgeharkte Fläche 14 Tage liegen zu lassen, nötigenfalls zu gießen, damit alles Unkraut keimt. Nachdem das Unkraut gekeimt ist, wird das Stück flach gehackt und das

Kraut abgeharkt, dann hast du später wesentlich weniger Last mit Unkraut. Wie mancher Gartenfreund hat schon geglaubt, Unkrautsamen ausgesät zu haben, weil vor lauter Kraut kein gekeimtes Gras mehr zu sehen war. Leicht wird dann dem Samenlieferanten die Schuld gegeben.

Die Aussaat

Kurz vor der Aussaat harkst du die Fläche noch einmal, damit die Erd-oberfläche vollkommen glatt ist. Dann wird der Samen gleichmäßig mit der Hand ausgesät, anschließend eingeharkt und danach mit Brettern festgetreten, die man sich an die Füße bindet. Wenn du dir eine Walze besorgen kannst, ist es natürlich bequemer, die Fläche zu walzen.

Liegt die Rasensaat gut fest,
sie sich dann schneller blicken läßt!

Je schneller der Samen keimen kann, um so dichter wird er aufgehen. Sorge deshalb für möglichst günstige Keimbedingungen. Am besten nimmst du deine Raseneinsaat bei trübem, windstillem Wetter vor, möglichst nach einem Regen. Die Oberfläche muß aber wieder leicht abgetrocknet sein, sonst schmiert der Boden. Wenn es nach der Aussaat nicht regnet, ist es vorteilhaft, die Fläche mit einem Regner feuchtzuhalten. Da der Samen nur bei mildem Wetter keimt, möchte ich dir raten, deinen Rasen nicht vor Ende April auszusäen. Während des Sommers kannst du jederzeit Rasen säen, aber nach Mitte Oktober auch nicht mehr.

Die Pflege der Rasenfläche

Wenn der Samen gekeimt ist, solltest du die jungen Gräser etwa 10 cm hoch werden lassen, bevor du den ersten Schnitt vornimmst. Dieser wird entweder mit der Sense oder einem Rasenmäher mit Walzenantrieb durch-geführt, damit die Gräser nicht gelockert werden. Anschließend ist es ratsam, ihn noch einmal zu walzen oder festzutreten. Schon beim dritten Schnitt brauchst du nicht mehr so vorsichtig zu sein.

Ist dein Rasen blaß —
mach ihn naß!
Gerade bei der großen Hitze,
schätzt er wie du die kühle Spritze!

Ein gepflegter Rasen muß einmal wöchentlich geschnitten und stets gut mit Wasser und Nährstoffen versorgt werden. Nach dem 3. bis 5. Schnitt nimmst du deshalb eine Düngung, am besten mit einem Volldünger, vor. Mein Pflanzenfutter eignet sich ganz besonders gut zu diesem Zweck. 30 g pro qm reichen aus. Im Winter kannst du eine Vorratsdüngung mit Thomasmehl geben, 10 g pro qm. Im Frühjahr streust du dann noch 25 g 40%iges Kali auf den qm.

In älteren Rasenflächen bildet sich leicht Moos. Das ist ein Zeichen von hungrigem, saurem Boden. Dann muß im Herbst Kalk gestreut werden. Im Frühjahr harkt man den Rasen mit einer scharfen Eisenharke kräftig aus, damit das Moos zerstört wird und Luft an die Wurzeln der Gräser gelangen kann. Anschließend wird ein gut verrotteter Humusdünger gleichmäßig über die Fläche ausgebreitet und wieder aufgeharkt, wenn er vom Regen richtig ausgelaugt ist.

Unkraut im Rasen ist nicht nur häßlich, sondern auch den Gräsern sehr schädlich. Früher war die Bekämpfung schwierig und mühsam. Heute gibt es sehr wirksame und für die Gräser vollkommen unschädliche, chemische Mittel, mit welchen du deinen Rasen stets unkrautfrei halten kannst. Ich rate dir jedoch, schon von Anfang an kein Unkraut aufkommen zu lassen.

Dem Rasen, wie dem Kopfe — beiden,
muß man schon mal die Haare schneiden!

Januar

Im Gemüsegarten

Die Arbeiten im Januar werden sehr durch die Witterung beeinflußt. Wer mit seinen Erdarbeiten (Rigolen, Umgraben usw.) noch nicht ganz fertig geworden ist, kann das an frostfreien Tagen nachholen. Der Komposthaufen muß umgesetzt werden, falls er nicht schon im Herbst bearbeitet worden ist. Dabei können, wenn vorhanden, die Klär- oder Dunggruben geleert und schichtweise auf den Komposthaufen gebracht werden. Jauche oder Gülle auf den Schnee oder gefrorenen Boden zu bringen, ist Stickstoffverschwendung. Der wertvolle Stickstoff verfliegt, wenn er nicht sofort mit der Flüssigkeit in die Erde dringen kann. Denke beim Jauchen an deine Obstbäume und sorge für Bodenlockerung der Kronentraufe. Auch das Beerenobst ist für einen Jaucheguß dankbar.

Bei ungünstigerem Wetter werden die Gartengeräte in Ordnung gebracht, dabei ist zu überlegen, ob man die Holzstiele mit einer grellen Farbe streicht. Rote oder gelbe Farben leuchten weithin, und es fällt uns sofort ins Auge, wenn einmal versehentlich ein Gerät liegengeblieben ist. Mistbeetfenster und Balkonkästen werden jetzt mit Ölfarbe gestrichen. Tomaten- und Rosenpfähle sowie Bohnenstangen werden neu angespitzt. Im Einschlag befindliches Wintergemüse muß laufend durchgesehen und auf Fäulnisherde überprüft werden. Der Bebauungsplan für das kommende Gartenjahr ist jetzt festzulegen. Nach diesem Plan werden die notwendigen Sämereien, Knollen und Pflanzen bestellt. Wer bereits im Januar bestellt, hat den Vorteil, bestimmt mit allen gewünschten Sorten beliefert zu werden. Bei Mißernten oder knappen Beständen werden die Frühbesteller immer bevorzugt! Torfmull und Handelsdünger werden ebenfalls jetzt schon bestellt oder herangeschafft. Das Frühbeet sollte für die ersten Aussaaten vorbereitet und mit Fenstern abgedeckt werden, damit es sich erwärmen kann.

Im Obstgarten

Das Lagerobst ist zu kontrollieren. Bei nicht allzu strengem Frost ist der Winterschnitt durchzuführen oder, falls bereits begonnen, zu beenden. Der Rand der Schnittwunden wird glattgeschnitten und mit Baumwachs bestrichen. Wer Bäume umpfropfen will, sägt die dafür bestimmten Äste jetzt ab. Die Reiser zum Veredeln werden ebenfalls jetzt, wo die gesamte Vegetation ruht, geschnitten und in feuchtem Sand, möglichst an der Nordseite des Hauses, eingeschlagen. Die Obstbäume werden mit einem Kalkanstrich versehen, damit die Rinden nicht platzen. Frühblühende Sorten können durch eine Auflage von Mist oder Torfmull rund um die Kronentraufe herum etwas zurückgehalten werden.

Im Ziergarten

Zu dicht gewachsene Ziergehölze werden ausgelichtet und der Rasen wird mit Kalk bestreut.

Februar

Im Gemüsegarten

Die ersten Aussaaten, Porree und Sellerie, können im Frühbeet bei günstiger Witterung vorgenommen werden. Frühkartoffeln werden zum Vor-

*Gibt es so viel Dreck,
hat es keinen Zweck!*

*Ist gut in Ordnung
das Gerät,
die Arbeit
gut vonstatten geht.*

*Der Winterschnitt
wird durchgeführt,
nur nicht, wenn Stein
und Bein es friert!*

keimen in Kästen gelegt und aufgestellt. Das eingeschlagene Gemüse ist sorgfältig zu beobachten. Wer seinen Gartenplan noch nicht aufgestellt hat, muß es jetzt unbedingt tun und seine Bestellung aufgeben.

Bei der Gartenaufteilung muß darauf geachtet werden, daß die verschiedenen Gemüsearten erst im vierten Jahr wieder auf den gleichen Platz zu stehen kommen. Ab Mitte dieses Monats können Frühbeetbesitzer die ersten Aussaaten von Frühkohl, Blumenkohl, Salat, Tomaten usw. vornehmen. Zu diesem Zweck werden bereits Anfang des Monats die Fenster auf das Beet gelegt und außen herum eine Packung Mist, Laub oder Torfmull zur Erwärmung angebracht.

Pflanzt du einen Baum, bedenk den Zwischenraum!

In klimatisch günstigen Gegenden können bereits gegen Ende des Monats, falls die Erde abgetrocknet ist, die ersten Freilandaussaaten von Möhren, Spinat, Radieschen, Schwarzwurzeln, Puffbohnen, Kopf- und Schnittsalaten usw. gemacht werden.

Im Obstgarten

Im Februar muß das Schneiden der Obstbäume und Sträucher beendet sein. Die Winterspritzung gegen tierische Schädlinge und Pilzkrankheiten ist durchzuführen. Bei offenem Wetter können bereits Obstbäume und Sträucher gepflanzt werden. Wer seine Obstbäume noch nicht fertig gekalkt hat, muß das bis Monatsmitte durchgeführt haben, da danach schon eine stärkere Sonnenbestrahlung einsetzt.

Leg das Baumband richtig an, damit der Stamm auch wachsen kann!

Im Ziergarten

Die überwinterten Knollen (Dahlien, Gladiolen, Canna, Begonien, Gloxinien usw.) werden kontrolliert und Verfaultes ausgeschnitten. Die Begonien und Gloxinien werden in Töpfe oder Kisten mit Torfmull gesetzt und bereits vorgetrieben. Auch die Canna kann schon, in Töpfe gepflanzt, in einen wärmeren Raum gebracht und vorgetrieben werden. Erst ab Mitte Mai dürfen sie jedoch ins Freie. Ins Frühbeet oder in Kästchen und Töpfe im Zimmer werden ausgesät: Verbenen, Löwenmaul, Salvien, Petunien, Lobelien und andere wichtige Einjahrsblumen für den Ziergarten. Rosen können bei offenem Wetter gepflanzt werden.

Halt den Samen jetzt parat, für die erste Frühjahrs-Saat!

März

Im Gemüsegarten

Im März setzt die Hauptarbeit im Garten ein. Sobald die Beete abgetrocknet sind, kannst du aussäen: Puffbohnen, Zwiebeln, Möhren und Karotten, Petersilie, Tomaten, Salat, Schwarzwurzeln, Spinat und Radies. Etwas später folgen: Maierbsen, Rübstiel, Mangold, Schnitt- und Pflücksalat, Dill, Gartenkresse und Sommerrettich. Radieschensamen wird als Misch- oder Markiersaat verwendet. Dafür brauchst du kein Beet extra zu opfern. Radieschen laufen sehr schnell auf und zeigen dir die Reihen der später auflaufenden Gemüsearten an. Dadurch kannst du schon frühzeitig das Unkraut bekämpfen und bereits die Hacke in Bewegung setzen.

Salat sollte alle 14 Tage bis 3 Wochen erneut ausgesät werden, damit immer genügend Jungpflanzen zur Verfügung stehen. Niemals werden die im Herbst umgegrabenen Flächen im Frühjahr vor der Bestellung erneut gegraben. Die Beete werden nur mit dem Grubber leicht bearbeitet und aufgelockert, danach wird mit dem Rechen das Saatbeet fertig zur Aussaat gemacht. Wer den Boden erneut umgräbt, zerstört die Bodengare und fördert die vorzeitige Austrocknung.

Jetzt schreibt man ARBEIT groß, denn draußen geht es los!

271

Bereits im Januar oder Februar ausgesäte Saat wird in größere Behälter pikiert, damit sich die Pflanzen kräftigen können und nicht durch zu dichten Stand eingehen. Salat ins Frühbeet auspflanzen!

Für den baldigen Gebrauch werden Steckzwiebeln gesteckt und Frühkartoffeln gepflanzt. Den Frühbeetpflanzen ist durch reichliches Belüften die nötige Abhärtung zu verschaffen. Die Fenster sind am Tage, wenn es die Witterung zuläßt, möglichst ganz abzunehmen. Die Erdbeerbeete sind zu lockern.

Hier zeige ich wie man pikiert, man sieht genau — schön im Geviert!

Im Obstgarten

Das Veredeln und das Pfropfen hat im März begonnen, zumindest ist die Steinobstveredelung in diesem Monat zu beenden. Bis zum Schwellen der Knospen muß die Winterspritzung unbedingt durchgeführt worden sein! Obstgehölze sind zu pflanzen. Bei Neuanpflanzung ist darauf zu achten, daß nicht wieder der gleiche Obstbaum, womöglich noch die gleiche Sorte, an die alte Stelle gesetzt wird. Auch hier hilft Abwechslung, und nur diese wirkt der Bodenmüdigkeit entgegen.

Im Ziergarten

Rosen werden freigemacht und zurückgeschnitten. Hochstammrosen sind aufzurichten und anzubinden. Stauden können gepflanzt werden. Auch Ziergehölze müssen jetzt in den Boden. Der Steingarten wird, falls notwendig, gelichtet und mit guter Komposterde gedüngt. Die verschiedensten Sommerblumen können, falls die Witterung es zuläßt, bereits im Freiland gesät werden. Das wird meist aber nur für klimatisch günstige Gegenden zutreffen.

Der Rasen wird geharkt, damit das Gras erstarkt!

Der Rasen muß jetzt mit einem scharfen Eisenrechen ausgeharkt werden, damit alle Moosbildung zerstört wird. Anfang März solltest du auf die sorgfältig abgeharkte Rasenfläche einen Humusdünger (Stalldung, Düngetorf) gleichmäßig ausbreiten und, wenn er vom Regen ausgelaugt ist, wieder abharken.

April

Im Gemüsegarten

Alle Gemüsearten können im April ins Freie gesät werden, bis auf Bohnen, Gurken, Kürbis und Melonen. Kohlarten und Salate werden ausgepflanzt. Folgesaaten von Radieschen und Salat werden gemacht. Markerbsen werden immer erst ab Mitte bis Ende April in die Erde gebracht. Die bereits im März gelegten Maierbsen werden angehäufelt, sobald sie aufgegangen und aus dem Boden herausgewachsen sind. Gegen Monatsende werden Spätgemüse ausgesät, wie Weißkohl, Rotkraut, Wirsing, Spätkohlrabi, Rosenkohl und Sommerendivien.

Frühbeetbesitzer bringen ab Mitte des Monats ihre Gurken und Kürbisse zur Aussaat. Wer kein Frühbeet besitzt, kann diese Saaten auch in Blumentöpfe im Zimmer aussäen. Die Spargeldämme werden im April aufgeworfen. Bei Eintritt wärmerer Witterung ist mit dem ersten Auftreten der Erdflöhe zu rechnen. Gegen diesen Schädling gehen wir mit Erdflohpulver vor.

Im Obstgarten

Die Gurke wird gesät in das frühe Beet.

Die Düngung der Bäume rund um die Kronentraufe mit Thomasmehl oder Volldüngern ist vorzunehmen, ebenso die Vorblütenspritzung gegen tierische und pilzliche Schädlinge. Die Neu- sowie Nachpflanzungen können in diesem Monat noch durchgeführt werden. Bei der Neupflanzung ist darauf zu achten, daß die beschädigten Wurzeln mit einem scharfen Messer glattgeschnitten werden. Das erleichtert das Anwachsen sehr. Bei Trockenheit sind alle im Herbst und Frühjahr frisch gepflanzten Bäume und Sträucher gründlich zu wässern. Die letzten Veredlungen des Kernobstes werden im April abgeschlossen.

Im Ziergarten

Alle Stauden, Koniferen, Ziersträucher usw. können noch im April gepflanzt werden, desgleichen auch Rosen und Hecken. Die meisten Sommerblumen können nunmehr ins Freie gesät werden, soweit diese nicht im Zimmer, Frühbeet usw. vorkultiviert wurden. In besonders günstigen Lagen werden die ersten Gladiolen ausgepflanzt, das geschieht aber in kälteren Lagen besser im Mai. Dasselbe gilt auch für Dahlien und andere wertvolle Sommerblüher aus Blumenzwiebeln und Knollen. Der Rasen ist von Maulwurfshügeln glattzuharken und mit einem eisernen Rechen aufzukratzen, Neuanlagen von Rasen sind jetzt durchzuführen. Der Steingarten kann jetzt gedüngt werden, wozu „Gärtner Pötschkes Pflanzenfutter" ganz besonders zu empfehlen ist.

Jeder warme Frühlingsregen kommt der Pflanze wohlgelegen!

Mai

Im Gemüsegarten

Ab 5. Mai werden Gurken ins Freie ausgesät. Bei nasser und kalter Witterung ist es nicht ratsam, die gesamte Aussaat vorzunehmen. Besser behält man etwas Samen zurück für eine zweite Aussaat zu einem späteren Termin. Ab 9. Mai werden die Bohnen in die Erde gelegt, desgleichen Kürbis und die späten Markerbsensorten. Folgesaaten von Kohlrabi, Radies, Salat, Möhren, Grünkohl und Rosenkohl werden jetzt vorgenommen. Tomaten werden ab Mitte des Monats ins Freie gepflanzt, ebenso Sellerie.

Im Garten niemals unterschätze zum Schädlingsfang die Spinnennetze!

Gegen etwaige Nachtfröste schützen wir die gefährdeten Beete durch Überdecken von Plastikfolie oder Blumentöpfen (Blechdosen). Alle vorgezogenen Gemüsepflanzen sollten möglichst bei Regenwetter gepflanzt werden, wodurch ein schnelleres Anwachsen gewährleistet wird. Zu dicht aufgelaufene Saat von Möhren, Petersilie usw. ist zu verdünnen. Hacken, Gießen, Jäten der früher ausgesäten oder ausgepflanzten Gemüsebeete ist, soweit nötig, durchzuführen.

Im Obstgarten

Die in den Vormonaten durchgeführten Veredlungen an Obstbäumen sind zu kontrollieren und, falls nötig, nachzuveredeln. Zu diesem Zweck behalten wir immer einige Reiser zur Reserve zurück, die wir an einer Nordseite eingeschlagen haben. Ist die Blüte der Obstbäume vorüber, d. h. nach dem Abfallen der letzten Blütenblätter, kann mit der Nachblütenspritzung begonnen werden.

Wer vor Frost die Pflanzen schützt, weiß, daß das der Ernte nützt!

Im Ziergarten

Ab Monatsmitte werden Dahlien, Canna, Gladiolen, Begonien und andere empfindlichere Zierblumen und Knollen in den Garten ausgesetzt. Alle Sommerblumen können jetzt aus den Saatbeeten genommen und an Ort und Stelle ausgepflanzt werden. Bei Trockenheit sind die Beete reichlich zu wässern. Desgleichen schenken wir auch den neu ausgepflanzten Stauden im Steingarten und auf Rabatten unsere Aufmerksamkeit. Notfalls ist reichlich zu gießen. Nebenher laufen natürlich Pflegearbeiten, wie Hacken und Freihalten von Unkraut. Der Rasen ist zu schneiden.

Pflanze jetzt auch Knollen, die noch blühen sollen!

Juni

Im Gemüsegarten

Alle Spätgemüsesorten, wie Wirsing, Weißkohl, Rotkohl, Rosenkohl und Blumenkohl können jetzt gepflanzt werden. Bei einer späteren Pflanzzeit wäre die Entwicklung in Frage gestellt. Der Porree ist anzuhäufeln, damit er schöne lange Hälse bekommt. Auf leergewordene Beete setzen wir Salat, Kohlrabi, Radieschen usw. als Nachfrucht. Grünkohl kann noch ausgesät werden, um im Juli bis August für leergewordene Beete Pflanzmaterial zur Verfügung zu haben. Buschbohnen können ebenfalls noch als Nachfrucht ausgesät werden. Den Winterrettich säen wir jedoch nicht vor Monatsende aus. Sommerrettiche können noch immer ausgesät werden.

Der Spargel wird ab Johanni (24. 6.) nicht mehr gestochen und hat von da an Schonzeit. Die Pflanzen werden sonst zu sehr geschwächt und die nächstjährige Ernte in Frage gestellt. Die Spargelreihen bekommen eine kräftige Düngung mit Pflanzenfutter. Rhabarberblütenschäfte sind auszuschneiden. Hacken, Jäten, Wässern und Schädlingsbekämpfung wird in diesen Monaten sehr groß geschrieben!

Im Obstgarten

Gegen Schorf- und Pilzkrankheiten wird die zweite Nachblütenspritzung durchgeführt. Raupenleimringe sind anzulegen oder neu mit Raupenleim zu bestreichen. Fallobst ist aufzulesen und zu verbrennen, da sich darin viele Schädlinge verbergen und bei Unachtsamkeit bestens entwickeln. Die Erdbeerbeete werden mit Torfmull, Sägespänen, Holzwolle oder Plastikfolien abgedeckt, wodurch wir das Verschmutzen der Früchte vermeiden. Das Abranken nehmen wir jedoch erst nach der Ernte vor.

Zur eigenen Nachzucht haben wir die besten und reichtragendsten Pflanzen mit einem Stäbchen markiert. Vogelscheuchen, Katzenköpfe und blinkende Blechstreifen oder Folien sind auf den Kirschbäumen anzubringen, um die Vögel fernzuhalten. Meine besten Erfahrungen habe ich mit dem „Knallschreck" gemacht. Dieser bewährte Vogelschreck entzündet selbständig von Zeit zu Zeit ganz unregelmäßig Karbidgas, wodurch ein lauter Knall entsteht.

Im Ziergarten

Staudensamen kann jetzt noch gesät werden. Bei regnerischem Wetter können wir alle Stauden- und Blumenrabatten, auch die Hecken, ohne weiteres jauchen. Die verwelkten Blumen werden abgeschnitten, vor allen Dingen die der Rosen. Rosenmehltau wird mit Netzschwefel bekämpft, gegen Blatt- und Schildläuse gehen wir mit C-B-Ho-Staub vor. Sobald die Tulpen, Narzissen usw. einziehen, entfernen wir das Laub. Der Heckenschnitt beginnt. Rasen ist laufend, einmal wöchentlich, zu schneiden.

Juli

Im Gemüsegarten

Die Kulturarbeiten sind die gleichen wie im Vormonat, Hacken, Jäten, Wässern usw. Die leeren Frühkartoffelbeete können noch mit Gemüse bepflanzt oder mit Bohnen und Erbsen besät werden. Am 10. Juli sollten die letzten Buschbohnen ausgesät sein, damit sie noch Zeit zur Entwicklung haben. Die Aussaat der Winterendivien und Teltower Rübchen wird im Juli vorgenommen. Natürlich kann nochmals Radies, Kohlrabi und Salat ausgesät werden. Die Tomatentriebe werden ausgegeizt, d. h., die

Häufle Porree jedenfalls, dann bekommt er lang den Hals!

Wer die Bäume richtig pflegt hat jetzt den Leimring umgelegt.

Trotz der alten Vogelscheuche, haben Vögel volle Bäuche.

in den Blattwinkeln stehenden Triebe werden ausgebrochen. Gegen die Erdflöhe gehen wir mit „Parasitol-Erdflohpulver" vor. Alle starkzehrenden Gemüsearten bekommen jetzt mindestens in Abständen von 14 Tagen Kopfdünger (Gärtner Pötschkes Pflanzenfutter).

Fertige Gewürz- und Heilkräuter werden geerntet und schattig getrocknet. Perlzwiebeln werden aus der Erde genommen und getrocknet. Der Blumenkohl braucht viel Wasser und ist, falls er den weißen „Käse" zeigt, einzubinden oder die Innenblätter einzuknicken. Beachte auch deinen Komposthaufen und lasse darauf kein Unkraut wuchern. Der ausfallende Samen wird nämlich sonst wieder mit auf deine Beete gebracht!

Ein Löffel „Pötschkes Pflanzenfutter", dann ist die Düngerei „in Butter".

Im Obstgarten

Von Mitte Juli bis in den August hinein ist der Schnitt der Nußbäume vorzunehmen und nicht im Winter! Die Schnittstellen werden gut mit Baumwachs bestrichen. Auch Süßkirschen sind, falls uns die Entfernung verschiedener Äste notwendig erscheint, in dieser Zeit zu schneiden.

Die Beerenobsternte ist in vollem Gange. Bei allzu reichem Behang der Stachelbeeren ist ein Teil grün zu ernten und einzumachen, der Rest hat dann die Möglichkeit, gut auszureifen. Die Johannisbeeren sollen bis zu allerletzt hängenbleiben und voll ausreifen, wodurch der Zuckergehalt der Früchte steigt. Himbeeren werden geerntet und brauchen viel Wasser, wenn die Trockenheit anhalten sollte. Dadurch wird die Ernte gewaltig gesteigert. Stark behangene Obstbäume sind zu stützen, damit kein Bruchschaden entsteht. Abgefallene, unreife Früchte sind einzusammeln und zu vernichten, da sie meist Schädlinge enthalten. Gegen Blattläuse wird mit C-B-Ho-Mitteln gespritzt oder gestäubt. Blutlausherde werden mit „Solvolan-Blutlaustod" abgepinselt.

Halt den Weg von Unkraut frei! „HERBAMORT" hilft dir dabei!

Im Ziergarten

Der Rasen muß laufend geschnitten werden. Vor allen Dingen braucht er bei Trockenheit auch Wasser. Rosen und Flieder kannst du jetzt veredeln.

Im Frühjahr ausgesäte Stauden werden jetzt, falls die Pflanzen kräftig genug geworden sind, an die vorgesehenen Stellen ausgepflanzt. Auch der Steingarten braucht bei Trockenheit Wasser! Die Wege sind mit Unkrauttod zu begießen. Mehltau an den verschiedensten Zierpflanzen wird mit Schwefelmitteln bekämpft. Bei allen Rosen werden die verwelkten Blüten entfernt.

August

Im Gemüsegarten

Im August gibt es alle Hände voll zu tun. Neben der Ernte und dem Einkochen dürfen die üblichen Pflegearbeiten nicht vernachlässigt werden. Beim Ernten der Bohnen, Erbsen, Gurken usw. ist darauf zu achten, daß die Pflanze keinesfalls gelockert wird. Eine Hand hält die Pflanze fest, die andere pflückt vorsichtig, da wir sonst die nachfolgende Ernte stark beeinträchtigen. Für Einlegezwecke ernten wir nur junge, zarte Gurken.

Auf abgeerntete Beete kann Grünkohl gepflanzt werden, der über den Winter draußen stehen bleibt und noch genügend Zeit zur Entwicklung hat.

Gesät werden, möglichst in Abständen, Radieschen, Wintersalat, Adventwirsing, Schwarzwurzeln, Frühlingszwiebeln, Winterspinat sowie Karotten, die auf dem Beet überwintern sollen. Winterendivien werden gepflanzt. Zwiebeln werden, falls das Laub gelb geworden ist, aus der Erde genommen und an luftigem Ort getrocknet. Gegen Ende des Monats werden die

Du kannst jetzt auch noch Grünkohl setzen, das weiß man später wohl zu schätzen!

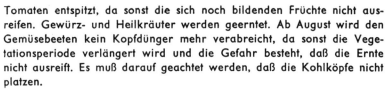

Tomaten entspitzt, da sonst die sich noch bildenden Früchte nicht ausreifen. Gewürz- und Heilkräuter werden geerntet. Ab August wird den Gemüsebeeten kein Kopfdünger mehr verabreicht, da sonst die Vegetationsperiode verlängert wird und die Gefahr besteht, daß die Ernte nicht ausreift. Es muß darauf geachtet werden, daß die Kohlköpfe nicht platzen.

Macht der Rasen-
teppich Zicken,
kannst du ihn
wie 'ne Hose flicken.
Altbewährt
ist die Methode:
Geflickt wird
mit 'ner Rasensode.

Im Obstgarten

Im Obstgarten wird die Ernte fortgesetzt. Die abgeernteten Himbeeren schneiden wir etwa 10 cm über dem Boden ab und beseitigen gleichzeitig die schwächeren Nebentriebe. Fünf bis sieben der stärksten Ruten lassen wir stehen. Johannis- und Stachelbeeren werden nach der Ernte ausgelichtet. Die Erdbeerpflanzung wird am besten in diesem Monat durchgeführt. Die Raupenleimgürtel sind von den Bäumen abzunehmen und zu verbrennen. Sie werden sofort durch neue Bänder ersetzt.

Im Ziergarten

Die neuen Herbstkataloge für Blumenzwiebeln, Stauden usw. sind eingetroffen. Wir stellen unseren Herbstbedarf danach zusammen und lassen uns die gewünschten Frühjahrsblüher schicken. Im nächsten Monat beginnt bereits die Pflanzzeit! Mit dem Verpflanzen der Nadelhölzer kann begonnen werden. Der Steingarten und die Rabatten sind vom Unkraut freizuhalten, dasselbe gilt auch für den Rasen.

Hol das Gemüse frisch
vom Garten auf den
Tisch!

Verunzierungen und Wassermulden im Rasen sind durch anderswo abgestochene Rasenstücke zu ersetzen und auszumerzen. Hecken werden beschnitten. Stecklinge von Pelargonien werden in kleine Töpfe gesetzt, worin sie jetzt gut anwachsen. Wir brauchen nur für die nötige Feuchtigkeit zu sorgen.

September

Im Gemüsegarten

Ab September können noch gesät werden: Spinat, Rapünzchen, Wintersalat und Schwarzwurzeln. Die alten Rhabarberstöcke können geteilt und vermehrt werden. Dazu ist es jetzt gerade die richtige Zeit. In vielen Gegenden kann zum Monatsende mit dem Einwintern der verschiedenen Gemüsearten begonnen werden. Die Zichorien werden ebenfalls dem Boden entnommen, um sie im Keller an dunklem Ort weiterwachsen zu lassen. Sie versorgen uns mit reichlich Vitaminen in Salatform während des kommenden Winters. Kraut für Sauerkrauteinschneiden wird jetzt geerntet und eingestampft (Rezept siehe bei Weißkraut). Alles andere Gemüse, welches noch weiterwachsen kann (Kraut und Sellerie), lassen wir solange es geht im Garten. Ansonsten ist die Ernte fortzusetzen. In kälteren Gegenden ist den Tomaten ein besonderes Augenmerk zu schenken. Sie sollten dort mit Plastikhauben überdeckt werden.

Vergiß nie den Strauß
fürs Zimmer im Haus!

Im Obstgarten

Mittelfrühes Kernobst wird geerntet, späte Pflaumen und Pfirsichsorten wollen jetzt ebenfalls abgenommen und verwendet werden. Beim Ernten gilt dem Pflücken das ganz besondere Augenmerk, denn abgebrochenes und verletztes Fruchtholz vermindert die nächstjährige Ernte! Für das haltbare Winterobst ist bereits eine geeignete Lagerstätte herzurichten. Walnüsse lesen wir auf, denn das Abschlagen der Früchte beschädigt den Baum und vermindert ebenfalls die nächstjährige Ernte. Die allzu langen Triebspitzen der Sauerkirschen werden jetzt geschnitten. Mit dem

Ausheben von Baumlöchern für Neuanpflanzungen kann jetzt bereits begonnen werden. Vergessen wir nicht, gute Komposterde zur Pflanzung bereitzustellen, damit der junge Baum gute Wachstumsverhältnisse vorfindet. Wenn notwendig, sollten jetzt nach der Ernte auch die Pfirsiche geschnitten werden.

Im Ziergarten

Die Herbstblumenzwiebeln werden bestellt und können ab sofort bis zum Frosteintritt gepflanzt werden. Es handelt sich dabei um Hyazinthen, Tulpen, Narzissen, Krokusse, Iris, Madonnenlilien, Wildgladiolen, Anemonen, Ranunkeln, Zierlauch, Kibitzeier, Blausternchen, Klebschwertel, Maiglöckchen usw.

*Blumenzwiebeln pflanz erneut,
damit man sich im
Frühling freut!*

Diese schönen Frühlingsblüher zieren den Steingarten und die Rabatten ungemein.. Auch vorgesehene Staudenanpflanzungen sind jetzt zu planen und zu bestellen. Die Auswahl ist so zu treffen, daß die Rabatte oder der Steingarten das ganze Jahr über blüht. Daher ist auf die Blütezeit zu achten. Abgeblühte Sommerblumen-Rabatten können mit Herbstastern (Chrysanthemum) bepflanzt werden. Kurz vor dem ersten Frost kommen die Dahlien, Gladiolen, Canna, Knollenbegonien, Freilandfreesien, Montbretien usw. aus dem Boden und werden frostfrei in geeigneten trockenen Räumen überwintert.

Oktober

Im Gemüsegarten

Die Ernte der verschiedenen Wintergemüse ist in diesem Monat in vollem Gange und kommt in die Einschläge bzw. in die Überwinterungsräume. Kürbisse werden geerntet, die Tomaten kommen vor dem ersten Nachtfrost heraus und werden zum Nachreifen an trockenen Stellen aufgehängt. An der Pflanze nachgereifte Tomaten sind geschmacklich besser als solche Früchte, die abgenommen worden sind. Winterendivien werden im Keller in Sand eingeschlagen oder kommen, falls vorhanden, ins leere Frühbeet. Die Möhren sollen möglichst trocken in den Kellereinschlag kommen. Sellerie, Meerrettich, Rote Rüben werden ebenfalls eingemietet oder kommen in den Keller zum Einschlag.

*Solche Beute
macht jetzt Freude!*

Der Winter ist lang! Porree, Rosenkohl, Schwarzwurzeln und Krauskohl lassen wir im Freien und ernten diese so, wie wir sie brauchen, denn sie erfrieren nicht. Einige Schnittlauch- und Petersilienpflanzen setzen wir in Blumentöpfe und stellen diese ans Küchenfenster. Spargelkraut wird entfernt und verbrannt.

Die Augustsaaten werden jetzt ausgepflanzt (Adventwirsing, Weißkohl, Wirsing und Wintersalat). Nach Einbringen der Ernte beginnt sofort das Düngen und Graben in grober Scholle. Gedüngt wird das Quartier, welches in dritter Tracht gestanden hat. Außer Stalldung kommt Thomasmehl und Kali auf diese Beete.

Im Obstgarten

Bei gutem Wetter wird das Winterobst geerntet. Es kommen nur gesunde Früchte in das Winterlager. Fallobst und wurmstichige Früchte sind sofort zu verwerten. Ab Mitte Oktober kann mit dem Pflanzen von Obstbäumen und Gehölzen begonnen werden. Auch das Beerenobst wird jetzt ausgepflanzt. Die Pfirsichpflanzung behalten wir uns für das Frühjahr vor. Bis Monatsmitte müssen unbedingt die Leimringe angelegt sein, da der Frostspanner nur so wirksam bekämpft werden kann.

*Wer Hühner hat
holt sie herbei.
Schnell ist das Land
dann schädlingsfrei.*

Im Ziergarten

Blumenzwiebeln, die im September bestellt wurden, werden jetzt ausgepflanzt, desgleichen auch Stauden und Ziergehölze. Die Staudenpflanzung sollte bis gegen Ende dieses Monats abgeschlossen sein, da sonst Gefahr besteht, daß diese nicht mehr anwachsen. Über die ausgepflanzten Blumenzwiebeln, die im Frühjahr blühen sollen, decken wir Torfmull, Tannenreisig oder Laub.

Wenn die Dahlien, Gladiolen und andere frostempfindliche Knollen noch nicht herausgenommen worden sind, wird es jetzt Zeit.

Hyazinthenzwiebeln für die Zimmertreiberei werden schon auf die Gläser gesetzt und im Keller dunkel und kühl aufgestellt. Alte Staudenbestände in Rabatten oder Steingärten werden ausgelichtet, geteilt oder umgesetzt. Der Rasen bekommt bei trockenem Wetter seinen letzten Schnitt.

Die Balkon- und Fensterkästen werden jetzt geräumt, Begonien, Geranien oder Fuchsien hereingenommen und frostfrei im Keller überwintert. Rosen werden gepflanzt und gegen Monatsende mit Erde hoch angehäufelt. Was in der Erde steckt, erfriert nicht. Hochstammrosen werden gegen Monatsende umgelegt oder mit Plastikhauben zum Winterschutz versehen.

Vergiß jetzt nicht herauszuholen die Dahlien und die Gladiolen!

November

Im Gemüsegarten

Die Gemüseernte wird in diesem Monat fortgesetzt und alle im Oktober nicht beendeten Arbeiten abgeschlossen. Die leeren Beete werden vor dem Frost grob umgegraben und bleiben so liegen, damit der Frost recht tief in die Erde eindringen kann. Mit dem Rigolen kann begonnen werden, vor allen Dingen sind Beete für die vorgesehene Spargel-Neuanpflanzung unbedingt zu rigolen. Der Komposthaufen wird umgesetzt und dabei nicht mit Kalk gespart. Kohlstrünke werden möglichst verbrannt, Bohnenstangen herausgenommen und gesäubert.

Der November ist der Monat der Herbstreinigung des Gartens. Der Garten darf nicht liederlich in den Winterschlaf gehen. Das Wintergemüse im Keller ist zu beobachten und für die nötige Frischluftzufuhr muß gesorgt werden.

Mit einem Blick auf die zum Treiben aufgesetzten Hyazinthen überzeugt man sich, daß das Wasser klar ist und genügend hoch steht. Trübes Wasser erneuern, fehlendes ergänzen.

Den Komposthaufen umgesetzt, ist eine Arbeit, grad für jetzt!

Im Ziergarten

Die Sommerblumenrabatten werden gesäubert und umgegraben. Die Blumenzwiebelpflanzung ist zu beenden. Empfindliche Stauden und Rosen werden durch Deckreisig vor der Winterkälte geschützt. Planschbecken, Schwimmbäder und Wasserleitungen sind zu entleeren. Der Boden kann gegen Frost mit Laub abgedeckt werden. Das ist in kalten Lagen wichtig. Gehölze können gepflanzt, alte Gehölzbestände geteilt oder ausgelichtet werden. Soweit möglich, kannst du darunter graben. Die Fuchsien, die wir im Keller überwintern, sind bei Trockenheit etwas zu gießen. Der Rasen ist, falls der Herbst sonnig und warm war, nochmals zu schneiden.

Im Obstgarten

Neuanpflanzungen und Umpflanzungen von Obstbäumen sollten in diesem Monat abgeschlossen sein. Die jungen Obstbäume bekommen Drahthosen gegen Hasenfraß umgelegt. Die Zäune sind zu kontrollieren und auszubessern. Baumscheiben werden gegraben und alle Bäume bekommen eine

Empfindliches wird abgedeckt, damit es unter Reisig steckt!

Düngergabe, bestehend aus Stickstoff, Kali, Thomasmehl und alle 3 Jahre Kalk rund um die Kronentraufe. Das Lagerobst ist zu kontrollieren, und gegen Mäuse werden Fallen aufgestellt.

Dezember

Im Gemüsegarten

Der Zaun wird repariert und wildsicher gemacht. Es wird noch, soweit nicht geschehen, gegraben oder rigolt. Der Komposthaufen wird umgesetzt. Gartengeräte werden kontrolliert, repariert und eingeölt, soweit es sich um Eisenteile handelt. Es kann nach dem neu aufgestellten Gartenplan gedüngt werden (Stalldung, Thomasmehl, Kali). Der umgesetzte Komposthaufen darf jetzt mit Jauche gedüngt werden. Das Rapünzchenbeet kann mit einem Lattenverschlag umsäumt werden, um auch im Winter bei Schnee ernten zu können. In manchen Gegenden genügt eine Reisigdecke. Die Mieten und Kellerbestände sind zu kontrollieren. Zichorienwurzeln kannst du im Keller treiben.

Spar nicht mit Draht und Krampe, denk an Meister Lampe!

Im Obstgarten

Der Winterschnitt wird begonnen und nur bei allzu starkem Frost eingestellt. Zu dichte Baumkronen werden gelichtet. Die entstandenen Wunden werden mit Baumwachs verstrichen. Wer im Frühjahr pflanzen will, hebt jetzt schon die künftigen Baumgruben aus. Die Leimringe werden kontrolliert, desgleichen die Pfähle an neugepflanzten Obstbäumen, die ebenfalls Leimringe tragen sollen. Das Obst in den Lagerräumen ist zu kontrollieren. Schadhaftes Lagerobst wird dem Sofortverbrauch zugeführt.

Hast du Rapünzchen ausgesät, dann schütz durch Bretter dieses Beet!

Im Ziergarten

Die im Keller aufbewahrten Dahlien- und Cannabestände werden kontrolliert und geputzt, Gladiolen und sonstige Knollen durchgesehen und gesäubert. Bei starkem Schneefall schütteln wir die wertvollen Koniferen ab, damit diese nicht brechen.

Am 4. Dezember schneiden wir die Barbarazweige von den Kornelkirschen, die dann zu Weihnachten blühen. Wenn wir diese über Nacht in warmes Wasser stellen und die Schnittstellen mit einem Hammer breitschlagen, bringen wir sie mit Sicherheit zum Blühen.

Die im Keller aufbewahrten Hyazinthen werden erst ins Zimmer geholt, wenn die Wurzeln den Boden des Glases erreicht haben und die Blütenknospe das Tütchen hochhebt. Nicht sofort ins warme Zimmer bringen, sondern ganz allmählich an wärmere Temperaturen gewöhnen. Es könnte sonst leicht Versager geben, die sich durch Sitzenbleiben der Knospen äußern.

Erdarbeiten mache nun, sonst ist weiter nichts zu tun!

Schlußwort des Verfassers

*Dies Buch hat mich so manche Nacht
Um wohlverdienten Schlaf gebracht.
Trotzdem — ich schrieb es mit Humor,
Hob auch den Finger oft empor,
Damit ihr alles richtig macht
Und Euch Erfolg im Garten lacht.*

*Hat dieses Buch Dir nun gefallen,
Dann bitt' ich Dich — sag es doch allen,
Die so wie wir am Garten hangen
Und auch nach Gartenglück verlangen.
Dann ist, mein Freund, ich glaub vielleicht.
Der Zweck des Buches voll erreicht!*

INHALTSVERZEICHNIS